国家社会科学基金重大项目

非洲阿拉伯国家通史

王铁铮　主编

苏丹史

王猛　等　著

商务印书馆
创于1897　The Commercial Press

国家社科基金重大项目
西北大学“双一流”建设项目资助

献礼西北大学建校120周年

《非洲阿拉伯国家通史》总序

王铁铮

当今的阿拉伯世界由22个阿拉伯国家所构成，其中12个国家[①]分布在亚洲西部和西南部，10个国家分布在非洲北部和东北部，即阿尔及利亚、利比亚、突尼斯、摩洛哥、毛里塔尼亚、埃及、苏丹、吉布提、索马里和科摩罗。这些国家均以伊斯兰教为国教，国民的绝大多数是信奉伊斯兰教的穆斯林。由于种种局限，国内世界史学界对阿拉伯国家的研究，通常主要聚焦于西亚和西南亚诸国，以及北非的埃及；从事非洲研究的学者，其侧重点则是撒哈拉以南非洲国家。这种状况导致国内学界对非洲阿拉伯国家历史的研究长期处于边缘化地位，以至于国内至今尚无一部全面反映非洲阿拉伯国家的综合性通史著作，同时也缺乏比较系统的非洲阿拉伯国家国别史研究的专著。

2010年底，以北非突尼斯的“布瓦吉吉事件”为导火线及以埃及“一·二五”革命为发端，西亚北非地区引发的政治剧变迅速在阿拉伯国家蔓延，最终导致突尼斯、埃及、利比亚和也门四个阿拉伯共和制政权的垮台和更迭，而叙利亚则处于旷日持久的血腥内战

---

① 这12个阿拉伯国家为伊拉克、叙利亚、约旦、黎巴嫩、沙特阿拉伯、巴林、卡塔尔、科威特、阿拉伯联合酋长国、阿曼、也门和巴勒斯坦。

中。此次阿拉伯变局折射出的内生性、突发性、连锁性和颠覆性这四大特点出人意料。但可以肯定的是，它是由阿拉伯国家多年来累积的各种内外矛盾所酿成。人们需要从历史的维度对其进行多层面、多视角的解读和反思，从而凸显了非洲阿拉伯国家通史研究的必要性和迫切性。

几乎在阿拉伯变局爆发的同时，即2010年12月下旬，我作为首席专家申报的国家社科基金重大项目"非洲阿拉伯国家通史研究"，在北京京西宾馆顺利通过答辩，获准立项。真是恰逢其时！ 2011年3月，项目组正式启动研究工作。历经八年磨砺，终于完成项目设定的目标：推出总篇幅近300万字的八卷本《非洲阿拉伯国家通史》这一最终研究成果。该成果包括：

《埃及史》

《阿尔及利亚史》

《利比亚史》

《摩洛哥史》

《突尼斯史》

《苏丹史》

《毛里塔尼亚史》

《索马里、吉布提和科摩罗史》

《非洲阿拉伯国家通史》是我国学者撰写的第一部比较全面反映非洲阿拉伯国家自古迄今的通史著作，各卷作者努力追求"通古今之变"，并以打造"信史"和"良史"为目标。首席专家负责全书的规划和统编，并对各卷初稿进行审阅和提出修改建议。后经作者反复打磨而成书。我们真诚希望这部八卷本的著作能够填补我国学界在非洲阿拉伯国家通史研究上的空白，从而丰富我国的世界史研究。

马克思主义认为，历史学是一切学科的基础。通史研究则被喻为历史学学科建设的龙头。通史研究不仅是衡量学科发展的一个重要标志，而且也在不同侧面代表一个国家史学研究的综合学术水平。[①]通史研究的特殊功能决定了其撰著的难度，而就非洲阿拉伯国家通史来说尤为如此。究其原因：一是国内学界对非洲阿拉伯国家历史研究的积淀极为有限，尚未形成一种可供借鉴的比较成熟的理论和研究体系；二是非洲阿拉伯国家历史研究的资源，特别是有关非洲阿拉伯国家古代史研究的文献史料十分匮乏。出现这种状况的一个重要因素是，阿拉伯人大都不太重视伊斯兰教诞生前的阿拉伯历史研究，称之为“贾希利亚”[②]，即蒙昧时期。这便造成阿拉伯人有关伊斯兰教诞生前阿拉伯历史论著的稀缺。而非洲阿拉伯国家中的一些小国，诸如吉布提和科摩罗等国，更是被国内学界喻为学术“盲区”，关注者和探究者亦属凤毛麟角。这就进一步加大了非洲阿拉伯国家通史研究的局限。

非洲阿拉伯国家通史的整体和系统研究涉及诸多问题，一部能够比较客观地把握和勾勒非洲阿拉伯国家历史演进脉络的撰著，需要对其中的一些重大问题进行审慎的梳理和辨析。这些问题主要可归纳为以下几方面：

一、非洲阿拉伯国家通史研究的理论指导。史学研究离不开理论指导，理论指导也是强化历史学科学性的前提。非洲阿拉伯国家通史属于综合性研究，涉及面宽广，包括历史、政治、经济、社会、外交、军事、民族、宗教、文化教育、妇女问题和生活习俗等诸领域。用理论来指导研究的重要性不言而喻。对于非洲阿拉伯国家通史研究来说，它首先面临的是选择或依据何种理论来带动历史研究。1978年之前，中国的世界史研究先后受“西方中心论”和“五种经济形态说”的影响和制约，特别是“五种经济形态说”作为苏联史学的主要模式而被中国的世界史研究所效仿。“苏联史学研究模式是一个完整的体系，虽然学术性很强，但缺点也很明显，即过分简单化，把一部丰富多彩的人类历史过程压缩成僵硬的发展模式，这就

① 彭树智主编：《阿拉伯国家史》，高等教育出版社2002年版，第3页。

② “贾希利亚”为阿拉伯语的音译，阿拉伯人将伊斯兰教诞生前的时期泛称为蒙昧时期。

否定了历史发展的多样性。"[①]故此，这一时期问世的中国世界史研究成果不可避免地带有类似的缺憾。

1978年后，伴随改革开放，中国的世界史学者开始围绕史学理论和方法论不断进行开拓性的探索，努力构建世界史研究的新体系。20世纪90年代以来，中国世界史学者通过深刻反思，并在吸纳西方新史学流派和"全球历史观"[②]有益养分的同时，着力于马克思主义唯物史观基础上的理论创新，先后提出了三种新史观，即吴于廑先生提出的"世界史纵横发展整体史观"、罗荣渠和钱乘旦教授提出的"现代化史观"、彭树智和马克垚先生提出的"文明史观"。"三大世界史观的提出是中国世界史学界20多年来的进步和成熟的标志，体现了中国世界史学界与世界史学的交流和融会，以及史学理论和方法应有的丰富性和多样性。"[③]

三大新史观的建构在理论上对非洲阿拉伯国家通史研究的路径和方向具有指导意义。非洲阿拉伯国家多达10个，这些国家的国情独特而复杂，呈现多元的色彩：一是非洲阿拉伯国家中既有历史悠久的文明古国和大国，也有历史短暂的蕞尔小国；二是各国普遍带有自身浓重的家族、部落、宗教习俗和族群文化的烙印，彼此在社会基础、经济禀赋、文化传统和价值取向等方面存在明显差异；三是多数非洲阿拉伯国家自古以来在不同历史阶段都曾长期经受轮番而至的异族王朝或帝国，以及列强的统治和奴役，强权和殖民枷锁对这些国家造成的严重创伤和后遗症，致使各国的历史进程迥然不同。三大新史观对世界史研究的新认知和新构架，不仅拓宽了世界史的研究范围和研究思路，而且开创性地对世界史的概念进行了再

① 钱乘旦：《中国的英国史研究》，《历史研究》1997年第5期。

② "全球历史观"兴起于20世纪50年代，代表人物是英国历史学家杰弗里·巴勒克拉夫、美国历史学家L.S.斯塔夫里阿诺斯和威廉·麦克尼尔等。该派为适应全球一体化发展所带来的新的时代特征，突破西方学术界根深蒂固的"欧洲中心论"，主张建立一种"将视线投射到所有的地区和时代"，"超越民族和地区的界限"，并从宏观的、联系的角度考察和分析人类社会历史演变走向的方法、观念和理论体系。

③ 李学勤、王斯德主编：《中国高校哲学社会科学发展报告1978—2008：历史学》，广西师范大学出版社2008年版，第273页。

界定，从而为我国的世界史研究注入新的活力。因此，三大新史观的创新理论亦可对非洲阿拉伯国家通史的研究提供理论上的借鉴和指导，并以此为杠杆，从不同层面和维度来探讨非洲阿拉伯国家不同时期历史演进的基本规律和主要特点，以及非洲阿拉伯国家通过何种途径，怎样由相互闭塞逐步走向开放，由彼此分散逐步走向联系密切，最终发展成为整体世界历史的一个有机组成部分。

二、多元文明的流变与古代北非历史。古代北非的历史实际上就是非洲阿拉伯诸国历史的源头。北非曾是多种古文明汇聚、碰撞与融合之地，不同文明在互相杂糅和兼容并蓄过程中所凝聚的强大能量，不仅推动着北非的历史演进，并使其成为人类社会生活最早实践的地区之一。古代北非的多种文明大致经历了三个发展阶段，每一个阶段都彰显出各自文明在古代北非历史上留下的极其深刻的烙印。

首先是古埃及和古波斯文明对古代北非历史的影响。埃及地处北非的十字路口，它把非洲和亚洲连接起来。埃及文明的历史发展具有“沉淀性”的特点，埃及也是多种文明层层累加而成的国家。[①]埃及古文明形成于公元前4000年左右，古埃及人借助母权制、传统宗教制度和“神授王权”的意识形态，先后经历了早王朝、古王国、中王国、新王国和后埃及等多个发展时期，建立了31个王朝，延续时间长达3000年之久。在漫长的历史进程中，古埃及人以其卓越的智慧创造了绚丽多彩的独特的传统文化：象形文字、金字塔和狮身人面像、卡纳克神庙、帝王谷、孟农巨像等遗存，以及发达的数学、建筑学、天文星象学和医学等，无不浓缩着古埃及人为人类文明做出的伟大贡献。因此，一些学者称埃及是非洲历史的真正精华。[②]古埃及文明构成了古代北非历史演进的一条鲜明的主线。

---

① 〔美〕菲利普·C.内勒：《北非史》，韩志斌等译，中国大百科全书出版社2013年版，第3页。

② 〔美〕埃里克·吉尔伯特、乔纳森·T.雷诺兹：《非洲史》，黄磷译，海南出版社、三环出版社2007年版，第42页。

古波斯人是雅利安人的后裔，大约在公元前2000年前期进入伊朗。[①]公元前550年左右，阿契美尼德人在伊朗高原崛起，建立了当时版图最大，也是世界上第一个地跨亚欧非三大洲的古波斯帝国，从而奠定了古波斯文明的根基。古波斯文明的辉煌，表现为宏伟华丽的新都——波斯波利斯、精美的浮雕和岩雕、连接帝国各地的被称为“御道”的交通网络，以及沟通尼罗河和红海的运河等基础设施。同时，它还集中体现在政治、经济、军事、法律和文化等典章制度建设上，尤其是波斯帝国的政治制度和法律体系成为后来中东地区出现的各个帝国和王朝纷纷效仿的样本。由于波斯帝国长期以琐罗亚斯德教为国教，古波斯文明又彰显出鲜明的宗教特征。如同古埃及一样，其对君权神授和正统观点的强调，深刻影响了波斯的发展。波斯曾一度是几乎囊括整个古代近东文明地区的奴隶制大帝国，它吸收了多种文明的先进性，表现出古波斯文化的多样性和一定的包容性特征，而且它超越了原有的文明中心，即两河流域和古埃及文明，成为主导文明。所谓“波斯帝国的文明秩序”，就是以生产力大发展所提供的强大经济、政治和军事力量为后盾，并通过更大规模的对外交往建立起来的。古波斯文明的重要价值还在于，在波斯帝国统治埃及大约130多年的时间里[②]，它完全打破了地域性单一文明交往的局限，实现了亚非两大古文明的互动性交往，推动了古代北非历史空前的跨越式演进。

古代北非文明的第二个发展阶段是古希腊、迦太基和古罗马文明对北非历史的再塑造。从公元前334年亚历山大东征，到公元前30年罗马消灭托勒密王朝，在300余年的时间里，北非进入“希腊化时代”。希腊人创造的文明是一种综合了古代东西方文明诸多因素而发展起来的独特的、新型的阶段性文明。它使古代北非原有文明区域的语言、文字、风俗、政治制度等都受到了希腊文明的洗礼。

① 〔美〕埃尔顿·丹尼尔：《伊朗史》，李铁匠译，东方出版中心2010年版，第3、27页。

② 自冈比西斯二世起，波斯人先后在古埃及建立了两个王朝，即第27王朝（前525—前404年）和第31王朝（前343—前332年），两个王朝在埃及的统治共计长达130余年。

希腊化时期的埃及经历了辉煌和繁荣，亚历山大城不仅是各种商业活动的中心，而且引领西方文明，兴起了第一次“科学革命”。[①]关于太阳系的理论、解剖学的诞生，以及物理学和地理学方面的诸多新成就，如阿基米德定律的创立、圆周率的划分、运用经线和纬线计算出的地球周长的近似值等，都陆续出现于亚历山大城。同时，这个时期的埃及也成为北非历史上跨文化主义的典型案例，马其顿人的宗教信仰与埃及的宗教信仰交融在一起。[②]但从根本上说，东方文明仍是希腊化文明的根基，正如美国著名科学史家乔治·萨顿所说：“希腊科学的基础完全是东方的，不论希腊的天才多么深刻，没有这些基础，它并不一定能够创立任何可与其实际成就相比的东西。”[③]

迦太基是作为马格里布地区第一个文明单元出现在古代北非舞台的又一个重要国家，大致位于今天的突尼斯。它是由来自地中海东南沿岸黎凡特地区[④]的腓尼基人在公元前1000年左右建立的殖民地。后来，历经几个世纪的发展演变，它成为一个独立的城市国家，并控制着从利比亚的的黎波里塔尼亚到伊比利亚的地中海沿海和大西洋海岸线的广大地区。腓尼基人通过不断与操柏柏尔语的当地居民的交往和通婚，创造了一种叫作“布匿”[⑤]的混合语言文化。腓尼基移民建立的迦太基城展示了古代人强大的适应性，而创建一个混合了腓尼基和非洲柏柏尔人要素的“布匿”社会，又说明了民族文化具有变通性。迦太基人主要从事海上贸易以及跨越撒哈拉大沙漠的黄金和象牙交易。及至公元前1000年的后半期，迦太基成为覆盖西地中海大部分地区的强大贸易帝国，是当时的政治和农业中心之

① 〔美〕菲利普·C.内勒：《北非史》，韩志斌等译，第22页。

② 同上书，第24页。

③ 〔美〕乔治·萨顿：《科学史和新人文主义》，陈恒六等译，华夏出版社1989年版，第64页。

④ 黎凡特是指现今的黎巴嫩、叙利亚、巴勒斯坦和约旦等地，另有“肥沃新月带”之称。

⑤ 布匿（Punic），即“古迦太基的”，是迦太基的腓尼基人和北非人混居而形成的文化和语言的称谓。

一。有研究者评论："作为城市国家的迦太基试图像一个帝国那样进行统治，并能够维持几个世纪之久，在世界历史上还是第一次。"[①]亚里士多德赞扬迦太基的"政体"，实际上是一个贵族寡头制政体。雇佣兵由柏柏尔人和伊比利亚的辅助兵补充，构成了贵族政府的武装力量。[②]

但是，随着迦太基人在与罗马人争夺地中海西部霸权的三次布匿战争[③]中的败北，迦太基古城终被罗马人夷为平地。罗马势力迅速向北非拓展，陆续征服希腊化时代的埃及和柏柏尔部落，统一了北非，先后设阿非利加（即突尼斯）和埃及两个行省，北非的沿海地区与内陆在不同程度上又实现了所谓的"罗马化"。罗马人对北非的统治长达近6个世纪（公元前146—公元439年），在罗马人的治下，罗马文明继承了希腊文明、迦太基文明、腓尼基文明、日耳曼文明和埃及文明的精华，更具多样性特征。北非的农业和商业得到迅猛发展，发达的农业不断为罗马提供大量给养，成为帝国的粮仓。同时，罗马人还在北非修建了上百座城市，这些城市大都以罗马的商业区、竞技场、运动场和浴室等为建筑风格。故此，北非的罗马遗迹也是世界上现存最闻名的历史古迹。[④]

古代北非文明的第三个发展阶段是早期基督教在北非的扩张和影响。基督教是继犹太教之后在公元1世纪发源于巴勒斯坦的第二个一神教，具有跨文化的突出特点，它反映了希伯来人的一神论、古埃及宗教死而复生的永恒观念和希腊人的哲学思想。同时，基督教的普世主义和平均主义教义深深吸引着追随者。北非、尼罗河流域和非洲之角等地区的各民族是世界上最早的基督教信仰者群体之

---

① B. H. Warmington, *The North African Provinces from Diocletian to the Vandal Conquest*, Cambridge: Cambridge University Press, 1969, pp.47–48.

② Stephane Gsell, *Histoire Ancienne de l'Afrique du Nord*, 8 vols, 4th ed., Paris: Librairie Hachette, 1920—1928, p.389.

③ 布匿战争指古罗马和迦太基两个奴隶制国家之间为争夺地中海西部统治权而进行的著名战争，前后共三次：第一次于前264—前241年，第二次于前218—前201年，第三次于前149—前146年。布匿战争的结果是迦太基被灭，古罗马争得地中海西部的霸权。

④〔美〕菲利普·C. 内勒：《北非史》，韩志斌等译，第9页。

一。公元2世纪，埃及和北非其他地区的一些城市中已出现众多基督教团体，而且基督教在穷人和政治上受压迫的人中间传播得最快。2世纪末，非洲基督教徒在亚历山大创办的教理学校——迪达斯卡利亚，成为早期的基督教学术中心，并培养了一大批对基督教早期发展起决定性作用的神学家和理论家。

早期基督教的不同教派围绕耶稣在多大程度上是神或人这个本质问题曾展开激烈争论，参与争论的两个重要派别，即阿里乌主义派和基督一性论派[①]，都以埃及为据点。由于这两个派别的教义同基督教主张的圣父、圣子、圣灵三位一体的正统教义相左，先后被罗马教会和帝国宣布为“异端”和“异教徒”。基督一性论派在公元451年的卡尔西顿会议被宣布为异教徒后，经受住了罗马教会和帝国权力旨在取缔和摧毁其信仰所发动的进攻，形成了埃及新的基督一性论的科普特教派。较之其他地区，科普特教派改变了北非和尼罗河流域的基督教发展轨迹，其内部产生了一种有别于罗马天主教教会或东正教教派所辖领地的宗教形式。[②]

公元7世纪上半叶，另一新的一神教——伊斯兰教在阿拉伯半岛诞生，并迅速向北非扩张，最终确立其主流宗教的地位。伊斯兰教并非简单地取代北非的地方宗教和基督教，而是逐步与这些宗教体系彼此混合，也就是经历了一个体系适应另一个体系，从而创造一种新的独特的宗教思想意识的所谓“调和”过程。[③]作为征服者，初创时期的伊斯兰教“顺应现世”，大量基督徒纷纷改宗。同时，阿拉伯帝国实行伊斯兰教的低税制，与拜占庭对北非属地的强制高税形成明显反差，扩大了伊斯兰教的吸引力。与此相反，基督教却因

① 阿里乌主义派（Arianism）亦称阿里乌斯派，是以生活在公元3世纪后期的亚历山大基督教司铎阿里乌命名的基督教派别。阿里乌坚持基督在各方面都与天父的本体和特性不同，基督也与人不同，基督没有人的灵魂，耶稣次于天父，是受造物，圣灵更次于圣子，并反对教会占有大量财产。该派在公元325年的尼西亚会议上被确定为“异端”后逐步向罗马以北地区扩张。基督一性论派（Monophysite）认为耶稣的神性超过人性，耶稣并非兼有全神和全人的本性，而是完完全全的神，故而只有一个本性。

② 〔美〕埃里克·吉尔伯特、乔纳森·T.雷诺兹：《非洲史》，黄磷译，第91页。

③ 同上书，第109页。

不同教派之间的长期内斗和分裂不断削弱着自身力量，特别是其教义始终未能真正融入北非大多数本地人的社会生活和意识形态中，无法应对伊斯兰教强劲的拓展之势，基督教因而经历了由盛转衰的变化。唯有科普特教派在埃及扎下根，时至今日，科普特教派仍是代表埃及、埃塞俄比亚基督教团体和信仰的教派。

多种文明的汇聚、碰撞、融合和更替，构成了古代北非历史流变波澜壮阔的画卷，并为北非古代史的探究提供了不可或缺的源泉和重要线索。它们不仅能够弥补阿拉伯人因忽略伊斯兰教诞生前古代北非史研究所造成的文献史料方面的缺憾，而且启迪人们从文明交往的视阈来进一步认识和领悟不同文明间交往的内涵、类型、因素、属性、规律和本质等，以及文明交往作为人类社会发展的动力，又是如何在具体的社会生产实践中，使不同文明的交往由低级向高级演进，由野蛮状态向文明化升华，尤其是如何从物质、精神、制度和生态等层面来实现文明交往自身的价值，推动社会历史的进步。简言之，文明交往论也是研究和解读古代北非历史的一把钥匙。

三、非洲阿拉伯民族国家构建中的氏族（家族）、部落、部族与民族国家认同问题。这是非洲阿拉伯国家历史研究中一个不可回避的重要课题。氏族、部落和部族通常被视为民族共同体发展中的一种历史类型，属于不同历史时期的社会政治形态。氏族和部落均以血缘关系为纽带来维系其存续，氏族是组成部落的基本单位，在氏族内部又可分为血缘家庭。氏族和部落观念根深蒂固，其成员对所属氏族和部落的忠贞是无止境、无条件的。[①]而部族已不再以血缘为纽带，它主要以地域为联系，建立在私有制的基础上，并有一套适合本部族的社会和政治制度。美国著名人类学家摩尔根将部落定义为“一种组织完备的社会”，其功能和属性是：具有一块领土和一个名称，具有独用的方言，对氏族选出来的首领和酋帅有授职和罢免之权，具有一种宗教信仰和崇拜祭礼，有一个由酋长会议组成的

① 〔美〕希提：《阿拉伯通史》，马坚译，商务印书馆1979年版，第29页。

最高政府，在某种情况下有一个部落大首领。[①]另一位人类学家约翰·霍尼格曼认为部落是“具有共同的领土,共同世系的传统,共同的语言,共同的文化,以及共同的族称,所有这一切就构成了连接诸如村落、群居、区域或世系等较小集团的基础”。[②]

北非的部落组织主要包括两大类：一类是由土著的柏柏尔人或是已被阿拉伯同化的柏柏尔人组成的部落；另一类是伴随伊斯兰教的兴起及对外扩张，大规模进入和分散到北非各地区的阿拉伯部落。阿拉伯著名学者伊本·赫勒敦认为，部落中的每一个小区域、每一个小部分，都属于同一个大的部落，它们又可分为许多小的族群和小的家族，比大的宗谱血统团结得更紧密、更牢固。部落的领导权就属于它们中间的核心族群，掌握领导权的族群必须具备优势和控制能力。[③]由于历史和社会发展的局限，非洲的多数阿拉伯国家都是由不同的部落或部族发展而来，这些部落或部族历史悠久，血缘谱系关系密切，部落社会基础牢固，内部结构庞杂，社会政治影响极大。在非洲各阿拉伯民族国家构建过程中，家族和部落因素始终是困扰其实现民族和国家认同、确立公民意识的难以消除的障碍。在一些国家，家族和部落甚至扮演着决定国家稳定、左右国家发展方向的关键角色。

以利比亚为例，利比亚国内有140多个部落，其中影响较大者有30多个。但在国家社会、政治和经济生活中真正发挥主导作用的则属于三大部落联盟，即东部地区的萨阿迪部落联盟、中部地区的阿瓦拉德-苏莱曼部落联盟[④]、西部和西南部地区的巴哈尔部落联盟。历史上，利比亚的各家族、部落和部落联盟之间积怨很深，矛盾重重，难以形成所谓国家层面的公共权力。因此，以血缘关系和共同

---

① 〔美〕路易斯·亨利·摩尔根:《古代社会》上册，杨东莼等译，商务印书馆1977年版，第109页。

② 转引自〔法〕莫·戈德利埃:《部落的概念》，沈静芳译，《民族译丛》1984年第4期。

③ 〔突尼斯〕伊本·赫勒敦:《历史绪论》，李振中译，宁夏人民出版社2015年版，第163—164页。

④ 卡扎菲家族所属的卡扎法部落和利比亚最大的部落瓦拉法部落都属于该部落联盟。

祖先凝聚而成的家族和部落以及伊斯兰传统，始终是处理政治和社会问题的主要方式和依据，致使利比亚在历史上有部落无国家，呈现出“碎片化”的政治地理特征。[①] 1969年卡扎菲发动军事政变夺取政权后，采取一系列措施和“革命手段”，试图对利比亚的部落社会进行自上而下的彻底改造，以便打破部落藩篱，并以国家认同取代部落意识，强化国家的内聚力，但收效甚微。根据民调，及至20世纪90年代末，利比亚民众对部落的认同仍高达96%，城市人群对部落的认同也有90%。[②]正是由于利比亚强大的部落势力，迫使卡扎菲在其统治利比亚近30年后不得不改弦易辙，转而重新回归传统，更加仰赖利比亚的三大部落势力来维系其统治，直到2011年垮台。时至今日，政权更迭近10年后的利比亚，依然处于互不统属、一盘散沙式的部落割据态势，由此折射出部落因素对利比亚政局的根本性影响。

再以苏丹为例，根据考古学和人类学的研究成果，苏丹可能是世界上最早的人类诞生之地。早期的人类在苏丹经历了从氏族到部落再到部族的发展过程。在漫长的历史演进中，苏丹古老的部落体制经久不衰，并呈现多样化的特征，亦即以氏族部落构成的原始公社形态，或是以主体部落与不同血缘部落组成的酋邦，乃至大、小王国交替出现。因此，氏族部落自古以来始终是苏丹社会的基本单元和细胞。现今的苏丹大约仍有将近600个部落，使用2000多种语言。[③]苏丹的部落有南北之分，北方主要为阿拉伯部落和非阿拉伯部落。两者的区别有二：一是苏丹阿拉伯人必须以阿拉伯语为母语；二是其祖先必须来自阿拉伯半岛，或是具有阿拉伯的谱系关系，或是其部落已完全阿拉伯化。然而，所谓苏丹纯正的阿拉伯部落之说很可能只是一个历史虚构，它实际上反映了苏丹阿拉伯人对阿拉伯

① 闫伟、韩志斌：《部落政治与利比亚民族国家重构》，《西亚非洲》2013年第2期。

② Amal Obeidi, *Political Culture in Libya*, London: Routledge, 2001, p.121.

③ Mawut Achiecque Mach Guarak, *Integration and Fragmentation of the Sudan: An African Renaissance*, Bloomington: Authorhouse, 2011, p.12.

半岛谱系关联的强烈认同。这与出生于黎巴嫩的美籍历史学家希提的看法如出一辙：血缘关系，不管是虚构的，还是真实的，总是维系部族组织的重要因素。[①]苏丹北方规模最大、分布最广的阿拉伯部落是贾阿林部落，此外还有丹拿格拉和朱海纳部落。苏丹南方的部落主要为黑人部落，丁卡人构成了原苏丹的第二大部落，占原苏丹全部人口的10%，[②]约310万。[③]苏丹南北双方庞杂的部落结构，使它在独立后构建民族国家进程中屡遭挫折，内战绵延不绝，以至于在2011年苏丹南北双方分裂，南苏丹宣告独立。显然，苏丹的南北分裂同种族或部落冲突相关，但这只是一种表象，透过表象可以发现其中更深层的原因：一是南北双方明显存在伊斯兰教宗教文化和基督教宗教文化的差异，特别是当彼此的穆斯林和基督徒身份在强制性的伊斯兰化过程中被不断放大时，必然会导致矛盾的激化；二是苏丹土地贫瘠，自然条件恶劣，经济资源分配的不均衡致使不同部落和部族之间经常为争夺牧场、水源和其他生活物资而兵戎相见；三是苏丹南北双方政治权利方面的不平等。苏丹长期存在阿拉伯人和非阿拉伯人、白人和黑人之间的种族不平等，阿拉伯文明被人为地凌驾于黑人文明之上，北方隶属贾阿林部落的阿拉伯河岸部落[④]始终主导和控制着苏丹的政治和经济政策，并通过强制推行阿拉伯化和伊斯兰化把持国家大权，致使其他部落处于边缘化状态。家族和部落因素在苏丹民族国家构建中表现出了另一种特点。简言之，苏丹的家族和部落不过是民族国家构建过程中凸显各种矛盾冲突的一个载体。

---

① 〔美〕希提：《阿拉伯通史》，马坚译，第28页。

② John Obert Voll and Sarah Potts Voll, *The Sudan: Unity and Diversity in a Multicultural State*, Boulder, Colo.: Westview Press, 1985, p.13.

③ Mawut Achiecque Mach Guarak, *Integration and Fragmentation of the Sudan: An African Renaissance*, p.635.

④ 阿拉伯河岸部落是指那些生活在尼罗河河谷和青白尼罗河之间热带草原东、西部的部落，他们几乎都说阿拉伯语，均为穆斯林，并尽可能将自身谱系与阿拉伯半岛先知时代的圣裔家族联系在一起。参见R. S. O'Fahey, "Islam and Ethnicity in the Sudan", *Journal of Religion in Africa*, Vol.26, No.3,1996, p.259。

摩洛哥的部落社会，较之其他阿拉伯国家则有所不同。摩洛哥的部落社会主要由土著柏柏尔人构成，其人口约占摩洛哥全国总人口的40%，主要生活在摩洛哥南部的苏斯地区、中部的阿特拉斯山区和北部的里夫地区。尽管摩洛哥柏柏尔人人口众多，但摩洛哥柏柏尔部落社会与摩洛哥中央政府的关系却相对平稳，彼此之间总体上维持较好的融合度，代表了非洲阿拉伯国家部落与政府关系的另一类型。事实上，摩洛哥于1956年独立后，在民族国家的构建过程中同样经历了柏柏尔部落社会与中央政府长期的紧张对抗时期，双方为此都付出了沉重代价。直到20世纪80年代后，摩洛哥政府和柏柏尔部落在认真的反思中，渐次向理性回归，相互不断调整策略，管控矛盾和冲突，努力实现和解。促成这种变化的根本原因在于：摩洛哥作为一个“平民化”的君主制政体（摩洛哥阿拉维王朝国王的妻子、母亲、祖母和外祖母通常均来自平民，故而有平民化君主制之称），王权对柏柏尔部落的治理表现出适度的变通性和宽容性。例如，摩洛哥君主在政治上与柏柏尔部落上层和精英建立恩庇关系；在经济上实施安抚政策，承认柏柏尔部落土地的集体所有权；在文化上倡导将共同的宗教信仰，而不是单一的阿拉伯族群认同，作为摩洛哥的国家认同。而柏柏尔人的基本诉求也以温和的文化运动为主要内容，谋求柏柏尔语言文化应赋予的权利等，并不追求摆脱中央政府的自治、分立或独立。2011年，摩洛哥宪法修订案规定柏柏尔语和阿拉伯语享有同等的语言地位，从而为摩洛哥中央政府与柏柏尔部落关系的进一步发展创造了条件。然而，从长远看，如何解决柏柏尔部落社会内部不断扩大的贫富差距，以及柏柏尔偏远山区与摩洛哥城镇之间在社会经济发展方面存在的明显断层，依然是考验摩洛哥中央政府与柏柏尔部落关系深度融合的关键。

家族和部落因素在非洲阿拉伯民族国家构建中的影响无疑是多元而复杂的。其他国家诸如毛里塔尼亚、索马里和吉布提等国的家族和部落组织也都有自身发展演变的路径和规律，它们对各自民族国家构建的影响自然也是不同的。探究非洲阿拉伯国家的家族和部落问题必须把握两个维度：一是应该厘清非洲阿拉伯诸国主要家族和部落的基本情况，包括家族和部落的区域分布、成员的构成、生态环境和经济生产方式、组织结构和运作机制、内生矛盾冲突的调解、对外交往原则、文化传统和习俗的维护，等等；二是在全面认识非洲阿拉伯各国的家族和部落基本情况的基础上，需要运用经济基础决定上层建筑的唯物史观来阐释和解读非洲阿拉伯各国的家族和部落长期存续的原因。总体来说，非洲阿拉伯国家在获得独立和建立民族国家后，大都经历了不同程度的现代化发展，并对部落社会进行了相应改造，各国的部落呈现一定的萎缩之势。但家族和部落依然在国家的政治、经济和社会生活等领域发挥着重要影响，甚至是决定国家稳定的关键因素。而关于部落意识向国家认同的转化，也是一个双向度的问题。非洲阿拉伯国家滞后的社会发展和固有的传统文化，决定了各国根深蒂固的部落意识的转换将是一个缓慢的渐进过程。部落意识的弱化有赖于部落民众能够充分感受到他们在没有或失去部落庇护的情况下，同样能够享有更多的权益和更好的生活。这是一个不可替代的前提条件。而要实现这样的目标，不仅仰仗各国社会和经济发展所能提供的雄厚财力和物质基础，同时还依靠各国政府能够有效实施各种有利于协调部落与国家关系，促使部落民众生成国家认同的一系列相关手段和政策。因此，对上述问题的考量和辨析是探究非洲阿拉伯国家家族和部落问题的一种新的尝试。

四、列强对非洲阿拉伯国家的殖民统治及其影响。在近现代历史上，非洲阿拉伯国家不论大小，几乎都曾长期饱尝西方列强残酷的殖民掠夺和统治。法国率先在北非的马格里布地区建立了以阿尔及利亚为中心的殖民统治圈。1830年，阿尔及利亚沦为法国的殖民地；1881年，突尼斯成为法国的“保护国”；1888年，法国占领吉布提全境，并于1896年，在吉布提建立“法属索马里”殖民政权；[①]1912年，摩洛哥沦为法国的“保护国”，同年科摩罗四岛也成为法国的殖民地；1920年，毛里塔尼亚成为“法属西非洲”管辖的领地。英国紧步法国的后尘，它在奥拉比领导的埃及反英起义失败后，于1882年占领埃及，并将其变为“保护国”；1899年，在英国操纵下，苏丹成为英国和埃及的共管国；1887年，英国将索马里北部地区作为它的“保护地”，并于1941年控制整个索马里。1912年，意大利在意土战争后将利比亚变为它的殖民地；1925年，在索马里南部建立“意属索马里”。1943年，英国取代意大利，占领利比亚南、北两地区。西班牙在列强瓜分北非殖民地的浪潮中也分一杯羹。1912年，摩洛哥沦为法国的“保护国”后，西班牙旋即与法国签订《马德里条约》，摩洛哥北部地带和南部伊夫尼等地划归为西班牙的“保护地”。至此，非洲阿拉伯诸国陆续被西方列强纳入各自的殖民体系中。

马克思在《不列颠在印度统治的未来结果》一文中评价英国在印度的殖民统治时指出：“英国在印度要完成双重的使命：一个是破坏性的使命，即消灭旧的亚洲式的社会；另一个是建设性的使命，即在亚洲为西方式的社会奠定物质基础。”[②]但是，以法国为首的西方列强对非洲阿拉伯国家的长期统治只是完成了其破坏性的使命，即各国原有的传统社会经济结构在西方势力的冲击下遭到了毁灭性的破坏；而殖民者要完成的建设性使命则成了一个虚幻之梦。

以阿尔及利亚为例，马克思在马·柯瓦列夫斯基所著《公社土地占有制》一书摘要中揭露，自1830年法国入侵阿尔及利亚后，法国的殖民统治“手段有时改变，目的始终是一个：消灭土著的集体财产，并将其变成自由买卖的对象，从而使这种财产易于最终转到

---

① 在历史上，吉布提和索马里同属一个文化圈。法国于1850年前后入侵吉布提，1885年法国同吉布提地区的酋长们签订条约，确认法国在吉布提的统治地位。1888年，法国又同英国达成协定，两国以吉布提和泽拉之间的中线划分势力范围，吉布提一侧为“法属索马里”，泽拉一侧为“英属索马里”。1896年，法国在吉布提正式建立“法属索马里”殖民政府。

② 中共中央马克思、恩格斯、列宁、斯大林著作编译局编：《马克思恩格斯选集》第2卷，人民出版社1972年版，第70页。

法国殖民者手中"[1]。恩格斯撰写的《阿尔及利亚》一文，也对法国在阿尔及利亚的殖民统治进行了针针见血的深刻描述："从法国人最初占领阿尔及利亚的时候起到现在，这个不幸的国家一直是不断屠杀、掠夺和使用暴力的场所。征服每一座大城市或小城市，每一寸土地都要付出巨大的牺牲。把独立视为珍宝、把对外族统治的仇恨置于生命之上的阿拉伯和卡拜尔部落，在残暴的袭击下被镇压，他们的住宅和财产被焚毁和破坏，他们的庄稼被践踏，而幸存的受难的人不是遭到屠杀，就是遭到各种奸淫和暴行的惨祸。"[2]

利比亚被形象地喻为第二次世界大战后由联合国"制造"出来的一个国家。实际上，这也是域外大国之间相互博弈、各自谋求在利比亚权益的一种妥协的产物。美国驻利比亚首任大使亨利·赛拉诺·维拉德（Henry Serrano Villard）曾指出，利比亚的历史基本上是征服与占领交替更迭的历史。[3] 据统计，1912年利比亚被征服后，在意大利殖民统治的30年间，大约有11万利比亚人被关押在集中营，4万人死于疾病、虐待或者饥馑。最新的利比亚解密档案显示，意大利殖民者处死的囚禁者多达7万人。[4]而本土人口则从1907年的140万降至1933年的82.5万人。[5]

西方列强长期的殖民统治，造成非洲阿拉伯国家的贫穷和落后，社会发展异常缓慢。同时，被置于殖民体系中的非洲阿拉伯国家不得不在屈从或服务于各宗主国殖民权益的前提下，实施自身的政治、经济、外交和文化政策等，致使这些政策普遍带有明显的殖民依附色彩。例如，科摩罗的许多现代政治和法律制度就源于殖民时代，一位科摩罗律师比喻："科摩罗国家是从法国复制而来的，它是复印

---

① 《马克思恩格斯全集》第45卷，人民出版社1985年版，第316页。

② 《马克思恩格斯全集》第14卷，人民出版社1964年版，第104页。

③ Henry Serrano Villard, *Libya: The New Arab Kingdom of North Africa*, New York: Cornell University Press, 1956, p.11.

④ Ronald Bruce St. John, *Libya: From Colony to Independence*, Oxford: Oneworld, 2008, pp.73–74.

⑤ Ibid., p.81.

件。”又如，吉布提独立后，法国在此长期驻扎4000人的军队，并宣称为吉布提提供所谓的“安全保障”。

此外，西方列强对非洲阿拉伯国家实施的殖民手段和方式，也因对象国不同而有所区别：对于那些战略和经济利益重要的国家，通常采取直接统治的方式；对于那些小国或经济权益有限的国家，它们往往通过挑选代理人，诸如当地的封建主和有名望的部落酋长、首领等实行间接统治。非洲阿拉伯国家对于西方列强的殖民统治一直进行着顽强抗争，但各国谋求独立和解放的途径，则因国情和殖民者统治方式的不同而呈现反差。一般来说，在那些殖民统治最残酷的国家，民众浴血反抗的斗争就更加激烈。阿尔及利亚是一个最典型的案例。阿尔及利亚人自1954年在奥雷斯山区打响武装斗争的第一枪后，经过七年艰苦卓绝的反法解放战争，最终粉碎了法国强加于阿尔及利亚人长达132年之久的殖民枷锁，于1962年赢得独立。科摩罗、吉布提和毛里塔尼亚这些小国基于自身的局限，以及它们同前宗主国法国的无法割断的各种联系，因而选择了非暴力的和平方式走向独立。利比亚历来是大国逐鹿争雄之地，它的建国彰显了大国在联合国舞台上折冲樽俎、不甘舍弃已有权益的博弈。故此，西方列强在非洲阿拉伯国家的殖民史是非洲阿拉伯国家近现代史的重要研究内容。殖民统治对各国历史进程所衍生的各种关键问题及影响，都需要依据可靠的史料做出尽可能符合客观事实的更深层次的再分析和全新的解读。

五、现代化运动与阿拉伯社会主义的治国实践。现代化源于西欧，是伴随近代工业革命所聚集的强大内动力而兴起的。“二战”结束后，作为新生的现代民族独立国家，非洲阿拉伯国家在战后世界现代化浪潮的冲击和驱动下，陆续走上现代化发展道路。外源性和后发性是非洲阿拉伯国家推进现代化的基本特点。非洲阿拉伯国家启动现代化的原动力、经济结构、资源禀赋、社会基础和价值取向等完全不同于西方，由此决定了它们不可能照搬西方模式。

现代化是人类文明发展和演进的最复杂的过程。世界各国的现代化实践，按经济形态来区分，大致可归纳为三大类，即资本主义类型、社会主义类型、混合类型，而每一种类型都有多种发展模式。[①]但任何一种发展模式都要适应一定的生产力发展水平，符合本国的具体国情。非洲阿拉伯国家的现代化总体上都属于混合类型，是一种尚未定型的现代化选择。它兼采资本主义现代化和社会主义现代化两种模型的不同特色，是将两大对立模型合成而产生的一种中间发展形式；在本质上是一种边缘资本主义的发展模式。[②]

阿拉伯社会主义的发展道路堪称战后多数非洲阿拉伯国家推进现代化的一种主流。这一现象的出现同战后西亚北非地区盛行的阿拉伯社会主义思潮密切相关。阿拉伯社会主义主要由阿拉伯民族主义、伊斯兰传统和科学社会主义的个别原理所构成，是一种带有浓厚阿拉伯-伊斯兰特色的社会思潮。非洲阿拉伯国家的所谓社会主义主张，名目繁多，形式不一。其中包括埃及的纳赛尔主义、阿尔及利亚的自管社会主义、突尼斯的宪政社会主义、利比亚的伊斯兰社会主义，以及索马里西亚德总统自封的“科学社会主义”[③]等。阿拉伯社会主义有几个共同点：一是把社会主义等同于伊斯兰教的教义精神，认为伊斯兰教是社会主义原则的渊源；二是把社会主义作为一种发展经济和振兴民族，进而实现国家现代化的纲领和手段；三是拒绝科学社会主义，明确反对无神论，强调以伊斯兰教信仰为基础，尊重民族和宗教文化传统，主张阶级合作和私有制的永恒性。[④]纳赛尔就曾表示，他的阿拉伯社会主义与马克思主义存在根本

① 罗荣渠：《现代化新论——世界与中国的现代化进程》，北京大学出版社1993年版，第150页。

② 〔埃及〕萨米尔·阿明：《不平等的发展》，高铦译，商务印书馆1990年版，第169页。

③ 索马里总统西亚德·巴雷自称奉行“科学社会主义”，但从不提以马克思主义为指导思想。他宣称其“科学社会主义”是与伊斯兰教“和谐一致”的，“伊斯兰教义中有社会主义的基础”。参见唐大盾等：《非洲社会主义：历史·理论·实践》，世界知识出版社1988年版，第37页。

④ 黄心川主编：《世界十大宗教》，社会科学文献出版社2007年版，第310—311页。

性差异，并且具体表现在五个方面。[①]这便昭示了阿拉伯社会主义的特殊属性。

阿拉伯社会主义之所以能够成为多数非洲阿拉伯国家选择的现代化发展模式，一方面是由于非洲阿拉伯国家长期深受殖民主义之害，导致其本能地排斥西方发展模式。亦如研究者所言，当资本主义与殖民国家和剥削特权联系在一起后，社会主义作为一种相反的意识形态，在非洲无疑成为普遍的诉求。[②]自20世纪50年代中期到70年代中期，阿拉伯社会主义在多数非洲阿拉伯国家的实践，确实取得了一些不容否认的成效。一些数据也可说明这一点。例如，埃及的工业总产值从1952年的3.14亿埃镑增加到1979年的61.6亿埃镑，增长了近19倍。同一时期，农业总产值由3.87亿埃镑提高到36.6亿埃镑，增长了8.46倍。[③] 阿尔及利亚在1967—1978年国民经济保持年均7.2%的增长率，十多年间人均国民收入从375美元增至830美元。[④]突尼斯经过十年的建设，基本形成自身的民族工业体系，国有企业从1960年的不足25家发展到1970年的185家，国有经济在国民收入中的比例从1.8%上升到33.7%。[⑤]

然而，由于内外和主客观多种因素的局限，非洲阿拉伯国家在现代化进程中遭遇的挫折与失败远大于成功，是一种不成功的现代化尝试。它们面临一系列难题，诸如政治发展明显滞后于经济发展，经济发展对外的严重依赖性，生产结构的单一性与脆弱性，社会经济的二元性与对立性，工业分布的条块性与不均衡性，过度城市化和人口增长失控，生态环境不断恶化，等等。这些问题使非洲阿拉

① 1962年5月30日纳赛尔在全国人民力量代表大会上的发言，《金字塔报》，1962年5月31日。转引自唐大盾等主编：《非洲社会主义新论》，教育科学出版社1994年版，第96页。

② E. A. Alport, "Socialism in Three Countries: The Record in the Maghrib", *International Affairs*, Vol.43, No.4, Oct. 1967, p.692.

③ 唐大盾等：《非洲社会主义：历史・理论・实践》，第116页。

④ Massoud Karshenas, Valentine M. Moghadam, ed., *Social Policy in the Middle East: Economic, Political and Gender Dynamics*, New York: Palgrave Macmilian, 2006, p.42.

⑤ I. William Zartman, ed., *Tunisia: The Political Economy of Reform*, Boulder: Lynne Rienner Publishers, 1991, p.111.

伯国家在全球化时代难以摆脱被边缘化的命运。20世纪70年代中期以后，以阿拉伯社会主义为主导的非洲阿拉伯国家的现代化实践，无不经历了趋于衰势的变化。80年代末期，伴随东欧剧变和苏联解体，有关阿拉伯社会主义的议题在多数非洲阿拉伯国家逐渐成为一种历史记忆。从反思的角度看，理性处理宗教与现代化的关系问题，仍是非洲阿拉伯国家在现代化实践中不能回避的课题。宗教地域特征和传统文化使非洲阿拉伯国家的现代化之路充满了“悖论”。由于近代以来伊斯兰世界尚未真正出现比较彻底的宗教改革运动，未能在人的解放和价值取向等问题上实现跨越性的突破，伊斯兰世界在近代的各种社会改革基本上都没有超出改良范畴，其主轴大都以捍卫伊斯兰教传统价值观和巩固当权者的统治为目标。其所触及的仅仅是应对外来挑战的表象问题，而回避对其政治和思想体系的批判性内省与更新，从而制约着各国的文明演进和现代化进程。

阿拉伯社会主义作为一种民族主义思潮在战后的非洲阿拉伯国家盛行20年之久，它是独立后的非洲阿拉伯各国选择的一种现代化模式和社会制度。因此，其核心仍是国家定位和发展道路的问题，也是一个具有重大现实意义和理论价值的问题。对这些问题的深入研究和探索，将有助于充实和丰富马克思主义关于经济落后国家发展道路选择的相关理论。

六、早期的伊斯兰教和当代非洲阿拉伯国家的伊斯兰潮。恩格斯在《论早期基督教的历史》一文中指出：“伊斯兰这种宗教是适合于东方人的，特别是适合于阿拉伯人的。”[①]早期伊斯兰教在非洲的传播肇始于第二任哈里发时期穆斯林军队于公元639—642年对埃及的征服。非洲本土人最早的伊斯兰教皈依者大多为社会的上层，其中又以统治者和成功的商人最愿意改信伊斯兰教，穷人和乡村居民的改宗要晚得多。故此，早期的伊斯兰教在非洲被称为“宫廷和商业宗教”[②]，这一宗教首先在政界及商界权势人物中传播开来。后来埃

---

① 《马克思恩格斯全集》，第22卷，人民出版社1965年版，第526页。

② 〔美〕埃里克·吉尔伯特、乔纳森·T.雷诺兹：《非洲史》，黄磷译，第109页。

及人纷纷皈依伊斯兰教，这在很大程度上是因为当时的拜占庭统治者强加于埃及人的各种赋税过重，而新的伊斯兰政府所征税率很低。同时它对宗教自由的态度也比拜占庭要更宽容。科普特基督教徒直到11世纪依然占埃及人口的大多数，便是一个颇具说服力的佐证。

在伊斯兰教创立的初期，北非实际上也是那些发现自己与中央伊斯兰国家日益强大的逊尼派正统观念不合的穆斯林的庇护所。①伊斯兰教初期的两个重要少数派教派——什叶派和哈瓦利吉派②都在北非找到了避难地。哈瓦利吉派落脚于北撒哈拉沙漠中的小绿洲，以及卡比利亚和阿特拉斯山脉中的丘陵地带，他们同土著柏柏尔人建立了比较亲密的关系。什叶派在北非的势力和影响更大。什叶派首先在阿尔及利亚东南部站稳脚跟，并不断向外拓展。10世纪初，他们先后推翻了阿巴斯王朝在突尼斯的统治和打败柏柏尔-哈瓦利吉派。公元909年，什叶派首领奥贝德拉在突尼斯以先知穆罕默德之女法蒂玛的苗裔自居，被拥戴为哈里发，建立法蒂玛王朝，这是伊斯兰教什叶派的第一个王朝。国都为马赫迪亚。③随后，法蒂玛王朝征服摩洛哥，进而占领整个马格里布地区。969年攻占阿拉伯帝国统治下的埃及，973年迁都开罗，并在埃及实施了长达200余年的统治，直到1171年被推翻。基督教和伊斯兰教的初期，在北非的一个共同现象是：无论是基督教的少数派阿里乌斯派和一性论派，还是伊斯兰教的少数派什叶派和哈瓦利吉派，都把北非或是作为大本营，或是作为庇护地，这一现象的历史蕴含令人深思。或许正因为如此，近代以来北非阿拉伯诸国出现的各种伊斯兰复兴思潮或运动，都按

---

① 〔美〕埃里克·吉尔伯特、乔纳森·T.雷诺兹：《非洲史》，黄磷译，第95—96页。

② 哈瓦利吉派（Khawāridj），伊斯兰教早期派别之一。哈瓦利吉意为“出走者”。657年隋芬之战期间，穆阿维叶在面临失败时提出“以《古兰经》裁判”的停战要求。当时阿里营垒内分为主战和主和两派，阿里倾向和解，遂接受穆阿维叶的要求，引起主战派的极端不满，约有12 000人离开阿里的队伍出走，组成哈瓦利吉派。此外，该派认为哈里发应由穆斯林公选，当选者不应只限于古莱什人；同时主张在所有穆斯林中共同分配土地和战利品，故又称军事民主派。

③ 法蒂玛王朝初建都拉卡达，即今突尼斯的凯鲁万，后于920年迁都马赫迪亚，位于凯鲁万东南海岸。

照其自身的逻辑发展。就地缘政治来说，它不像西亚阿拉伯国家那样，处于中东各种矛盾的旋涡中，因而受外部影响相对较少。就对外交往来看，北非诸国毗邻欧洲，在历史上多为法、英等国的殖民地，与西方有密切的联系，故此对东西方文化和价值观差异的体验也比西亚阿拉伯国家更深刻。这些因素凝聚了北非伊斯兰复兴运动的多元化色彩。

20世纪80年代以来的北非伊斯兰复兴运动主要在埃及、苏丹和阿尔及利亚等国形成几个中心。一般来说，北非阿拉伯国家伊斯兰复兴运动的主调趋于温和与理性。这里并不否认在某些特定时空下出现的极端倾向。以埃及为例，由哈桑·班纳于1928年组建的穆斯林兄弟会（以下简称为“穆兄会”）是埃及最大的民间伊斯兰组织。20世纪70年代，虽然穆兄会分裂出一些激进组织，包括“赎罪与迁徙组织”和“圣战组织”等，但总体上看，埃及历届政府基本能够掌控来自宗教势力的挑战。纳赛尔时期，埃及政府与穆兄会的关系在合作、利用和打压中轮换。萨达特和穆巴拉克时期，穆兄会基本放弃暴力手段，转而采取和平、合法和半合法的斗争策略。穆兄会中占主导的温和派强调，以和平和渐进的方式实现伊斯兰化，以理性和现代的角度看待伊斯兰法和伊斯兰政府的功能。[①]由此，政府与穆兄会之间形成了容忍、妥协、限制和反限制关系的动态性变化，从而维持埃及社会的稳定。

哈桑·图拉比是20世纪90年代苏丹最有影响力的宗教政治思想家，有“非洲霍梅尼”之称。图拉比同1989年发动军事政变掌权的巴希尔合作，在苏丹建立了伊斯兰政权。图拉比主张实行政教合一，全面实现社会生活的伊斯兰化，并于20世纪90年代在苏丹实施所谓的“伊斯兰试验”。图拉比认为，他的伊斯兰试验是“建立在人民价值观基础之上，由知识分子引导，动用宗教资源促进不发达国家发

---

① R. H. Dekmejian, *Islam in Revolution: Fundamentalism in the Arab World*, New York: Syracuse University Press, 1985, p.181.

展的新尝试"[①]。他还认为，伊斯兰复兴最理想的情况是在没有内部压制和外部干涉的形势下通过和平、渐进的方式发展。[②]因而，一方面，他反对暴力，强调伊斯兰教的温和与宽容，认同与时俱进的宗教改革，倡导妇女解放和提高妇女地位等。这些都体现了图拉比伊斯兰试验的温和性。另一方面，图拉比的伊斯兰试验始终被限定在其合作者世俗的苏丹总统巴希尔设定的轨道内，巴希尔决不允许图拉比的宗教权势凌驾于其权力之上。事实上，代表国家政权的巴希尔与代表伊斯兰势力的图拉比的政教结合，从一开始就是一种权力借重和彼此利用的关系。在苏丹这种多部落多宗教的复杂的政治环境下，教权显然无法与世俗政权相抗衡。

阿尔及利亚是北非伊斯兰复兴运动的另一个类型，体现了阿尔及利亚宗教政治化和政治暴力化的双重特点。1989年诞生的阿尔及利亚"伊斯兰拯救阵线"（以下简称"伊阵"）是阿尔及利亚国内最大和最具影响力的伊斯兰复兴组织，其主要领导人阿巴斯·迈达尼是一个拥有英国教育学博士学位的大学教授，另一个是清真寺的伊玛目阿里·贝尔哈吉。实际上，他们分别代表阿尔及利亚伊斯兰复兴运动中的温和派与激进派两大势力。尽管存在思想意识上的分歧，但这并未成为双方合作的障碍，有研究者将他们对外发出的不同声音形象地喻为"双头性领导"下的"多声部合唱"[③]。两人迥然不同的风格，相得益彰，吸引了大批不满的阿尔及利亚人。[④]伊阵主张维护穆斯林共同体的统一，捍卫伊斯兰历史和文化遗产。[⑤]其最高目标是通过和平斗争的策略，实现阿尔及利亚的伊斯兰化。但是，军队作

① Hassan Al-Turabi, "U.S. House Foreign Affairs Africa Subcommittee Hearing on the Implications for U.S. Policy of Islamic Fundamentalism in Africa", www. Islamonline.net/iol-english/qadaya/qpolitic-14/ qpolitic1.asp.

② 王铁铮主编：《全球化与当代中东社会思潮》，人民出版社2013年版，第269页。

③ 蔡佳禾：《当代伊斯兰原教旨主义运动》，宁夏人民出版社2003年版，第132页。

④ Robert Motimer, "Islam and Multiparty Politics in Algeria", *Middle East Journal*, Autumn 1991.

⑤ John Ruedy, *Modern Algeria: The Origins and Development of a Nation*, Second Edition, Bloomington: Indiana University Press, 2005, p.252.

为阿尔及利亚独立战争胜利者的象征，不允许伊斯兰势力改变国家的世俗发展方向。当伊阵通过市政和议会选举即将掌控国家政权时，军队毫不犹豫地予以干涉，终止了其迈向权力舞台的步伐。而伊阵内部和政府内部对事态的不同认知，最终酿成了一个分裂的政府与一个分裂的伊斯兰反对派之间对抗的危机。[①]据统计，在随后四年多的时间里，暴力冲突和相互残杀此消彼长，约有6万平民和军人死亡。[②] 阿尔及利亚被打上了暴力政治的特有符号。这种状况一直持续到1995年11月泽鲁阿勒赢得阿尔及利亚历史上首次自由选举的胜利，由此证明了阿尔及利亚人最终抛弃了困扰国家政治的宗教和世俗极端主义。[③]

从北非三国的伊斯兰复兴运动来看，尽管其目标和行动手段有相似之处，但三国互不统属，几乎不存在彼此的协调和支持。这种状态表明北非伊斯兰复兴运动的分散性和多样性，因而外溢影响有限。同时，它也揭示了北非伊斯兰复兴运动所聚集的能量和张力，无论是在同世俗政权合作还是在抗衡方面，都不足以占上风的总趋势，更无法改变世俗政权主导国家政治秩序和发展方向这一历史事实。

七、政治剧变和北非阿拉伯国家的未来走向。北非是2010年底2011年初阿拉伯政治剧变的发源地，诱发了整个阿拉伯世界的震荡。从本质上看，此次阿拉伯剧变的根源在于，阿拉伯威权主义政权在政治上的极度僵化和现代化发展的"错位"，以致无法满足阿拉伯民众对民生、民主、民权的期盼。换言之，阿拉伯变局实际上也是阿拉伯民众谋求重新选择现代化发展道路的一种抗争。

然而，旧政权的垮台并不意味着新制度的建立。早在政治剧变之初，巴林思想家贾比尔·安莎里在一篇文章中就写道："一层厚厚的浪漫主义之膜，正裹绕阿拉伯国家当前的变革要求。这种情形，

---

① William B. Quandt, *Between Ballots and Bullets: Algeria's Transition from Authoritarianism*, Washington, D. C.: Brookings Institution Press, 1998, p.58.

② 蔡佳禾：《当代伊斯兰原教旨主义运动》，第135页。

③ Martin Stone, *The Agony of Algeria*, London: Hurst & Company, 1997, p.120.

我们这一代人也曾经历过，我们曾经梦想过统一、自由和社会主义，但我们等来的却是专制，它带给我们的只有挫败和失望。”[①]另一位阿拉伯政治家指出，变革不应止于改变统治者，而应致力于改变社会，即改变社会的经济、文化基础。问题是：如何让变革从表面及于纵深，从形式过渡到实质？[②]这些担忧和发问似乎已预感到阿拉伯变局前景的迷惘。而后来阿拉伯变局的走向也印证了这一点：埃及经历了翻烧饼式的政权“轮回”，从穆巴拉克的垮台，到穆兄会的穆尔西在权力之巅的昙花一现，再到穆尔西被军人政权所取代，民主政治似乎离埃及依然遥远；卡扎菲之后的利比亚陷入四分五裂的武装割据状态，各派系之间的混战绵延不绝，新的政治秩序的重建渺无音讯；唯有突尼斯的局势让人看到了一缕“阿拉伯世界微弱的曙光”。2014年12月，突尼斯诞生首位民选总统，国内局势趋于相对稳定。但突尼斯的腐败之风并未得到有效遏制，根据国际组织提供的数据，2010年突尼斯在“透明国际”清廉指数中位列178个国家的第59位，2016年则在176个国家中名列第75位。[③]因此，突尼斯的社会改造和政治变革任重道远。

与此同时，阿拉伯国家的政治生态因政治剧变而发生明显变化，一些地区和国家出现权力“真空”。为抢占地盘和扩张势力，不同派系之间的恶斗持续升温。北非马格里布地区和非洲之角的索马里成为两个恐怖主义的渊薮。利比亚境内的恐怖活动日甚一日，它们所释放的破坏力对近邻突尼斯的稳定构成威胁；索马里青年党作为东非臭名昭著的恐怖主义组织，在阿拉伯政治剧变后进一步扩大活动领域，频繁制造一系列暗杀和暴恐事件，破坏索马里和平进程与民

① 〔巴林〕贾比尔·安莎里：《只有革命浪漫主义还不够》（阿拉伯文），《生活报》，2011年4月25日。转引自马晓霖主编：《阿拉伯剧变：西亚、北非大动荡深层观察》，新华出版社2012年版，第437页。

② 〔叙利亚〕阿多尼斯：《布阿齐齐的骨灰》（阿拉伯文），《生活报》，2011年4月28日。转引自马晓霖主编：《阿拉伯剧变：西亚、北非大动荡深层观察》，第438页。

③ Sarah Yerkes, Marwan Muasher, “Tunisia’s Corruption Contagion: A Transition at Risk”, https://carnegieendowment. org/2017/10/25/tunisia-s-corruption-contagion-transition-at-risk-pub-73522.

权社会。同时，索马里猖獗的海盗劫持活动[1]，也在严重干扰着国际水道的航行安全和各国间的经贸交往。

阿拉伯政治剧变距今已有十余年，反观非洲阿拉伯诸国的社会、政治、经济和意识形态的现状，多数国家仍然在过去的老路上徘徊不前，尚未在探寻新的发展道路中取得突破性进展，也没有找到能够理性化解长期困扰国家的社会、经济和族群割裂问题的有效策略。非洲阿拉伯国家的发展和创新之路如此之艰难，可从两个层面来解析：一是缘于自身的局限。多数非洲阿拉伯国家实际上都没有经受过现代大工业血与火的洗礼，迄今还不能形成一个真正能够体现或代表先进生产力，领导民众并得到民众广泛支持的社会阶层。这表明非洲阿拉伯国家仍处于由传统农业社会向现代工业社会转型的过程中。二是基于非洲阿拉伯国家固有的宗教地域特点。宗教被人为地承载了过多的非宗教因素，因而需要不断理顺信仰与理性、宗教与世俗、传统文明与现代文明等方面的关系，并且必须防止伊斯兰教义被随意曲解和“工具化”，从而挑起宗教狂潮，使国家的正常发展迷失方向。“伊斯兰社会民主演进的障碍不仅是政治层面的，而且在根本上还与价值观念有关。因此，要建立相对性、多元化的民主理性，就必须撼动神学与教法的基本结构。”[2]由此可见，实现与时俱进的宗教变革和激活人的创造力，将是非洲阿拉伯国家长期和不可懈怠的使命。

八、关于国外文献史料的使用。任何一项研究都离不开相关资源的支持，丰富可靠的史料是完成非洲阿拉伯国家通史研究最重要的前提条件。因此，这一研究必然要借助国外的各种文本资源。从语种来说，以英语为主，并且尽可能地吸纳阿拉伯语、法语、俄语等，以及中译本的文献史料；从文本来说，包括有关非洲阿拉伯10国各个时期

① 据国际海事署报告，在索马里海域发生的海盗袭击次数为：2006年18起，2007年48起，2008年111起，2009年215起，2010年219起，2011年236起。参见Elwaleed Ahmed Talha, *Political and Economic Impact of Somalia Piracy during the Period (1991–2012)*, The University of Tokyo, 2013, p.14 (http://www.pp.u-tokyo.ac.jp/courses/2013/documents/5140143_9a., 2014-10-2)。

② 〔突尼斯〕本·阿舒尔：《民主派和神学派的政治活动》，阿拉伯联合酋长国《联合报》，2011年3月14日。转引自马晓霖主编：《阿拉伯剧变：西亚、北非大动荡深层观察》，第438页。

的历史著作，重要人物的传记和回忆录，对重要政策和重大事件的专题研究，相关国家陆续解密的档案资料，新媒体和网站的各种述评，以及国内外学者发表的一系列相关学术论文等。项目组在研究和写作过程中，对于这些庞杂的文献史料，都须经过审慎筛选、相互比对和甄别，以便使所用史料客观、可靠和可信。项目组遵循的原则是，注重对文献史料的合理吸纳和消化，确保研究成果的质量和应有水准。

如前所述，非洲阿拉伯国家作为一个国家群，各国国情独特而复杂，呈现纷繁和多元的色彩。但非洲阿拉伯国家同样存在共性，在历史演进中面临的许多问题也是相同的。按照传统观点，对于国别通史的研究，通常的聚焦点大多是诸如政治制度、经济模式、社会结构等这些显性要素在历史发展进程中的演化。毋庸置疑，这些要素是通史研究不可或缺的核心内容。但本项目的作者并不仅仅拘泥于这些显性要素，而是审慎地选择更贴近客观社会现实，且能折射事物本质的一些问题来解析非洲阿拉伯国家的历史发展。这实际上是力图从一个不同的新视角，来探讨非洲阿拉伯国家综合性通史的一种尝试。而这种尝试完全取决于非洲阿拉伯国家的固有的独特国情，也是非洲阿拉伯国家历史进程中必须直面的重大议题。它有利于突破惯性思维的窠臼或定式，从更深层次认知非洲阿拉伯国家的变迁。更重要的是，这些问题能够从根本上深刻反映不同时期非洲阿拉伯各国社会、政治、经济和宗教文化等领域的独特样貌及嬗变，凸显非洲阿拉伯国家历史演进的脉络和轨迹。从一定程度上讲，它们构建了非洲阿拉伯国家通史研究的一个总体框架，也提供了一种宏观的视野和路径，以便在纵横维度的比较研究中揭示非洲阿拉伯国家历史发展的基本规律和主要特点。我们企盼八卷本《非洲阿拉伯国家通史》的问世能够为读者和研究者深度了解非洲阿拉伯国家的历史提供借鉴，并发挥其应有的社会效应。同时，对于书中的不足之处，恳请行家不吝指正和赐教。

2022年3月于西北大学中东研究所

目　录

Contents

绪 论

苏丹历史厚重，国家个性独特，社会发展曲折，古老而年轻。一方面，苏丹国家特色鲜明，兼具非洲国家、阿拉伯国家、伊斯兰国家三重属性。在现代民族国家形成之前，“苏丹”更多的是一个地域概念，指“黑人的土地”，是人类文明的早期诞生地之一。作为苏丹历史源头的努比亚文明，约从公元前7千纪持续到公元4世纪，是众多非洲古代文化的孕育母体，与埃及并列非洲两大文明源头。公元6世纪，苏丹进入基督教时期。13世纪，阿拉伯人进入苏丹，伊斯兰教得以迅速传播，在15世纪建立了丰吉（Funj）和富尔（Fur）素丹国。16世纪，苏丹被并入奥斯曼土耳其帝国势力范围。另一方面，作为现代意义的国家实体，苏丹的政治版图直至19世纪中期才基本成型，1821年被埃及征服，1899年成为英埃共管国，1953年建立自治政府，1956年1月1日宣布独立，2011年南北分立。苏丹资源丰富，但各方面发展严重滞后，是联合国公布的世界最不发达国家之一。系统考察国家治理现代化的发展轨迹，资治通鉴，鉴古知今，既可以梳理苏丹历史发展的成败得失，又可以给其他国情类似国家提供借鉴。

相关概念和自然地理概貌

“苏丹”（Sudan/Soudan）是非洲历史上独特的历史文化和政治名词，早在12世纪就由阿拉伯人开始使用，是“比拉德-苏丹”（Bilad al-Sudan）的简称，其本义为“黑人家园”或“黑皮肤的人”。[1] 历史上的比拉德-苏丹地区指北纬8°—18°之间的热带半干旱稀树草原和半荒漠地带，即撒哈拉沙漠南缘东西向延伸的“撒赫勒”（Sahel）过渡地带，西起大西洋沿岸，东接埃塞俄比亚高原，北抵撒哈拉沙漠，南至赤道雨林地区，面积400万—500万平方千米，分东中西三部分，今天的苏丹属于东比拉德-苏丹。[2]换言之，“比拉德-苏丹”虽然可以简称作“苏丹”，但它在历史上包含的人群和地域范围要宽泛得多，并非仅指苏丹共和国，为了避免两个相同的简称之间出现混淆，“比拉德-苏丹”一般不使用简称。[3]

近现代以来，“苏丹”概念先后指代过土-埃苏丹（Turco-Egyptian Sudan，1821—1885）、英-埃共管苏丹（Anglo-Egyptian Condominium Sudan，1898—1955）及苏丹共和国（The Republic of Sudan，1956—2011），范围涵盖今日苏丹和南苏丹在内的广袤区域。[4]这一概念本身没有问题，只是在翻译过程中用同一中文术语指代了若干个不同的历史文化和政治概念，例如伊斯兰地区/国家的最高统治者“Sultan”等，“苏丹”因而成为一个关键却有些混乱的中文术语。Sultan这个称号开始于10世纪，意为“君主”或“统治者”，到11世纪时被伊斯兰教国家统治者广泛使用，土耳其素丹（Sultan）即土耳其帝国的统治者。为了避免混淆，本书一律用“素丹”指称伊斯兰国家/地区的最高统治者，用“素丹国”/“素丹王位”来指称伊斯兰教君主的领地或地位；单独使用的、无限定词的“苏丹”仅指苏丹共和国，单独使用的、无限定词的“苏丹人”（Sudanese）也仅指苏丹共和国国民。[5]

---

① 《不列颠百科全书》（第16卷），中国大百科全书出版社1999年版，第283页。

② 刘鸿武：《黑非洲文化研究》，华东师范大学出版社1997年版，第115页。

③ 需要指出的是，Sudanese和Sudanic的中文翻译同为“苏丹的”，但二者有着不同的含义：作为形容词时，前者指“苏丹（共和国）的”或“苏丹（共和国）人的”，后者指“比拉德-苏丹的”或“苏丹语的”；作为名词时，前者指“苏丹（共和国）人”，而后者指“苏丹语”。

④ A. J. Arkell, *A History of the Sudan from the Earliest Time to 1821*, The Athlone Press, 1955, p.1.

⑤ 姜恒昆：《达尔富尔危机——原因、进程及影响》，浙江人民出版社2014年版，第11—13页。

“法老”（pharaoh），来自埃及语的希伯来文音译，本义是“大房屋”。在古王国时期（前2686—前2181），“法老”一词仅指王宫，并不涉及国王本身。从第18王朝的图特摩斯三世起，“法老”称谓开始用于国王自身，并逐渐演变成对国王的一种尊称。第22王朝（前945—前730）以后，“法老”成为了国王的正式头衔。现在习惯上把古埃及的国王通称为“法老”，掌握全国的军政、司法、宗教大权，其意志就是法律，是古埃及的最高统治者。本书对苏丹历史上的历代统治者，除了建立第25王朝的几位称作“黑法老”外，其他的一概称作国王或素丹。

“努比亚”（Nubia）和“库施/库什”（Kush），是与“苏丹”一词基本对等但更流行更古老的两个概念。“努比亚”是古代希腊、罗马人对非洲的另一种称呼，也含有“黑人家园”的意思。在基督教王国时期，因为诺巴/努巴人（Noba/Nuba）占领了苏丹北部地区，努比亚一词因之就专指苏丹北部的大部分区域。[①]“库施”是古埃及人对努比亚的另一种称呼，意为“苦难之地”，二者的外延所指相似，后来的埃及编年史与《圣经》都采取了库施这个称谓。古埃及人和古希腊人把努比亚/库施人叫做埃塞俄比亚人（Ethiopia），意即“晒黑了脸庞的人”。本书同时使用了努比亚和库施两个概念，努比亚一词在外延上指代整个古代苏丹，库施的外延则具体指公元前16世纪—公元3世纪的苏丹，即库施王国，分凯尔迈（Kerma）、纳帕塔（Napata）和麦罗埃（Meroe）三个时期，其中有碑文可考的国王共67位，持续时间长达千年（前760—公元320）。[②]库施王国是第一个有史可考的非洲黑人文明，库施王国历史构成了苏丹古代史的重要内容。

“部落/部族”和“部落/部族主义”。非洲学者很早就批评tribe（部落/部族）一词概念不明、含义不清，失去了描述人类社会组织的原有含义，很多时候反而被赋予生物学上落后、低级和原始的含

① LaVerle Berry, ed., *Sudan: a country study*, Federal Research Division, Library of Congress, 2015, p.7.

② 屠尔康：“库施王国（下）——麦罗埃时期”，《西亚非洲》1985年第4期。

义，不适宜形容非洲的民众共同体。[①]但鉴于国际和国内学界仍一直沿用“部落/部族/部落主义/部落性/部族主义”（tribalism）等词语，本书也使用“部落/部族”词汇，但仅仅指代文化单位或政治单位。

“达尔”（Dar/Dur）和“达尔富尔”（Darfur）。“达尔”本义为“故土、家园”，后来逐渐有了其他含义，例如特定的区域或管理单位（Dar Masalit，马撒利特素丹管辖的地区）、特定部族的领土（Dar al-Nuba，努巴人的领地）、素丹王国（Dar Fur，富尔素丹国）、“达尔费尔蒂特”（Dar Fertit，南方人区域）等。但是自1920年代英埃政府赋予部落酋长司法管理权后，“达尔”就主要指由某个或某些优势部落掌控司法裁决权的统辖领地，即特定族群民众居住的特定区域。“达尔富尔”（Darfur）的含义有点模糊，虽然字面意思仅指富尔人的领地，然而由于富尔人的凯拉家族（Keira）对达尔富尔高原近300年的统治，其实际所指就包括了达尔富尔高原辽阔的多民族聚居区。[②]

长时段理论。布罗代尔（Fernand Braudel）是法国年鉴学派的代表人物，他将历史学的时间概念大致分为三种，分别是短时段（事件或政治时间）、中时段（情态或社会时间）和长时段（结构或自然时间）三种；历史事件相应地也就由表而里划分为“事件历史”、“情态历史”和“结构历史”三个层次。大致说来，短时段是适用于个体的时间量度，发生在短时段的“事件历史”基本对应于传统史学的编年史和政治史，这类历史在特定时空内变化迅猛并短暂影响着人类社会，但实际上只构成了历史的表面层次，对整个历史进程并不起重要作用。发生在中时段的“情态历史”基本等同于经济社会史，适用于研究历史的“情态”，主要涉及对历史进程起重要作用的人类生活的周期性波动，如一定时期内的人口消长、物价升降和生产增减等，具体波动周期可能是数十、数百年。由地理、生物等因素组成的“结构历史”，主要包括几个世纪内不变化和变化

① 李安山：《非洲民族主义研究》，中国国际广播出版社2004年版，第213—214页。
② 姜恒昆：《达尔富尔危机——原因、进程及影响》，第13—14页。

极慢的现象，如地理气候、生态环境、经济制度、社会组织、思想传统和民众心态等。布罗代尔认为，以世纪为基本计量单位的长时段现象构成了历史的深层结构和整个历史发展的基础，对历史进程起着决定性的根本作用；历史学家只有借助长时段的观点研究历史现象，才能从根本上把握历史的总体；长时段理论是沟通历史学和社会科学的桥梁，是社会科学在整个时间长河中从事观察和思考的最有用的河道。[①]所有过往，皆为序章；所有将来，皆有可能。漫长多彩曲折的苏丹历史需要长时段理论的多角度宏观审视，也只有长时段的多视角宏观审视才能更清晰地看出苏丹历史各个时段的成就和问题，明晰苏丹未来的发展需求和方向。

国家治理是人类社会治理的重要方式，其概念有狭义和广义之分。狭义的国家治理仅指国家政权系统对政治领域的治理，也即政治治理或政府治理，外延上仅指国家行政机关的具体施政。广义的国家治理是指国家按照某种既定的秩序和目标，对政治、经济、社会、文化、生态等各个领域进行自觉的、有计划的控制、规范、组织、协调等活动，是多元治理、多中心治理和多领域治理。广义的国家治理外延有多种类型，从治理主体上讲包括政府治理、社会治理、企业治理、个人自治及政府、社会、企业、个人的共同治理等；在治理类别上包括政治治理、经济治理、社会治理、文化治理和生态治理等；从治理层级上分基层治理、地方治理、政府治理、区域治理和全球治理等。[②]

本书认同广义的国家治理概念，并将之区分为国家统治、国家管理和国家善治三种类型，国家治理现代化的实质就是国家治理从统治、管理到善治的理论演进和实践升级。国家统治亦即政治统治，是国家政权依靠暴力机器、运用专政方式来维护公共秩序的国家治理类型。国家统治的基础是阶级分裂和阶级斗争，本质上是阶级统

---

① 详见〔法〕布罗代尔：《长时段——历史和社会科学》，顾良译，《资本主义论丛》，中央编译出版社1997年版，第173—204页。

② 丁志刚："如何理解国家治理与国家治理体系"，《学术界》2014年第2期。

治，体现了国家的阶级性。国家管理又称公共管理，是国家政权在处理社会公共事务过程中对各种投入要素的优化组合和高效利用，从而实现国家利益、国民利益等社会公共利益的最大化。国家管理的专业性和职业化程度随着社会复杂程度的提高而逐步增加。国家善治是指国家政权的所有者、管理者和利益相关者等多元行为体在全国范围内对社会公共事务的合作管理，目的是增进公共利益维护公共秩序。国家善治继承了国家统治和国家管理概念的某些要素，同样以国家对暴力机器的合法垄断为后盾并将之作为最后手段，强调合作管理中的专业性和职业化等；但同时又有其独特性，凸显管理者向所有者负责并被后者问责的重要性，强调国家治理过程中多元行为体的合作管理，把增进公共利益和维护公共秩序放在了同等重要的地位。①

苏丹共和国（The Republic of Sudan，简称苏丹），② 位于非洲大陆东北部、红海西岸、尼罗河上游，2011年之前的国土面积是250.58万平方公里，之后因为南北分立而缩小至188万平方公里。苏丹北邻埃及，西接利比亚、乍得、中非共和国，南毗刚果（金）、乌干达、肯尼亚，东接埃塞俄比亚、厄立特里亚。苏丹东北濒临红海，海岸线长约720公里；向南伸入到非洲大陆腹地，是南北交通要道和内陆出海口之一，地理位置重要。首都喀土穆（Khartoum）属东3时区，是全国的政治和经济中心。

苏丹的东、西、南三面地势较高，多丘陵、高原和山地。西部地区是海拔500米以上的科尔多凡（Kordofan）高原和达尔富尔高原，著名的迈拉山（Marra）海拔3088米，是苏丹的第二高峰。东北部的红海山区是东非高原和埃塞俄比亚高原的延伸部分，地势较高。南部边境地区是中非山脉的一些支脉和丘陵地带，是刚果河和

① 本书关于国家治理、国家统治、国家管理和国家善治的概念界定，借鉴了何增科先生的相关论述，详见何增科："理解国家治理及其现代化"，《马克思主义与现实》2014年第1期。

② 本书论述的苏丹，主要指2011年之前的苏丹共和国，范围上涵盖今天的苏丹和南苏丹，部分论述会涉及2011年南北分立后的北苏丹，即现在的苏丹共和国。

尼罗河的分水岭，其中海拔3187米的基涅提山（Kinyeti）是苏丹的最高山峰。

苏丹中部是大平原，由南向北凹陷，称为“苏丹盆地”。整个盆地以科尔多凡高原和努巴（Nuba）山脉为界分作南北两大块，分别是2011年后的南苏丹和苏丹。盆地北部比较平坦，由北向南分别是拜尤达（Bayuda）荒漠、杰济拉（Gezira）平原和尼罗河上游盆地，是苏丹的主要农业区。盆地南部是位于北纬10°至4°之间的热带区域，由冲积平原、铁矿石高原和南方丘陵地带三大自然板块组成，整个地形呈水槽型，东部、南部、西部边境地区多丘陵山地，盆地中部为平原。[①]铁矿石高原山峦交错，高低起伏，从西到东分别是加扎勒河（Ghazal）西部地区、尼罗河-刚果河的分水岭和南苏丹与乌干达交界山区。东部的丘陵地带是高原地区的延伸部分，低矮起伏，矿石资源丰富。冲积平原也称黏土平原，从西部的乌韦勒（Aweil）向东一直延伸至与肯尼亚交界的图尔卡纳湖（Turkana），向北延伸至伦克（Renk），有大面积的草原和湿地，是非洲的生态保护基地。白尼罗河贯穿苏丹南部，将冲积平原一切为二，并因地势低平而形成了一连串的湖泊沼泽。

努巴山区相传有99座山峰，有的山峰海拔高度接近1500米。群山之间的平原地带是肥沃的黑色黏土，其中一半左右是适合种植的“棉花土”。努巴山区属于稀树草原气候，每年的6—10月为雨季，年降雨400—600毫米。充沛的降雨滋润了当地的众多河流、湖泊、泉眼和水井，形成了大大小小的蓄水洼地，既为当地居民提供了丰沛水源，也促进了努巴山区农业的发展。高粱是努巴山区的主要粮食作物，棉花是最重要的经济作物，阿拉伯树胶的经济价值很高。此外，努巴山区还出产玉米、小米、烟草、芝麻、花生、西瓜等作物，有芒果、番石榴、番荔枝等果树。

苏丹位于赤道和北回归线之间，全境受太阳直射，是世界上最

---

① Deng D. Akol Ruay, *The Politics of Two Sudan: The South and the North, 1821–1969*, Sweden: Motala Grafiska AB, Motala, 1994, pp. 12–13.

热的国家之一。地处生态过渡带，年均降雨量不足100毫米，干旱炎热是基本气候特点，易遭旱灾、水灾和沙漠化等气候灾害。全国大致可分为三个气候区。南部是狭长的热带雨林区，闷热潮湿。中部是热带草原区，夏季炎热，降雨集中，冬季温暖，降雨稀少。北部是热带沙漠区，高温少雨，气候干燥，多风沙。首都喀土穆有“世界火炉”之称，年平均气温30℃左右，年降雨量161毫米，4—7月为最热的季节，一般日间气温40℃，酷热季节在50℃左右，地表温度最高可达70℃。从全国来说，每年11月至次年3月的平均气温是22℃，是苏丹气候较适宜的时期。

尼罗河（Nile River）流程6670公里，是世界上流程最长的河流。总体上看，尼罗河自南向北纵贯苏丹全境，并以喀土穆为界分成了南北两段。在南方，白尼罗河发源于赤道多雨区，水量丰富稳定，但流域内地势平坦，流速缓慢，大约一半的水量被蒸发。著名的苏德（Sudd）沼泽位于阿拉伯河、白尼罗河和杰贝勒河（al-Jabal）交汇处，地势低平，河网密集，水流迟缓，沼泽广布。雨季时河水漫溢，流域面积最大时超过13万平方公里；旱季时降水减少，水域面积最小时不到3万平方公里。苏德沼泽布满了水生植物（当地称“苏德”），形成可以移动的巨大障碍，严重妨碍航行，是阻断苏丹南北的天堑。

尼罗河喀土穆段的年平均流量为每秒890立方米，不到全部水量的1/3。尼罗河下游水量主要来自源于埃塞俄比亚高原的索巴特河（Soboct）、青尼罗河和阿特巴拉河（Atbara），其中青尼罗河的水量占到了尼罗河全部水量的60%。索巴特河是白尼罗河支流，每年5月开始涨水，最高水位出现在11月。青尼罗河发源于埃塞俄比亚高原上的塔纳湖，上游处于热带山地多雨区，春季水量有限，6月开始持续上涨，至9月初达到高峰，11—12月后进入枯水期。青尼罗河枯水期的最小流量不到每秒100立方米，约为洪水期最大流量的1/60。阿特巴拉河也发源于埃塞俄比亚高原，由于位置偏北，雨量更为集中，加上其流域面积小，流量变化更大，冬季断流后的河床形成了一连串的小湖泊。

青、白尼罗河在喀土穆合流。在两河交汇的上游地带，林草广布，植被茂盛，土地肥沃，孕育了南方黑人的尼格罗文明。从喀土穆开始，青、白尼罗河合而为一，逶迤北向，在山谷、高地和沙漠间盘旋，起伏崎岖，蜿蜒行走，形成了“S”形大曲弯走势的宽广谷地。因为流经交替出现的砂石河床与花岗岩河床，河水时而平缓宽阔，时而湍急收窄，由北向南形成了六大瀑布群，各瀑布群间形成的众多冲积平原地带哺育了灿烂的努比亚文明。尼罗河是苏丹农业发展的重要资源和南北交通大动脉，河流两岸人口最密集，集中了多个重要城市。也正是因为尼罗河在苏丹境内的复杂走势与结构，才造成了苏丹南北地域的多样性分割，造成了苏丹国家历史、文化、民族的丰富多样性形态。①

苏丹自然资源丰富，主要有铁、银、铬、铜、锰、金、铝、铅、铀、锌、钨、石棉、石膏、云母、滑石、钻石、石油、天然气和木材等。截至2010年，已发现金矿矿床150多个，探明黄金储量970吨，铁矿储量12.5亿吨，铬矿储量1亿多吨。石油的地质储量是132亿桶，可采储量约45亿桶。森林面积约6400万公顷，占全国面积23.3%，阿拉伯树胶在林业资源中占重要地位。水力资源丰富，有200万公顷淡水水域。全国可耕地为8400万公顷，已耕地700万公顷。主要农作物有高粱、谷子、玉米和小麦等。经济作物在农业生产中占重要地位，占农产品出口额的66%，主要有棉花、花生、芝麻和阿拉伯胶等。长绒棉产量仅次于埃及，居世界第二位。花生产量居阿拉伯国家首位，在世界上仅次于美国、印度和阿根廷。芝麻产量在阿拉伯和非洲国家中占第一位，出口量占世界的1/2左右。阿拉伯胶种植面积504万公顷，年均产量约3万吨，占世界总产量的60%—80%左右。苏丹的宜牧面积高达1.67亿公顷，主要畜类为牛、绵羊、山羊和骆驼，有大量的野生动物，畜产品资源在阿拉伯国家中名列第一，在非洲国家中名列第二。

① 刘鸿武、姜恒昆编著:《苏丹》，社会科学文献出版社2008年版，第2—3页。

虽然历史悠久，资源丰富，但苏丹长期是联合国公布的世界最不发达国家之一，经济结构单一，工业基础薄弱，对自然环境及外援依赖性强。农业人口超过全国人口的80%，农业产值占其国内生产总值的40%左右。大多数农民靠天吃饭，易受干旱影响，长期处于贫困状况。工业产值占国民生产总值的25%，主要是纺织、制糖、制革、食品加工、制麻、烟草和水泥等。矿产资源开发是21世纪以来苏丹经济的支柱产业，主要集中在石油、天然气和金矿的勘查和开发上。1999年，苏丹石油开发成功，成为石油出口国。2009年，苏丹原油生产能力是3000万吨，石油炼化能力超过500万吨。

苏丹全国有19个种族，597个部落。黑人占52%，阿拉伯人占39%，原住居民贝贾人（Beja）占6%，其他人种占3%。在北方，阿拉伯人约占总人口的80%，肤黑鼻阔，头发卷曲，有着当地黑人的某些特征。贝贾人、努比亚人和富尔人共占10%—15%，其余为少数族裔。人口分布相对集中于喀土穆及周边地区，2017年时达到700万人，其他人口较多的城市有瓦德迈达尼（Wad Medari）、苏丹港、阿特巴拉（Atbara）、达马津（Damazin）等。在南方，土著黑人按照语言、体形特征和历史传统大致分为尼罗特人（Nilotes）、尼罗哈姆人（Njlo-Hamites）和努巴人（Nuba）。[①]尼罗特人主要分布于南苏丹的沼泽地区，主要是丁卡人（Dinka）、努尔人（Nuer）和希卢克人（Shilluk），以游牧为生，蓄养的牲畜主要是牛。紧邻尼罗特人以南的是尼罗哈姆人，按生产方式可划分为农耕和游牧两支。以游牧为生的主要是拉图卡人（Latuka）、曼达里人（Mandari）、穆尔勒人（Murle）和迪丁加人（Didinga）；以农耕为生的主要是巴里人（Bari）。在南苏丹的西南部地区，占据主导地位的部落是赞德人（Azande），主事农耕，构成混杂，在历史的交融过程中形成了统一的语言和文化，曾在18世纪建立过强大的部落国家。[②]努巴山区历

① 刘鸿武、姜恒昆编著：《苏丹》，第39页。

② Deng D. Akol Ruay, *The Politics of Two Sudans: The South and the North, 1821–1969*, Sweden: Motala Grafiska AB, Motala , 1994, p.16.

史上就是不同族群人口迁移交融的重地，种族结构复杂，族群和部落众多。大概有50个部落将努巴山区视为家乡，几乎每一座山峰或丘陵都有部落居住，部落名称与居住地名称关系复杂。卡杜格里部落（Kadugli）就居住在卡杜格里山一带，迪灵山（Dilling）一带的部落则自称是迪灵部落。

苏丹人口结构非常年轻，0—14岁人口占总人口的2/5，南方人口约占总人口的1/5，人口增长率5.53%，人均寿命57.73岁。[①]整体人口密度为每平方公里16人左右，但因为大部分国土不适宜居住，人口分布很不均匀。首都喀土穆和重要农业区杰济拉只占全国面积的7%，却集中了全国大约33%的人口。苏丹的城市化程度比较低，生活在城镇的人不到1/3，超过2/3的人口生活在农村，南苏丹的农村人口占比高达80.7%（截至2011年）。

政治和经济发展进程

从国家统治、国家管理到国家善治的理论演进可以看出，国家善治的基本思路，就是通过向社会组织和私营部门的开放重新配置公共权力，借此提高国家管理的弹性与韧性，走出传统的政府单一治理模式，实现可持续的发展、可持续的稳定、民生和民权改善三大目标，实现包括政府、社会、企业、个人在内的多元治理良性互动。以此观之，苏丹在1821年前的国家治理基本就是国家统治，例如丰吉和富尔素丹国的国家权力就体现为直接利用军事力量限制和垄断对外贸易并从中获利，维持了最低限度的公共秩序。在1821—1956年间，苏丹国家治理中的统治色彩依旧，国家权力就是通过税收和劫掠获取财富的能力，但具体施政中公共管理的因素逐渐增多，开始追求公共利益的最大化，英国式的现代社会理念和管理体制被逐步引进，例如土－埃政府在1870年代委任欧洲人士推进苏丹的禁奴运动，英－埃政府设立税务机关的目的就是“造成一种政府权威

① United Nations, *World Statistics Pocketbook 2011*, New York, 2012, p.186.

的印象”。[①]独立后的苏丹，因为有来自西方现代民主政治理念的宪法与议会政体，有竞争性的政党制度与文官制度，就政治文化而言可以视作“阿拉伯世界和非洲的民主国家”，[②]骨子里存有英国式民主政治的基因，在国家治理上的进步主要体现为以全民选举为代表的政治问责制度、以专业工会组织为代表的专业化管理模式等。然而由于深受传统文化与伊斯兰政治的影响，加之欠发达国家经济与社会条件的制约和漫长内战的强烈冲击，独立后的苏丹国家制度与政治体制具有混合与过渡的特点，国家治理的整体效果比较失败，英国式的民主政治体制往往沦为了原生态政治斗争的外壳或形式，军人政权与个人集权始终是苏丹政治生活的基础与核心。[③]

独立之初，苏丹全国划分为9个行政区，行政区以下又陆续划分了18个州（亦称省）。9个行政区中有6个是北方地区，分别是喀土穆区、北方区、中部区、东方区、科尔多凡区和达尔富尔区。另外3个行政区传统上是南方地区，即上尼罗区、加扎勒河区和赤道区（东赤道州、西赤道州）。喀土穆首都区直属中央政府管辖，设有国家首都委员会和首都市长。其他各行政地区设地区专员，各州设州长。[④]1972—1974年间，尼迈里（Gaafar Mohamed Nimeri）政府根据《亚的斯亚贝巴协议》对全国行政区划做了大规模调整，基本奠定了今天苏丹的主要行政版图，同时成立南方自治政府管辖3个南方行政区。1983年，尼迈里政府再次规划全国行政版图，苏丹行

---

① Robert O. Collins, *Land Beyond the Rivers: The Southern Sudan, 1898–1918*, Yale University Press, 1971, p. 334.

② John O. Voll, ed., *Sudan: State and Society in Crisis*, Bloomington: Indiana University Press, 1991, p.6.

③ 刘鸿武、姜恒昆编著：《苏丹》，第159—160页。

④ 除喀土穆行政区外，其他的行政区陆续下设了数个州，分别是北方区（北方州和尼罗州，1974）、中部区（白尼罗州、青尼罗州、杰济拉州，1974）、东方区（红海州、卡萨拉州，1973）、科尔多凡区（北科尔多凡州、南科尔多凡州，1974）、达尔富尔区（北达尔富尔州、南达尔富尔州，1974）。另外3个行政区传统上被认为是南方地区，即上尼罗区（联合州、琼莱州，1974）、加扎勒河区（东加扎勒河州、西加扎勒河州、湖泊州，1985）、赤道区（东赤道州、西赤道州，1974）。详见杨期锭、丁寒编著：《苏丹》，上海辞书出版社1985年版，第47—48页。

政版图重新回到1973年之前的9个大行政区，南方自治政府被撤销，加扎勒河、赤道和上尼罗3区直属中央政府。1989年，原来的9个大行政区被设定为9个州。1994年，苏丹政府将全国划分为26个州，辖132县，其中南方州10个，北方州16个。州是最高地方行政区域，州以下的地方政府分为县（County）、乡（Payam）和村（Boma）。

独立初期的苏丹政体是议会内阁制，总理为国家元首和政府首脑，以后的历届文官政府也都大体如此。政府机构设置沿用了英埃共管时期的政治体制。全国最高行政机构为内阁，下设若干部门，包括财政部、能矿部、投资部、外贸部、农业部、水利灌溉部、中央银行等主要经济部门。1969年，尼迈里政变成功，将国家体制从议会内阁制转变为总统议会制，苏丹成为了一个军人独裁统治的国家。在1989—2019年的巴希尔军事强人时代，苏丹的国家机构与政府体制经历了数次复杂的变化，国家的政治体制逐渐从议会内阁总理制向联邦总统制过渡。[①]1999年1月，《政治结社组织法》生效，约30个党派注册成为合法政党。全国大会党是苏丹的执政党，前身是苏丹全国伊斯兰阵线。人民大会党、乌玛党和民主联盟党是苏丹主要的反对派政党。“苏丹人民解放运动”是南方的主要政治和军事组织，在2005年后的过渡期内曾与全国大会党共同执政，2011年后成为南苏丹执政党。

苏丹南北在1956年联合建国，但历届中央政府对南方都采取高压和歧视政策。南方人在政治上受到了严重歧视，从中央到地方的各级政府机构中很少有南方人任职，南方各州的重要官职也多由北方人担任，主要的工商业企业部门领导权均由北方人掌握。[②]2011年7月，在历经半个多世纪的统一实践后，苏丹南北最终选择分立，1956年开始的民族国家建构进程戛然而止。黑人为主的南方10个州选择独立建国，以朱巴为首都，国土面积约62万平方公里，人口826万，国号是“南苏丹共和国”。16个北方州沿袭原来的“苏丹共

① 刘鸿武、姜恒昆编著：《苏丹》，第153—155页。

② 宗实：《苏丹》，世界知识出版社1965年版，第90页。

和国”国号，继续定都喀土穆，但国土面积减少至188万平方公里，人口3089万，是继阿尔及利亚和刚果（金）之后非洲面积第三大的国家。南苏丹独立后的行政区划基本没有科学性，完全沦为了政治斗争工具，2015年10月将10个州划分为28个州，2017年再划分为32个州，[①]2020年2月又回归到反对派认同的10个州。

整体上看，独立后的苏丹政坛陷入了派系政治泥沼，国家发展迟滞，先后经历了三轮议会制政府和军政府的交替执政。在1956—2019年间，苏丹的议会制文官政府时期不过10年（1956—1958、1964—1969、1986—1989），而军政府时期长达53年，阿布德（1958—1964）、尼迈里（1969—1985）和巴希尔（1989—2019），都是发展相对有成效的军事强人时代。也就是说，从1958年推翻第一届议会制文官政府开始，苏丹的每一波政治发展，无论是推翻旧政权还是建立新政府，几乎都是军队干政和居中运作的结果。

苏丹的行业工会和非政府组织较多，医生、律师、会计师、工程师等专业工会组织在历次社会运动中曾经发挥了重要作用。1989年以来，苏丹主要的工会组织和其他非政府组织有苏丹工人协会、苏丹银行家协会、苏丹商人协会、苏丹妇女联盟等。这些行业工会和非政府组织的工作步调与苏丹政府保持一致，但也为各自代表的群体出谋划策，在争取工人权益、提供法律和信息支持等方面起到了积极作用。

宪法很大程度上是苏丹政治发展的风向标。1955年临时宪法是苏丹的第一部宪法，具有明显的英国式政治制度色彩，确定了当代苏丹的基本政治框架，明确了言论、结社自由和政治协商等原则，承认宗教平等、信仰自由，确立了独立、开放和不干涉别国内政的外交政策。虽然临时宪法在实施3年后就被第一届军政府废止，但却是苏丹宪法的基础，基本条款在1956年后的历部宪法中都有体现，实际上是苏丹最长命的宪法。1973年通过的“永久宪法”改国名为苏丹民主共和国，规定苏丹是“民主、社会主义和统一的共和

① 加扎勒河地区10个州，赤道地区9个州，上尼罗地区13个州。

国”，是“阿拉伯和非洲两个实体的一部分”，但1985年4月随着尼迈里总统的下台而被废止。1985年颁布的过渡宪法在4年后的1989年被冻结。1998年宪法体现了巴希尔政府的意志，是苏丹现阶段政治运行的制度基础，却遭遇了南北内战的新考验。1998年宪法规定苏丹是多种族、多文化、多宗教国家，实行建立在联邦制基础上的非中央集权制（联邦共和制）；国家政治权力分别由总统、议会（一院制）、最高司法委员会行使，总统是国家主权的最高代表和军队最高统帅，拥有立法、司法、行政最高裁决权，由全民选举产生，任期5年，最初规定可连选连任一届，但在2002年取消了总统任期两届的规定，可连选连任。国民议会是苏丹的国家立法机构，议员的75%由直选产生，25%由社团、组织间接选举产生，议长由第一次议员大会选举产生，每届议会任期4年。苏丹实行司法独立，全国设高级司法委员会，下设最高法院和总检察院，分由首席法官和总检察长负责。

2005年7月，巴希尔总统签署了成立苏丹民族团结政府的过渡期宪法，规定苏丹在6年过渡期内保持统一，实行“一国两制”，建立南北两套立法系统。南方10个州成立自治政府，北方保持建立在伊斯兰法基础上的政府机构，南北双方内部相对独立，对外统一，总统由北方现任总统巴希尔担任，直接主持政府事务，南方政府主席萨尔瓦·基尔·马亚尔迪特（Salva Kiir Mayardit）担任国家第一副总统，南方在过渡期结束后可行使民族自决权。南苏丹2011年独立建国后，虽然2005年的过渡期宪法已不再适用，制订新宪法逐渐提上了议事日程，但迟迟没有进展。2019年4月巴希尔总统被废黜，4个月后，苏丹军事过渡委员会与主要反对派“自由与变革力量”签署了《宪法宣言》，组建过渡最高权力机构“主权委员会”领导未来39个月的苏丹事务，双方分别在前21个月和后18个月担任主权委员会主席。2020年2月，苏丹过渡政府同意将在达尔富尔问题上被通缉的多名前政府要员移交国际刑事法院，认为对苏丹的和平与正义至关重要；同时与美国就“科尔”号爆炸案等多起暴恐事件开展谈判，积极寻求将苏丹移出“支持恐怖主义国家”名单。

纵观苏丹1820年以来近二百年的政治发展，尤其是1956年以来的民族和国家建构实践，可以明确的一点就是，和土－埃统治时期直接而残暴的殖民权力架构相比，英－埃政府时期逐步确立的间接统治方式在实践中显然更适合苏丹复杂多元的现实国情，多途径保证各方势力的政治参予。苏丹的政治精英在争取国家独立的过程中学会了英国式议会政治的基本技能，独立后的苏丹也沿袭了英国殖民时期的国家治理框架，然而由于缺乏成熟包容的制度执行者，无论是政治精英们还是普通民众，都还不能够有效娴熟地运转这套体制，都不适应通过遵守和运用这套规则实现权力和平转移，政治变革翻烙饼般剧烈。政治精英们渴望名垂青史，为了上位不择手段，不够理性，不愿妥协，不给对手机会，追求不受制约的权力，铁腕对阵异见，罔顾个体局限，以舍我其谁的雄心大手笔实施变革，愿赌却不服输，放任仇恨和愤怒，随时准备否定对手和推翻于己不利的政治结果。普通民众则以高昂的革命思维对待烦琐的建设议题，以叶公好龙的态度追求民主，要求权利，拒绝责任，不愿忍受社会转型的艰难和阵痛，不给理想时间。民众的短视决定了政治家的狭隘，政治家的狭隘强化了民众的短视和对立，二者互为因果，整体上恶化了苏丹的政治环境。缺乏妥协、包容和契约精神的政治权争，在自以为是的正确里一再地浪费着难得的历史机遇。

任何国家的外交政策都是寻求各自国家利益的最大化，不能苛求和期待他国完全无私的利他政策和行为。内因是变化的根据，外因是变化的条件。对在反殖民化浪潮中取得独立地位的亚非拉发展中国家而言，一味地归咎历史欠账和外部因素干扰既不客观也没必要。外交是内政的延伸，大凡长时间归咎历史原因和外部干扰因素的国家，基本上都是在社会治理上踟蹰不前甚或倒退的国家，目的是强化权力合法性或者掩饰内政失误，长远看阻滞了对国家治理现代化的深入思考和积极探索。对苏丹而言，如果忽略1821年以来埃及和英国的自身变化，忽略整个国际大环境在二百年间的重大变化，忽略那些冷血充当帮凶的当地人根深蒂固的狭隘和短视，忽略人性中复杂的善恶因素，本质上就是将复杂的国家成长和社会治理问题简单化，最多也只是指出了历史发展进程中的“不应该怎样”，而对现实和未来发展中的“应该怎样”的探究和思考远未达到应有深度。鉴于苏丹的民族、部族和宗教国情高度复杂，经济和社会发展严重滞后，任何单一的权力架构和执政理念似乎都难以建立持久有效的社会秩序和可持续发展，苏丹的国家治理体系架构必须有足够的包容性和弹性张力，切实地解决好国家发展过程中各族体之间的利益纠葛，实现国家转型和各族体平等共同发展。

苏丹是非洲文明史上较早开始人类经济活动的地区，境内的尼罗河流域在前8000年就进入了新石器时代，在前四五千年就开始了渔猎和采集经济生活。在前3000—前800年间，古代努比亚人开始使用金属和石器工具并从事农牧业生产。在前800—前300年间纳帕塔王国时期，努比亚人建立了强大的奴隶制国家，不仅全面对标埃及文明，还冲出苏丹在埃及建立了黑人王朝，与地中海和西亚地区建立了贸易关系。在前300—公元350年的非洲化努比亚文明时期，麦罗埃王国的农业和手工业因为铁器的使用而有了重大发展，在1—3世纪进入全盛时期。首都麦罗埃不仅是当时的重要贸易中心和交通要冲，与北方埃及和西非内陆的黑人部族都有经济往来；还是当时地中海以南最大的炼铁中心，被西方考古学家称为“古代非洲的伯明翰”。在6—12世纪的基督教努比亚时期，苏丹与周边邻国的经贸往来进一步发展。8世纪后，阿拉伯商人的商贸活动一方面将苏丹的木材、黄金和香料销往西亚北非地区，同时也带来了伊斯兰教在苏丹的强有力传播，并最终促成了努比亚文明的伊斯兰化。16世纪，苏丹出现了丰吉和富尔两个伊斯兰素丹国，二者都拥有发达的灌溉农业和手工业，发展长途贸易，文化上也达到了较高的水平。

土地是苏丹社会最重要的经济资源，其土地制度在南北方表现不同，对土地的占有长期体现为对土地上相关产品的占有。在北方阿拉伯人或信奉伊斯兰教的部落地区，土地名义上归真主所有，不允许买卖。在南方黑人部落地区，土地一般归部落集体所有，定期分配给部落成员使用。在1821—1885年的土－埃统治时期，苏丹不仅与北方埃及和整个奥斯曼帝国的经济联系有所增强，作为一个现代国家的领土疆界也逐步形成。也正是在这一时期，苏丹传统的土地所有权定义逐渐从占有土地上的产品转变为直接占有土地，税收由粮食实物支付转变为货币支付，基于伊斯兰教法的财产继承制度催生了活跃的土地市场。[①]任何个人、企业或政府机构，都可以通过土地登记制度拥有一块土地。但所有经过登记注册的土地，名义上都归国家所有，国家可以依据惯例和习俗将其所有权委托给使用人。独立后历届政府也推行土地私有化政策。1970年的《未注册土地法》规定所有荒地、森林和未注册土地归政府所有。1973年宪法明确规定了土地所有权的买卖和继承。1985年后，苏丹的土地在名义上都属国家所有。在农业社区，开垦者拥有荒地的耕种权，可以传承子孙但不能出售和转让。在游牧地区，政府在法律上拥有牧场、林地和水源，但依照惯例为部落集体所有，不同部落对这些资源的争夺是引发众多冲突的重要原因，例如达尔富尔危机等。[②]

在马赫迪运动期间，粮食是各方势力进行社会控制和权力斗争的主要工具，英－埃政府和马赫迪王国都借机控制了许多重要的土地资源。1899年马赫迪王国被颠覆后，英－埃政府先是把掌控的大片土地交给有意扩大棉花种植的英国公司，随后又有选择地将之移交给愿意与政府合作的地方权贵，例如安萨尔教派的拉赫曼·马赫迪（Abd al-Rahman al-Mahdi）、哈特米亚教派的阿里·米尔加尼（Ali al-Mirghani）等。土地私有化获得进一步发展，出现了一些经营性农业企业，土地买卖逐渐成为普遍现象。土地制度的这种改变客观上剥夺了当地民众对重要生产资源的共同拥有，让许多土著社区更加贫穷；但因为出现了更有组织能力的政府和地方领袖/权

---

① Steven Serels, *Starvation and the State: Famine, Slavery, and Power in Sudan, 1883-1956*, Palgrave Maemillan, p.20.

② 刘鸿武、姜恒昆编著：《苏丹》，第247—248页。

贵，苏丹的农业生产技术出现了重大提升：原来主要依靠人工操作的水车灌溉系统逐渐被放弃，机械水泵灌溉越来越多；更有效益的棉花种植被引进并得到了大面积推广，苏丹在1914年后成为全球原棉市场的主要供应商之一，与英国的经济联系日益密切。与此同时，英-埃政府开始修建现代铁路系统，利用政府投资兴建了作为灌溉工程附加项目的轧棉和油籽加工厂，发展了数量有限的旱地机械化耕作农业，"二战"后实施了1946—1950年、1951—1955年两个经济计划，杰济拉灌溉工程和铁路系统是英-埃政府最主要的殖民经济遗产。值得注意的是，在英-埃政府统治的1949—1952年间，苏丹的私营经济初步形成，主要集中在肉类加工、水泥和酿酒等三个领域。英-埃政府时期逐渐兴起的本土权贵和私营业者是苏丹现代民族经济起步的标志，他们争取苏丹独立的重要因素就是担心与埃及合并会让后者完全控制苏丹经济。[①]

1956年独立后，因为议会制政府和军政府的交替执政，也因为糟糕的国家治理实践和惨烈的南北内战等因素，苏丹的经济发展迟滞曲折，虽然断续实施了数个经济发展计划，逐步建立起了自己的国民经济体系，但每一阶段的些许进展最终都以社会和政治动荡收场，整个国家的成就乏善可陈，始终是全球最不发达国家之一。不仅如此，北方穆斯林精英凭借对国家权力的垄断实行有利于北方群体的利益分配，维护阿拉伯人的特权，导致南方产生被抛弃感和被剥夺感，最终危害了国家的统一与稳定。南北方在历经55年的战乱和统一实践后最终选择南北分立。

1960年代的"经济社会发展十年计划"完成了数个成效显著的灌溉工程和工厂项目，民众平均收入从1960年的86美元增至计划末期的104美元。1959年，苏丹与埃及达成了《尼罗河水分配协定》，苏丹每年可以获得的水份额提升至185亿立方，虽然实际上苏丹一直没有获得这样的份额，但在理论上确保了苏丹农业生产有足够的

① 刘鸿武、姜恒昆编著:《苏丹》，第214页。

灌溉用水。雄心勃勃的“十年计划”原定1960年底开始实施，但直到1962年9月才被正式批准，不仅比预定时间晚了一年多，其后的贯彻执行实际上演变成了政府每年制订的投资计划，所需投资基本依靠政府的发展预算，具体的计划项目也随意增减，资金短缺成为经济计划难以为继的普遍原因。苏丹政府的经常性支出远超收入，始终面临着严重的财政赤字和外债压力。

尼迈里政府的“临时行动纲要”始于1973年，由苏联专家帮助制定，重点是交通基础设施建设和大型工农业生产项目，有着明显的向“左”转和集权式倾向。“临时行动纲要”试图通过加速国有化等手段实现“五月革命”的主要目标，即建立独立的国民经济体系，推动文化、教育和公共医疗卫生服务事业发展。根据这一计划，尼迈里政府启动了数个灌溉工程，建立了许多工厂，修建了从喀土穆到苏丹港的柏油公路。提前实施的琼莱（Al Junayd）运河项目不仅计划给北苏丹和埃及供水，借此改善运河区内尼罗特人的生活，还前所未有地在南方地区实施基纳纳（Kinana）食糖和拉哈德（Rahad）棉花等大农业项目。1970年代初，美国雪佛龙石油公司在苏丹科尔多凡州和加扎勒河州交界处发现了石油，为苏丹经济带来了希望。至少在当时，尼迈里政府的经济发展计划开端良好，有着丰富农牧业资源的苏丹一度被期待成为阿拉伯世界的“面包篮子”，南方民众也开始对国家经济发展充满希望。

苏丹经济在1970年代实现增长的一个重要原因，就是它得到了海湾产油国、欧美国家的大量援助，来自世界银行的贷款也是推动苏丹经济发展的重要动力。在实施“临时行动纲要”的1973—1977年间，尼迈里政府的年度支出高达10亿苏丹镑，政府公共投资从原计划2.15亿苏丹镑增至4.63亿苏丹镑。然而和1960年代的阿布德政府一样，政府主导的经济发展成效并不理想。庞大的发展计划引发了严重的财政赤字，加之国有化运动导致的私人投资减少，尼迈里政府的财政赤字和外债剧增。从1977年开始，苏丹的经济形势开始恶化，通货膨胀不断攀升，已经无力支付到期债务和利息，新的

“经济和社会发展计划（1977—1982）”实际上已经被放弃了。

在1980年代，苏丹经历了急剧的政治和经济动荡。1985年4月，尼迈里政府被推翻，苏丹经济陷入徘徊状态。其后的过渡军政府和民选产生的萨迪克政府在解决苏丹经济问题方面进展不大。曾经被寄予厚望的萨迪克政府制定了数个经济复兴计划，采取了改革贸易政策、调整汇率、减少预算赤字和津贴、鼓励出口和私有化等诸多措施，但因为管理不善、自然灾害和内战等因素，复兴计划的执行情况并不理想。内战再燃带来的惨烈破坏和高昂费用泯灭了一度出现的和平与发展希望，曾经的农牧业高产地萨赫勒地区和南部地区连年旱灾，雪佛龙公司停止了石油勘探和生产，琼莱运河工程停顿。1984—1985年的饥荒摧毁了苏丹的西部和东部，苏丹的粮食安全状况一再成为国际社会关注的话题。①与此同时，来自南方和周边国家的难民确实加重了苏丹的危机程度和财政负担，但苏丹政府出于各种因素考量否认危机状况并拒绝国际社会援助，不仅将经济困难变成经济灾难，也让苏丹国家形象一落千丈。

1989年“救国革命”后，巴希尔政府实施了“挽救经济三年计划（1990—1992）”，但经济状况持续恶化。1993年，国际货币基金组织把苏丹列为无力偿债和不宜提供贷款的国家，停止其会员国投票权。此后，巴希尔政府于1993年和1996年分别发布新经济法规，实施新的改革措施和发展计划，减少政府干预，实行市场经济，鼓励外国投资，大力推进私有化进程。1997年，苏丹政府按照国际货币基金组织的要求实行财经紧缩政策，严格控制公共开支，限制依赖银行借贷开支比例，减少货币发行量，重点扶持优先发展的战略项目，利用石油出口带动经济复苏，通胀率和赤字均明显下降，经济状况趋向好转。1998年和1999年，苏丹按期偿还了国际货币基金组织的贷款，恢复了会员国投票权。1999年，苏丹在中国等国的帮助下跻身石油出口国行列，建立了上下游完整的石化行业体系。石

① Steven Serels, *Starvation and the State: Famine, Slavery, and Power in Sudan, 1883-1956*, 2013, p.1.

油行业的开发不仅提升了工业产值和出口额，还带动了麦罗维大坝、杰伊利电站等一些重大项目的实施。在21世纪的最初十年，因为国际油价持续高企，苏丹凭借石油出口一度成为非洲经济发展最快的国家之一。2003年以后，苏丹财政状况好转，国家的经济信誉度提升，汇率逐渐稳定。这样的经济发展虽然整体上还有点畸形，例如国家财政严重依赖石油出口，但相对于此前近乎赤贫的欠发达状况而言，仍然是具有突破性的发展成就。

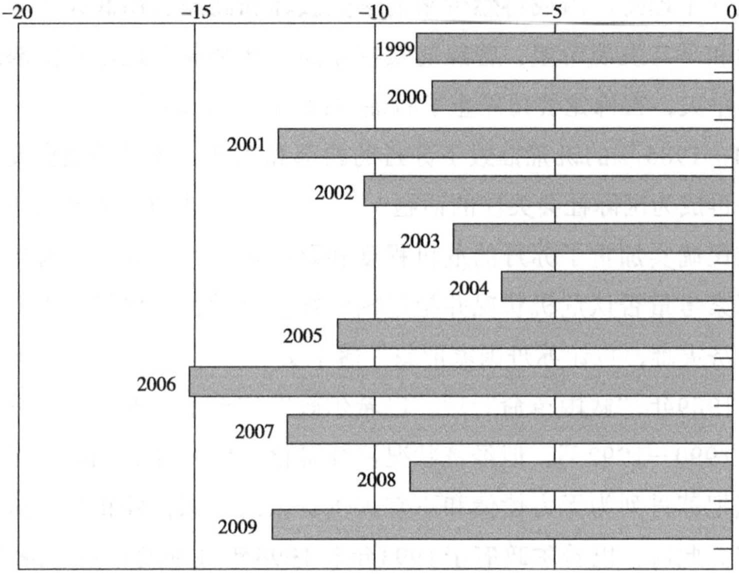

图表1　苏丹1999—2009年的财政赤字①

2011年南苏丹独立后，苏丹损失了70%的石油储量和80%的石油产量，加之国际油价步入了动荡调整的下行周期，作为其核心财政来源的石油出口收入损失殆尽，财政收入锐减，物价上涨，通货膨胀率高达80%，美元与苏丹镑的汇率在2008—2019年间从1:2.05暴跌至1:47。为消除消极影响，苏丹政府一方面逐步加大对水利、道路、铁路、电站等基础设施以及教育、卫生等民生项目的投入力

① John Ryle, Justin Willis, Suliman baldo, Jok madut Jok, *The Sudan Handbook*, Rift Valley Institute, 2012, p.144.

度；另一方面，努力改变财政严重依赖石油出口的情况，积极调整工业结构，重点发展石油、纺织、制糖等工业，将发展农业作为长期战略。但实际上，依靠高科技支撑的现代化农业比依靠资源开发的初级工业化难度更大，失去了石油资源的苏丹的发展前景并不乐观，2019年4月发生军事政变的重要诱因，就是食品等基本生活物资价格暴涨导致民众的生存压力剧增。南苏丹获得了独立并拥有石油资源，但受制于几近于无的国家认同和治理能力，发展前景同样不乐观，战乱频仍，超半数人口面临严重的食物短缺。

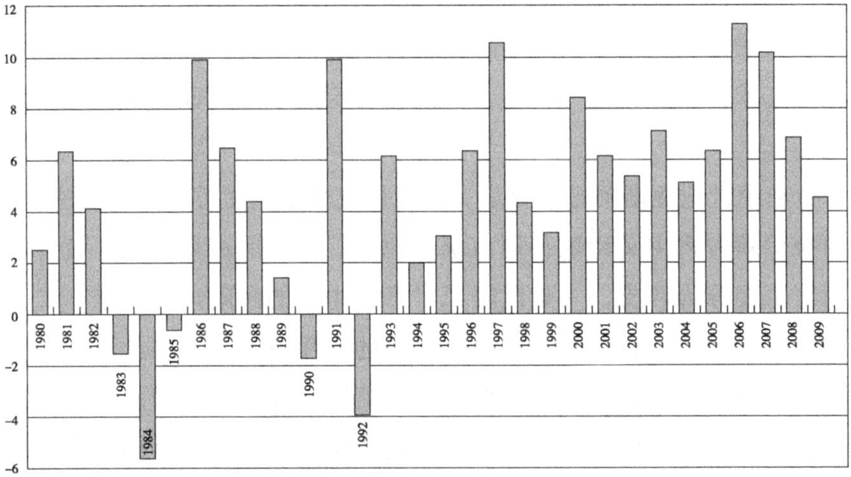

图表2　苏丹1980—2009年GDP增长图[①]

传统社会的缓慢转型

苏丹历史悠久，文化多元，无论是语言、建筑还是绘画、雕刻，都有着非洲黑人与北非阿拉伯双重属性，曾出现过的古代努比亚文化、黑人各传统部族文化、阿拉伯伊斯兰文化有着复杂的传承关系。整体上看，北方地区长期是文明走廊，文化形式多样，发展轨迹多变。古代努比亚时期是苏丹文化最辉煌的时期，大量的

① John Ryle, Justin Willis, Suliman baldo, Jok madut Jok, *The Sudan Handbook*, Rift Valley Institute, 2012, p.137.

神庙、宫殿等建筑既受古埃及艺术风格的影响，又有鲜明的地域特点。在从尼罗河第一瀑布到喀土穆的广袤区域，分布着大量罗马帝国时期留存下来的历史建筑。许多村落中心和市镇的希腊-罗马式长方形建筑，既有着优美的罗马式浮雕和柱廊等建筑，又结合了麦罗埃人的传统艺术特色。在基督教努比亚时期，苏丹境内出现了大量具有基督教形态的教堂建筑。栋古拉附近的基督教堂和皇宫建筑有哥特式、科林斯式等多种风格。法拉斯（Faras）大教堂遗址残留的壁画作品，色彩呈紫色调，线条流畅清晰，有着浓厚的原始基督教风格。10世纪以后，随着阿拉伯人的到来和伊斯兰教的传播，努比亚人的传统艺术与阿拉伯伊斯兰艺术逐渐融合，传统的古兰经学校把艺术传授看作是一种生活实践，稳定地形成了苏丹现代艺术的基础。

在中世纪逐渐阿拉伯化后，阿拉伯文学成为了苏丹文学的主体，阿拉伯新古典主义诗歌长期占统治地位。苏丹的古典诗歌，就内容而言主要分为两支，一是反映当时日常生活的民间口头诗歌，二是主要赞颂战功、哀哭和清教徒式忏悔的书面诗歌，专供上流社会欣赏。就形式而言，除了用阿拉伯语和英语写作的文学作品外，南方黑人部族社会中保存下来的口头民间文学也是苏丹文学的重要组成部分。1920年代，在埃及、黎巴嫩和西方文化的影响下，苏丹现代文学在民族意识的觉醒中开始复兴，但远落后于埃及、黎巴嫩、叙利亚等阿拉伯国家。诗歌继续是最主要的文学表现形式，直接反映英埃殖民统治这一主题，但从内容到形式均无重大变化，许多诗歌充满悲哀失望的情绪，感叹伊斯兰精神的减退，留恋阿拉伯统治的黄金时代。

苏丹的现代艺术，大致分为北方的阿拉伯-伊斯兰艺术与南方的尼罗特黑人部族艺术两大部分，大城镇的现代艺术有明显的受西方影响痕迹。北方的阿拉伯-伊斯兰艺术包括建筑、民居、音乐、舞蹈等。清真寺是苏丹建筑艺术的主要体现者，总体上承袭了伊斯兰建筑的特点与风格，又因为当地建筑材料、气候和生活方式的影响而呈现出某种程度的本土化特点，例如法克鲁清真寺和马赫迪宫等。近现代英国殖民时期留下的西式建筑，也是当代苏丹建筑艺术的重要内容，尼罗河畔的总统府是首都喀土穆最好的旧式建筑。苏丹的音乐舞蹈具有浓郁的东方与非洲风情，其节奏与旋律既有阿拉伯音乐舞蹈的歌唱性与舞蹈性，又混合了非洲黑人音乐舞蹈的强烈节奏与动感。

在南方地区，黑人部落的传统艺术始终与传统生活与游牧经济共生，无论是复杂神圣的祭祀与礼仪活动还是日常的婚丧嫁娶的求雨问卜，往往都伴随热烈欢快的歌舞，鼓点和节奏多变，配合以组合复杂的击掌声、歌声和呐喊声，气氛或舒缓、或粗犷、或激昂、或悲伤，将音乐、舞蹈、面具和服饰艺术天然混合，全方位表达他们的情感期待及其对祖先神灵的崇拜敬畏，也因之形成了另一种的艺术传统与风格。例如南苏丹的丁卡人身体魁梧，性格剽悍，有奇特的人体装饰艺术，因为自由迁移于尼罗河上游的大草原或南方荒漠而被称为“非洲骑士”。丁卡部落舞蹈的形式与风格具有浓厚的南方黑人特点，内容也多与征战有关，或号召人们准备迎击敌人，或赞美部落首领和公牛的力量，或模仿各种动物的敏捷动作，尤其是飞越高空的非洲鹰的优美身姿，被赞誉为“最具尼罗特游牧民族精神”。①

因为始终处于周边强大文明传播和影响的边缘地带，无论是埃及化时期、基督教化时期还是阿拉伯-伊斯兰化时期，苏丹的文明发展都始终保持或者具有比来源地更鲜明的特征。纳帕塔王国的佩耶国王就认定自己是埃及文明的真正继承者，建立了同时统辖埃及和努比亚的黑人王朝（埃及第25王朝）。苏丹的基督教努比亚文明，不仅保存了更多早期基督教的色彩遗迹，而且在伊斯兰教和阿拉伯帝国崛起后仍然顽强地存续了八个多世纪。进入阿拉伯-伊斯兰化时期后，尤其是现代阿拉伯国家民族体系逐渐形成后，苏丹无论是地理位置还是重要性都处于阿拉伯-伊斯兰文化圈的边缘位置，因

① Carob Beekwith & Angela Fisher: *African Ceremoniey*, New York, 2002, p.240.

而总是更多地突出自身的文化特点来强化归属和认同，典型的就是在1980和1990年代的两度全面伊斯兰化。也就是说，因为受宗教和自然环境的双重影响，苏丹穆斯林的宗教信仰更虔诚，不仅在日常生活中严格履行功课要求，在饮食上尽可能符合沙里亚法的相关规定，更长期把向国内的非穆斯林地区推广沙里亚法作为文化国策，即便引发绵延半个多世纪的两次南北内战也在所不惜。

苏丹有着丰富多彩的人类社会文明，努比亚是众多古代文化的发源地，但这仅仅是第二次世界大战后半个多世纪形成的共识。古希腊和罗马人称赞苏丹是居住着伟大武士和美丽女王的地方，称赞非洲大陆魅力无穷且充满奇迹，但在“欧洲中心论”主导的大部分近代世界，地理上属于非洲的埃及被看作是地中海文明，非洲被定义是“没有历史的大陆”，人类社会的文明足迹止步于阿斯旺（Aswan），数千年来生活在强大邻国埃及阴影里的苏丹基本被忽略。①而得益于20世纪前半叶的抢救性考古发掘，以努比亚文明为代表的苏丹历史碎片逐渐被拼缀，成为日益同质的全球化时代的一朵瑰丽浪花。这确实丰富了人类社会的世界谱系，体现了社会的发展和进步，给现代人展示了不同于自身的自然图景和人文奇观，借助普遍而潜在的“猎奇意识”帮助后者认识和理解异域文化。②在1821—1956年间，埃及和英国殖民者按照自身的理解人为移植了他们的政治框架和权力架构，太多的西方探险家在发现南苏丹的过程中按照自身的理解重构了当地的尼罗文化，例如对当地的母系氏族文化等更感兴趣，有意无意地回避了当地的落后现实。这不可避免，也无法苛求，但对苏丹而言，它既不能总是以列强的殖民掠夺解释严重迟滞的发展现状，也不能总是以张扬“旧日风情”来满足他人对“落后文化”的猎奇趣味，必须正视自身在教科文卫等领域的发展差距和严峻现

---

① 〔美〕戴尔·布朗主编：《非洲辉煌的历史遗产》，史松宁译，广西人民出版社2002年版，第7—9页。

② 邹振环：“《职方外纪》：世界图像与海外猎奇”，《复旦学报》（社会科学版）2009年第4期。

实，必须切实解决发展难题满足民众的物质和精神需求。

1824年后，随着哈尔瓦（Khalwa）和库塔布（Kuttabs）等教育形式的引入，苏丹现代意义上的学校教育开始缓慢发展。在北方，政府开始扩大宗教学校哈尔瓦的数量，课程包括熟记《古兰经》等，费用由教授世俗课程的公立学校库塔布支付。在苏丹南部，教育由基督教传教士提供，英语被作为通用语言和英-埃政府南方政策的组成部分，英语语言能力是在南方政府部门就业及升迁的必要条件，阿拉伯语甚至口语体的阿拉伯俚语被禁止使用。1936年，教育开支仅占英-埃政府预算的2.1%，南方地区没有一所公办学校。[①]独立后，苏丹长期实行免费义务教育，1988年后才取消了中等和高等免费教育。2010年，苏丹全国有中小学校1.3万所，综合大学5所，公立大学共27所，私立大学约50所，主要的高等学院均集中在喀土穆。全国在校学生约500万人，其中大学生约16万人，教师约13万。整体上看，苏丹的教育发展有两个特点。其一，教育发展严重滞后。义务教育普及率很低，文盲率高达64%，25%的学龄儿童不能入学。其二，教育发展很不均衡。南方地区的教育水平本就落后，苏丹政府在内战爆发后驱逐了所有西方传教士，南苏丹民众接受教育的机会大为减少，师资力量薄弱，教学设施匮乏，2011年的文盲率高达85%。具体而言，即便在相对较好的尼迈里时期，南方的小学、中学和中等专科学校数量也分别只占了全国总数的10.08%、6%和8%，喀土穆大学每年录取的南方学生从来没有超过100人，朱巴大学录取的南方学生最多时也只有41%（1977年）。[②]

和滞后的教育发展类似，独立后的历届政府甚至一直未曾认真考虑过国家的科技发展战略与政策。1970年，苏丹出台了第一部关于科技组织的法律，同时成立了国家研究委员会负责制定科技发展

① 〔美〕罗伯特·柯林斯：《苏丹史》，徐宏峰译，中国大百科全书出版社2010年版，第50、54页。

② 刘辉：《民族国家建构视角下的苏丹内战研究》，中国社会科学出版社2011年版，第113—117页。

计划并监督执行。1970—1980年代，苏丹相继建立了一些具有现代特征的专业科研协会，如生物学会、传统医学会等。1989年，苏丹成立了高等教育研究部，国家自然研究中心也重组成功，科技投入随着此后石油经济的快速发展而有所增加，一些基础性研究开始起步，出现了一些有特色的动植物和矿产资源研究机构，但由于研究经费少，人才流失严重，这些机构的成果和影响都十分有限。在人文社会科学研究领域，苏丹几乎没有全国性的研究协会和组织，仅部分高校建有一些研究机构，如喀土穆大学的伊斯兰研究所、阿拉伯文化研究所等。

苏丹气候炎热，干旱少雨，热带疾病肆虐，加之经济落后，交通不便，缺乏基本的医疗条件，45%的人口营养不良，45%的儿童患有腹泻，疫苗接种率很低。传染病和营养不良是5岁以下婴幼儿的主要死因，生殖健康问题导致育龄妇女死亡，肺结核是成年人的最大杀手。1980—1990年代的饥荒和疾病流行曾导致大约150万—700万苏丹人丧命，1990年代中期的居民平均寿命仅为50岁左右。[①]1970年代的初级医疗保健和地方病预防项目虽然取得了一定进展，但持续的内战和经济萧条严重地制约了这些项目的实施，苏丹的各项卫生指标远低于中东和北非平均水平，2008年的卫生部门预算仅为政府预算的3.6%。苏丹在1918年就建立了第一所医学院，到2005年时已经有25所医学院为医生提供培训，每年毕业1400名医生，苏丹籍的医师人数在国际社会的帮助下增长很快，2005年的注册医师达到了2.1万人，但其中的60%在沙特、英国和其他国家工作。正因为如此，苏丹国内的医师人数长期偏少，在1982、1998和2006年分别是2200人、4500人和8800人，每10万人拥有的医师数量从11.3人增长到28.6人，但也仅仅达到邻国埃及和尼日利亚的水准，而且多达1/3的医疗设施没有达到公认的医学实践标准。另外，这些医疗设施大多集中在北方的城市地区，广袤农村地区的医

① Helen Chapin Metz, *Sudan: A Country Study*, Library of Congress, 1991, p.118.

疗甚至达不到平均水准的一半，患病民众经常不得不走很远的距离才能到达最近的医疗机构。南方的公共卫生系统因为战乱基本瘫痪，80%的基本医疗由NGO和宗教组织提供，民众覆盖率不到25%。[①]

横亘南北之间的文化边界

因为与古埃及王国有着广泛的联系和交往，也因为非洲黑人文明、北方埃及文明、古代基督教文明、阿拉伯伊斯兰文明以及西方现代文明程度不等的影响，苏丹的种族与文化形态多元并生，历史演进错综复杂。其一是人种差异，苏丹全国共有19个种族，597个部落，根据人种不同而大致分为黑人部落（52%）和阿拉伯人部落（39%），各个部落彼此独立，整体的语言、体系和文明呈现出明显的多样化特征，构成南方社会主体的黑人约占苏丹总人口的20%（截至2010年）。其二是语言差异，苏丹全国约有115种主要的部落语言，其中近30种部落语言使用的人数在10万以上。官方语言为阿拉伯语，使用者占总人口的60%（主要在北方），南部地区民众操各种苏丹土语，自近代以来通用英语。其三是宗教信仰差异。伊斯兰教是苏丹国教，全国超过70%的民众信奉伊斯兰教，多属逊尼派，主要居住在北方。南方居民多信奉原始部落宗教及拜物教，约占全国人口的25%。另有大约5%的人信奉基督教，多居住在南方和首都喀土穆。也正是因为在社会形态、语言和宗教三方面的巨大差异，苏丹的南北方之间客观上存在着一条明显的文化边界，讲阿拉伯语且信奉伊斯兰教的北方人（包括阿拉伯人与黑人），与讲英语或土著语且信奉原始宗教或基督教的南方人（主要是黑人）的矛盾，是苏丹国家独立后数十年间的基本矛盾。

在法老时代的苏丹和埃及交往中，双方之间的人口流动规模较小，文明交往的主导方向是发达的埃及文明对努比亚地区的影响和渗透。当时的埃及和努比亚边界被看作是秩序与混乱之间的过渡带，

① LaVerle Berry, *Sudan: A Country Study*, Library of Congress, 2015, pp.132–137.

任何人离开埃及就意味着抛弃了原来的价值观和生活方式。[①]进入苏丹的埃及人主要是负责管理征服地区事务的官员和寻找财富的商人，他们死后一定要归葬埃及的习俗延续了很长时间，甚至有人为了找回其死亡在努比亚的父亲的尸体不惜发动战争。努比亚人整体上处于被动地接受影响和依附式学习状态，很多努比亚人被作为奴隶掳往埃及，充当士兵和家奴。库施人虽然曾一度改变了努比亚与埃及的文明交往格局，在第25王朝由"被统治者"变成了"统治者"，缔造了南起喀土穆、北达地中海的大帝国。黑法老们自诩是埃及历史上伟大法老们的后继者，也确实让埃及恢复了古典传统的模样和气度，算是真正意义上的埃及法老。[②]

从3世纪初期开始，基督教经北方的埃及、南方的阿克苏姆（今埃塞俄比亚）及红海沿岸传入了努比亚地区，大致有民间和官方两个渠道。截至6世纪下半叶，苏丹北方的3个主要王国，诺巴德、马库里亚和阿勒瓦先后改宗基督教。由于这一过程中并未有太多的基督教徒迁入，所谓的"基督教化"很多时候仅只是王国统治阶层的改宗，中下层民众大多仍然信奉原始的部落宗教（拜物教/泛神论），基督教在当地根基不深。641年后，阿拉伯人控制了埃及，努比亚地区基督教会与地中海文化的联系被隔断，孤悬边陲，保留了基督教的原初或古典形态。[③]12世纪后，在汹涌而来的阿拉伯-伊斯兰化浪潮冲击下，苏丹的基督教会作为一种社会力量黯然失色，越来越多的教堂或修道院被改造成了清真寺。在最后一个基督教王国阿勒瓦消亡的1504年前后，苏丹北方的教堂数量已经从13世纪初的400多座减少至150座。[④]在随后的丰吉素丹国时期，基督教在苏丹北方的影响被完全清除和覆盖。

---

① 金寿福："古埃及人如何构建他者形象"，《光明日报》2017年11月13日。

② Robert Steven Bianchi, *Daily life of the Nubians*, The Greenwood Press, London, 2004, p.163.

③ G.莫赫塔尔主编：《非洲通史》第二卷，中国对外翻译出版公司1984年版，第258页。

④ P. M. Holt, M. W. Daly, *A History of the Sudan: From the Coming of Islam to the Present Day*, London: Pearson, 2011, p.20.

自651年《巴克特条约》(Baqt Treaty)签订以来，大批阿拉伯商人移居苏丹，与当地的母系氏族部落杂居通婚，迅速融入了当地社会。这是一个不同文明融合的双向进程，既有苏丹当地基督教徒和原始部落民众的阿拉伯-伊斯兰化进程，也有阿拉伯移民迁入苏丹后的地方化内容。伊斯兰教两世兼重，有着强烈的世俗参与性，苏丹的阿拉伯-伊斯兰化进程不仅内容相当宽泛，影响上也远比曾经的基督教化深刻持久。到14世纪早期，无论是信众人数、活跃程度还是影响范围，伊斯兰教都已经远超苏丹的其他宗教。只是由于天堑阻隔，也由于南方尼罗特人的抵抗和向北扩张，苏丹阿拉伯-伊斯兰化进程的向南扩张被迫止步，长期停滞在北纬10°附近的苏德沼泽、加扎勒河及阿拉伯河一带，形成了一条横亘苏丹东西的文化边界。

1800年前后，苏丹的人口格局演变基本定型。此后二百年间，除了来自西比拉德-苏丹的塔克鲁尔人和富尔贝人，来自阿拉伯半岛的拉萨伊达人外，以文明走廊著称的苏丹再没有出现其他新的种族/部族。北方是阿拉伯人聚居区，讲阿拉伯语，信奉伊斯兰教，“阿拉伯人”在当地是一个更具文化内涵而非种族意义的人类学名词。南方主要是尼罗特人的丁卡、努尔、希卢克、巴里等分支，他们在10世纪左右进入南苏丹，属尼罗-撒哈拉语系的沙里-尼罗语族，信奉原始部落文化和泛神论拜物教。基于人种和宗教方面的差异，南北方之间始终存在着一条大致的文化边界。[①]

首先，南北间的文化边界是一条长期处于变动状态的宽阔地带。这种变动虽然整体上是阿拉伯人和伊斯兰教的向南和向西移动，但也并非在任何时候都是这样的单向移动，尤其是上尼罗河流域和边界西段地区。在1800年之前，在富尔素丹国的劫掠者和巴卡拉阿拉伯人眼中，苏丹南北的文化边界地域就是一片待占领、待掠夺和待开发的广阔领土。南方的希卢克人曾将控制区域从诺湖向北拓展到

① B.A.奥戈特主编:《非洲通史》(第五卷)，中国对外翻译出版公司2001年版，第130—131页。

阿莱斯（Alays，现在称卡瓦），在1636—1861年间的二百多年间一直统治着长达500公里的白尼罗河流域，并以阿莱斯为基地袭击丰吉素丹国和努巴山区。当时的穆斯林民族将希卢克人统治的这一段白尼罗河称为“塞卢克河”，大致东西平行走向的南北方文化边界因之在上尼罗州向北凸出成三角形。努巴山区曾是历史上南北方变幻不定的边疆地区，当地的很多民间传说就是明证。

其次，南北间的文化边界是一条模糊的种族和宗教分界线。界线以北的“北方人”肤黑鼻阔，有着明显的黑人生理特征，但认同阿拉伯祖先，接受阿拉伯文化，信奉伊斯兰教，自视高贵，到20世纪中叶已经被稳定地看作是阿拉伯穆斯林。界线以南的“南方人”被认定是落后的非洲人，是信奉泛神论的“异教徒”，与北方极少或者根本没有交往。这是一条被人为扩大的种族分界线，根深蒂固却脱离现实。悠久的奴隶贸易很早就将苏丹南北地区连接起来，将整个苏丹与世界连接起来，那些最终被同化了的黑人奴隶丰富了苏丹北方的社会和人种结构。而在宽阔的文化边界地带内部，由于战争、灾害和饥荒等原因，阿拉伯人、富尔人、丰吉人、希卢克人、努尔人和丁卡人都在这一区域内生活过。主体居民的频繁迁徙导致了文化边界内部高度复杂的社会变革及种族融合。

第三，南北间的文化边界是一条割裂整个社会的思想界线。在20世纪，有意制造的种族对立关系以及因之发展起来的种种偏见，往往把苏丹南北地区描绘成截然对立的种族和宗教实体。南方人眼中的南北关系就是北方人对南方的军事侵略和经济剥削，主要施暴者是上尼罗河的丰吉人和加扎勒河地区的富尔人。而在北方人看来，苏丹的一切政治、经济和社会变化都是信仰真主的、聪明的阿拉伯移民带来的，与黑人为主的当地经济基础和社会文化结构关系不大，苏丹的落后就是因为伊斯兰社会的衰落。在19世纪，苏丹北方的阿拉伯奴隶贩子从南方劫掠了大约200万黑奴，其贪婪和暴戾程度远超法老时代的埃及人和之前的阿拉伯人，给南方留下了难以磨灭的仇恨记忆和情感隔阂。苏丹独立后，北南双方民众都以饱含贬义敌意的“奴隶”(abeed)和“掠奴者”(mudukuru)称呼对方，集中地折射了双方之间由来已久的悬殊地位和深刻敌意。[①]

南北分立的多元思考

1839年后，阻断苏丹南北交往的苏德沼泽逐渐被疏通，封闭的南方开始直接与外部世界发生联系。此后经过土-埃统治(1821—1881)、马赫迪国家(1881—1899)、英埃共管(1899—1955)三个阶段的发展演变，南方问题在多种因素的综合作用下成为了苏丹国家最严重的社会问题之一。从独立前夕的1955年开始，苏丹南北内战持续了近半个世纪，大致分1955—1972年和1983—2005年两个阶段，估计有200万人直接死于战争或因之发生的饥荒和疾病，约500万人流离失所，还有约50多万人逃往国外，是当代历时最漫长、原因最复杂、解决最棘手的内战之一。[②]

19世纪是近代苏丹国家的形成时期，但这一转变并非源自苏丹本土的文明自觉，而是源于外部势力的强力塑造。从发展的视角看，苏丹北方穆斯林精英们的强迫同化政策，包括土-埃政府在苏丹的统治，在相互割裂的古代世界确实是不同文明间的一种交往方式。在强迫同化过程中，丧失了自我民族特征的一方别无选择，或者自此消亡、融合，或者在时间的长河里舔舐伤口自我调适。这是早期民族融合与文明进步的成长代价。但在联系日益紧密的现代世界，尤其是在即时通讯发达的全球化时代，任何有违人道精神的暴力行为都会被谴责和制止，不同民族和文明间的强迫同化政策基本没有实现可能。苏丹南北之所以在2011年分立，就是因为北方对南方的强迫同化政策严重阻碍了民族团结、社会进步和国家发展。2011年7月9日，苏丹在历经55年的统一实践后最终选择南北分立，久已存在的南北方文化边界变成了两国间的现实政治边界。

---

① Oduho Joseph &William Deng, *The Problem of the Southern Sudan*, Oxford University Press, 1963, p.53.

② 姜恒昆：“苏丹内战中的宗教因素”，《西亚非洲》2004年第4期。

苏丹北方以穆斯林为主，操阿拉伯语，占国土面积和人口的2/3，自认是阿拉伯－伊斯兰世界的组成部分。南方2/3的民众信奉泛神论的原始部落宗教，信奉伊斯兰教和基督教的民众分别有18%和17%，在种族、文化和宗教上更具非洲属性，有一定程度的亲西方倾向。从表面上看，南北间的内战和分立也一直有着明显的宗教色彩，是宗教冲突和对立的表现和结果。但实际上，苏丹南方的主导意识形态一直是原始部落文化和泛神论拜物教，其本质特点是血缘性和地缘小群体性，属于早期形态的自发宗教。[①]而这种早期形态的自发宗教，对较高形态的人为宗教，无论是基督教还是伊斯兰教，客观上都有隔阂，但也都没有固定的预设态度，相互的接受与融合程度取决于彼此间消弭隔阂和影响民众的方式。在1956—2011年间，伊斯兰教一直被强力推广，基督教则被限制活动，二者现阶段在南苏丹的存在和影响都微不足道。

基督教在苏丹北方的历史早于伊斯兰教，但在16世纪初被后者成功根除并替代。1838年后，因为与在苏丹的欧洲商业集团结成了各取所需的联盟，也因为大量的欧洲基督徒被委任苏丹各地总督，不少耶稣会传教士们得以重新进入苏丹传播基督教。在1898年后的英埃共管时期，基督教开始有组织地传入苏丹南部地区，成为受欢迎的外来宗教。原因之一，基督教提供的普遍观念和宽泛认同契合南苏丹民众对人神关系的原始认知，从自发宗教向人为宗教的过渡比较顺畅。原因之二，基督教在南苏丹的传播始终以和平方式进行，不同派系的传教士被限制在不同的区域，而且与信众个人的福祉和发展紧密联系，主要通过提供教育、健康和其他社会服务传播基督福音。可以说，如果不是独立后以“铲除殖民遗产”名义限制基督教在南方的传播，不是借助1962年的《传教士社团法令》驱逐了全部的西方传教士，基督教在南方的影响肯定比现在大。

与基督教的和平传播、自然同化不同，伊斯兰教在进入南方时

① 于锦绣：“简论原始宗教的形式、内容和分类”，《世界宗教研究》1998年第4期。

采取了暴力推进、强迫同化的方式。事实上，无论是殖民时代的土-埃政府还是独立后的历届议会制政府和军政府，北方的穆斯林精英们尽管存在着各种分歧，但在推动南方的伊斯兰化方面没有本质区别。他们粗暴地定位苏丹是阿拉伯国家，把伊斯兰教看作是一种信仰和生活方式，是北方慷慨提供给南方的意识形态和文化价值，因而粗暴地借助国家机器强制在南方推广阿拉伯-伊斯兰化政策。与此同时，南方人则将伊斯兰教看作是包含种族、民族和文化内容的阿拉伯沙文主义，认为其本意就是排斥信奉泛神论原始宗教和基督教的南方人，因而从一开始就抵制北方的伊斯兰化政策，并在抵制过程中形成了他们基本的国家认同。基督教和英语被当作抗击北方伊斯兰化政策、对抗伊斯兰压迫的最有效手段，政治精英们在1980年抗议重新划分南部地区的《团结书》就特意使用英语表达不满。

1821年以来，由于土-埃政权的掠夺式国家治理引发了南方人的群体性恐惧和仇恨，1898年后英国人的间接殖民统治又带动基督教更有效地进入了苏丹南方，南北方由来已久的文化边界因为宗教和种族差异日益明显，因为血腥的奴隶贸易而被固化，进而先验地成为了一种不容置疑的客观存在。1956年赞同统一的南方在持续了55年的实践后选择分立，本质上还是因为不满自身在国家权力架构中的地位和作用，涉及宗教、种族、认同、国家权力调整、经济资源配置等多项内容。也就是说，虽然基督教和伊斯兰教进入南部地区的不同方式深刻影响了现代苏丹国家发展的历史走向和进程，但导致南北分立的根本原因还是独立后苏丹中央政府失败的南方政策。

纵观1956—2011年苏丹政府的南方政策，无论是文官政治精英还是军事强人集团，虽然也都承认南北之间在语言、文化、宗教等方面的差异，要消除英国殖民政策影响，却始终坚持阿拉伯-伊斯兰文化认同，在南方强推阿拉伯-伊斯兰化，要用北方的阿拉伯民族主义取代南方的非洲主义，建立统一的全国文化认同。[①]1980和

① Tim Niblock, *Class and Power in the Sudan: The Dynamics of Sudanese Politics, 1898–1985*, Macmillan Press, 1987, p.216.

1990年代的两次全面伊斯兰化就是这一执政思路的典型和高潮。其中虽然也曾认识到南方政策的弊端并加以调整，例如在1970年代出现了短时间的关系缓和，但整体上缺乏新意和变革勇气，2011年的南北分立就是苏丹政府南方政策错误与失败的最终证明。

首先，南北方之间基于种族和文化差异的历史宿怨在独立后基本没有得到缓解。苏丹北方民众本是哈姆人与黑人混血种，从16世纪初丰吉素丹国（1504—1821）开始阿拉伯化，信奉伊斯兰教。南方为黑人聚居地，属于尼罗特人和尼罗哈姆人，信奉原始的泛神拜物教，与北方差异很大。奴隶是早期努比亚与外部交往的主要商品之一，历史悠久，但规模不大。自1821年征服苏丹北方后，有组织的大规模猎奴活动随即开始，并在19世纪中叶达到高潮，其中猎捕和贩卖黑奴最积极的是埃及人和北苏丹的阿拉伯人。在1840—1870年间，贩奴、掠奴活动遍及整个南苏丹地区，对北方阿拉伯人的仇恨在南方黑人中代代相传，他们把埃及和马赫迪国家的入侵同他们整个社会的毁灭联系在一起，其口传历史称这一时期为“遭受蹂躏时期”。① 在英埃共管时期（1899—1955），殖民当局政治上实行间接统治，对南方采取隔离与封闭政策，培植南方政治势力，文化上推行基督教化和去阿拉伯化政策，将英语作为官方语言。整体上看，英-埃殖民政府对苏丹的治理探索，虽然有保护南苏丹的动机和初衷，但客观上阻碍了南北经济文化交流，在唤醒南方民众自主意识的同时也强化了其分离意识，人为地制造和扩大了苏丹南北民众的隔阂。在独立后的国家治理实践中，占主导地位的北方穆斯林精英们因为格局限制和历史惯性推动，推崇阿拉伯文化，认同阿拉伯世界，既不愿兑现独立前给南方民众的诺言，也对曾经的暴劣行为毫无愧疚，基本无视双方之间的历史恩怨，反而高傲地认为南方人“野蛮、落后、愚昧”，是需要用阿拉伯-伊斯兰化进行拯救的“异

① Francis Mading Deng, *Africas of Two Worlds: The Dinka in Afro-Arab Sudan*, New Hasen & London: Yale University Press, 1978, pp.130-142.

教徒”，南北方之间的情感鸿沟实际上从未被缩小。[①]

其次，2011年的南北分立有着深刻的经济根源。南方贫穷落后，基础设施薄弱，在独立前只有1所高中和1个棉油加工项目，需要国家投资来提升发展程度和强化民众认同。然而因为习惯性的歧视和长期战争的影响，南方三州从来都不是苏丹国家的发展重点。在政府发展水利和公共事业等基础建设的预算中，北方占比超过90%，而针对南方的投资占比不到10%。[②]即便在1972—1983年的相对和平时期，专为南方设置的特别发展预算也往往只能落实20%—40%，数个在独立之前就已经确定的发展项目，例如瓦乌的啤酒厂和制糖厂等，直到1986年都没有落实，中央政府的关注重点只有琼莱运河修建和本提乌石油开采。[③]1999年石油开发成功后，从南方开采的大量原油被通过长途管线运到北方加工和出口，很多南方人认为这是北方在有意掠夺南方的财富，和历史上的黑奴贸易和资源掠夺并无二致。2005 年《全面和平协议》签署后，苏丹政府同意将约半数石油收入划拨南方，但却时有拖欠，招致南方不满。南方的众多部落间虽然也有分歧，但在与北方争夺石油资源上却有着共同利益，南北方之间只有战争状态和非战争状态，发展从来都没有成为双方关系的主题，悬殊的南北方差距也从来没有缩小过。巨大的发展落差使南方人产生了深刻的被歧视感和被剥夺感，强烈希望通过独立建国来掌控命运和实现发展。

第三，分立后的北南双方都面临着新的国家治理难题。允许南苏丹以公投的方式独立建国是苏丹政治精英们在21世纪初期做出的最大变革和让步，它超越了此前几乎不能碰触的思想禁区和政治正确，巴希尔执政团队为此承受了巨大的政治压力。对苏丹政府而言，既然无力构建包容性的国家治理体系推动北南双方共同发展，允许

---

① 杨灏城、朱克柔主编:《当代中东热点问题的历史探索》，人民出版社1996年版，第321—323页。

② 宗实:《苏丹》，第90页。

③ 刘辉:《民族国家建构视角下的苏丹内战研究》，第113—115页。

南苏丹独立也许就是个现实的理性选择。北方虽然丧失了重要的石油资源，面临着巨大的经济压力，但消弭了北南双方之间的持久血腥冲突，节省了庞大的军事开支，能够专注应对西部和东部的分离主义运动。与此同时，对于年轻的南苏丹共和国来说，艰巨的国家建设和治理进程才刚刚开始，起点远低于北方邻国。南苏丹2017年的总人口是1253万，部族众多，有60多个较大的部族，每一个部族都有自己独特的认同、语言、文化及宗教习惯。敌存灭祸，敌去召过。如果说南方的众多部族还曾经因为强大的北方敌人而勉强团结过，他们之间的分歧和冲突在2011年建国后才真正地被放大和面临考验，难以弥合的派系分歧和斗争导致过渡联合政府的组建一再推迟，国家建设一直处于停滞状态。丁卡人和努尔人是苏丹政坛最有势力的部族力量，二者之间的矛盾和冲突不仅贯穿整个内战时期，而且在新国家建立后围绕着权力分配和资源整合一再发生武装冲突，是影响南苏丹民族建构和国家治理的关键。更重要的是，由于执政的苏丹人民解放运动（SPLM，简称苏人运）一党独大，有着“新苏丹”梦想的卓越领导人约翰·加朗（John Garang）在《全面和平协议》签署22天后因意外事故不幸罹难，新生的南苏丹共和国缺乏有能力、资历和格局的最高领导，无法弥补制度化建设不完善以及军队整合失败的缺憾，南苏丹国家结构脆弱，政治和解进程停滞，经济建设没有起色。因为每一派政治势力都有自己的武装力量和部族基础，一旦政治精英们无法通过体制框架实现权力野心和欲望，南苏丹社会就必然出现“政治权争→军事冲突→族群间暴力”的系列恶性事件。鉴于南苏丹内战同时交织了政治权争、军事冲突与族群暴力，截至2019年4月已经导致40多万民众死亡，南苏丹的未来前景就取决于政治精英们能否切实推进民族构建和国家治理进程，实现主要族群的充分和解以及包容性的政治进程。[①]

① 闫健：“政治－军队－族群的危险联结——南苏丹内战原因分析”，《国外理论动态》2017年第3期。

第一章　非洲世界的努比亚文明

努比亚文明与埃及文明并列非洲文明的两个源头，努比亚文明的A族群文化全盛时期同埃及第一王朝时期有着大致相同的物质形态。从公元前约3000年开始，埃及因为建立了强大的中央集权而发展迅速，继续保持原始状态的努比亚文明出现了明显的相对衰落和贫困，长期笼罩在埃及文明的阴影里。另一方面，发达的埃及社会深刻地影响和带动着努比亚社会的发展，促进了双方思想和技术的交流，人们对努比亚的了解完全依靠古埃及方面的资料，某些历史阶段甚至因为埃及文献记录的缺失而模糊不清。在埃及新王国时期，努比亚上层社会全面接受了埃及文化，在衣着服饰、宗教信仰和殡葬礼仪等方面完全埃及化，甚至当埃及的影响衰落或者屈服于外国统治时还把自己看作是真正的埃及文化和宗教价值的守护者。事实上，也正是得益于埃及文明的直接影响，努比亚地区的政治、经济和文化才逐步加速发展，在埃及文明发展的衰落间隙趁乱崛起，整体上与埃及文明形成了此消彼长的互补发展态势。公元前1500年建立的库施王国，逐步开创了努比亚文明的极盛时代——纳帕塔与麦罗埃王国时期，形成了中央集权的奴隶制国家，初步奠定了苏丹的国家形态基础，当之无愧地成为了非洲文明的重要代表。

一、与埃及文明并立的努比亚文明

努比亚走廊

由于缺乏文献记载，加之近代以来根深蒂固的欧洲中心论的影响，努比亚文明长期被古典时代的西方世界忽视。许多西方学者固执地认为人类文明的足迹应该止步于阿斯旺，濒临地中海的埃及只是地理位置上属于非洲而已，非洲整体上是没有历史的大陆。[1]受此影响，19世纪被逐步发现的努比亚文明最初被看作是古代埃及文明的附属品，后来又被看作是“非洲与地中海文明的走廊”。20世纪中叶后，因为持续了一个多世纪的考古发掘和探究，人们才对古老的努比亚文明有了新的认识，逐渐将之看作是非洲文明的一部分。

作为一个古代地理概念，努比亚主要指非洲东北部尼罗河上游地区，即北起阿斯旺附近的第一瀑布，向南至第六瀑布、喀土穆并一直延伸到青、白尼罗河之间，东及红海之滨，西接利比亚沙漠的广大地区。[2]习惯上，历史学家将努比亚分为下努比亚（埃及努比亚）和上努比亚（苏丹努比亚）两部分。下努比亚指第一瀑布到第二瀑布之间的地区，相当于今日埃及南部和苏丹北部，这是世界上最早形成国家的地区之一。上努比亚的地理范围一般指第三瀑布到青、白尼罗河之间的地区，相当于今日苏丹的中部与南部，有时候把从库赖迈（Karima）到喀土穆之间的地区称作南努比亚。

第一瀑布附近的阿斯旺，是埃及的南大门，古代曾为驿站、兵营，是埃及和努比亚贸易的枢纽重镇，其名称据说就来自古埃及语“贸易”一词。第二瀑布波涛汹涌，附近地区巨石嶙峋，地形险恶，不宜人居，是很难逾越的天然屏障，在造成尼罗河上下游之间封闭和阻隔的同时，也长期阻滞了埃及古王国时期法老大军的南进步伐。

---

① 〔美〕戴尔·布朗主编：《非洲辉煌的历史遗产》，第16页。

② 《不列颠百科全书》（第12卷），中国大百科全书出版社1999年版，第265页。

第三瀑布和第四瀑布之间的栋古拉（Dongola）地区是广阔平原，水量充沛，耕地遍布，曾经是库施纳帕塔王国的中心地带。喀土穆以北的第六瀑布是努比亚的南部边界，往北到第五瀑布之间是宽广的尚迪（Shandi）平原，也就是库施麦罗埃王国所在地。

苏丹从古迄今的历史都与尼罗河紧密地联系在一起，基本上具有努比亚的面貌和特质，但也与尼罗河下游的埃及有着紧密而复杂的关系。[①]滚滚流淌的尼罗河是当时非洲南部内陆居民与外部世界交往的天然通道，更是他们唯一的进出口贸易通道。这条通道从发达的西亚开始，经过地中海和埃及，一直延伸到尼罗河上游的努比亚。整体上看，努比亚地区的居民不仅与尼罗河下游地区开展贸易，还充当了非洲文化同埃及和地中海文化交往的通道和媒介；既是非洲的东部和西部、南部和北部之间的文化汇合场所，也是中东、远东和地中海欧洲文化的汇合场所。“努比亚走廊”的称谓即由此而来。

下努比亚的居民，虽然不时有新的族群移入，但主体人群应该是新石器时代就定居在第一瀑布和第三瀑布之间的原始部落的后裔，而且可能与第四瀑布和第六瀑布之间的上游地区居民有关。这些居民有的住在尼罗河两岸，主要从事原始农业；有的居住在远离尼罗河的大草原地区，以畜牧为生，甚至还可能过着半游牧的生活。值得注意的是，“努比亚走廊”的范围涵盖了尼罗河两岸相当宽广的地区，实际上并不限于狭窄的尼罗河流域，当地居民如果愿意，就能够截击通过陆路或沿河而上的埃及南向商队。另外，努比亚地区确实在各种文明间充当了桥梁和走廊作用，但不能将努比亚文明本身排除在非洲整体文明之外，努比亚文明本身代表着公元前辉煌的苏丹古代文明。[②]从地中海到非洲内陆，狭长的努比亚走廊蕴藏着人类所走过、所创造出的6000年文明史，其历史跨度从史前的旧石器时代一直延续到近现代，是“世界上最伟大的露天博物馆”。[③]

① G.莫赫塔尔主编：《非洲通史》（第二卷），中国对外翻译出版公司1984年版，第183页。
② 李安山：“努比亚文明，非洲的骄傲”，《文明》2015年第3期。
③〔美〕戴尔·布朗主编：《非洲辉煌的历史遗产》，第51页。

创造努比亚文明的努比亚人（Nubians），是苏丹最古老的土著族裔，由居住于此的尼罗特人与埃塞俄比亚地区的含米特人（Hamites）长期融合而成。考古获得的骨骼残骸表明，在整个新石器时代（前8000—前3000），尼罗河上游地区的黑人各种族同尼罗河下游和地中海沿岸的居民，就一直有着复杂的融合交往与持久的杂居生活。努比亚和埃及的早期文化接触就是因为尼罗河流域的人口迁移与融合。从人种学或人类学的角度来看，古代的努比亚人，是以黑人为主体同时融合了周边各种族的一个非洲族群集团。[①]

在古埃及存留的王室铭文和各类文学作品中，对努比亚人的记载多为丑化性描写，总在其前面冠以“可怜的、卑鄙的、被打败的”等类似的称谓，有时甚至把他们描绘成“野蛮人”和“懦夫”。[②] 即使是在古埃及对努比亚完全控制的新王国时期，担任努比亚总督的埃及官吏也常常居住在埃及中部的底比斯城（Thebes），并没有生活在他所掌管的努比亚地区。在新王国时期流传下来的法庭记录中，埃及人常用来强调供词真实性的话现在已经演变成了谚语：“如果我撒谎，就割掉我的鼻子和耳朵，或者把我送到努比亚去。”[③]

现实中的努比亚人并不可怜。他们在古代是尼罗河流域强大埃及的唯一对手，在公元前8世纪的鼎盛时期曾经征服埃及建立了黑人法老王朝（第25王朝），成为整个尼罗河流域的统治者，甚至还跨出非洲大陆，远征过地中海周边的叙利亚和希腊地区，在与北方埃及法老帝国，西亚的亚述帝国、波斯帝国，地中海的罗马帝国的长期战争中几起几落。[④]库施人给地中海的许多文明留下了深刻的烙印。至公元前5世纪，从东地中海的塞浦路斯到意大利半岛的伊达拉里亚，都有与之相似的器皿、壁画和雕像，对库施人有运动员、舞蹈家、宫

---

① 刘鸿武、姜恒昆编著：《苏丹》，第84页。

② M. Lichetheim, *Ancient Egyptian Literature*, Vol. I, Berkeley, Los Angeles & London: University of California Press, 1973, p. 119.

③ Robert Steven Bianchi, *Daily Life of the Nubians*, 2004, p. 115.

④ 库施（Kush）的形容词是Kushite，译为库施特/库希特，今天的努比亚人因而有时也称为库施特/库希特人。

廷侍从以及武士等各种称呼。[①]公元4世纪，库施国家被来自南方的阿克苏姆（Axum）王国所灭，沦落为历史迷雾中的非洲古代王国。8世纪，随着伊斯兰教传入及大批阿拉伯人移入，努比亚文明逐渐失去了自己的独立传统，日益与阿拉伯-伊斯兰文化融合在一起。

A族群文化

根据考古学研究成果，早在6万年前的旧石器时代，第一和第二瀑布之间的尼罗河谷就已经有人类活动的痕迹。大约在公元前8000年，努比亚地区逐渐进入了新石器时代，喀土穆一带的进入时间是公元前3900年左右。努比亚人在尼罗河两岸过着定居生活，采集谷物，饲养家畜，辅之以打猎和在尼罗河上捕鱼，住在用坚固的泥砖围成的村子里。到新石器时代后期，苏丹人开始饲养某些牲畜。[②]从喀土穆到上埃及中部的艾斯尤特（Assiut），整个努比亚地区的丧葬习俗，陶器、石器和以后出现的金属工具都非常相似，各个地区拥有大致相同的狩猎、捕鱼、畜牧等原始农业，社会组织、宗教信仰、丧葬仪式以及一般的生活方式基本类似。考古发现还证明，在公元前4万—1万年间，努比亚人和埃及人的体质和脑容量不相上下，努比亚社会的文明发展程度与埃及文明也几无二致。[③]

8世纪之前，跨撒哈拉沙漠的贸易路线还未形成，沿尼罗河流域的河谷间小型贸易通道已经存在了数千年。在埃及与非洲热带内陆之间的贸易往来中，一代代的努比亚人充当着中间商的角色，推动了上尼罗河和下尼罗河流域之间的密切接触，促进思想和技术从一个地区向另一个地区的传播。也正是通过这条贸易通道，非洲内陆的黄金、香料、象牙、珍贵木材、牛羊、兽皮等，源源不断地流向了埃及和中东等地，埃及的谷物以及花瓶、珍珠、护身符等工艺品

---

① 〔美〕伯恩斯（Burns, E. M.），〔美〕拉尔夫（Ralph, P. L.）：《世界文明史》，罗经国等译，商务印书馆1987年版，第63页。

② LaVerle Berry, ed., *Sudan: a country study*, Federal Research Division, Library of Congress, 2015, pp.3-4.

③ Robert Steven Bianchi, *Daily Life of the Nubians*, 2004, pp. 14-15.

也借之传入了努比亚地区。在同一时期的埃及和努比亚墓葬中都发现了从对方传来的东西。一些技术，例如珠子和护身符的涂釉技术，就似乎在两个社会中同时出现。古代尼罗河地区的陶艺代表是带有一条黑边的赤色陶器，这似乎首先出现在第四和第六瀑布之间的尼罗河上游。埃及生产的“基纳”(Qena)陶器用浅黄色矿物黏土做成，在前3000年左右已经大量输入下努比亚。在第一瀑布以南的努比亚遗址中经常发现“基纳”陶器，这表明埃及底比斯地区和下努比亚之间曾经有过兴旺的贸易。①

由于缺乏文献记载，也没有其他物品可以佐证，20世纪初期发掘的下努比亚墓葬群和随葬品，被简单地按照字母顺序排列，依次称之为A、B和C族群(Group A, B, C)，分别对应埃及的各个王朝时期。②A族群属于半游牧民族，生活在公元前3800年左右，处在铜石并用的新石器时代，放牧绵羊、山羊和牛。民众居住在小的帐篷里，逐水草而居，已经有财产、等级观念与宗教信仰。在一个显然为富人特别设计的坟墓里，随葬有数柄大型铜斧、一个紫水晶刻制的狮头雕像和一个云母镜，此外还有两根权杖，其手柄镀金且环绕一排动物浮雕。这些产自埃及的随葬品有可能是埃及商人赠送A族群酋长等显赫要人的礼物，但由于在许多级别稍低的人物墓中也发现有埃及产的铜斧、酒坛等器物，就充分说明努比亚与埃及之间存在着贸易关系。A族群作为中间商向埃及阿斯旺运输象牙等热带货物，通过交换带回了埃及的奢侈品。③

前3200年左右，埃及出现了文字。前2800年，埃及实现了全国统一，建立了强大的中央集权国家，灌溉农业逐渐代替了狩猎、

---

① G.莫赫塔尔主编:《非洲通史》(第二卷)，第176—177页。

② 提出这种分期的人是美国考古学家乔治·A.赖斯纳(George A. Reisner)。1906年，埃及政府宣布扩建阿斯旺水坝，指派赖斯纳作为首次努比亚考古勘探队队长。在1907—1911年期间，赖斯纳对下努比亚方圆150公里的地区进行了大规模的文物抢救工作，共发掘出151个墓葬群，大约有8000座坟墓。通过对随葬品的研究，赖斯纳对努比亚的文化发展类型进行构建，并得到了学界的采纳。

③〔美〕戴尔·布朗主编:《非洲辉煌的历史遗产》，第24页。

捕鱼和畜牧业，普及了文字。尼罗河流域因此同时存在着两种不同类型的社会。第一瀑布以南的努比亚人虽然肯定知道文字的存在，因为他们与法老世界有接触，有时还相互厮杀，然而似乎并没有感到文字的重要性，仍旧保持着自己的社会制度和口头文化，保持着一种小单位的社会和政治组织，也有一些农业生产，但以畜牧为主，最多是半游牧社会。法老时代的埃及则致力于土地的精耕细作，建筑和维修与河流平行的堤防，平整盆地，挖掘渠道，建造水坝，尽可能地有效利用尼罗河水，是一个农业发达、人口众多的中央集权国家。

在A族群的晚期墓葬中，尤其是埃及早期王朝开始的前3100年之后，发掘出的随葬器物，无论是质量还是数量都明显下降。这表明A族群拥有的财富开始减少。曾经认为的B族群人，实际上应该是处于文化衰落和经济贫困时期的A族群的后裔。究其原因，其一是有着强大中央集权的埃及一再地侵略和掠夺努比亚，其二是努比亚依靠尼罗河维系与埃及的贸易和交往，其规模远不及埃及通过地中海和中东与外部世界建立起来的贸易和交往。

二、被埃及掠夺和影响的努比亚文明

C族群文化

公元前7000年左右，特别是在新石器时代末期的潮湿时期，整个努比亚地区有着共同的物质文明形态。努比亚文明与埃及文明并行发展，A族群文化的全盛时期同埃及第一王朝基本同步。大约从公元前3000年开始，尼罗河下游的埃及部分和上游的努比亚部分开始有了明显区别。努比亚文明长期被掠夺，笼罩在埃及文明的阴影里，出现了明显的文化衰落和经济贫困。[①]另一方面，虽然过程有点残忍和不平等，发达的埃及文明深刻地影响和带动了努比亚社会的

① G.莫赫塔尔主编：《非洲通史》(第二卷)，第176页。

发展，促进了双方思想和技术的交流。人们对努比亚的了解完全依靠埃及的资料，某些历史阶段甚至因为埃及文书没有记录而迄今不为人知。也就是说，法老时代埃及对苏丹的同化式掠夺和征服，同时兼具破坏和建设的“双重使命”；两种使命相互包含和融合，都包含有阻碍和促进两种作用因素，客观上以外来的破坏性力量引发了努比亚社会内部的自我变革，“充当了历史的不自觉的工具”。[①]

进入王朝时期的埃及日益强大，对努比亚的了解越来越深入。为了保卫第一瀑布附近的南部边境，埃及第1王朝的阿哈（Aha）法老对努比亚发动了军事远征，并刻制乌檀纪念碑庆祝胜利。第2王朝末期，法老哈赛海姆威（Khasekhemwy）在努比亚建立了埃里芬提尼（Elephantine）定居点。古王国时期（前2686—前2160），埃及经常性派遣军队抵达第二瀑布，从人口稠密的下努比亚掠夺黄金、奴隶和木材等，将昔日的贸易伙伴变成了被掠夺对象。埃及第4王朝奠基人斯尼弗鲁（Sneferu，前2613—前2589）曾经派遣军队入侵下努比亚地区，劫掠了7000个奴隶和20万头大小牲畜。这个数字可能有埃及人夸大战功的成分，但此次军事行动应该基本上摧毁了努比亚A族群人的家园。在随后的数百年间，埃及军队多次入侵努比亚，疯狂劫掠，给当地造成了巨大破坏。在第二瀑布瓦迪哈勒法（Wadi Halfa）南边苏莱曼（Sulayman）山顶的岩石上，一幅公元前3000年的埃及浮雕形象地描绘了这种变化。浮雕记述了埃及法老杰尔（Djer）战胜A族群的两个村庄的故事。在图上，一位努比亚酋长被缚在埃及战船的船头，许多战死的努比亚人尸体漂浮在水面上。[②]这是埃及征服努比亚的最早记录，埃及法老是第1王朝的杰尔国王，图画现存于苏丹喀土穆的国家博物馆。在此后的传统中，埃及法老所穿便鞋的鞋底上就刻意饰有努比亚人和叙利亚人的形象，要以此来告诉自己和世人，他已经将努比亚人踩

① 马克思：《不列颠在印度的统治》、《不列颠在印度统治的未来结果》，《马克思恩格斯全集》（第9卷），人民出版社1961年版，第247、149页。

② 〔美〕戴尔·布朗主编：《非洲辉煌的历史遗产》，第25页。

在脚下。

埃及古王国时期的军事远征，尤其是后期地方长官们的军事远征，多少都带有贸易性质，这在客观上推动了尼罗河上下游间联系的不断扩大。第一，埃及人在阿斯旺附近的第一瀑布湍滩处开掘了可以通航的水道，开辟了水陆两条贸易通道，把谷物和其他埃及货物运往努比亚的凯尔迈（Kerma）等地，返回时又把贵重金属、象牙、紫水晶、黑檀木、薰香、兽皮和玛瑙等带回阿斯旺，然后用船运到尼罗河下游地区。香料、树胶、象牙、乌木和豹子等第二瀑布以南地区的产品也越来越多地流入埃及。埃及商人尤其喜欢黄金和奴隶，奴隶被用作家奴、婢妾和法老军队的士兵。神秘而不可抗拒的香精成为了埃及人的日常生活必需品，埃及的万神殿甚至开始供奉新的非洲神——舍兹姆（Shezmu）香料神。[①] 第二，埃及的文化和生产技术逐渐传入努比亚。在靠近尼罗河第二瀑布的布亨（Buhen）地区发现了埃及第5王朝时期的村落和炼铜炉遗址，表明这一时期的埃及人已经在努比亚勘探和提炼金属矿藏，主动或者被迫把冶炼技术引入尼罗河上游地区。在这一过程中，努比亚人即使没有积极参与炼铜，但通过接触到的一系列工序，他们至少也获得了炼铜的基本知识。事实上，正是得益于埃及文明的直接影响，努比亚的政治、经济和文化发展才逐步加速，在库施王国时期达到了自己的极盛时代。

第4王朝之前，古王国时期的法老们往往亲自带领军队深入努比亚，以粗暴的劫掠方式获取奴隶和牲畜。此后，法老们开始派遣高级官吏进入阿斯旺地区，负责监管与努比亚及其南方的贸易，在武力威胁的基础上与努比亚人开展贸易，寻求奴隶、石材和铜等资源。根据一些地方长官墓室的自传体铭文，埃及与努比亚在这一时期的贸易模式已经摒弃了早期的敲诈勒索与巧取豪夺，有时为了获取家畜、木材以及所需的雇佣兵还不得不向C族群的酋长们赠送厚

---

① G.莫赫塔尔主编：《非洲通史》（第二卷），第179页。

礼。第6王朝大臣乌尼（Uni）奉命前往努比亚寻求建造金字塔所用的石材，因为得到了当地部落首领的协助，他仅用一年时间就完成了任务，整个过程并不像此前记录的那样充满了杀戮与劫掠。①哈库夫（Harkuf）是阿斯旺贵族中最成功的远征商队首领，他在佩皮二世（Pepi II）统治早期至少4次率商队进入努比亚，组建了一支亚姆人（Yam）雇佣军保护商队安全，每次远征历时8个月左右，有可能深入到科尔多凡或者达尔富尔。哈库夫的商队选取陆路以避过第二瀑布，用毛驴作为运输工具，不仅带回了豹皮、象牙、乌木、香料和油料等努比亚和更南方地区的物资，在最后一次远征中还带回一个会跳舞的黑人侏儒取悦年轻的法老佩皮二世。②

从古王国中期开始，许多努比亚人就被掳掠到埃及，也有部分人是主动迁徙到埃及谋求新生。在埃及的努比亚人很多被编入军队，不仅受命保护前往巴勒斯坦地区的商队，还可能充当了埃及同努比亚进行贸易往来的特殊使者，推动了努比亚总督行政机构的确立和有效运转。③其他的努比亚人，有的被派往尼罗河以东沙漠地区的采石场开采各种宝石，有的在神庙土地和王宫手工作坊中劳作，还有部分人在埃及高级官吏家里当仆人。在第一中间期，埃及的社会治安逐渐恶化，身材高大、体格健壮且忠厚老实的努比亚人逐渐充当起地方权贵们的私人保安。④

大概是由于埃及早期王国时期法老军队的频繁入侵和劫掠，也可能是出于安全考量主动退向了尼罗河两岸的大草原或更南的地方，甚或是由于新石器时代潮湿期的结束带来了尼罗河流域的严重干旱，从公元前3000年开始，努比亚人似乎突然抛弃了他们的土地，除了零星的几个游牧部落外，下努比亚似乎无人居住。A族群文化的所有

① James Henry Breasted, *Ancient Records of Egypt*, The University of Chicago Press, 1905, Vol. I, pp. 149–150.

② James Henry Breasted, *Ancient Records of Egypt*, Vol. I, pp. 159–161.

③ M. Lichetheim, *Ancient Egyptian Literature*, Vol. I, Berkeley, Los Angeles & London: University of California Press, 1973, pp. 19–20.

④ 金寿福："古代埃及人的外族观念"，《世界历史》2008年第4期。

痕迹几乎从考古记录中消失殆尽，形成了长达6个世纪的历史空档。

公元前2300年左右，由于气候条件或其他尚不明确的因素，原来离开尼罗河谷的A族群重新回到了第一与第二瀑布之间的尼罗河谷。这就是美国考古学家赖斯纳（George A. Reisner）发现的C族群。C族群居民在尼罗河流域一直存在到公元前16世纪的努比亚完全埃及化时期，其文化的北部界线在埃及的北库巴尼耶村（Kubanieh North），南部边界大概在巴滕哈杰尔（Batn-el-Hagar）地区。[①] 根据考古发现，C族群居民基本上是游牧民族，大多数人居住在帐篷里，少数人在村庄里定居。C族群民众虽然分裂成几个氏族，拥有各自的物质文化和埋葬仪式，但有着基本的共同点。他们都广泛使用带黑边的赤陶器，拥有牛、羊、狗等家畜。死者被埋葬在椭圆形墓坑里面，穿着打扮与A族群相同，地面上有“土丘”式坟墓和用以纪念死者的祠堂等。牛在C族群人的文化中地位突出，富有的死者的整个墓室都装饰有牛的头骨。

随着埃及古王国的整体衰落和努比亚自身的发展壮大，埃及与努比亚之间贸易关系逐渐恢复。在埃及第6王朝时期，努比亚地区虽然也有过局势动荡时期，例如佩比纳赫特（Pepi-Nakht）就曾经先后两次奉命远征努比亚，大肆杀戮并劫掠了许多俘虏，甚至把两个努比亚酋长带回埃及，[②]但整体上处于和平状态。迈伦雷（Merenre Nemtyemzaf）国王曾经到第一瀑布地区，接受梅杰（Medjay）、伊尔泰特（Iltete）和瓦瓦特（Wawat，今瓦迪哈勒法）三个努比亚部落酋长的朝拜。当塞索斯特里斯三世（Sesostris III）确定塞姆纳（Semna）为埃及边界的时候，他进一步加强了军事防御工事而不是军事进攻，同时指示这些防御工事不得妨碍埃及人和努比亚人都能获益的商业往来。[③]在佩皮二世统治晚期，一名叫赛布尼（Sebni）的地方长官，因为父亲在军事远征中死在了努比亚，他带着军队进

① G.莫赫塔尔主编：《非洲通史》（第二卷），第191页。

② James Henry Breasted, *Ancient Records of Egypt*, Vol. I, p. 163.

③ G.莫赫塔尔主编：《非洲通史》（第二卷），第181页。

入努比亚寻回了其父的尸身，但同时也用1000头毛驴驮载着油料、蜂蜜、亚麻布等礼物送给了当地的部落酋长。①赛布尼赎买性质的行为在此前的埃及与努比亚关系发展记录中从未出现，这可能是由于埃及古王国的整体衰落，但总体上显示了埃及与努比亚交往方式的改变。此后，埃及逐渐进入了地方割据、互相争斗的第一中间期（第7—10王朝，前2181—前2040），中央政府机构孱弱，无力控制努比亚地区，下努比亚的C族群居民获得了相对宽松的发展环境，其独立地位保持到埃及中王国兴起的公元前2000年左右。

C族群文化最重要的特征之一是它的陶器。这种陶器呈碗形，外层装饰有压印或雕刻的几何图案，常以白色颜料充填。典型的C族群石器是用绿岩（软宝石）磨制的小马。在C族群的墓葬中，发现了大批密封的埃及古王国时期的葡萄酒和埃及人用来盛食物的圆底陶制器皿，这说明努比亚与埃及已经重新恢复了贸易关系。事实上，从古王国时期到新王国时期的两千年间，埃及的远征军中始终有来自努比亚的雇佣军。这个特殊的群体成分复杂，部分是埃及南部边境靠近努比亚地区的居民，部分是努比亚人或者是埃及化的努比亚人，他们充当了埃及同努比亚交流和贸易的中间人，配合埃及法老对努比亚的探索和征服。②

凯尔迈王国

从公元前2200年起，南撒哈拉地区的生态条件开始恶化，当地处于新石器文化阶段的人群开始迁徙到非洲其他地区。辗转迁移到尼罗河流域的人群，一部分同地中海和亚洲起源的其他民族一起建立了所谓埃及新王国，另一部分则继续向南流徙到尼罗河上游，即埃及人称为“库施”的上努比亚地区。③

① James Henry Breasted, *Ancient Records of Egypt*, Vol. I, p. 167.

② Lanny D. Bell, *Interpreters and Egyptianized Nubians in Ancient Egyptian Foreign Policy: Aspects of the History of Egypt and Nubia*, University of Pennsylvania, Ph.D., 1976, pp. 91–92.

③ 〔美〕伯恩斯（Burns，E.M.），〔美〕拉尔夫（Ralph，P.L.）：《世界文明史》，罗经国等译，商务印书馆1987年版，第62页。

中王国时期的埃及内乱平息，国家统一，法老们不断对努比亚地区进行军事征服，将埃及的疆土第一次拓展到第二瀑布以外，逐渐恢复了古王国时期在埃及南部的影响力。第11王朝的孟图霍特普三世（Mentuhotep III）曾乘船远征至瓦瓦特地区。第12王朝的国王赛索斯特里斯三世（Sesostris III），在其统治的第10、12、16和19年四次发动对努比亚的军事征服，把努比亚南部的塞姆纳（Semna）变成了埃及的边疆地带。

为了巩固新开拓的领土，保护尼罗河商路的安全和顺畅，埃及人在第一瀑布和第二瀑布之间的岛屿和尼罗河西岸要地修建了一系列堡垒式军事要塞，其中知道名称的大约有17个。最南端的要塞在塞姆纳地区，此处河道狭窄，建有塞姆纳和库玛（Kumma）两个堡垒，二者之间用大范围的城墙连接。赛索斯特里斯三世巩固了此前对努比亚的征服，他在塞姆纳地区竖立石碑，明文规定不准任何努比亚人“经陆路或乘船到下游去，也不准努比亚的任何畜群到下游去，除非是去伊肯（Iken）做生意或是许可他们办理的正当事务”。[①] 伊肯就是塞姆纳以北大约60多公里处的米尔吉萨（Mirgissa），这是当时最大的军事堡垒，位于第二瀑布附近，修建有大型的泥制船坞滑台，可以使船只绕过急流，实现水陆联运。最北边的布亨要塞位于第二瀑布的下游，连接着平坦的下努比亚地区，是唯一不傍河流的要塞，也是埃及与努比亚贸易往来的中心，此处考古发掘出大量的建筑石块，充分显示其重要性和坚固程度。

由于第一中间期有大量西亚人迁徙到尼罗河三角洲定居，东部沙漠的梅杰等游牧部落也季节性地侵扰尼罗河流域，埃及人对努比亚地区的控制有点力不从心。公元前1500年，库施人在文化上已接近前王朝晚期的埃及，他们统一了上努比亚地区，仿效埃及建立了中央集权的库施王国。库施王国是非洲第一个高度发达的本土黑人文明。

---

① James Henry Breasted, *Ancient Records of Egypt*, Vol. I, pp. 293–294.

库施王国的统治者住在栋古拉平原上的凯尔迈城，这个时期的王国因而也称作凯尔迈王国。凯尔迈位于第三瀑布南面，远离埃及人的势力范围，土壤肥沃，是西部绿洲商路的终点。库施也许就是曾经的亚姆王国，但后者似乎与埃及保持着良好的贸易关系，而库施则与埃及互相敌视。埃及中王国时期在第二瀑布附近修筑的一系列要塞，最初可能是监控臣服的努比亚C族群人并垄断尼罗河流域的贸易，但到了中王国晚期就变成了以防御为主的军事堡垒，主要的防御对象就是努比亚人及其东边的游牧部落。这种变化首先体现在堡垒要塞的军事性名称上，例如"镇压努比亚"（Subduer of Nubia）、"防御弓箭"（Warding off the Bows）、"打击外国"（Curbing the Foreign Countries）、"击退梅杰"（Repulse of the Medjay）等。其次，从这些堡垒要塞中发掘出的泥制碑匾残片可知，当时的埃及人把刻有"库施/库施国王"等字眼的泥制碑匾故意打碎，以此来诅咒库施王国。[①] 但这种变化本身就反证了当时努比亚地区的发展壮大，"库施"从中王国时期才被人知晓的范围有限的地名演变成令人敬畏的南方敌国名称，努比亚人从被蔑视的掠夺对象成长为被诅咒、被防范的敌国对手。

前17世纪晚期，来自巴勒斯坦的希克索斯（Hyksos）王朝军队横扫尼罗河三角洲，埃及法老被迫向南逃往中部的底比斯，同时放弃在第二瀑布附近的军事堡垒，向北收缩到阿斯旺，失去了三百年来对下努比亚的领主统治。埃及人内外交困的第二中间期（前1786—前1567年）是努比亚人的发展机遇期和黄金期，时间持续大约200年。库施王国大举扩张，沿尼罗河谷不断向北推进，从科尔（Kor）、塞姆纳到米尔吉萨，几乎所有的堡垒要塞都遭到过库施军队的劫掠与焚烧。由于在整个下努比亚地区发现了大量凯尔迈风格墓葬，其中大多位于埃及的堡垒要塞附近，例如在米尔吉萨堡垒的城墙附近发现了22位库施武士的墓葬群，其历史可追溯至希克索斯

① 〔美〕戴尔·布朗主编：《非洲辉煌的历史遗产》，第28—29页。

王朝征服埃及北部之时，在米尔吉萨和布亨等地发现了大量凯尔迈风格的陶罐，可以推断库施王国大概曾经在原埃及堡垒要塞派驻过军队。库施国王成为下努比亚地区的统治者，书吏等埃及政府官员效忠来自南方的新君主，在库施政府机构中任职。这个时期出现了很多努比亚人同埃及人通婚的现象，库施王国出现了一定程度的“埃及化”趋势，与希克索斯人的信件等政府文书开始使用埃及语书写。

占领了下努比亚后，库施王国就牢固掌握了尼罗河沿线的南方贸易通道。这不仅使它在与北方的埃及人做生意时获利丰厚，而且还能通过沙漠地带的商路与三角洲地带的希克索斯人直接贸易。在凯尔迈城发现了大量刻写着希克索斯国王名字的石质印章。作为库施王国精神与物质的双重中心，凯尔迈在公元前16世纪初达到全盛时期，是一个面积1万平方米、居民约2000人的城镇。工匠、祭司、官吏、商人和农夫定居其间，有庭院，住土坯或者木制房屋，饲养家畜。城池周边是土坯围墙，有沟渠排水系统。[①]

在整个的第二中间期，底比斯的上埃及和凯尔迈的库施人之间的关系既彼此敌对，又相互补充。为库施国王服务的底比斯人把他们的技术专长带到了上努比亚，许多埃及人生活在下努比亚的堡垒里。埃及人和努比亚人之间有着密切的贸易和文化交流，这使得努比亚走廊变成了一座熔炉，在非洲文化和地中海文化相互融合的基础上形成了自身的独特文化。

凯尔迈文化的典型特征是它的殡葬方式。根据不完全的考古发掘，凯尔迈城附近有成千上万座坟墓，其中有8座大墓，最大的墓葬规模堪比足球场大小。坟墓是用土堆成的圆丘，周围砌着一圈掺杂有白卵石的黑石块。其中一个大墓，墓室呈圆形，直径足有90米。墓主人的尸体蜷卧于四条腿的木床上，床屉由绳子或者棕榈树筋编织而成，床上撒满了黄金，床边和墓室四周的墙角下摆放着青铜器、象牙雕刻和彩绘陶器等手工艺品。库施王国最惊人的埋葬习

---

① 〔美〕戴尔·布朗主编:《非洲辉煌的历史遗产》，第33页。

惯是用活人殉葬。这座最大墓葬的墓室旁边是由砖坯砌成的坑道，坑道内散布着322具扭曲变形的尸体，这是迄今发掘的陪葬人数最多的单一墓穴遗迹。①

努比亚总督职位的演变

公元前16世纪末，底比斯的埃及法老东山再起，埃及随即进入了新王国时期。第18王朝的首位国王阿赫摩斯（Ahmose，前1550—前1525），首先将希克索斯王朝赶出了尼罗河三角洲，随后率军征服南方的库施王国。埃及军队对库施王国的打击是毁灭性的，庄稼与粮仓被烧光，住所被夷为平地。在凯尔迈，埃及士兵翻过城墙，烧杀掠夺，凯尔迈城墙上的焚毁与破坏痕迹迄今犹存。在这一过程中，曾经和库施王国一起袭扰下努比亚地区的梅杰人，现在又和埃及人一起积极进攻希克索斯人和库施人，帮助埃及第17王朝法老们结束内战并恢复了对努比亚地区的统治。因为作战勇敢和善于使用弓箭，梅杰人得到了埃及法老的重视，他们在埃及新王国时期的政府机构中充当警察的角色。梅杰人其实是长期在尼罗河东部沙漠地带游牧和半游牧的努比亚人，与沿尼罗河定居的涅赫苏人（Nehesyu）属于同一种族，实际上也具有同一种文化。②

虽然努比亚人也一度反抗埃及对他们国家的征服和占领，但似乎更多地选择放弃土地逃往南方，因为这一时期努比亚地区的坟墓愈来愈少，表明当地的人口在逐渐减少。努比亚人的南逃诱使新王国的埃及法老们进一步向南推进，新王国的每一个法老都曾经对努比亚发动过战争，要彻底打破库施人和希克索斯人的联盟。第18王朝的图特摩斯一世（Thutmose I，前1504—前1492）从底比斯逆流而上，率领舰队成功穿越第四瀑布，将埃及的疆域向南推进到阿布哈迈德平原（Abu Hamed plain），直接控制了通向达尔富尔、科尔多凡和乍得的沙漠道路。胜利的图特摩斯一世效仿古王

① G.莫赫塔尔主编：《非洲通史》（第二卷），第201页。

② 同上书，第182页。

国时期旧事，将库施国王的头颅高挂船头，胜利返回了底比斯。[①]库施王国的残余势力先是向东进入凯尔迈后面的沙漠地区，之后进一步退缩至尼罗河第四瀑布地区。到图特摩斯三世（Thutmose III，前1479—前1425）时期，埃及人通过不断的征服正式吞并了第四瀑布以北所有努比亚人的土地，在控制下努比亚的同时把上努比亚地区也纳入直接控制范围内。努比亚历史上一个不平凡的时代就此开始，并给它以后几个历史时期的文化生活留下了永久的烙印。

新王国时期，努比亚总督是埃及在努比亚地区的行政首脑和宗教领袖，直接对法老负责。努比亚总督的具体称谓是“南方总督”，同时享有“王子”的封号。前一个封号是真正确定其职务的头衔，后一个称谓只是彰显努比亚总督职位的重要性以及巨大权力，并不意味着历任努比亚总督就一定是王室成员。图特摩斯四世时代，因为与王储同名，时任努比亚总督被称为“库施王子”。此后的历任努比亚总督也都延续了这个新称谓。

新王国时期的努比亚被划分为两大块。从伊肯（在上埃及）到第二瀑布是瓦瓦特，从第二瀑布到第四瀑布之间的整个地区是库施。努比亚总督之下设有许多行政部门，协助总督开展工作。努比亚总督下设两名副总督，分管瓦瓦特和库施。努比亚总督下辖的武装部队有弓箭队、负责内部治安的警察部队、各个城镇的驻军和一支保护金矿开发的小部队。努比亚的各个城镇设镇长，镇长对总督负责。为了赢取效忠，努比亚各个部落的酋长也被允许参加当地的行政管理工作。

新王国后期，埃及王权趋于衰弱，阿蒙（Amon）神庙祭司的地位上升。努比亚总督因为同时拥有财富和军队而成为各派势力极力拉拢的对象，开始在埃及本土事务中发挥作用，不再被轻易更换。第19王朝的首位国王是拉美西斯一世（Ramesses I），他在登基头

① James Henry Breasted, *Ancient Records of Egypt*, Vol. II, pp.33-35.

一年亲自去努比亚任命努比亚总督，此后还时常派使者给努比亚总督赠送礼物。第19王朝的末代国王西普塔（Siptah）待遇更惨，甚至被迫派官员向努比亚总督索取贡赋。在第20王朝时期，努比亚弓箭队队长的妹妹曾经策划了拉美西斯三世时期的一起阴谋废立大案；帕奈赫西（Panehesy）总督帮助拉美西斯十一世平息了叛乱，但却使埃及分裂为南北两部分。

第20王朝之后，埃及进入了动荡混乱的第三中间期（第21—24王朝），法老对努比亚地区的控制仅仅维持在布亨地区和神庙。在此背景下，作为新王国时期最重要的行政职位之一，努比亚总督在人选上越来越局限于真正的王室成员，甚至出现了目前已知的唯一女性“努比亚总督”尼希克洪（Nesikhons）。更重要的是，努比亚总督此后逐渐蜕变成一种虚职，成为授予特定官员的一种荣誉称号。“努比亚总督”职务的虚化乃至最终消亡标志着埃及对努比亚殖民统治的正式结束。

整体上看，“努比亚总督”职位的出现是埃及从地区性帝国向洲际大帝国转变的产物，它有利于埃及对努比亚地区的控制和常态化管理，推动了埃及帝国对尼罗河流域的统一和管理。努比亚总督实际上就是努比亚地区的国王和宗教领袖，同时担任上埃及的重要职务，在新王国时期的埃及政府机构中具有独立性和特殊性。这种庞大而独立的权力架构在埃及中央王权强大时当然没有问题，一旦王权衰弱或异族入侵，权力不断膨胀的努比亚总督就不再满足于“库施王子”的称谓，对王室的贡赋由准时主动地上交转变为被温言索取，进而积极地介入埃及帝国的宫廷权力斗争，在法老、阿蒙神庙祭司、高级权贵和军事将领等各派势力间玩权力游戏。

埃及对努比亚的统治

新王国时期的埃及是一个洲际大帝国，统治努比亚的时间长达5个世纪。努比亚人在被占领初期曾屡屡发生叛乱，但强大的埃及始终对努比亚保持着有效控制，不时对努比亚发动惩罚性战争，镇压叛乱时残忍杀死所有参与者，经常掳掠努比亚人到埃及，其中一些人被编入国王卫队和戍边军队，还有一些人沦为采矿奴隶和官吏家仆，少数努比亚王子被作为人质带回埃及王宫接受教育。新王国时期的努比亚地区基本平稳，埃及的政治、经济、文化以及社会生活的各个方面对努比亚地区产生了深刻影响。

首先，埃及在努比亚全境大肆修建阿蒙神庙，引进以阿蒙神为核心的宗教体系，实施以阿蒙神庙为中心的经济和意识形态全面控制。这也是埃及在努比亚地区实现宗教和意识形态埃及化的核心内容。博尔戈尔（Gebel Barkal）圣山下的阿蒙神庙，是埃及第18王朝时仿照底比斯的阿蒙神庙建造，在6世纪基督教传入前一直是库施人的官方宗教中心。第19王朝修建的阿布辛拜勒神庙（Abu Simbel Temple）修建在阿马拉（Amara）地区尼罗河西岸的悬崖峭壁上，是全世界规模最大的岩窟神庙建筑之一。拉美西斯二世（Ramseses II）被作为神祇供奉在庙宇尽头，太阳光每年两次穿过61米深的庙廊赐福他和阿蒙神，时间分别是他的生日（2月21日）和登基日（10月21日）。[①] 与此同时，各个神庙都在当地拥有庞大的不动产和其他利益，涉及农业、渔业、养蜂、造船、水运和贸易等多个领域。努比亚总督作为阿蒙神在努比亚地区的管理者，同时也是当地阿蒙神庙的最高祭司，他严厉惩处那些干扰寺庙人员和财产的行为，渐进地推动努比亚宗教文化的埃及化。

其次，埃及人将自己的社会制度和生产方式引进努比亚社会，促进了当地社会的制度化水平。在此背景下，大批的埃及书吏、军人和工匠来到了努比亚，不仅引进了埃及的象形文字，建立了有效的行政体系，还引进沙杜夫（shaduf）等取水工具提升农业生产效率，[②]在当地开采黄金、玛瑙、赤铁矿、天河石、绿松石、孔雀石、

---

① G.莫赫塔尔主编：《非洲通史》（第二卷），第205页。

② Karl W. Butzer & Carl L. Hansen, *Desert and river in Nubia: Geomorphology and Prehistoric Environment at the Aswan Reservoir*, Madison: University of Wisconsin Press, 1986, p.197.

花岗岩、紫水晶等矿藏。大量的埃及化城镇，便围绕着这些神庙发展起来，成为了当地的宗教、商业和行政中心，如库班（Kubban）、阿克沙（Aksha）、法拉斯、塞拉（Serra）和布亨等。[①]生产方式的改变带动更多努比亚人放弃原来的游牧半游牧生活方式而从事农业生产，吸收埃及元素改进自身的饮食文化和烹饪方法，来自埃及的面包、啤酒和植物油占据了努比亚食物进口的很大份额，当地总人口在新王国时期达到了一个高峰。[②]

努比亚总督的一项重要职责，就是把来自努比亚的“税收、贡品”准时送交底比斯，具体物品的种类和范围随着埃及对努比亚控制范围和力度的变化而有所差异。根据各个寺院墙上刻写的贡品清单、努比亚总督的自传铭文和法老针对努比亚的王室铭文，大致可以推断出埃及和努比亚经济联系的主要内容，也可以间接推断出努比亚地区的经济发展概况。从图特摩斯三世的年鉴可知，来自努比亚的“税收、贡品”很多，主要有奴隶、牲畜、黄金、乌木、象牙等物品。在整个埃及同努比亚地区的关系中，奴隶和牲畜是埃及法老首要获取的物资，黄金是占比重最大的贡品，仅来自瓦瓦特的黄金每年就接近250公斤。阿蒙霍特普三世（Amenhotep III）统治时期，来自努比亚的黄金成为埃及与西亚国家外交博弈的重要筹码。埃及从努比亚获取的其他物品还有香料、油类、牛、豹子、鸵鸟、长颈鹿、猎犬、狒狒和粮食等。值得一提的是，到第18王朝末期，来自努比亚的贡品中已经有一部分是制成品。在第18王朝图坦卡蒙（Tutankhamun）统治时期，努比亚总督胡伊的陵墓中已经有来自南方的制成贡品，例如盾牌、工具、床和扶手椅等物品。

第三，积极推动努比亚精英阶层埃及化，并以此带动普通民众的埃及化。当地的努比亚部落酋长被吸纳参与地方行政管理，其子弟被送往埃及宫廷实地感受和学习埃及文化，迁徙到埃及境内的努

---

① A. J. Arkell, *A History of the Sudan: From the Earliest Times to 1821*, University of London, The Athlone Press, 1955, p.104.

② Robert Steven Bianchi, *Daily life of the Nubians*, 2004, pp.129–130.

比亚人则被收编参与维护所在地区的秩序与安全，多渠道确保了努比亚上层对埃及和埃及文化的忠诚，让他们成为努比亚甚至是埃及政府机构中的精英阶层。在孟斐斯霍连姆海布（Horemheb）总督的墓室墙壁上，所有的努比亚男性不仅都穿着同埃及人相同的皮裙，腰带垂落于两腿之间，佩戴护腕和耳环；而且身材形象普遍比埃及护卫高大，应该是努比亚或者埃及政府机构中的精英阶层。[①]在下努比亚地区，努比亚人提赫马乌（Tjehemau）显然得到了埃及法老的重用，其墓室铭文称赞他在西亚人逼近时使得陷入逃散状态的底比斯重整旗鼓。[②]另一名努比亚人则在其自传铭文中很自豪地宣称他是埃及的“好公民”。[③]埃及第12王朝的创建者是阿蒙尼赫特一世（Amennemhet I，前1991—前1962），他的母亲很可能具有努比亚血统。[④]受上层人物迅速埃及化的带动，越来越多的努比亚民众开始接受埃及宗教，崇奉埃及神祇。从考古发掘的情况看，有些努比亚人已经融入到埃及社会中。从保存在纽约大都会博物馆的努比亚人墓碑可知，有努比亚男子娶了埃及女子为妻，也有努比亚人拥有埃及仆人。[⑤]

努比亚埃及化的集中体现，就是其古老的丧葬习俗在这一时期被埃及的丧葬习俗取代，努比亚地区数量众多的金字塔就是该地区文化埃及化的重要象征。努比亚人与埃及人通婚，按照埃及人的习俗建造坟墓，制作墓碑并在墓碑上刻写自传。死者不再以半蜷曲的姿势侧身放在墓穴里，而是面朝上平躺在地面或者棺材里。坟墓中的随葬品是当时典型的埃及物品。一些墓葬，单就墓室墙壁上的象形文字、图画和装饰风格，几乎分不清楚墓主人究竟是埃及人还是

① Robert Steven Bianchi, *Daily life of the Nubians*, pp.128–129.

② J. C. Darnell, C. Manassa, *Tutankhamun's Armies: Battle and Conquest during Ancient Egypt's Late 18th Dynasty*, New Jersey: John Wiley & Sons, Inc., p.132.

③ Mu-chou Poo, *Enemies of Civilization: Attitudes toward Foreigners in Ancient Mesopotamia, Egypt, and China*, New York: Sate University of New York Press, 2005, p. 95.

④ 刘文鹏：《古代埃及史》，商务印书馆2005年版，第292页。

⑤ 金寿福：“古代埃及人的外族观念”，《世界历史》2008年第4期。

努比亚人。到新王朝晚期，金字塔形制的墓葬仪式已经被埃及王室弃用，但库施王国的国王们却继续建造这一经典形制的墓葬建筑，担负起维护埃及传统文明的责任。

杰胡蒂-霍特普（Djehuty-hotep）是瓦迪哈勒法以北塞拉（Serra）的部落首领，他在继承其父“泰海特”（Teh-Khet）大公封号前在布亨当书吏，是新王国时期同埃及人一起参与努比亚地区行政管理工作的典型。他的坟墓在瓦迪哈勒法以北大约20公里的尼罗河东岸，其墓穴从一座砂岩小山上开凿出来，墓室的设计和装饰完全按照埃及上层社会的宗教观念和仪式风格，墓中浮雕甚至故意描绘他有着与努比亚人黑皮肤不同的红皮肤，展示的墓主人生活场景有以埃及官员的身份监督农业生产和工程进度，在农场接受农奴的埃及式敬礼，乘坐马拉的战车开弓狩猎，同客人进餐时让努比亚舞者和弹唱者助兴。可以设想，如果不是墓主人把自己的努比亚姓名和埃及姓名刻在一起，人们几乎可以认定墓主人就是一位埃及新王国的贵族。①

同时期另一位努比亚王子阿蒙尼姆赫特（Amenemhet）的墓室更全面地展示了努比亚地区的埃及化场景。他的坟墓按照埃及人的宗教传统安葬在尼罗河西岸，墓室中的器物、面具、圣甲虫、护身符、石棺、陶罐等都按照埃及人的宗教形式陈列，墓室中留下的雕塑和石碑，其中一块现藏于美国宾夕法尼亚大学博物馆，其铭文祈求的神祇有“荷鲁斯，布亨之主，上埃及之主，哈托尔女神，埃及南部女神”等，显示墓主人与布亨地区的荷鲁斯神庙（Horus Temple）有极大关联。②

开罗的埃及博物馆里珍藏着一具保存完好的木乃伊，二十岁左右。因为这具木乃伊的黑棕色皮肤和非埃及人的名字梅赫佩里（Mehperi，战场雄狮），加之随葬的《死者之书》等佐证材料，梅赫

① G.莫赫塔尔主编：《非洲通史》（第二卷），第208页。

② László Török, *Between two worlds: The Frontier Region Between Ancient Nubia and Egypt 3700 BC–500 AD*, Leiden & Boston: Brill, 2009, p.269.

佩里应该是一位努比亚王子，年纪轻轻客死异乡，可能是被作为人质从小就带到埃及并在宫廷之中抚养长大，实际上是埃及王室的人质，是埃及在努比亚推行文化霸权的牺牲品之一。[①]

三、埃及化的努比亚文明：纳帕塔王国

博尔戈尔圣山与努比亚的崛起

新王国后期，无论是衣着服饰、宗教信仰还是殡葬礼仪等，努比亚的上层社会都已经完全地埃及化了。他们与埃及人一样，说科普特语，戴假发，穿亚麻衣服，信奉相同的神祇，虽然从未涉足埃及腹地，却保留了埃及的宗教传统，“比教皇更像天主教徒”。事实上，努比亚精英们对埃及文化是如此推崇，以至于在埃及影响衰落或者屈服于外国统治时仍把自己看作是真正的埃及文化和宗教价值的守护者。[②] 相应地，在埃及文明的影响和带动下，努比亚一直在相对和平的环境中渐进发展，最终迎来了自身文化的巅峰时刻——纳帕塔与麦罗埃王国时期，当之无愧地成为非洲文明的重要代表。

公元前11世纪早期，埃及进入了混乱不堪的第三中间期，对努比亚的殖民统治宣告结束。与此同时，努比亚兴起了几个地方政权，并且都基本保持了埃及在此建立的行政和宗教模式，迄今留存一些用象形文字刻写的铭文和带有典型的埃及传统风格的浮雕遗迹。其中一些相对重要的政权兴起于尼罗河第四瀑布下游地区，统治中心在艾尔库如（El Kurru），遗址中发现了带有围墙的定居地。这些早期统治者大多埋葬于艾尔库如，其墓葬顺序一直没有被理清（或者有争议），但是它们之间存在着明显的发展和继承趋势。公元前8世

① 〔美〕戴尔·布朗主编：《非洲辉煌的历史遗产》，第60页。

② LaVerle Berry, ed., *Sudan: a country study*, Federal Research Division, Library of Congress, 2015, p.5.

纪中叶（前750年），纳帕塔的统治者成为了整个努比亚的统治者，努比亚人的政治和宗教中心此后就转移到了纳帕塔。[①]

纳帕塔有阿蒙神庙，有众多皇陵和博尔戈尔圣山，在努比亚历史上位置重要。博尔戈尔是一个黄褐色的独立山丘，高90多米，长200米，山体的一端形似昂首挺立的眼镜蛇，头戴高大的上埃及球形王冠，面向前方。从西边看，山丘尤其能让人产生深刻的美丽印象和持久的敬畏感。这种独特情状，恰当地诠释了埃及人的宗教认知和想象：阿蒙神盘踞在纯洁的圣山之上，像一条眼镜蛇向前吐信。彻底征服努比亚后，第18王朝的图特摩斯三世在博尔戈尔建造了气势宏伟的阿蒙神庙，将这里变成了努比亚人的宗教中心。库施统治阶层完全接受了以阿蒙为代表的埃及宗教体系。

博尔戈尔圣山中的阿蒙神庙，虽然以埃及主神公羊头形象的阿蒙神为依据，但也吸收了努比亚人自身的文化和传统，例如在神庙前面多出两列以公羊卧倒形象出现的"公羊大道"等。大概也正因为如此，阿拉亚（Alara）统一了努比亚各部落后，将博尔戈尔山丘视为努比亚人的"圣山"和权力中心，将博尔戈尔的阿蒙神庙看作是努比亚王权合法性的来源。此外，纳帕塔王国的君主们还通过与埃及王室女性的联姻来增强统治的合法性，这一时期的"阿蒙神之妻"因而变得十分重要。可以说，博尔戈尔圣山的形成，标志着被埃及语文献称为"可怜人"的努比亚人的真正崛起。

阿拉亚是目前确知的努比亚王国的首位君主。阿拉亚统一了上努比亚的纳帕塔和更南部的麦罗埃地区，是努比亚王朝的奠基者和杰出统治者，引领努比亚人在以纳帕塔为中心的区域内快速崛起。阿拉亚迈开了库施王国崛起的第一步，初步建立了能够管理整个库施国家的官僚体系，成员包括他的家族成员和其他社会精英，并且可能形成了一个不超过总人口1%的有文化的僧侣阶层。作为统治者，阿拉亚用宏伟的建筑彰显自己王国的宏伟规模，大的建筑项目

① 郭丹彤：《古代埃及对外关系研究》，黑龙江人民出版社2005年版，第14页。

包括在卡瓦（Kawa）地区修建的砖瓦结构的B神庙，在博尔戈尔修筑的专门供奉太阳神的阿蒙神庙等。根据卡瓦地区阿蒙神庙内的记录，阿拉亚没有像埃及法老那样称呼自己是"国王"（nesu），而是采用了第三中间期埃及小王子们普遍拥有的皇室头衔（wer，意思是伟大的人）称呼自己。事实上，在目前发现的所有阿拉亚的图像中，他的头饰中确实没有出现过法老式象征着权力和地位的双条眼镜蛇装饰。艾尔库如的9号墓葬包括埋葬墓穴和金字塔形的地面建筑，墓葬拱顶的青铜铸装饰物含有独特的努比亚含义，墓主人被认定就是阿拉亚。①

阿拉亚的继承者是喀什塔（Kashta），他通过军事和联姻等手段重新征服了努比亚地区的各个部落，再次统一努比亚地区，首都在尼罗河第四瀑布附近的纳帕塔。喀什塔在王国内部采取埃及式行政管理体制，从而迅速将努比亚的力量扩张到了上埃及和底比斯地区，为以后的努比亚国王继续在埃及进行领土扩张和统治奠定了基础，是第25王朝的开创者。喀什塔在他的有生之年可能采用了法老的称号，他曾经头戴圣蛇王冠，将自己的名字镶刻在博尔戈尔圣山上，以圣山的眼镜蛇形象彰显努比亚国王统治的权威，也曾经站在瀑布之神克努姆的面前以埃及皇室的方式献祭。

佩耶（Piankhy，也译作皮亚、皮安基等）继承了喀什塔的王位。佩耶是第一位面目和个性都很清晰的库施王国君主，他成功地将纳帕塔的阿蒙神与埃及底比斯地区的阿蒙神联系起来。这种宗教上的融合和创新不仅使尼罗河流域的阿蒙神宗教传播得更远，更具地方特色，也减少了不同地域间宗教上的排斥性，使得埃及人和努比亚人都可以接受他的统治，给戴着圣蛇王冠的"黑色法老"的统治增加了合法性。佩耶对埃及的征服取得了决定性的胜利，却始终将王国的统治中心放在纳帕塔地区而不是埃及的底比斯。佩耶认为长着公羊头颅的阿蒙神是他的神祇，自称是"阿蒙神之子"，因而大

---

① Robert Steven Bianchi, *Daily life of the Nubians*, p.154.

规模修复阿蒙神庙，通过增加主厅中的廊柱使之更加气势恢宏，在廊柱上刻画了他同利比亚人战斗的场面，在神庙的外墙上展示了佩耶高大威武的形象。在献祭给博尔戈尔阿蒙神庙的石碑铭文中，佩耶豪情万丈，“底比斯的阿蒙神使我成为埃及人的国王；纳帕塔的阿蒙神使我成为所有土地上的国王。”①

在征服和统治埃及的过程中，佩耶数度更改王位名称，可能是希望借此证明他统治埃及的合法性，当然也反映了库施国家在埃及势力的扩张进展。佩耶最早的王位名“荷鲁斯”（Horus）来自图特摩斯三世的石碑，意思是在纳帕塔升起的强壮公牛；他成为上下埃及之王时的王位名是“门克希皮尔瑞”（Menkheperre），显然也采用了图特摩斯三世的王位名。在博尔戈尔阿蒙神庙的多柱厅中，佩耶采用了“乌瑟尔马里特瑞”（Usermaetre）这个王位名，这与第19王朝拉美西斯二世的王名相同。佩耶最后采取的王位名是“辛菲尔雷”（Senferre）。

佩耶在其统治的第24或25年去世，被安葬在了艾尔库如一座埃及风格的金字塔坟墓中（Ku.17），他的妻子们和4匹骏马随葬在侧。佩耶是500多年来第一位以这种方式下葬的国君，其墓葬具有浓厚的埃及文化色彩，地面建筑形式为金字塔，通过台阶可以到达下面的墓室，随葬品中既有埃及传统的物品陶俑或木俑，也有努比亚特色鲜明的车马冢。佩耶的墓葬设计是此后千余年努比亚皇室墓葬的典型形式，继承者们的坟墓旁边也都有这样的车马冢，单个墓葬陪葬的骏马数量最多的有8匹。可惜的是，由于那些精致雕刻在花岗岩石碑上的佩耶肖像早已被人凿去，在纳帕塔神庙浮雕上的佩耶画像仅剩下了腿部，关于佩耶的体貌特征，唯一知道的就是他有着黑色的皮肤。

必须指出，古代世界里没有种族歧视。在佩耶征服埃及的历史性时刻，他的黑皮肤根本不算障碍。古埃及、古希腊和古罗马的艺

---

① Robert Steven Bianchi, *Daily life of the Nubians*, p.157.

术作品清楚呈现出种族特征与皮肤色调，但没有什么证据显示深色皮肤在当时被视为卑贱的象征。直到欧洲列强于19世纪在非洲殖民时，西方学者才注意到努比亚人的肤色，且抱持一种负面的态度。事实上，对努比亚历史的忽视，例如认定库施王国诸位国王是白人、努比亚文化不过是正统埃及文化衍生出来的一个分支等，不仅反映了当时西方人妄自尊大的世界观，也体现出他们对古埃及辉煌成就近乎迷信的崇拜以及对非洲整体历史的无知。①

库施人征服埃及

进入第三中间期后，埃及国家南北对峙，王权衰弱，地方割据，政局动荡，建造了伟大金字塔的灿烂文明荣光不再。阿蒙神庙的祭司长不仅拥有宗教权力，还拥有军队和行政机构，伺机寻求取代法老的王权统治。下埃及由利比亚酋长统治，他们采用埃及法老的种种传统服饰典章，形成了数个半自治性质的小型诸侯国，都标榜自己才是合法的国王，却不尊崇埃及的阿蒙神。感受到危机的底比斯僧侣们转而求助南方的纳帕塔王国。②

虽然可能从未真正去过下埃及，但佩耶国王却认定自己才是埃及真正的统治者。为了使埃及免于分崩离析，恢复埃及在拉美西斯二世和图特摩斯三世等伟大法老时代的威严和神圣，佩耶先是通过各种手段与当时的第23王朝统治者达成了库施在底比斯地区享有统治权的协议，确认了库施在底比斯地区的政治地位和驻军权利，同时把他的姐妹过继给底比斯阿蒙神庙的高级女祭司，以期将来继承这个重要的职位。

虽然库施军队在尼罗河两次击败了北方联军，围困了叛变的尼穆楼特，缓解了底比斯的危机，但因为北方联军的一部分逃回了下努比亚并重新集结，佩耶对自己军队取得的胜利并不满意，“愤怒的像一头黑豹”。公元前730年，佩耶决心发动对埃及的全面军事征

① 罗伯特·德雷珀（Robert Draper）：“黑法老”，《国家地理》（中文版）2008年第2期。

② James Henry Breasted, *Ancient Records of Egypt*, The University of Chicago Press, Vol. IV, p. 421.

服。根据1862年从纳帕塔阿蒙神庙遗址中发现、现收藏于开罗博物馆的佩耶“凯旋碑”的记述，佩耶传令众将“备好马厩里最好的战马”，要让下埃及尝尝他指尖的味道。[①]

沿河北上的库施军队进展顺利，几乎没遭遇多大阻力就抵达上埃及首都底比斯，弃船登岸，做短暂停留。为了增加库施军队的神圣感与战争的合法性，佩耶号令全军在尼罗河中沐浴净身，换上细麻衣衫，将取自底比斯东城凯尔奈克神庙（Kernek Temple）的圣水洒在身上，郑重向凯尔奈克神庙的阿蒙神供奉牺牲。礼成之后，佩耶率领大军沿尼罗河继续北上。在主要宗教城市赫尔摩波利斯（Hermopolis），库施军队遭到了顽强抵抗，久攻不下，佩耶最后下令在城外修筑高塔，弓箭手从高塔上向城中万箭齐发，埃及军队死伤惨重，被迫投降。此后，佩耶继续北进，占领了上下埃及交界处的孟斐斯（Memphis），在普塔神庙（Ptah Temple）宣布自己为上下埃及的“两地之王”，建立了埃及历史上的第25王朝（前730—前656年），即埃及历史上著名的黑人王朝。

佩耶对埃及恩威并用，在展开战事的同时积极用和平谈判来代替武力冲突，他甚至派出自己的王后与敌人之妻进行谈判。即使在交战时期，佩耶也决不嗜杀成性，愿意宽恕任何宣誓效忠库施的敌人，劝告拒不投降的抵抗者，“不要关闭你的生命之门，你们要劈开这些障碍！不要热爱死亡，就如同不要憎恨生命！”[②]出于对埃及宗教传统的尊重，佩耶对于所征服城镇的神庙采取了保护措施，确保它们没有受到损坏和掠夺。在向孟斐斯和赫里奥坡里斯的众神献祭后，埃及各地皆归顺佩耶，承认他在埃及以及库施的统治地位。努比亚人肤色呈黑色，埃及人是棕色，传统上把在埃及进行统治的努比亚法老称为“黑法老”。

---

① James Henry Breasted, *Ancient Records of Egypt*, The University of Chicago Press, Vol. IV, p. 426.

② Ibid., p.431.

库施人统治埃及

库施是一个军事帝国，征服埃及后，为了避免重蹈埃及王权衰弱的覆辙，佩耶不仅继续严密地控制军队，还将政府的重要职位基本都授予了皇室成员。在地方管理中，佩耶虽然沿袭了此前埃及君主的统治模式，将埃及按照区域进行划分，但同时安插努比亚人和埃及人共同管理。对于埃及事务，佩耶仿效新王国时期的埃及设立了努比亚总督一职，但将管理者和被管理者彻底换位。纳帕塔王国时期的“努比亚总督”是真正的努比亚人，而管理对象是埃及和埃及人。[①] 努比亚人由“被统治者”的身份变成了“统治者”，开启了埃及历史上奇特崭新的“努比亚王朝”时代。

佩耶很顺利地征服并统一了四分五裂的埃及，是长达75年的埃及第25王朝的首位法老，新登基的“两地之王”，却在统一埃及后不久出人意料带着战利品和军队南下返回努比亚，而且似乎再也没有回到埃及。在埃及底比斯地区的考古发掘中，佩耶在埃及本土的记录比较模糊，目前还没有找到专属于他的纪念器物。库施军队的突然回撤不仅葬送了已经到手的胜利成果，还使埃及北方重回割据内斗的小邦林立局面。大约在公元前716年，继位刚满一年的库施国王沙巴卡（Shabaqo）再次率军北上，重新征服了埃及北方各小邦，巩固了第25王朝，有效控制了远至三角洲地带的尼罗河流域，将统治中心从上埃及的底比斯移至下埃及的孟斐斯，缔造了一个南起喀土穆、北达地中海的大帝国，让埃及恢复了原来的模样和气度，是真正意义上的埃及法老。

沙巴卡是佩耶的弟弟，信奉古老的法老作风，采用第6王朝统治者佩皮二世的王位名号“尼菲尔卡拉”（Neferkare）。沙巴卡为人宽和，虽然曾把抵抗他的第24王朝法老活活烧死，但并不总是残忍处决他的敌人，而是发配他们去建造堤坝防范尼罗河洪水。沙巴卡任命臣服的利比亚王子担任埃及阿蒙神庙中的高级祭司，与利比亚的贵族家庭联姻，但坚持由努比亚王室成员掌控“阿蒙神之妻”的

---

① Robert Steven Bianchi, *Daily life of the Nubians*, p.163.

神职，极力保持自身统治的纯洁性。沙巴卡在苏丹和埃及大兴土木，修建气势恢宏的纪念建筑，宣示努比亚人要在埃及长住下来的决心。他在凯尔奈克神庙为自己树立了一尊巨大的粉红花岗岩雕像，头戴镶有成双眼镜圣蛇像的库施王冠，代表了他身为埃及和努比亚两地之君的合法性。

公元前706年，沙巴卡移居孟斐斯，佩耶的儿子舍比特库（Shabataqo）成为努比亚的最高统治者。沙巴卡去世后，舍比特库不仅在孟斐斯加冕登基，成了埃及努比亚王朝的第4位法老，而且在将沙巴卡的尸体运回努比亚安葬时还在纳帕塔再次加冕。舍比特库是一位神秘的法老，他的形象极度扭曲，甚至连他的名字都被从努比亚的王表中删除。

舍比特库的继任者是他的弟弟塔哈卡（Taharqa）。塔哈卡英勇善战，抗击了嗜血成性的亚述人，或许还曾以西亚地区保护者形象拯救过耶路撒冷，其名字被犹太人载入《圣经》（其名译为特哈加）。塔哈卡即位后不久便挥师北上，夺回孟斐斯，镇压忠于亚述人的埃及小王公，首都由纳帕塔迁到了上埃及的锡布兹（Sibuz，今卢克索）。前667年，亚述人夺取了埃及，库施大败，塔哈卡受伤五次，侥幸逃生，从三角洲地区仓皇南逃，先是退守孟斐斯，在皇后和孩子被俘虏后退逃至底比斯，底比斯城沦陷后最终撤回了纳帕塔。库施人在埃及建立的第25王朝到此结束，但塔哈卡还算是有能力的法老，在收复埃及惨败后依然能够保住王位，继续执政一直到死。

当政期间，塔哈卡重振衰敝的埃及文化，修复和建立了多座阿蒙神庙，献祭豪华的餐具、礼拜用品、贵重物资和金钱，遍布尼罗河流域的许多建筑上都有塔哈卡的名字。在卡瓦地区（Kawa），塔哈卡建造一座新的阿蒙神庙，明确表达了王权统治的至高无上。在底比斯，塔哈卡在凯尔奈克寺院四周建立柱廊，柱廊间修建了大量小礼拜堂供奉阿蒙神。在博尔戈尔圣山山麓，塔哈卡为自己建筑了一座砂石结构的高台圣殿俯瞰宽阔肥沃的纳帕塔盆地，镶嵌黄金饰品的精美花岗岩雕像庄重坚毅果敢精美，尽显王者气度。塔哈卡法老热爱体育运动，曾经组织军队在沙漠进行长距离赛跑，他本人骑马相随，参赛者无论输赢都有奖赏。

塔哈卡放弃了艾尔库如的传统墓地，在努里（Nouri）建造了库施王国有史以来最大的金字塔。该金字塔迄今残高50米，内有1000多个精美的小型侍从石制雕像，均展现出生动的努比亚人面容与严格的埃及人装束。塔哈卡及其19位接班人和他们的53位王后都被埋葬在努里。[①]

塔哈卡之后的努比亚王朝发生了王位继承危机。由于很多皇室成员在孟斐斯陷落时被亚述人掳走，没有成年的王位继承人，最终只能由姐姐的儿子坦塔玛尼（Tantamani）继承王位。根据关于坦塔玛尼的努比亚文献“梦想之碑”的描述，坦塔玛尼国王在纳帕塔加冕后曾经北征，攻占了孟斐斯，征服了埃及当地的诸王公。但实际上，当时的库施人已被亚述人击败退向南方，努比亚人对埃及的统治已经结束。坦塔玛尼确实在公元前664年一度收复了孟斐斯，宽大地接受了三角洲地区诸王的投降，但次年即被亚述人赶回了努比亚境内，无奈向南回撤，最终抱恨死于纳帕塔。[②]库施王国对埃及的统治至此终结。

圣城纳帕塔及其陷落

公元前591年，即阿斯佩尔塔（Aspelta）在位的第二年，埃及第26王朝的法老萨美提克二世（Psammetichus II）派遣军队远征努比亚。库施人兵败，损失惨重，纳帕塔的宫殿和神庙被摧毁，财物被劫掠。为了避免再被强邻劫掠，库施人沿着尼罗河上溯500公里，迁徙到了第六瀑布附近的麦罗埃（Meroe）。

公元前525年，波斯人征服埃及，开启了埃及历史上的波斯王朝时代（第27—30王朝）。新法老冈比西斯（Cambyses）得陇望蜀，试图进一步南侵努比亚。库施国王阿马尼（Amani-nataki-lebte，前538—前519）得知消息后，派使者送去了一张大弓，警告波斯人如

---

① 〔美〕戴尔·布朗主编：《非洲辉煌的历史遗产》，第62—64页。

② James Henry Breasted, *Ancient Records of Egypt*, Vol. IV, pp. 472–473.

果不能轻易地拉开这张弓就不要来！冈比西斯不听警告，亲率大军出征，结果在巴滕哈杰尔遭遇了重大损失，退回埃及，仅占领库施王国北方的一条狭长地带。原来由埃及征收的来自努比亚地区的贡赋，如黄金、奴隶、乌木、象牙等，转而流入了波斯波利斯（Persepolis）和苏萨（Susa）。大流士时期的波斯军队有库施人组成的兵团。

公元前4世纪末，由于沙漠化日益严重，大量牧民迁入了努比亚北部地区，造成放牧过度，纳帕塔的农业、工商业和文化极度衰落。公元前332年，亚历山大（Alexander）派遣军队进攻努比亚地区。大约公元前300年，库施王国的重要政治与经济中心随即完全转移到麦罗埃地区。[①]在阿斯旺南面菲莱岛（Philae island）神庙的墙壁上，有一位库施王子以神职体或者草书体的埃及文向生命女神伊西斯（Isis）祈祷，请求她保佑自己能够安全返回家乡："我的女神，您将土地分配给诸神，请您保佑我返回麦罗埃，您的子民居住在那个美丽的城市。"[②]

纳帕塔王国的文化比较多元，有时向埃及文明全面看齐，显现了地中海文明特色；有时又坚守传统，体现自身的非洲特色。

一方面，因为新王国时期的全面埃及化，纳帕塔王国有着鲜明的埃及特色。第25王朝的黑法老们以埃及历史上伟大法老的继任者自居，全面沿袭以前的埃及法老做派。在纳帕塔的努里墓地，即便是坦塔玛尼之后的几位国王，其墓室也坚持埃及的金字塔和木乃伊等诸多习俗，墓室和花岗岩石棺也采用埃及风格，四壁和碑铭也用埃及文撰写，相关的祭器、神像和塑像等也与埃及相同。但另一方面，纳帕塔王国的历代国君都有着明显的黑人血统，高颧骨，大下巴，厚嘴唇，佩戴典型的努比亚装饰，坚持努比亚传统习俗，例如殡葬礼仪在学习埃及习俗的同时坚持了典型的努比亚葬礼仪式，即每个墓室中央都有长条石凳支撑的传统床铺用来安放木乃伊，设立

① 何芳川、宁骚主编：《非洲通史・古代卷》，华东师范大学出版社1995年版，第86—87页。

② 〔美〕戴尔・布朗主编：《非洲辉煌的历史遗产》，第52页。

单独墓室礼遇那些拉过战车的骏马。从发展的视角看，库施对埃及的征服和治理本质上是一个学习和被同化的过程，只是因为遭遇了已经处于铁器时代的亚述人，库施人统治埃及的时间并不长。从埃及撤回后，库施王国的发展越来越封闭，演变脉络更难以确定，历代君主的编年顺序也十分模糊。

纳帕塔王国信奉阿蒙神，建造埃及式阿蒙神庙，埃及人建成的纳帕塔阿蒙神庙成了库施人的宗教活动中心，主持人是来自底比斯阿蒙神庙的祭司。事实上，在第三中间期，正是由于底比斯阿蒙神庙祭司们的煽动与帮助，库施国王才成为了埃及法老君权的继承者。第25王朝时期，黑法老们加强了对阿蒙神庙最高祭司和阿蒙神之妻等重要神职的控制，使他们的姐妹或者女儿成为底比斯阿蒙神庙的高级女祭司，从宗教意识上巩固库施王国的统治。失去埃及后，库施王室的女性成员继续担任纳帕塔等地阿蒙神庙的祭司，依然把控着库施王国的宗教大权，其影响力渗透到库施王国的各个方面。

在第25王朝结束之后的大约400年里，纳帕塔一直是库施王国举行宗教仪式的中心。阿蒙神庙的高级祭司因为在纳帕塔王国的兴起和发展中发挥了重要作用而势力强大，他们把持着前任国君的王冠与权杖，国王的加冕仪式要在这里举行，国王的遴选也要由纳帕塔阿蒙神庙的祭司批准，国王死后还继续埋葬在努里墓地，表示君权神授和国王对神的忠贞。

希腊历史学家狄奥多罗斯·西格斯（Diodorus Siculus）在公元前60—前57年访问过埃及。根据其著作《历史笔记》的记述和推断，纳帕塔神庙的祭司将自己视为阿蒙神的人间信使，宣称阿蒙神通过一个会说话的雕像将神的旨意传达给他们，他们对任何一项国家事务的影响都是代神行事。一旦阿蒙神庙的祭司认定国王已经不得民心，只需派遣一名使者去见国王并说明这是神的意志，国王就必须服从命令自杀以谢天下。[①]

---

① G.莫赫塔尔主编：《非洲通史》（第二卷），第220页。

神庙祭司可以处死国王的说法目前还没有其他的佐证，在此只能存疑，但狄奥多罗斯同时记述的另一件事却似乎可信。在托勒密二世（Ptolemy II）时期，麦罗埃的埃加梅尼斯（Ergamenos）国王接受过希腊教育，学习过哲学，他不仅拒绝服从神庙祭司的命令，还公然反抗这种由来已久的迷信传统。埃加梅尼斯带领士兵闯入阿蒙神庙，杀死擅做指示的祭司，结束了神庙祭司决定麦罗埃国王命运的权力，开始以自己的意志处理国家事务。

鉴于库施国王的墓地恰好在托勒密二世统治期间从纳帕塔的努里迁到了麦罗埃，虽然埃加梅尼斯国王还不能确定究竟是哪一位，甚或他就是泛指这一时期的所有国王，从狄奥多罗斯关于麦罗埃国王杀死祭司的记载中似乎可以得出这样的结论：纳帕塔城市的衰落一方面是由于它在政治上、经济上逐渐为麦罗埃所取代，另一方面也是因为纳帕塔阿蒙神庙祭司权力的结束，是库施国王与阿蒙神祭司之间权力斗争的结果。[①]

四、非洲化的努比亚文明：麦罗埃王国

麦罗埃王国的政治发展

麦罗埃王国的统治者继续采用“法老”的传统头衔，但王位首先在兄弟姊妹间传递，没有同胞姊弟可传时才会父子相传。那些被认为很杰出的王室女成员也常常成为国王，女王（或太后）常拥有显赫的权力。国王母亲对国王的顺利继位至关重要。[②]对国王的挑选权掌握在军队首领、高级官员和氏族头人手中（这些人很多就是王室成员），任何被选者如果被认为能力有问题或不孚众望就很可能被淘汰。阿马尼国王是41岁时由军队首领们推选为国王的，阿斯佩尔塔国王（Aspelta）则由24名高级文武官员从他的王室兄弟中挑选出

① 屠尔康：“库施王国（下）——麦罗埃时期”，《西亚非洲》1985年第4期。

② LaVerle Berry, ed., *Sudan: a country study*, pp.5-7.

来的。新当选的国王一般先在麦罗埃就职，然后到纳帕塔阿蒙神庙做形式确认，使民众相信君权神授。例如阿斯佩尔塔的碑铭虽然也谈到了阿蒙神的意志，提到了自己的祖先，但更强调他之所以有权继承兄长王位是因为他的母系血统。①

麦罗埃人同时信奉阿蒙神和狮神阿佩德马克（Apedemak），前者是埃及人信奉的主神，后者是麦罗埃王国信奉的战争与丰产神。一方面，麦罗埃人继续信奉阿蒙神，建造了许多埃及式神庙供奉它，满足自己的精神需求，同时也与博尔戈尔圣山的阿蒙大神庙进行竞争。麦罗埃的阿蒙神庙有150多米长，可能是埃及式多房间建筑风格的最后一座神庙。另一方面，麦罗埃人尊崇狮神，虽然认为狮神的地位次于阿蒙神，仅以单间的神庙供奉狮神，但不仅进入狮神庙时必须穿过一座巍峨的塔式门楼，而且神庙周围有大量立体狮像，守卫着神庙的通道和入口，大量的狮子浮雕也被刻在显眼的位置。麦罗埃王国的宗教与行政中心是纳盖（Naga）和穆索瓦拉特（Musovaarat），至今仍然矗立着几座保存完好的狮神庙。在穆索瓦拉特狮神庙入口的塔式门楼上有一座砂岩石雕，两只狮子踞于一只公羊两侧，其中狮子代表麦罗埃的神祇阿佩德马克，公羊则象征着博尔戈尔的主神阿蒙。在纳盖地区狮神庙的塔式门楼墙上，战争与丰产神阿佩德马克的形象是狮、蛇、人三者合一。②

在麦罗埃城外的两条沙脊上，修筑有麦罗埃历代国王与王后们的金字塔，时间涵盖公元前3世纪初至公元4世纪。根据对这些金字塔遗迹的发掘，佐证以下努比亚神庙内各类希腊文和埃及文碑铭，考古学家不仅获知了许多麦罗埃国王的姓名，还了解到某些国王统治时期的历史事件。在麦罗埃王国，王后地位显赫，常担任要职，与国王联合执政。太后则以库施女主的身份收儿媳为养女，通过一种复杂的收养制来施加影响。由于麦罗埃王国历史上确实有众多强有力的女性统治者，而且几乎每位王后的塑像题字及其金字塔碑铭

① G.莫赫塔尔主编：《非洲通史》（第二卷），第229—231页。

② 〔美〕戴尔·布朗主编：《非洲辉煌的历史遗产》，第67、51页。

上都有“坎迪斯/干大基”（Candace/ Candice）之类的王室封号，代表着麦罗埃国家，因而可以断言，国王与王后联合执政的统治方法可能贯穿整个麦罗埃王国。王后们的个人艺术形象，由纳帕塔时期的窈窕淑女变成了凶猛悍妇，脸上带有根据宗教仪式保留下来的皮肤划痕，健硕的身体显示了她们所拥有的权力与财富。在纳盖地区狮神庙塔式门楼外侧的壁画上，身材魁梧的王后阿玛尼莎科海托（Armanisha Coherto）单手抓住被征服者们的头发，肌肉发达的另一只手臂高高举起，正准备给敌人致命一击。①

麦罗埃王国的统治阶级大概包括三部分，分别是国王及其亲属、占据着宫廷和州级政治军事职务的贵族、神庙祭司。国家行政体系的中心是国王、女王，麦罗埃是国王的永久住处。主要的行政官员有财政主管、军事指挥官、掌玺人、粮仓主管、档案主管、书吏长等。遍布其他地方的王室宫殿其实就是各个地方的行政管理单位，从公元前1世纪开始出现了“帕卡尔”（Paqar）、“帕夏”（Peshte/ Pasha）等地方官员头衔。②麦罗埃王国的中间阶层是游牧民和自耕农牧民，此外还有工匠、商人、下级官吏和仆人等。社会最底层是主要由战俘充当的奴隶。麦罗埃王国的各个城镇，除了具备行政管理和宗教职能外，同时也是手工业和贸易的重要中心。

麦罗埃王国的经济和文化

库施王国的南部疆域大致包括今天的苏丹中部，向南可能延伸到远至青尼罗河上的森纳尔（Sennar）和白尼罗河上的库斯提（Kosti），向西延伸至科尔多凡高原。麦罗埃地处尼罗河第六瀑布之间的草原地带，远比沙漠包围着的纳帕塔盆地宽广，树木和灌木较多，生产基础也从狭窄的尼罗河谷扩展为一处处盆地。

麦罗埃城地处布塔奈草原（Butane Steppe），每年会定期降雨，当地人收集雨水，将之储存在巨大的水库或灌溉水池。王国的行政

---

① 〔美〕戴尔·布朗主编：《非洲辉煌的历史遗产》，第73—77页。

② G.莫赫塔尔主编：《非洲通史》（第二卷），第235页。

中心穆索瓦拉特有一个水库，直径300多米，深度达到了6米多。麦罗埃时期的努比亚文明有许多重要成就，它的农业、纺织业，特别是炼铁业已经十分发达。运作良好的灌溉和储水系统，包括从下努比亚地区引进的灌溉工具萨奇亚水车，不仅给麦罗埃地区提供了生产和生活用水，支持着比后来更高的人口密度；庞大的冶铁和水利工程还证明麦罗埃拥有人数众多、管理有效的劳动力。

库施王国的畜牧业历史悠久，养牛业在经济生活中占有相当重要的地位，此外还畜养绵羊、山羊以及少量用于驮重的马和驴。种植的作物有高粱、大麦、小麦、蔬菜等，葡萄等水果的种植比较普遍，但粮食整体上不能自给。尼罗河流域棉花的种植是公元前从库施王国开始的，棉花是麦罗埃人最主要的经济作物，也是麦罗埃王国的财富来源之一。

麦罗埃最大的优势是其优越的地理位置。它处于撒赫勒东西向陆路贸易通道与尼罗河南北向水路贸易通道的交汇点，是红海、尼罗河上游以及乍得之间重要的商品集散地。商旅们赶着牛、驴、马等驮畜，还有公元前1世纪左右出现的骆驼，从麦罗埃四散辐射，穿过沙漠，越过草原，深入非洲的中心地带，到达阿比西尼亚高地，到达红海，到达埃及。托勒密王朝时代的埃及已经被纳入希腊社会，希望通过提供非洲大陆的丰富宝藏与地中海贸易伙伴深化联系，麦罗埃王国是运输黄金、食盐、奴隶、珍贵木材、象牙、皮毛等货物的必经之路。在穆索瓦拉特，有一个带有围墙的综合性建筑，由众多封闭的房间组成，形如一个带围墙的迷宫或者大市场，估计应该是商队的目的地，或者是香客们来此参加宗教节日的歇息之处，封闭的房间可以保护牲畜免遭狮豹等猛兽袭击。[①]

麦罗埃地区盛产木材，附近砂岩中有丰富的铁矿石，借助从亚述人那儿学到的熔铁技术，麦罗埃迅速成为古代非洲的重要冶铁中

① 〔美〕戴尔·布朗主编：《非洲辉煌的历史遗产》，第67—70页。

心，是撒哈拉以南的第一个黑人工业城市。[①]20世纪初，在麦罗埃城遗址发现了堆积如山的废渣，发掘出大量的炼铁工具和熔炉，表明麦罗埃王国很早就开始使用铁器，是当时重要的铁矿冶炼中心之一。但如果因此将麦罗埃称为“非洲的伯明翰”和非洲大陆北部冶金术发源地，则未免过于夸张。事实上，虽然有大量的冶炼痕迹，但麦罗埃时期不仅墓葬中发现的铁制品数量极少，就是到王国衰亡的320年，铁器也不是当地常见的用品。麦罗埃人在公元25年与罗马人的战斗中败北，原因之一就是他们的装备相当低劣，用生牛皮做防护盾牌，武器也只有斧子、枪矛和短剑而已。[②]

因为生态条件相对优越，远离埃及和其他强国，农牧业和工商业发达，麦罗埃早在纳帕塔时期就已是颇具规模的南部重镇。公元前250年至公元200年，麦罗埃王国臻于鼎盛，形成了自身独具特色的建筑和艺术传统。埃及古王国时代的石砌金字塔一直影响着麦罗埃，而麦罗埃刻画着几何图案的陶器是当时最精美的陶器。公元元年前后，即麦罗埃王国的阿玛尼沙克托国王（Amanishakheto）与阿玛尼托（Amanitere）王后统治时期，他们在修复和建造神庙方面投入了相当大的精力，刻有他们名字的建筑物遍及麦罗埃王国全境，包括麦罗埃的阿蒙大神庙、纳盖的两个狮神庙以及纳帕塔的祭祀中心等，这侧面说明当时的麦罗埃掀起了一个建筑热潮，社会发展处于兴旺发达时期。

古代经典作家们对麦罗埃王国兴味盎然，甚至根据一些道听途说的资料将之想象成神话般的非洲国度，是所有传说的发源地，是众神居住的天堂。古希腊历史学家希罗多德就认为麦罗埃人是“全世界最高、最美的人”，拥有不计其数的金银珠宝，死后都用水晶棺材埋葬，就连囚犯的脚镣都是黄金打造。但实际上，日益内陆化和本土化的麦罗埃王国发展迟缓，与蓬勃发展的地中海国家的差距越

---

① 〔美〕伯恩斯（Burns，E. M.），〔美〕拉尔夫（Ralph，P. L.）：《世界文明史》，罗经国等译，商务印书馆1987年版，第63页。

② 屠尔康：“库施王国（下）——麦罗埃时期”，《西亚非洲》1985年第4期。

来越大。根据考古发掘，麦罗埃古城遗址面积大约只有2.5平方公里，城内随处可见土丘、倒塌的砖石土坯和炼铁矿渣。在一个石墙大院内，保留着皇宫、政府官署、数座小型神庙以及浴室等建筑，大院外是其他神庙与住宅。麦罗埃城遗址的住宅风格、大小、式样千差万别。少数宅邸是坚固宽敞的土坯房屋，有两三层楼高，房间屋顶呈拱形，内壁刷成黄色或者白色。大多数建筑的墙壁较薄，面积也不规则，密密匝匝地挤在一起，甚至很难将每个人的居住单元区分开来。①

库施人的政治中心迁移至麦罗埃后，特别是纳帕塔的努里墓地在公元前300年前后被废弃之后，库施王国的本土化趋势开始明显，本土化色彩从北往南逐渐加深。在第二瀑布附近阿马拉的阿蒙神庙中，所有的浮雕都是埃及式的，唯一的非埃及因素就是麦罗埃王冠的细节，一条带子紧紧束住头顶的帽子，带子的末端松垂脑后。在麦罗埃北边的穆萨瓦拉特的狮神庙里，虽然墙上有漂亮的托勒密时代埃及文书写的赞美诗，但大量的雕塑以及其头饰、装饰品和王室的徽章都具有当地色彩，不仅总的建筑风格呈现麦罗埃地方特色，供奉的神祇也突出狮神阿佩德马克而不是太阳神阿蒙，彰显出摆脱埃及影响的倾向。在麦罗埃南边草原地带的大城镇纳盖，阿蒙神庙正面口塔式门楼的装修风格同时具有埃及影响和麦罗埃特色，狮神庙的浮雕更是麦罗埃艺术最典型的代表作。

麦罗埃王国非洲本土化发展的重要结果之一，就是创造了自己的文字——麦罗埃文（Meroitic）。在迄今已经发现的上千块关于麦罗埃王国的断碑残碣中，不同年代的碑文文字呈现出明显的发展规律，即年代越久远，碑碣上的埃及文就越纯正；年代越接近，碑碣文字越难辨认。大致说来，公元前8世纪—前6世纪的碑碣，其碑文就采用当时的埃及文，是漂亮的古埃及象形文字。公元前5世纪—前4世纪的碑碣，碑文的基本语法已不同于埃及文，当地语言的痕

① 〔美〕戴尔·布朗主编：《非洲辉煌的历史遗产》，第71—73页。

迹越来越重，在埃及文中夹杂有某些无法识别的文字符号。大概到公元前2世纪的沙纳达凯特女王统治时期（Shanakdakhete，约前170—前150），库施人开始有自己的书写体系，麦罗埃文逐渐取代了埃及的象形文字。拥有自己的文字是撒哈拉以南非洲的罕见现象，麦罗埃文字的出现意味着库施王国本土化非洲化进程的最终完成。

麦罗埃文是一套参照埃及圣书体及民书体而设计的拼音字母，其中一部分借用同期埃及人在公文和私人文书中所使用的通俗文字，但意思不同，另一部分像某种草书的缩写。这些符号代表子音、母音和音节，字与字之间用冒号隔开，写读顺序均与埃及文字相反，似乎有意要与埃及文字区别开来。由于在纳盖一座神殿的石座上发现了用麦罗埃文和埃及文两种文字书写的纳塔克马尼国王和阿曼尼泰雷王后的名字，英国学者格里菲斯（F. L. Griffith）在1909年找到了麦罗埃文字音译的关键，得出了8个麦罗埃字母的发音。由此，语言学家和考古学家进一步推断出了所有23个字母的发音，能读出碑碣铭文上的人名和地名；但对于碑文内容，虽然曾尝试用各种文字比照翻译，例如通过对冠词用法的研究将有关碑文分段，从段落的排列上分辨出诸神的名字和有关死者的一系列人名和地名，通过对动词的研究发现了一个词缀体系等，但语言本身至今未被完全解读，不能解读已发现的800多个碑碣铭文，对麦罗埃王国后来的发展因而更不清楚。[①]

麦罗埃王国的衰亡

由于无法解读麦罗埃王国自身的碑碣铭文，加之当时的埃及处于希腊王朝时期（约前323—前30），发展重心转向了地中海邻国，对麦罗埃王国的关注和记录缺失，人们对这一时期麦罗埃王国的发展概况所知甚少。根据一些断断续续的文献记载，库施人与亚述人、希腊人、罗马人及波斯人均有过交往和冲突。库施王国的国名

---

① 屠尔康：“库施王国（下）——麦罗埃时期”，《西亚非洲》1985年第4期。

多次出现在《圣经》中（译作“古约实”），《创世记》篇就声称库施是含的儿子，《使徒行传》记载腓利成功使麦罗埃女王的银库总管改宗基督教，领导以色列人离开埃及的摩西就娶了库施女子为妻。

前30年，渥大维终结了托勒密王朝，开启了埃及的罗马王朝时代。前25年，麦罗埃女王，可能是“阳刚的独眼女王”阿玛尼雷纳斯（Armanirenas），似乎想重演先王佩耶对埃及的征服先例，率领大军袭击了驻守埃及南部边境的罗马军队，然后长驱直入，占领了阿斯旺以南的所有领土，捣毁了当时罗马皇帝奥古斯都在阿斯旺的雕像并将其头部带回麦罗埃，将罗马人控制的菲莱圣岛洗劫一空，占领了部分金矿。罗马驻埃及行政长官佩特罗尼乌斯（Petronius）随后率领1万步兵和800名骑兵南下增援，在阿斯旺一带击败了麦罗埃军队，还趁机进军努比亚，洗劫纳帕塔以雪菲莱岛遭劫之耻。战败的麦罗埃女王派出使者议和，与罗马人签署《萨摩斯条约》（Treaty of Samos），出让库施北部的一小部分领土，划定了罗马人统治下的埃及与麦罗埃王国之间的边界。由于认为麦罗埃“太穷而不值得占领”，[①]罗马人基本满足了麦罗埃人的议和条件，放弃向麦罗埃征收贡赋，仅在易卜利姆堡（Iblim）派400名士兵驻防，保证新边境的安全。

与罗马帝国的和解推动了麦罗埃王国的对外商贸关系发展。公元1—2世纪，麦罗埃的皇陵及富人墓葬中出土了大量来自罗马帝国的陪葬品，例如铜器、陶瓷、珠宝、银器和玻璃等，墓葬设计吸收了同时期地中海、埃及和非洲等地的不同艺术风格。在麦罗埃一座宫殿的门槛下，曾经挖出一个奥古斯都大帝的青铜雕像的头部。事实上，麦罗埃对罗马的这种学习与模仿，延续了库施王国此前数百年的发展范式——凭借险峻的尼罗河大瀑布阻滞北方强邻的入侵，依凭不可或缺的尼罗河贸易路线维持与外部世界的联系，同时按照

① LaVerle Berry, ed., *Sudan: A Country Study*, p.7.

自己的愿望吸收埃及、希腊和罗马的文化成分。[①]

麦罗埃王国的这种发展范式，在相互割裂的古代世界有一定的可行性，因为一些国家天然地具备某种战略重要性且不可替代。然而随着全球各部分联系的日益紧密，这种外在的被动式发展优势就越来越无足轻重，继续且完全依凭这种发展模式的国家，比如麦罗埃王国，就必然会落伍或者被淘汰。从公元200年开始，罗马人逐渐放弃了麦罗埃控制的沙漠商路，越来越通过红海和阿拉伯半岛发展与东方市场的商贸往来，同时大肆攫取埃及的农产品以充实罗马帝国的粮仓。由于蒸蒸日上的地中海国家不再需要，贫困的埃及没能力购买，尼罗河流域的贸易迅速下降，麦罗埃王国日益封闭滞后。

麦罗埃王国近乎必然的衰落状况从后期的墓葬建设上可窥一斑。在3—4世纪，麦罗埃国王们已经没有能力建造大型的神庙，其他建筑物的规模和精美程度也无法与其公元前的先王们相提并论。就连国王们为自己修建的金字塔也越来越小，随葬的外来奢侈品越来越少。

麦罗埃王国一直面临着周边沙漠游牧部落的袭扰，例如南方的阿克苏姆人（Aksumites）、东方的布勒来人（Blemmyes）和西方的努巴人/诺巴德（Nubas/Nubades）。这种袭扰在国家强大时只是偶尔的小麻烦，国王们经常率领军队讨伐这些独立或半独立的少数部族，或者为了开疆拓土，或者为了惩罚，甚或就是为了掳获牛和奴隶。但在处境不利或恶化时，例如尼罗河流域贸易往来和文化交流的整体衰落，麦罗埃王国就无力抵抗周边游牧民族的袭扰，与周边国家和族群的关系就变得复杂且不可控制。后期的麦罗埃国家实际上并不是一个中央集权国家，而是一个包括若干以某种形式依附于麦罗埃王国的公国。

公元2世纪，努巴人逐渐崛起，占领了库施北部的尼罗河西岸地区。努巴武士骑马或骆驼，骁勇善战，向麦罗埃贵族提供保护，

① 〔美〕伯恩斯，〔美〕拉尔夫：《世界文明史》，罗经国等译，商务印书馆1987年版，第63页。

或充当王国雇佣军，与麦罗埃人通婚，作为军事贵族在麦罗埃定居。罗马人也曾收买这些努巴武士，减弱库施人对北非的袭扰。

公元300年前后，阿克苏姆人从埃塞俄比亚高原崛起，在330年前后达到实力顶峰。埃扎纳（Ezana，320—360年在位）是第一个信奉基督教的阿克苏姆国王，他在350年率领远征军讨伐诺巴人，到达了阿特巴拉河与尼罗河汇合处，摧毁了麦罗埃城，缴获了大量战利品。麦罗埃王国崩溃，麦罗埃时代的灿烂文化、宏伟建筑、宗教与政治传统也随之湮灭，此后再也没有出现用麦罗埃文书写的碑碣铭文。原来的麦罗埃王国地区陷入了黑暗时期，一系列黑人小王国各自为政，延续了1000多年时间。

都城被毁后，麦罗埃王国的部分王族及臣民可能向西流亡至达尔富尔地区，并从那里经过费赞（Fezzan）继续进入乍得湖盆地和西非内陆。麦罗埃王国发达的冶铁技术以及埃及古代文明的某些传统，可能就是这样经麦罗埃人传入了非洲西部和南部黑人世界。在西非的豪萨人（Hausa）、约鲁巴人（Yorubas）和萨奥人（Sao）的民间传说中，普遍存在着他们祖先来自东方的说法，认为是东方人给他们带来了知识，例如一些部落长期沿袭库施王国的方法铸造青铜等。

公元4世纪，诺巴人控制了布塔奈草原上的乡镇与城市，他们甚至还很可能占领了麦罗埃城。在阿布·辛拜勒南几公里处的巴拉纳（Ballana）和古斯图勒（Qustul）古城，考古发掘出了庞大的古墓葬群，被命名为巴拉纳文化（公元300—600年）。这些古墓野蛮而奢华，主要的陪葬品有镶彩色宝石的王冠，还有武器、青铜器和银器等。王冠上的眼镜蛇和公羊形象显示下努比亚地区的国王们仍然效忠于埃及人和麦罗埃诸神。巴拉纳墓葬的许多地方都令人联想到埃及或麦罗埃的遗物，例如散放地上的银器反映出亚历山大城的影响，陪葬的陶器是传统的麦罗埃式样等。但就其规制与殡仪格式而言，巴拉纳墓葬文化却与纳帕塔和麦罗埃时期的库施文化迥然不同，反而更接近两千年前位于上努比亚的凯迈尔人（C族群人）。死者都躺在木质冥床上，都需要身边的一切生命为自己殉葬，包括他的妻子、奴隶、侍卫、马夫和马匹，甚至还有他的狗。由于这类墓葬主人生活的时间大大晚于C族群时期，不可能直接来自C族群，为了在年表中排定顺序，加之当时也确实对他们一无所知，因之被定名为很有意思的“X族群”。[①]在X族群时期，当地民众开始形成新身份，开始以另一种形式进入现代世界，[②]进入了基督教、伊斯兰教和本土文明多元碰撞的新时代。

易卜利姆城堡在阿斯旺以南约160公里处，是古代下努比亚地区重要的行政管理中心。许多文职官吏曾在此办公，时间跨度自埃及第25王朝一直延续到努比亚的麦罗埃、巴拉纳和基督教化时代。林林总总的草纸和羊皮纸既留下了为数众多的文献资料，为破译令人费解的麦罗埃文字提供了重要线索；也保留了努比亚人生活和信仰的重要信息，从中可以梳理出完整的努比亚文明线。易卜利姆城堡有数座供奉生命女神伊西斯的大型神庙，这是埃及与努比亚古老异教信仰最后幸存下来的残迹，一直坚持到6世纪才寿终正寝。由于基督教已经在此时进入了努比亚地区，当地的居民们已经开始零星接受基督教，他们在两种信仰之间骑墙观望，在坟墓上画十字架以图来世得到耶稣的超度。由此开始，整个努比亚先后被基督教和伊斯兰教完全征服。[③]

---

① 〔美〕戴尔·布朗主编：《非洲辉煌的历史遗产》，第82页。

② David N. Edwards, *The Nubian Past: An archaeology of the Sudan*, London: Routledge, 2004, p.210.

③ 〔美〕戴尔·布朗主编：《非洲辉煌的历史遗产》，第82—85页。

第二章　多元文明的碰撞与融合

公元350—1820年，苏丹先后经历了基督教和伊斯兰教时期。基督教的传入和发展，改变了努比亚文明的基本形态与历史走向，以新的意识形态填补了努比亚地区数百年的文化真空，并在伊斯兰教和阿拉伯帝国崛起之后顽强地在穆斯林世界的西部边缘存续了8个多世纪。这也是努比亚文化与拜占庭文化、阿拉伯文化碰撞融合的重要时期，努比亚地区出现文化繁荣局面。穆库拉王国被摧毁后，努比亚进入“黑暗时期”，出现大规模的种族混合与文化融合：大量努比亚人开始主动或者被动的阿拉伯-伊斯兰化，新来的阿拉伯移民则逐渐非洲化和地方化。丰吉和富尔素丹国兴起后，苏丹社会进入稳定发展期，几条纵横交错的长途贸易商路将苏丹与埃及和红海联接起来。

1800年前后，苏丹的人口格局基本定型，此后很少再出现其他新的种族/部族。北方是阿拉伯人聚居区，讲阿拉伯语，信奉伊斯兰教，“阿拉伯人”在当地是一个更具文化内涵而非种族意义的人类学名词。南方主要是尼罗特人的丁卡、努尔、希卢克、巴里等分支，属尼罗-撒哈拉语系的沙里-尼罗语族，迄今保持着原始部落文化和泛神论拜物教。南北方在人种和宗教方面确实有明显差异，有一条大致的文化边界，并最终演变成了现实的国家边界。

一、基督教努比亚时期

基督教传入努比亚

麦罗埃王国覆亡后，努比亚地区自北向南逐渐出现了三个较大的地方性王国。北方的国家是诺巴德（Nubades），阿拉伯人称之为努巴（al-Nuba，指努比亚人），定都法拉斯（Faras，第二瀑布附近），控制着第一瀑布和第三瀑布之间的尼罗河流域，其历代国王均葬于距首都不远的巴拉纳。中部的王国是马库里亚（Makoritae），定都栋古拉（在现栋古拉以南150公里处），控制着第三至第五瀑布之间的地区，也称栋古拉王国。南端的王国是阿勒瓦（Alwa），阿拉伯人称为阿洛迪亚（Alodaei），首都为索巴（Sawba，在今喀土穆附近），控制着第六瀑布及其以南地区。在这三个国家当中，国势以马库里亚最强，诺巴德最弱。各个国家之间并无固定的边界，各自的疆域随彼此国势的消长而消长。

从公元4世纪上半叶开始，努比亚地区出现了长达数百年的文化真空。首先，罗马化的北方邻国埃及已经放弃了传统宗教以及木乃伊等殡葬仪式，成为罗马帝国的北非谷仓，是早期基督教发展的重要地区，后来欧洲的修道院制度和隐修士很大程度都起源于埃及，原来以埃及文明为重要摹本的库施文明失去了重要的外部支撑和发展方向。其次，随着麦罗埃王国的衰落和崩溃，努比亚地区原有的社会结构渐趋瓦解，以一神为主的地方性多神教意识形态结构已经崩溃，很多地方倒退到原始宗教崇拜，不同地区间因为信仰差异经常发生流血冲突。[①]诺巴德王国的统治者们迫切需要一种新的意识形态来凝聚民众的忠诚，具备完善教义且逐渐成为罗马国教的基督教恰好满足这种需求，改宗基督教不仅是他们通向埃及的道路，也是

① 金观涛、王军衔著：《悲壮的衰落——古埃及社会的兴亡》，四川人民出版社1986年版，第248页。

他们通过埃及到达地中海和拜占庭帝国的道路。

公元1世纪下半叶，基督教就已经进入了埃及地区，并由于历史和地理渊源而对努比亚自然形成南下渗透的趋势。早在3世纪初期，那些不服从罗马帝国官方强制性宗教法令的基督徒，还有南行经过阿斯旺的众多商队，可能从北方埃及和南方的阿克苏姆（今埃塞俄比亚）及红海沿岸等几个渠道，将他们的信仰带给了居住在阿斯旺以南的诺巴德人。由于这种小规模、波浪式的渗透，到公元4—5世纪前后，努比亚北部地区墓葬中的基督教影响已经有所体现。在X族群墓葬中就找到了基督教式的坟墓，迈纳尔提岛（Meinarti Island）的X族群居民点有十字纹饰的基督教式油灯和陶器，努比亚地区从5世纪末以来就存在修道院和修士的居所等。[①]进入7世纪以后，文字的和考古的资料均表明，古典形态的基督教及希腊-拜占庭帝国在努比亚的影响遍布整个努比亚，在努比亚民众中广为传播。位于诺巴德首都法拉斯的江门大教堂（Rivergate Church），建于公元6世纪中叶，是努比亚典型的早期基督教建筑。在旧栋古拉，考古发掘出了四所教堂和基督教式的皇宫，其中一座用土坯建造的早期教堂有五个会厅，由16根高达5.2公尺的花岗岩柱子支撑着。[②] 707年，保罗斯主教（Bishop Paulos）重建了法拉斯大教堂，富丽堂皇的壁画从此成为了努比亚教堂长期保持的装饰特色。

自公元393年成为罗马帝国国教后，基督教的对外传播有了更多的官方色彩。524年，为了化解波斯人在红海的威胁，拜占庭帝国与阿克苏姆国签订了一项正式条约，敦促后者派遣布勒米人和诺巴德人参加计划中的也门远征。处于积极对外扩张时期的教士们应该积极地参与了这些交易和交往。[③]540年，根据拜占庭女王西奥多拉（Theodora）的命令，以尤利亚诺斯（Julianos）教士为首的传教团进入努比亚正式传播基督教，给当地的君主们施基督一性论教派

---

① G.莫赫塔尔主编：《非洲通史》（第二卷），第252页。

② 同上书，第257页。

③ 同上书，第255页。

的洗礼。诺巴德王国的统治者正式改宗基督教，并要求其居民信奉。这是努比亚国家正式信奉基督教的标志性事件。此后，拜占庭又先后派遣多个传教团进入努比亚传教，马库里亚王国在567—570年间改宗东正教。578年，郎吉努斯（Langinus）应阿勒瓦国王邀请南下传教，发现该地区已经有一些可能来自埃塞俄比亚的基督教派成员。[①]截至6世纪下半叶，努比亚地区的三个主要王国，基本都接受了基督教。苏丹历史进入了"基督教努比亚时期"。

在努比亚，无论是诺巴德、马库里亚还是阿勒瓦，以当地民众的精神文化认知，实际上根本无法区分"希腊正教"（又称"东正教"）和"罗马公教"（即天主教）的派别之争，因而并不存在什么实质性的先天条件要接受外来的基督教某一个派别。公元451年，虽然罗马公教宣布基督一性论教义为"异端"，基督一性论者被驱除出境，罗马治理下的埃及也出现了官方和民间两个教会，埃及民众信守的基督一性论教义及其建立的"科普特"教会仍在努比亚受到欢迎。公元500—600年期间，坚持基督一性论的科普特传教士向南推进到努比亚，并带来了他们独特的教义和严格的修道传统。[②]大致说来，根基深厚的埃及科普特基督徒们，凭借地利和既往的历史联系，在努比亚的民间传播基督教一性论教派福音，影响较大；而由于各种因素制约，来自拜占庭的东正教的宗教影响相对较小。[③]

接受了埃及信仰的基督教一性论后，诺巴德国王承认科普特大主教在努比亚教堂的精神权威。科普特大主教指派的牧师团体指导着努比亚教堂的活动，在埃及培训牧师，在修道院和大教堂开设学校，鼓励发展文化教育事业。基督教会与努比亚的世俗权力形成了复杂的关系。努比亚统治者承认埃及科普特大主教在努比亚的精神权威，努比亚建立了七个主教辖区，科普特大主教指派的教士阶层

① 何芳川、宁骚主编：《非洲通史·古代卷》，第176页。

② 〔美〕希林顿：《非洲史》，赵俊译，东方出版中心2012年版，第79页。

③ 何芳川、宁骚主编：《非洲通史·古代卷》，第177页。

不仅掌握着努比亚的宗教活动，而且掌握着相当大的世俗权力，对世俗国王及其政治统治也有很大的影响力，王权及王室继承往往需要得到教会的认可。反过来，国王则以世俗权力竭力维护教会的利益，召集主教们讨论一些重要的国家事务。努比亚基督教王国的国王也是高级教士，不但有权解决宗教问题，只要双手没有沾染过人的鲜血就还能行使某些宗教职能，在纯属宗教的事务中充当调解人。努比亚绘画的一个典型的本土性题材，就是把权贵们置于基督、圣母玛利亚和天使长迈克尔的神圣保护之下，而且脸部颜色保持着真实色调的深浅程度，诸圣和基督的面部则总是白色。[①]

公元616年，波斯对埃及的入侵止步于努比亚北部边界，客观上打断了努比亚和当时信奉基督教的埃及之间的直接联系，特别是打断了努比亚教士和正式受权监督努比亚教会的亚历山大主教区之间的接触。641年，阿拉伯人征服了埃及，随后的南下征服和袭扰举动不仅逐步成为基督教努比亚王国的威胁，对埃及的控制还致使努比亚很难同科普特的主教取得联系，也很难获得从埃及培养出来的牧师，努比亚教堂逐渐与地中海文化隔离，长期孤立于其他的基督教世界，以一种原初或古典的形态在努比亚地区继续存在下来。[②]

基督教的传入和发展，改变了努比亚文明的基本形态与历史走向。首先，基督教吸引了许多努比亚人改变了信仰，继而推动整个努比亚社会信仰基督教，最终以新的意识形态填补了努比亚地区数百年的文化真空，使得努比亚地区的物质生活和精神生活都带有了自己的色彩，在伊斯兰教和阿拉伯帝国崛起之后顽强地闪耀在穆斯林世界西部边缘，长达8个世纪之久。[③]其次，基督教的传播重新架起了努比亚文明与埃及、与地中海文明之间的交往桥梁，丰富和拓

---

① M.埃尔·法西主编:《非洲通史》(第三卷)，中国对外翻译出版公司1993年版，第178页。

② G.莫赫塔尔主编:《非洲通史》(第二卷)，第258页。

③ 何芳川、宁骚主编:《非洲通史·古代卷》，第175页。

展了努比亚文化的内容。传播基督福音的希腊语和埃及科普特语在努比亚地区流行起来，借用希腊文字和科普特文字改造而成的古努比亚文字逐渐成为努比亚教堂中的语言，人们用这种古努比亚文字抄录和写作了大量的经文、法律文件和书信。这是一个土著的努比亚文化与外来的拜占庭文化、阿拉伯文化碰撞融合的重要时期，出现了文化繁荣的局面。

基督教努比亚王国的兴盛时期

因为阿拉伯人只在栋古拉签订了《巴克特条约》（Baqt Treaty），没有与诺巴德王国签署同样条约的记录，大致可以推断，在公元7世纪中叶，整个中部和北部努比亚，远至阿勒瓦王国边界，都由同一个国王卡利杜鲁特（Qalidurut）统治。但根据法拉斯大教堂的奠基碑文，公元700年左右，诺巴德和马库里亚合并为统一的穆库拉国家（al-Muqurra）。推动穆库拉国家成立的是马库里亚国王默库里奥斯（Merkurios），他于697年登上王位，不仅统一了努比亚国家，还于8世纪初统一了努比亚的宗教信仰，从属于亚历山大的基督一性论主教管区。公元800年前后，穆库拉国王约安尼斯（Yoannes）吞并了南方的阿勒瓦王国，至少在形式上完成了努比亚的统一。穆库拉王国的边界北自阿斯旺以南数公里，向南延伸到第五、第六瀑布之间。[①]此后，原来专指努比亚北部诺巴德王国民众的“努巴”一词，被普遍应用于整个王国境内，甚至涵盖了南部阿勒瓦王国的民众。[②]值得一提的是，穆库拉和阿勒瓦两个王国的合并既不持久，也不深入，双方在10世纪之后的大部分时间各行其是，穆库拉充当了阿勒瓦王国抵御阿拉伯人渗透的缓冲地带。

公元8、9世纪是努比亚基督教诸王国文化与经济兴盛的时期。上流社会竞相模仿拜占庭贵族生活和艺术，大小官员往往拥有希腊

① M.埃尔·法西主编：《非洲通史》（第三卷），第156页。

② P. M. Holt, M. W. Daly, *A History of the Sudan: From the Coming of Islam to the Present Day*, p.13.

化的头衔，融入了古代努比亚传统成分的古典基督教风格或拜占庭风格的教堂、修道院，广布于努比亚的尼罗河上游两岸。著名的法拉斯大教堂是古代麦罗埃、希腊和基督教艺术混合的产物，遗址上残存迄今的罗马式建筑，画在教堂墙壁、天花板和窗户上的圣像画与装饰画，出土的精美高脚酒杯、玻璃器皿等圣器，无不使后人强烈感受到源自希腊古典主义的拜占庭建筑艺术和文化式样。[①]

默库里奥斯的继任者是基里亚科斯（Kyriakos），他效仿拜占庭国家的行政管理、宫廷组织和官僚制度，通过13个州的民政长官（州督）管理国家。州督是努比亚王国的皇家行政长官，其任务不仅在于控制该州，也负责王国与埃及间的交往。努比亚行政体制的希腊文官阶源自拜占庭统治时期的埃及和北非，但其具体职能却可能与原来有所不同。努比亚王国的税收以土地税为基础，可能还有其他赋税，而且往往由僧侣担任税收官。[②]

公元830年前后，埃及政局因为阿拔斯王朝宫廷内斗严重不稳，努比亚趁机停止支付《巴克特条约》规定的贡赋。公元833年，易卜拉欣·穆尔台绥姆（al-Mutasim）继承哈里发，随即致信穆库拉国王扎察里亚（Zacharia），不仅要求恢复每年的贡赋，并要求加倍支付所有欠款。努比亚国王无力满足这一要求，遂决定由其子乔治斯（后来的Georgios I）去巴格达与哈里发磋商，同时也评估阿拔斯王朝的军事力量。公元835年夏天，乔治斯被正式册封为努比亚王位继承人，随即在多位主教和宫廷官员的陪伴下前往巴格达。乔治斯的巴格达之行对于基督教努比亚王国是一件空前的大事，也是一项巨大的政治成就。他签订了一项双边条约，修改了《巴克特条约》的有关条款，不仅将此前一年一次的贡赋改为三年一次，过去的欠款也被一笔勾销。公元837年，乔治斯带着从穆尔台绥姆处得到的

① M.埃尔·法西主编：《非洲通史》（第三卷），第168页。
② 同上书，第163、165页。

大量礼品回到了栋古拉。[①]

在乔治斯一世统治期间，阿拉伯人多次深入努比亚腹地探险，神学家阿布·乌玛里（Abu Abd al-Rahman al-Umari）甚至利用私人军队占领努比亚哈马德（Abu Hamad）附近的金矿。乔治斯国王外甥纽蒂（Niuty）受遣率军打击，但在数次遭遇战之后却与乌玛里签订了条约，被视为叛徒。乔治斯国王于是再派幼子扎察里亚（Zacharia）前去平叛。扎察里亚先与乌玛里结盟，然后用计杀死纽蒂，转过来攻击乌玛里，迫使他北撤。乌玛里后来因卷入了贝贾人的内部纷争而被杀死。扎察里亚后来继任努比亚国王，但这并非因为他是乔治斯的儿子，而是因为他同时是乔治斯国王姐姐的女儿纽蒂的儿子，纽蒂是合法的第一王位继承人，扎察里亚是纽蒂死后唯一的王位继承人。努比亚的王位继承按族内婚的原则通过母系进行，但由于平辈表兄妹通婚，因而也可能出现子继父位的现象。

基督教努比亚在多个方面都有长足进步。首先，由于这一时期尼罗河的水位相对较高，托勒密时期和罗马时期从波斯引进了用于灌溉的水车萨奇亚（sāqiya），[②]努比亚的农业有了较大的发展，耕地面积明显扩大，作物产量增加，主要的作物品种有小麦、大麦、小米、葡萄和椰枣等。根据阿拉伯古典作家的描述，基督教努比亚是一个小农庄分布密集的地区，北部地区的人口多达5万。北部洪泛平原种植着椰枣和葡萄，南部地区种植谷类作物，饲养有牛、羊、驴、鸡、猪等家畜。以羊毛或驼毛为原料的纺织业开始兴起，伊布里姆堡是当时的纺织中心之一。[③]其次，与邻国的贸易扩大到了更远的国家。努比亚没有货币系统，除了北部地区少量使用埃及的钱币

---

① A. J. Arkell, *A History of the Sudan from the Earliest Time to 1821*, The Athlone Press, 1955, p.189.

② 萨奇亚（sāqiya）是一种大型木质水车，装有陶罐，通过提升水源将尼罗河水稳定地送往农田，苏丹北方尼罗河流域的农业生产完全依赖萨奇亚水车灌溉，其数量变化因而可以用来估计当地人口的变化。20世纪初，一个正常运转的萨奇亚需要8名工人和8头牛来操作，可以供养5—8个家庭。

③ G.莫赫塔尔主编：《非洲通史》（第二卷），第259页。

外，大部分贸易都是以物易物的方式进行的。外贸由国王本人严格控制，出口产品以奴隶为主，也有黄金、象牙、铜、皮革等传统产品，贸易对象包括阿拉伯帝国、拜占庭和埃塞俄比亚。努比亚商人甚至可能通过科尔多凡和达尔富尔来往于西部非洲，远及今天的尼日利亚和加纳等地。[①]第三，基督教努比亚的贵族阶级、行政官员和教会显贵都讲希腊语，科普特语也被广泛地用于教会著作、官方铭文和墓碑上，为努比亚境内众多的科普特社团所使用，神职人员也懂得科普特语。从9世纪中叶开始，采用科普特字母书写的古努比亚文字开始出现，为一般民众使用，流传下来的书面努比亚文字大部分是宗教性材料，但基督教努比亚逐渐发展为有自己文字的文明范式。

努比亚的军事实力比较强大，强大到有资格拒付《巴克特条约》所规定的贡赋，有资格拒绝皈依伊斯兰教。956年，努比亚人袭击并劫掠了阿斯旺，一支埃及讨伐军深入到伊布里姆堡，但没有彻底打败努比亚人，两国关系剑拔弩张。962年，努比亚人占领了上埃及远达艾赫米姆（Akhmim）的大片土地，这虽然是埃及当时政局动荡的必然后果，但可能也有努比亚人助力埃及法蒂玛王朝（Fatimids dynasty）的因素。努比亚人占领的埃及土地虽然有部分调整，埃德福（Edfu）直到11世纪中叶仍是努比亚重要的文化中心城市，努比亚人也在这一时期重建了阿斯旺附近著名的圣西米恩修道院（St Simeon Monastery）。[②]

11世纪初，努比亚的宗教信仰发生了某种变化，不同于基督一性论的希腊教派（Melkite教派）开始进入努比亚，997—999年间甚至有两位不同教派的大主教同时占有帕乔拉斯的主教宝座，但努比亚信奉基督教科普特派一性论教义的基本特征已为10世纪法拉斯和其他主教区的一系列资料所证实。由于科普特人在埃及伊斯兰化后屡受打压，人数上也越来越沦为少数，努比亚与科普特人的宗教

① M.埃尔·法西主编：《非洲通史》（第三卷），第166页。

② 同上书，第169—170页。

联系成为了它与埃及关系的矛盾之一。因为倭马亚王朝的总督囚禁了科普特大主教，基里亚科斯国王便起兵进攻埃及，一直打到富斯塔特（Fustat）。大主教一被释放，努比亚人便收兵回国。基里亚科斯对富斯塔特的远征证明，努比亚并不严格局限于自卫，他们对穆斯林埃及也采取进攻性行动。10世纪末，哈基姆哈里发（al-Hakim，996—1021年在位）统治时期，埃及再次发生对科普特人的迫害。努比亚虽然起初并未代表埃及的科普特教会进行干预，可能是维护与法蒂玛王朝的政治友好关系，或者是出于其他原因，但最后还是允许大量遭受压迫的埃及科普特难民迁移到努比亚。在克里斯托杜洛斯（Christodulos）担任亚历山大第66任大主教期间（1047—1071年在职），埃及再次发起对科普特人的宗教迫害，许多科普特教堂被关闭，克里斯托杜洛斯大主教一度遭到监禁。努比亚国王给埃及送去了一笔赎金，不仅使这位大主教获释，而且明显改善了大主教与法蒂玛王朝的关系。[①]

信奉基督教一性论的努比亚和属于伊斯兰世界什叶派的法蒂玛王朝的关系相当友好。其一，双方之间的贸易很兴盛，根据《巴克特条约》通商所采取的形式看来很合情合理，体现了安全和贸易两方面的相互利益，也反映了法蒂玛王朝统治时期的一些惯例。其二，努比亚国王充当了亚历山大教区科普特大主教的保护人，科普特僧侣们在遭受迫害时就到努比亚避难，法蒂玛王朝不仅没有干扰这一关系，还惩罚那些造谣污蔑努比亚人有反穆斯林之嫌的人，在开罗热烈欢迎和盛情款待逊位的努比亚所罗门王（Solomon）。其三，努比亚人以直接出兵的方式协助法蒂玛王朝征服埃及，在遣返从埃及外逃的奴隶和政治流亡者方面与法蒂玛王朝密切合作，在法蒂玛王朝被推翻后重新恢复对埃及中断数百年的袭击和入侵。

从阿拔斯王朝的穆塔希姆（al-Mu‘tasim，833—842年在位）哈里发时期开始，埃及常备军就主要由突厥的白人奴隶（Mamluks，

① M.埃尔·法西主编：《非洲通史》（第三卷），第170、173页。

马穆鲁克）和来自努比亚的黑奴组成。这些黑奴也被叫做苏丹/苏丹人（Sudan/Sudanese），指意就是“黑人”（Blacks）。艾哈迈德·图伦（Ahmad b.Tulun）是埃及第一位享有独立自主权的统治者，他本人就是突厥人后裔，据称他拥有24000名突厥马穆鲁克和40000名黑奴。法蒂玛王朝军事力量主要由柏柏尔人（Berber）、突厥人和黑人构成。在穆斯坦西尔哈里发统治期间（al-Mustansir，1036—1094年在位），因为其母亲本身就是一位黑人奴隶，苏丹黑人的地位得到了显著提升。主要从穆库拉和阿勒瓦买来的黑人士兵人数多达50000人。这些黑人士兵是法蒂玛王朝的坚决支持者，他们在法蒂玛政权的末期曾顽强抗击日益强大的阿尤布王朝（Ayyubids Dynasty）。[①]1169年，法蒂玛王朝的黑人军队发动叛乱，埃及的军事首领萨拉丁（Saladin）前去镇压，并在镇压后把残余的黑人部队从开罗驱逐到了上埃及。[②]在随后的若干年里，类似的叛乱时有发生，埃及统治者们不得不派军队去镇压。

基督教努比亚的衰落

1170年，随着法蒂玛王朝的覆灭，努比亚的黄金时代趋于结束。阿尤布素丹（Sultan[③]）萨拉丁军队的武装远征，马穆鲁克王朝对努比亚的进攻性外交政策，揭开了努比亚历史的下一个阶段，即基督教努比亚后期。[④]

13世纪后半期，马穆鲁克王朝取代了阿尤布王朝，埃及与努比

① D.T.尼昂主编：《非洲通史》（第四卷），中国对外翻译出版公司1992年版，第331页。

② P. M. Holt, M. W. Daly, *A History of the Sudan: From the Coming of Islam to the Present Day*, p.16.

③ 素丹（Sultan），又作“苏丹”，是部分伊斯兰教国家君主的称谓。“Sultan”的阿拉伯语意为“有权威的人”，本来是9世纪时阿拔斯王朝哈里发赐予突厥禁卫军长官的称号，但自11世纪开始，哈里发常将此头衔授予帝国辖境内的各地君主，遂为穆斯林国家广泛使用，成了伊斯兰国家统治者的称号。13世纪末，奥斯曼帝国的统治者亦称素丹。13—16世纪初和1914—1922年的埃及、阿曼等国家的历代统治者，也采用素丹的称号。有些伊斯兰国家，亦称为素丹国，如桑给巴尔素丹国、文莱素丹国等。在本书中，“Sultan”一词均使用“素丹”，不使用其他译名。

④ M.埃尔·法西主编：《非洲通史》（第三卷），第173页。

亚关系开始发生变化。拜伯尔斯（Baybars）和盖拉温（Qalawun）是马穆鲁克王朝的两位早期素丹，他们坚决抵制蒙古人和十字军，极力扩大伊斯兰世界的范围，对基督教努比亚奉行进攻性外交政策，欲使异教徒的努比亚人全部改宗伊斯兰教，成为埃及的附庸国。上埃及作为桀骜不驯的阿拉伯部落避难所的角色，以及试图重获其在阿斯旺地位的巴努尔坎茨部落的再次出现，都对这种外交政策的实施起到了推动作用。

穆库拉统治家族内部的不和与权争为马穆鲁克素丹们的干预提供了便利，加速了基督教努比亚的衰亡。1268年，达乌德（Dawud）国王在内部权斗中胜出，他写信给马穆鲁克素丹拜伯尔斯，告知其继承王位的事实。拜伯尔斯援引《巴克特条约》予以回复，希望恢复与努比亚的贸易关系。由于努比亚依然是埃及的安全威胁，例如达乌德国王在1272年就对红海沿岸的阿伊达布港口（Aydhab Pory）发动了一次破坏性的袭击，埃及马穆鲁克王朝开始积极干预努比亚内部事务，入侵努比亚并扶植新傀儡国王的模式重复上演了多次。

1275年，库斯总督（Qus Governor）率领马穆鲁克和阿拉伯部落联军远征努比亚，试图扶持另一位努比亚王子萨坎达（Shakanda）取代达乌德国王。1276年，马穆鲁克军队在栋古拉附近击败达乌德国王。这是埃及总督阿卜杜拉·萨拉（Abdallah Sarh）之后，在大约六个世纪的漫长时期中，穆斯林军队第一次如此远距离行军侵入努比亚。随后，萨坎达在栋古拉加冕称王，对远居埃及的素丹宣誓效忠，保证归附素丹，接受一系列条件，以附庸关系代替传统的《巴克特条约》关系。从埃及档案记载来看，萨坎达俨然成为马穆鲁克王朝的一位州级总督，而努比亚人则成为了“迪米”（dhimmis，保护民），需要向穆斯林统治者交纳人头税以换取信仰自由和人身财产安全。萨坎达自称是素丹的代理人，保证将努比亚岁入的一半及一定数量的牲畜作为贡赋，马里斯地区交给素丹直接控制。不改宗伊斯兰教的努比亚人每年须交纳人头税（djizya）。在努比亚避难的阿拉伯游牧民将被遣返。更甚于此，萨坎达的一切政策均需经这位素丹批准。[①]

1290年，因为攻打了驻扎在栋古拉的马穆鲁克卫戍部队，杀死了叛徒和他们的保护人，穆库拉国王夏马蒙（Shamamun）写信给卡拉乌恩素丹（Kalaun Sultan）请求宽恕，其中提到努比亚地区由于穆斯林军队和南部阿勒瓦王国的多次入侵而荒废，答应给予超过《巴克特条约》规定的补偿。马穆鲁克素丹似乎因已经承诺要和十字军残部作战而默认了这种局面，努比亚免于战祸，赢得了二十多年的和平。

1315年，国王阿米（Ammy）为寻求解决国内问题而请求开罗再次派出一支讨伐军。后来，由于阿米的继位者卡伦巴斯（Karanbas）拒绝纳贡，也无力纳贡，马穆鲁克素丹不仅派遣军队征讨，还再一次以扶持新的傀儡国王的形式干预穆库拉内部事务。新继位国王是阿卜杜拉-巴尔萨布（Abdallah-Barshambu）王子，他是达乌德国王的侄儿，在作为人质留居开罗期间就已改宗伊斯兰教。巴尔萨布的即位标志着穆库拉王国正式信奉伊斯兰教，为了纪念这一事件，他把栋古拉的一座皇家教堂改为了清真寺，时间是1317年5月29日，为此事竖立的碑铭存留至今。

但巴尔萨布国王的统治时间不长，很快就被前国王卡伦巴斯姐姐的儿子坎茨·达乌拉（Kanz al-Dawla）推翻了，达乌拉同时还是巴努尔坎茨部落的酋长。为了防止努比亚和阿拉伯混血儿的穆库拉国王建立起一个更为广泛的联盟，在1323—1324年，马穆鲁克素丹再次讨伐穆库拉，同时把在开罗囚禁期间已经改宗伊斯兰教的前国王卡伦巴斯重新扶上了王位。但凭借努比亚人和阿拉伯各部落的广泛支持，达乌拉很快赶走了他的舅舅，将政权再次夺回到自己手中，马穆鲁克素丹没有再次干预，具体原因不清楚。

在1315—1324年的一系列其他事件之后，有关穆库拉王国的历史便很少出现在埃及人的历史记载当中，仅有的一次记载是有关

① D.T.尼昂主编：《非洲通史》（第四卷），第333页。

1366年马穆鲁克王朝的一次远征。努比亚王国对马穆鲁克王朝南部边境的威胁已经消失。王国的统治者日益伊斯兰化，在肥沃的河岸地区以及南部雨水充沛的地带，阿拉伯移民的数量正在持续增加。1366年，一位篡权者在阿拉伯部落的帮助下夺得了穆库拉王国的王位，但随后这位篡位者便与他的盟友产生了内讧，穆库拉随即进入了一段黑暗时期。社会秩序混乱，地区冲突加剧，尼罗河流域和稀树草原地区的部落为了安全而接受阿拉伯人的保护。至此，基督教努比亚王国完全衰落，基督教会作为一种社会力量黯然失色，信奉伊斯兰教成为那些有势力移民们显赫地位的象征。往昔的教堂或修道院一个又一个地被改造成了清真寺，捧读了十多个世纪的《圣经》换成了《古兰经》。阿拉伯-伊斯兰化成为一种逐步的、普遍的发展进程，曾经的基督教努比亚最终成为阿拉伯伊斯兰世界的一部分。

努比亚南部的阿勒瓦王国的历史一直比较模糊，它与埃及几乎没有直接的联系，比穆库拉的历史更不为人所知。10世纪末期，通晓努比亚事务的阿斯旺人伊本·苏莱姆·阿斯瓦尼（Ibn Sulaym al-Aswani）访问过穆库拉，他根据一位阿勒瓦皇储提供的信息，再加上从穆斯林商人那里获得的资料，描述和想象了一个繁盛的阿勒瓦王国，物产富饶，国力强盛，秩序井然，人民顺服，和古代希腊人对早期努比亚的描述如出一辙。

阿勒瓦北部与穆库拉毗邻的地方被阿拉伯学者称为阿卜瓦（al-Abwab），意为“大门”（the Gates），这一称呼还指代卡布什亚（al-Kabushiyya）地区，即尼罗河与阿特巴拉河（the Atbala）交汇处以南的贾阿林人（Ja‘ali）分布区。阿卜瓦的统治者有时被称作阿卜瓦王。在13至14世纪期间，阿卜瓦的统治者经常与马穆鲁克王朝结盟以此来对抗穆库拉，甚至为了取得马穆鲁克素丹的好感而数次引渡逃亡阿勒瓦的努比亚国王。1276年，穆库拉被马穆鲁克军队打败后，达乌德国王逃到阿勒瓦避难，结果却被国王阿杜尔（Adur）当作囚犯送到了开罗。1287年，阿杜尔向盖拉温素丹派遣使者以示效忠，同时抱怨其对穆库拉国王的不满，马穆鲁克素丹曾派遣使者调查此事。1290年，阿杜尔又要求提供帮助以对付一伙很可能是来自南方的外敌。

穆库拉王国崩溃以后，因为没有了相应的屏障来阻挡阿拉伯部落涌入，阿勒瓦随即经历了与穆库拉极为相似的衰亡过程。阿拉伯移民渗入边缘地区，进而深入内地，和当地居民通婚，获取对牧场的控制权。伴随这样的人口流动和互相融合，加上来自南方黑人的攻击，阿勒瓦王国原有的社会结构和权力基础逐渐被侵蚀。15世纪后半叶，阿拉伯人开始在索巴附近的国家中心地区定居，其在杰济拉地区扩张到达的最南点是建于1475年前后的阿尔巴吉城（Arbadji）。

由于基督教基本上是上层人士的宗教，没有扎根于广大民众之中，没有像伊斯兰教那样的本土化，基督教对于阿勒瓦国家的衰落毫无作为，虽然一直存续至16世纪，但教堂的数量不断萎缩，从13世纪初的400多座减少至1520至1526年间的150座。①

阿勒瓦王国的最终消亡，一般认为是1504年，因为在这一年建立了以森纳尔为中心的丰吉（Funj）素丹国，但也有可能在此之前就已经被阿拉伯人摧毁。根据阿拉伯人的口头传说，摧毁阿勒瓦王国的军事行动在丰吉王国出现之前的30年就已经展开，由阿卜杜拉（Abdallah）酋长组织和领导。阿卜杜拉酋长绰号“贾玛”（Jamma），是鲁法族（Rufa'a）阿拉伯人卡瓦斯马（Kawasima）支系的召集人，他进攻阿勒瓦王国的理由是反对阿纳吉（Anadj）国王的专制暴虐。索巴被攻占，而且很可能被摧毁，阿勒瓦王国居民四散溃逃，阿拉伯人在东比拉德苏丹的地位开始上升。阿卜杜拉酋长的后裔是“阿卜杜拉比”（Abdallabi），他取得了对阿拉伯各游牧部落和阿拉伯化努比亚人的统治，统治地域涵盖青白尼罗河汇合处及其北边的广大地区。为了与支持者布塔纳（Butana）阿拉伯人保持联络，也因为要控制尼罗河流域以及河西岸的各种贸易活动，新统

① P. M. Holt, M. W. Daly, *A History of the Sudan: From the Coming of Islam to the Present Day*, p.20.

治者的都城选址靠近萨巴鲁卡（Sabluka）峡谷的凯里（Kerri），索巴城1523年时已经沦为废墟。

阿拉伯人的统治地位不久就受到了挑战。16世纪初，以牧牛为业的丰吉人顺青尼罗河而下迁入杰济拉地区，与阿卜杜拉比人在争夺牧场中发生了冲突。无论是说丰吉酋长阿玛拉·顿卡斯（Amara Dunkas）与阿拉伯的贾玛酋长结盟共同摧毁了阿勒瓦王国，还是说独自摧毁了阿勒瓦王国的阿拉伯人曾在阿尔巴吉附近与后来者丰吉人交战，丰吉人都在争夺杰济拉南部的放牧权和统治权的斗争中获得胜利，其势力范围扩展到了尼罗特苏丹的广大地区，建立的丰吉王国开创了苏丹史上的新纪元。战败的阿卜杜拉比人虽然在丰吉素丹国中处于臣属和附庸地位，但能够与时俱进适时改变，仍继续统治丰吉素丹国的北部直到1820年土耳其-埃及出兵将其征服为止。[①]

二、努比亚的阿拉伯-伊斯兰化

《巴克特条约》

公元7世纪中叶，伴随着伊斯兰教勃兴而崛起的阿拉伯帝国，迅速成为当时世界上最强大的力量，并始终致力于将其影响传播和扩张到埃及以南的非洲大陆。

公元639—641年，阿拉伯人征服了埃及，埃及和整个北非随即成为阿拉伯帝国的一部分。对于征服南方邻国努比亚，阿拉伯人虽然整体上不太重视，但边境地区的袭扰事件也不时发生。公元642年和652年，阿拉伯人两次入侵努比亚，他们深入到第三瀑布以南的栋古拉城，围攻并摧毁了栋古拉大教堂。然而由于军事上无法彻底击垮顽强抵抗的努比亚人，也无法使埃及的疆界从阿斯旺向南延伸，阿拉伯人随即改变策略，通过与努比亚王国的贸易安排实现对

① D.T.尼昂主编：《非洲通史》（第四卷），第336—337页。

努比亚的渗透和同化。

公元651年，埃及总督阿卜杜拉·伊本·阿布·萨拉（Abdallah ibn Abu Sarh）与南方的基督教努比亚王国签订了著名的《巴克特条约》（Baqt Treaty）。由于从希腊语“帕克顿”（pakton）转化而来的“巴克特”在阿拉伯外交术语中是个很特别的词，惯用之意是指“一项包含相互义务和相关惩罚机制的契约”，《巴克特条约》实际上是阿拉伯人和努比亚人达成的一个媾和或者互不侵犯条约。根据协议条款，阿拉伯人不得攻击努比亚；两国公民作为旅行者而非定居移民享有自由通过对方国家的权利，在此情况下当局应对另一国公民的安全负责。协议还包括一国从另一国引渡逃亡者的条款。努比亚人负责维修建于栋古拉的清真寺以款待来访的穆斯林。

除此之外，《巴克特条约》还对两国间的平等贸易往来与商业活动有具体规定，阿拉伯人获得了在努比亚地区从事经贸活动的特惠待遇。条款允许阿拉伯人从阿斯旺地区的努比亚人手中购买土地；阿拉伯商人可以在努比亚的城镇建立市场以方便粮食和奴隶的交换；阿拉伯技师监管尼罗河以东的采矿业，他们在那里用奴隶来挖掘黄金和翡翠；穆斯林朝觐者可从阿伊达布（Aydhab）和萨瓦金（Sawakin）乘船渡过红海前往麦加，这些港口还要接纳从印度前往埃及的货船。努比亚每年向阿斯旺总督进贡360名奴隶。作为交换，阿拉伯人必须提供1300阿达布（ardeb）小麦、1300卡尼尔（kanir）酒以及一定数量的亚麻布及织物等。

从651年签署到1292年废止，在世界历史上，很少有像《巴克特条约》这样持久的双边国际协议，该条约作为穆斯林埃及和基督教努比亚之间和平相处的法律基础，时间长达6个世纪之久。虽然双方之间小规模的袭扰或反袭扰时有发生，具体内容经过多次修改，甚或出现过一段时期的暂时中止，但双方基本上都遵守了停火协议，都履行了包括互通有无在内的各自应尽的义务，在原则上从未使人怀疑条约是否继续生效，不失为在经济上相互依存的一个适用的准则。法蒂玛王朝统治时期的埃及-努比亚关系，似乎就是人们所渴求的睦邻友好与一定程度下相互合作的最佳范例：既满足了法蒂玛王朝补充奴隶兵员、保持和平边界的需要，也推动努比亚的政治权势和文化成就达到了自己的鼎盛时期。[①]

《巴克特条约》的全部文本，最早收录于中世纪的阿拉伯学者马克里兹（al-Maqrizi）的著作《希塔特》（Khitat），不仅时间上距离条约签订时间长达八百年，其历史叙述难免有可疑之处；而且内容上有着明显的伪造痕迹，被质疑"是为了一种虚构的合法性而对历史事实所进行的改写"。[②]事实上，《巴克特条约》的具体内容是在签订之后不断细化和完善的，例如规定努比亚人应该维护好穆斯林在栋古拉所建的清真寺，就不大可能是条约最初签署时商定的内容。但无论如何，《巴克特条约》至少起到了两方面的巨大作用。其一，《巴克特条约》本质上是努比亚与埃及之间的一种年度贸易交往协议，它对努比亚提供奴隶的数量、埃及提供货物的品种和质量都有详细的规定，这不仅是基于当时双方客观现实的互惠的以物易物的贸易安排，而且稳定地恢复了努比亚与埃及之间业已中断的贸易往来。其二，当阿拉伯军队占领了北非和西班牙并直逼拜占庭时，《巴克特条约》虽然是带有媾和性质的贸易安排，却可以按朝圣者的愿望与拜占庭保持联系，或至少与耶路撒冷保持联系，使基督教文明得以在努比亚接下来的7—12世纪存在并发展出具有鲜明特征的基督教努比亚文化。[③]来自北方的入侵者止步于努比亚人的抵抗和漫长而曲折的文明交流，基督教努比亚最终屈服于渐进的文明交往而不是有组织的军事入侵。

阿拉伯人的渗透与伊斯兰教的传入

下努比亚东部贫瘠而多山，中世纪的地理学家称之为"马迪"

① D.T.尼昂主编：《非洲通史》（第四卷），第329页。

② P. M. Holt, M. W. Daly, *A History of the Sudan: From the Coming of Islam to the Present Day*, p.13.

③ M.埃尔·法西主编：《非洲通史》（第三卷），第155—156页。

（bilad al-Madin，也称红海山区），主要的土著居民是贝贾人。由于当地蕴藏丰富的金矿和祖母绿，处在埃及和努比亚王国的有效控制范围之外，许多阿拉伯人冒险前来，与贝贾人冲突不断，互相报复。

公元831年，在一系列边境冲突之后，穆尔台绥姆（al-Mutasim）哈里发出兵讨伐贝贾人。贝贾人惨遭失败，被迫承认哈里发的宗主权。根据随后签订的条约，阿拉伯人有权在马迪地区定居；贝贾人必须年年向哈里发进贡100峰骆驼或300第纳尔（dinars），不能破坏建在马迪地区的清真寺，进入埃及不得携带武器。此后，阿拉伯人进一步控制了富有金矿的瓦迪阿拉基干河（Wādī al-Allākī）地区，处于附庸地位的贝贾人则心怀怨恨，暗地寻求努比亚的庇护，努比亚王子乔治斯也确实在这一时期展开了他的巴格达之行。

公元854年，因为贝贾人再次拒绝进贡，同时袭击了埃德福和艾斯纳（Edfu and Esna），阿拉伯人随即切断对贝贾人的食物供应，双方之间再次爆发战争。贝贾人虽然得到了努比亚人的支持，但仍然难逃失败的命运。其首领阿里巴巴（Ali Baba）被带往巴格达（另有报道说他是和努比亚国王乔治斯一起被擒获），面见哈里发。在巴格达，阿里巴巴受到了相当体面的款待，最后携受赏之物满载而归。此后，源源不断的阿拉伯人迁移到了这片富矿之地，阿拉伯贵族获得了对贝贾部落的控制权。根据某些阿拉伯文献，贝贾人此时的贡赋每年高达2400克黄金。[①]

公元9世纪中叶，阿拉伯冒险家阿卜杜拉·欧麦尔（Abdallah al-Umar），带着一帮奴隶前往下努比亚的红海山区淘金。他自称是第三任哈里发欧麦尔的后裔，用高贵的家庭背景吸引追随者，利用当地阿拉伯部落间的矛盾，在采矿者之间建立了自己的小王国，一度与努比亚人爆发战争。南部边境地带的动荡局势震惊了埃及的统治者艾哈迈德·图伦，但他派往阿斯旺的远征军却被欧麦尔所败。公元869年，欧麦尔的威望在红海山区达到顶峰，但由于其权势基

① A. J. Arkell, *A History of the Sudan from the Earliest Time to 1821*, pp.188-189.

础是该地区分合不定的阿拉伯部落，他最终死于部落间的斗争，短暂的统治迅速坍塌。

欧麦尔的统治昙花一现，但红海山区的阿拉伯化趋势依然继续。拉比阿（Rabi‘a）部落是该地区最大的阿拉伯部落之一，长期与贝贾人通婚结盟。欧麦尔死后，拉比阿部落逐渐成为了红海山区的统治者，其首领以“沙希伯·马迪”（Sahib al-Ma‘din）自居，意谓“富矿之王”。法蒂玛王朝时期，红海沿岸的阿伊达布（Aydhab）港口兴起。自此直至14世纪后期，阿伊达布港始终承担着埃及与印度洋之间的贸易，承担去往圣城麦加和麦地那朝圣的交通运输，贸易兴盛，遍地是金。贝贾人成为该港口税收与管理的参与者。

公元969年，法蒂玛王朝征服埃及，在北非建立了一个庞大的哈里发帝国，与巴格达的阿巴斯帝国分庭抗礼。不久以后，伊本-苏莱姆被作为使者派往栋古拉。伊本-苏莱姆此行的目的，一是恢复由于埃及改朝换代而中断的双边贸易，二是力图使努比亚国王改宗伊斯兰教。

伊本-苏莱姆返回埃及以后，以文字的形式记载下了他所了解的努比亚社会，这是有关中世纪努比亚最为重要的文字材料。根据伊本-苏莱姆的描述，大致可以知道努比亚地区的穆斯林分布概况。在努比亚王国北部，昔日诺巴德王国北方的大部分地区，穆斯林已经掌控着边界周围的土地和与尼罗河上游的贸易。鉴于这些穆斯林不会讲流利的阿拉伯语，他们应该是通过通婚或改宗的方式成为穆斯林的。这一地区的统治者被称为“山之王”，法拉斯是其统治驻地。“山之王”控制着来自上游地区的过境贸易和人员，穆斯林用商品换取奴隶。没有“山之王”的许可，任何人不得进一步深入努比亚，擅入者将被处死。第二瀑布南面的巴滕哈杰尔地区是努比亚的军事前线。这一地区归“山之王”管辖，但其驻地指挥官的权力却来自于国王。当地没有穆斯林商人，不存在穆斯林货币的流通，贸易主要是以奴隶、牲畜、铁器和谷物为主的物物交换。在栋古拉，伊本-苏莱姆成功恢复努比亚和埃及之间的奴隶贸易，但并没有劝服努比亚国王改宗伊斯兰教，他甚至只有在国王许可的情况下才能够到城外和当地的大约60名穆斯林一起，组织宗教仪式庆祝传统节日宰牲节的来临。这一事实证明了居住在栋古拉的穆斯林居民数量甚少，城内不存在清真寺，这与《巴克特条约》所声称的情况正好相左。[①]

公元1000年前后，拉比阿部落的一支成为阿斯旺附近及马里斯（Maris）北部地区最强大的力量，且一直与统治富矿之地的拉比阿部落保持着联系。1007年，因为帮助法蒂玛王朝俘获了名叫阿布-拉克瓦（Abu-Rakwa）的叛乱者，该支系首领被授予“坎茨·达乌拉”（Kanz al-Dawla，意为“国宝”）的称号，其继任者也都承袭了此项殊荣，他的部落因此被称作巴努尔坎茨（Banu'l-Kanz）。

1171—1173年，忠于法蒂玛王朝的苏丹黑人士兵与坎茨·达乌拉结盟，共同反对阿尤布王朝，被萨拉丁的弟弟图兰·沙哈（Turan Shah）带兵打败，巴努尔坎茨部落随即被驱赶出阿斯旺地区，南迁至努比亚。图兰·沙哈的这次远征大获全胜，劫掠基督教堂，折磨和羞辱了科普特主教，俘获了许多囚犯和棉花，杀死了700头猪，然而由于他派往栋古拉的使者报告说努比亚国家太贫穷，只生产一些小米和椰枣，国王的宫殿是唯一不长草的建筑，图兰·沙哈随即退兵。[②]被打败的巴努尔坎茨人被迫从阿斯旺撤退到了穆库拉北部的马里斯地区。由于巴努尔坎茨人本身就是阿拉伯-努比亚混血族，居住在努比亚，又是族内婚，他们的迁入极大地加速了马里斯地区从9世纪就已经开始的阿拉伯-伊斯兰化进程，甚至可能是该地区阿拉伯-伊斯兰化的主要原因。

总的来看，与埃及和北非地区不同，努比亚的阿拉伯-伊斯兰化是一个十分缓慢的渐进过程。早在伊斯兰教传入之前，阿拉伯人就已经通过红海和尼罗河河谷抵达努比亚内地。他们以贸易开路，

① P. M. Holt, M. W. Daly, *A History of the Sudan: From the Coming of Islam to the Present Day*, pp.15-16.

② A. J. Arkell, *A History of the Sudan from the Earliest Time to 1821*, p.192.

与努比亚人通婚和混居，逐步扩大自身影响力。北方努比亚人的阿拉伯-伊斯兰化，基本上是以这样的方式逐渐完成的，但其影响很长时间内主要限于城市、交通要道和商业中心。[①] 在南方，尼罗特人的扩张主义力量，特别是希卢克人和丁卡人的积极扩张，不仅成功阻止了阿拉伯人的南下以及伊斯兰教的传播，还一直对北方的几个穆斯林国家构成威胁。

努比亚的阿拉伯-伊斯兰化

由于《巴克特条约》赋予阿拉伯商人在努比亚自由贸易的权利，大批阿拉伯人便借经商之便移居努比亚，与努比亚人通婚融合。与努比亚人相比，阿拉伯商人整体上更富有，在双边贸易中更占优势。商人们来往不断，既增加对努比亚的了解，又自然而然、不知不觉地将伊斯兰教带进了努比亚。从长远观点看，贸易为基督教努比亚的阿拉伯-伊斯兰化铺平了道路，阿拉伯商人们对传播伊斯兰教的贡献大于法蒂玛王朝的官方宗教传播。

努比亚阿拉伯-伊斯兰化的一个重要媒介就是通婚。由于基督教努比亚实行母系传承制度，阿拉伯父亲和努比亚母亲所生的儿子有继承权，有权分得土地和其他财产，阿拉伯人借此对努比亚有着更大的影响力。而且，由于努比亚贵族常常和阿拉伯宗教谢赫（Shaykh）的子女联姻，穆斯林后嗣也取得了王室继承者的地位。基督教努比亚后期有着重要影响的巴努尔坎茨部落，正是依凭这种制度和习俗在1315年把本部族一位有着努比亚王室血统的穆斯林王子送上了穆库拉国王的宝座。更重要的是，阿拉伯人的渗透，最大程度地破坏了努比亚旧的社会和政治组织，推动了影响深远的文化变革。甚至可以说，努比亚人逐渐改宗伊斯兰教，“是穆库拉中央政权消失之后出现的混乱状态下同一复杂过程的另一个方面。”[②]

贝贾人是从曼德海峡进入苏丹的古哈姆族（含米特族）人后裔，

① 刘鸿武、姜恒昆编著：《苏丹》，第99—100页。

② D.T.尼昂主编：《非洲通史》（第四卷），第334页。

在人类学上被划入哈姆族的东支，总属高加索人种。伊斯兰教传入以前，他们以部落为社会单位，服从统一的最高首领，过着游牧生活，带着皮制帐篷辗转放牧，以牛、羊和骆驼的肉、乳为生，也不信仰任何宗教。贝贾人的家谱最初按母系来排列，妇女们主导着贝贾人的日常生活，认为姐妹和女儿的子女比亲生儿子更可靠，死后的财产只留给外甥和外孙而不传给亲生儿子。妇女们认为男人意味着灾祸和战争，只跟前来购买她们产品的男人交往，生下女孩就精心哺养，倘若生下男孩就遗弃或者当即杀死。

公元6世纪时，有少数阿拉伯人迁移到贝贾地区定居。他们带来了阿拉伯的生活习俗和文化传统，并且通过与贝贾人通婚来影响和同化他们。7世纪中叶，阿拉伯人征服埃及后开始举兵进攻贝贾地区。贝贾人抵抗失败，从9世纪开始普遍信奉伊斯兰教。此后，随着阿拉伯人对苏丹的长期征服和同化，贝贾人全部信奉伊斯兰教，生活习俗和文化在相当程度上阿拉伯化了，很多人穿上了阿拉伯式的衣服，改变了以前几乎一丝不挂的状况。值得一提的是，虽然全部族信奉了伊斯兰教，采用把他们和阿拉伯祖先联系起来的宗谱，在语言中加入了阿拉伯词汇，但作为土著居民的后代，贝贾人坚持自己部族的贝贾语（Bedawiye，亦称贝督维语），游牧民的比例总体上远高于阿拉伯人中游牧民所占的比例，保守、自大和冷漠，很少与陌生人来往，不愿承认中央政府的权威。①

贝贾部族迄今仍保留着不少女权制的习俗，妇女在日常生活中比男人更有地位和威信。青年男女的婚礼必须在新娘家准备的屋子里进行，新婚夫妇直到生了孩子以后才能从岳父家回到丈夫家，有的部落甚至要求新婚夫妇要将第一个孩子生在娘家。妻子在夫妻关系中更具主导性，发生矛盾时甚至可以通过拆掉居住帐篷的方式逼迫丈夫赔礼道歉。贝贾男人不能直呼母亲或姐妹的名字，成家后通常日出离家日落才归，避免遇见可能前来探望妻子的岳母，或者是

① 刘鸿武、姜恒昆编著：《苏丹》，第35—36页。

怕干预妻子安排家务。贝贾妇女从不挤牛奶，认为这是丢丑的事。男人挤完奶后必须等别人尝过才能喝，最打击男人的话就是“他挤了奶，立刻就喝”。如果个人之间或家族之间发生殴斗，只要有妇女临场席地而坐，摘下头巾露出面容，斗殴者就会立即将武器放在地上，请求她戴好头巾回家，一场争斗便告结束。[①]

在马穆鲁克王朝时期，为了在埃及以外掠夺财物，过上较好的生活，形形色色的阿拉伯人纷纷投身马穆鲁克军队，1289年甚至多达4万人。埃及的各个阿拉伯部落以前所未有的规模向南流动，引起了多次严重的冲突。据史料记载，在1392年、1351年、1353年、1378年和1395年，马穆鲁克军队对倔强的乌尔班人/贝都因人（Urban/Beduin）进行过多次大讨伐。在马穆鲁克军队的不断追击下，加之饥荒和瘟疫所造成的威胁，游牧的乌尔班人只能越过沙漠，沿尼罗河畔向努比亚挺进。游牧的贝都因部落掳掠成性，具有蝗灾般的破坏性力量，他们沿途攻打单个的定居村落和地方政权，彼此又互相残杀，使得经过的努比亚地区政治瓦解，经济凋敝，陷入无政府状态。根据当时埃及人所写的许多资料，因为阿拉伯游牧部落的劫掠，也因为撤退中的努比亚人自己所采取的焦土政策，阿拉伯游牧部落袭扰后的穆库拉耕地减少，定居人口有相当一部分转变为游牧民或半游牧民，到处是被摧毁的村庄、被砸碎的水车，大量的努比亚人被掳去充当奴隶。[②]

另一方面，在从穆库拉王国被摧毁到16世纪初奥斯曼军队进驻的这段“黑暗时期”，由于战乱，加之气候干旱导致的尼罗河水位下降，大量的耕地荒芜，原来的定居人口有相当部分转变为游牧民或者半游牧民，努比亚地区经历了一次规模巨大的种族混合和双向的文化融合：大量的努比亚人开始了主动或者被动的阿拉伯-伊斯兰化，新来的阿拉伯移民则逐渐地非洲化和地方化。

在这一过程中，伊斯兰世界边缘地区的信奉者，为了提高在穆

---

① 小平：“苏丹贝贾人”，《世界知识》1983年第22期。

② D.T.尼昂主编：《非洲通史》（第四卷），第342—343页。

斯林世界的威望并增强对其属下阿拉伯臣民的精神权威，一般都倾向于将自己与阿拉伯人联系起来。为了表示自己是高贵的阿拉伯人的后裔，努比亚人尽可能将自己的部族与古老的阿拉伯部落或者部落联盟联系起来，为此编纂或者通过口头流传下来的安萨布（Ansab）或尼斯巴（Nisba）家谱，一般不注重实际的血亲继承关系，而且附会了许多传奇故事和家系传说，一些圣裔家族的起源甚至被直接追溯到先知本人。甚至那些不讲阿拉伯语的族群，也将其宗谱追溯到最早移居本地区的阿拉伯部落。土著的贝贾人同化了居住在他们中间的阿拉伯移民，但后来又通过声称其祖先为阿拉伯人而获得正统性。①

丰吉人的祖籍遥远而模糊，大概是从博尔努（Bornu）或埃塞俄比亚迁至青尼罗河流域的希卢克移民。②为了掩盖他们模糊不清的起源，丰吉人有意把自己的祖先说成是取道埃塞俄比亚而来的倭马亚王朝难民，因为和当地一位公主结婚而继承了她的统治权，是苏丹传说中能够带来新习俗的“有福之人”。1504年建立国家后，因为与埃及的商业和文化往来，丰吉人很快就伊斯兰化了。虽然关于丰吉人的血统有不同看法，例如丰吉王国君主制的运作始终坚持着非洲人的一些传统，包括国王们的加冕仪式完全与伊斯兰教无关，使用着古老的、非阿拉伯的头衔“酋长”（makk）等，但丰吉人讲阿拉伯语，在苏丹建立了第一个伊斯兰国家等，却基本得到公认。

大多数讲阿拉伯语的苏丹人，都把自己划属于包罗很广的两大族群，或者是贾阿林部落，或者是朱海纳部落。这两大族群在基督教努比亚王国衰亡后形成了一系列的部落，彼此之间以及同邻近的非阿拉伯人之间经常发生冲突。

贾阿林人（Ja‘ali）是阿拉伯化了的本土努比亚人，只有很少的

---

① D.T.尼昂主编：《非洲通史》（第四卷），第339页。

② P. M. Holt, M. W. Daly, *A History of the Sudan: From the Coming of Islam to the Present Day*, p.22.

阿拉伯血缘，却声称他们是先知所属部落古莱什人（Quraysh）的后裔。据传，贾阿林人的祖先是一个阿拔斯人，名叫易卜拉欣·贾阿尔（Ibrahim Dja'al），大致在12世纪或13世纪。贾阿尔是他的外号，意思是乐善好施，因为他经常对饥民说“我们把你看作一家人”，各部族都引用他的名字。16世纪初的某一时期，贾阿林部落的部分人向西迁移，进入科尔多凡，虽然仍保有自己的姓名和习俗，但已经被土著的黑人居民同化。有关科尔多凡成立政府的传说，通常都以贾阿林族酋长与当地名门闺秀结婚为主题。努巴山区（Nuba Mountains）、达尔富尔（Darfur）、瓦达伊（Wadai）和博尔努（Bornu）等地的塔克利（Takli）族统治者，还有科尔多凡的努萨巴特人（Nusabba'at），都承认自己的祖先是贾阿林人。

贾阿林人的家园，在尼罗河中游第四瀑布以南、两个基督教努比亚国家之间的某个地方，而且可能是他们重新聚居的家园，“贾阿林”词语本身的含义就是“聚合在一起”。今天的贾阿林族群，主要包括尼罗河中游和科尔多凡（Kordofan）地区的一些定居部族，除了居住在阿特巴拉（Atbara）和萨巴鲁卡峡谷（Sabaluka Gore）之间的贾阿林本族外，还有贾瓦布拉（Djawabra）、贝达伊里亚（Bedayriyya）、舍基亚（Shaikiya）、巴塔欣（Batahin）、贾马阿布（Djama'ab）、贾马伊亚（Djamaiya）、贾瓦米亚（Djawami'a）诸族。

朱海纳人（Juhayna）历史悠久，习惯于游牧生活，住在阿勒瓦草原，其体格与伊斯兰教传入前的本土人有着延续性。在阿拉伯人进入努比亚的过程中，逐步阿拉伯化的朱海纳部落形成了许多分支，包括萨塔纳（Satana）的舒克里耶人（Shukriyya）和鲁法人（Rufa'a）、杰济拉的基纳纳人（Kinana）和梅萨拉米耶人（Mesallamiyya）等。所有的朱海纳人都自称来自同一祖先，即阿卜杜拉·朱哈尼（Abdallah al-Djuhani）。

从14世纪开始，阿拉伯化了的朱海纳人开始向努比亚之外的更多地方渗透。科尔多凡的卡巴比什（Kababish）人起源于几个不同的氏族，后来虚构了一个与部族同名的祖先卡巴什·伊本·哈马德·阿弗扎尔（Kabsh ibn Hamad al-Afzar）。“卡巴什”本义为“公羊”，这是游牧民的典型象征。科尔多凡的巴卡拉人（Bakkara），因为居住地气候既不适于饲养骆驼，也不适于放牧羊群，习惯于游牧的巴卡拉人于是以放牧骆驼的习惯方式来改牧牛群。“巴卡拉”的原义为“牛”，作为族名泛指放牧牛群的部落。有些部落因为吸收了迁徙地的原住民而发生了很大的变化，迁往苏丹南部和西部的巴卡拉部落已经很难把他们和当地的土著民区分开了。根据巴卡拉人的口头传说，他们可能起源于一个混血部落，其中一支来自尼罗河流域，另一支来自费赞和乍得。

部落或亚部落单位的成员资格通常由出身决定，但是个人或者群体可以通过收养、委托或决定以某种方式生活等形式加入某个单位。例如当定居的富尔人（Fur）成为游牧民后，他就被当作巴卡拉人，这些新加入者的子孙也被认为有了该部族的出身。拥有骆驼的科尔多凡牧民达尔哈米德人（Dar Hamid）和哈马尔人（Hamar），也自认属于朱海纳族群。事实上，由于努比亚系谱学家错误的系统化，几乎所有游牧部落和一切不属于贾阿林族群的部落都被划归朱海纳族群。①

14世纪，阿拉伯化的朱海纳部落遍布努比亚境内，或定居，或统治，同时伴随着破坏和衰败。孱弱的基督教努比亚王国统治阶层虽然通过联姻暂时收服了这些朱海纳部落，但因为财产要继承给姊妹和姊妹的儿子，朱海纳部落的后代几乎继承了整个努比亚王国的遗产，王国随即被分割成了多个部分。由于无法建立起一种相互臣服的体系，不存在任何权威，朱海纳人的各种破坏性行为得不到有效控制，逐水草而居，四处游荡，派别林立。②

① D.T.尼昂主编：《非洲通史》（第四卷），第340页。

② P. M. Holt, M. W. Daly, *A History of the Sudan: From the Coming of Islam to the Present Day*, pp.18–19.

三、丰吉和富尔素丹国

丰吉素丹国的形成和发展

丰吉王国在1504年建立，其统治中心在青尼罗河的森纳尔地区，控制了从第三瀑布附近的栋古拉到南方热带雨林的广大地区。丰吉王国的开国君主是阿玛拉·顿卡斯，信奉伊斯兰教，自称素丹。阿玛拉的宫廷在他的统治疆域内不断移动，最早在距离森纳尔8天行程的拉穆尔（Lamul），16世纪早期向北迁移到青尼罗河地区，丰吉王国的臣民多是以畜牧业为主的游牧民。大概过了一个世纪，素丹鲁巴特（Rubat）在森纳尔开始修建清真寺，整个都城直到他的儿子巴迪二世阿布·迪肯（Badi II Abu Dikn）统治时才最终建成，包括一座五层式的宫殿。森纳尔此后成为丰吉素丹国的永久性首都。[①]

丰吉王国是一个联邦式的王权国家，素丹们将其属地划分成部落领地，许多权力被掌控在次一级的地方统治者手中。每个分封的领地叫做“达尔”（Dar/Dur），由素丹任命的酋长（Nazir/Nawazir）来管理。“达尔”此后逐渐成为一种共同体，居住在同一个达尔的居民逐渐形成了某种程度的认同感。南部地区是丰吉王国的核心统治地带，塔卡（Taka）、阿特巴拉（Atbara）、哈希姆-巴赫尔（Khashm al-Bahr）和阿莱斯（Alays）四个主要的行政区彼此相邻，其地方统治者直接由国王任命，但世袭制逐渐成为了趋势。作为众多酋长敬奉的宗主，丰吉素丹接受贡品，征收税金，在战时召集各路诸侯提供军队，对各个达尔的酋长们实行一种松弛的监督和维持名义上的最高统治权。酋长们依据惯例管理着达尔，征集税费并向素丹进贡，依靠素丹来解决本地的混乱和纷争。除了来自各个达尔

---

① P. M. Holt, M. W. Daly, *A History of the Sudan: From the Coming of Islam to the Present Day*, p.23.

的贡品外，素丹还有来自王室领地的丰厚收入。[①]

虽然同为外来的穆斯林移民，同为丰吉王国的统治阶层，然而由于人种的差异和彼此权势的变化，权贵们之间出现了“丰吉人之王”和“阿拉伯人之王”的区分。对此，作为最高统治者的丰吉素丹一方面允许阿卜杜拉比谢赫（Shaykh，首领）在先前的领地上保持自治，赐给其“曼吉尔”（Mandjill）或“曼朱卢克”（Mandjuluk）等显赫的称号；另一方面又强化他对阿卜杜拉比领土的宗主权，甚至从首都森纳尔直接对之发号施令。

阿卜杜拉比谢赫阿杰布一世（Adjib I）在16世纪中期接掌权力，他企图摆脱丰吉人的控制，一度击败丰吉人并将其驱逐到埃塞俄比亚。达金素丹（Dakin Sultan）很快恢复了丰吉人原先的统治地位，他承认阿杰布一世在其领地内的法官任命权，但积极改组王国政府，颁布了第一部丰吉法典，打破与阿拉伯人之间的权力平衡。1611或1612年，阿卜杜拉比人再次起兵造反，但在索巴以北的卡尔科吉（Karkodj）遭到了丰吉军队的毁灭性打击，阿杰布一世被杀死，其部属避难于栋古拉。[②]后经有影响的宗教界谢赫伊德里斯·瓦德·阿克巴尔（Idris Wad al-Akbar）从中斡旋，丰吉人和阿卜杜拉比人取得了和解。阿卜杜拉比人向丰吉人移交了阿尔巴吉，恢复了在阿拉伯各个部落间的盟主地位，阿杰布的后代以瓦德阿杰布（Wad Adjib）的称号直接统治向北远至哈贾尔阿沙尔（Hadjar al-Asal）的地区，其中包括绝大多数游牧部落，并间接统治尼罗河流域直到奥斯曼努比亚边境第三大瀑布地区内的各酋邦。此后，虽然舍基亚人（Shaykiyya）在17世纪中叶曾对阿卜杜拉比盟主地位提出过挑战，宣称他们从丰吉素丹国中独立出来，但阿卜杜拉比人在阿拉伯部落中的盟主地位一直维持到19世纪初。

解决了内部的权力纷争后，丰吉素丹国迎来了一个相当长的

---

① 刘鸿武、姜恒昆编著:《苏丹》，第102页。

② 阿卜杜拉比部落的传统记载中，阿杰布一世的叛乱被描述为圣战。也就是在这次叛乱后，在远至青尼罗河上游以及与埃塞俄比亚接壤的地区，出现了大量的清真寺。

稳定时期，丰吉人逐渐控制了从北边阿尔巴吉到南边法祖格利（Fazughli）的广袤区域，先后在17世纪中叶和18世纪中叶出现了两个短暂的对外扩张期。①

丰吉人首先和强邻埃及在争斗中划定了大致稳定的北部边界。在16世纪上半叶，下努比亚对丰吉王国保持着相对松散的依赖关系，上埃及的大片地区实际上脱离了开罗的控制。1517年，奥斯曼人征服了埃及，这彻底改变了红海地区的地缘政治局面。此后，尤其在苏莱曼素丹（Sulayman Sultan）统治时期，奥斯曼人一直试图征服努比亚境内的丰吉王国。1538年，奥兹德米尔帕夏（Ozdemir Pasha）接到命令要除掉“难以管束的”丰吉人，他在从上埃及去往萨瓦金的途中介入了下努比亚地区的一场部落冲突，占领了具有战略意义的伊卜里姆和迪尔，在第二和第三瀑布之间的萨伊（Say）建造要塞，使之成为奥斯曼埃及的南部边界线。奥斯曼帝国的触角开始伸入到了努比亚，伊卜里姆作为重要的岁收来源地由被称为“卡什夫”（Kashif）的官员管理。1544年，从也门总督职位上告退的奥兹德米尔帕夏再次受命远征丰吉王国，只是因为无法约束纪律松弛的军队而在阿斯旺取消了这次战役。总体上看，因为彼此间重要的商贸联系和相同的宗教背景，也因为奥斯曼帝国的对外征服重点不在努比亚，例如1577年拟定的远征计划就始终未能落实，在几次小规模的交战之后，埃及和丰吉王国的北部边界线最终定在了第三大瀑布南边的汉尼克（Hannik），其南边的穆舒（Mushu）是丰吉人的北部边界。

萨瓦金港是丰吉素丹国在东部红海沿岸商业输出的主要口岸，但在1557年和马萨瓦（Massawa）一起被奥斯曼帝国兼并，有奥斯曼卫戍部队驻扎。丰吉人，主要是在贸易方面起着领先作用的哈达里巴人（Hadariba，即阿拉伯化的贝贾族人），曾在1571年将萨瓦金港围困达三个月之久，不仅捍卫了自己的商贸权利，还一度以得

① B.A.奥戈特主编：《非洲通史》（第五卷），中国对外翻译出版公司2001年版，第133—135页。

到奥斯曼人认可的埃米尔名义统治了阿伊达布（Aydhab）地区。此后，由于日益扩大的商贸交往，双方在红海沿岸始终维持着较为友好的气氛，萨瓦金港口的重要地位维持到20世纪初。1814年，萨瓦金被来自哈达里巴部落的一个显赫家族的埃米尔所统治，这个部落是阿拉伯人与贝贾人混合的结果。当地的奥斯曼驻军声称具有库尔德人（Kurdish）血统，他们与当地人通婚，其后代形成了一个世袭的军事阶层。萨瓦金的统治者名义上受奥斯曼帝国派驻吉达（Jadda）的总督节制，但实际上已经停止向奥斯曼素丹献礼纳贡，而是与埃塞俄比亚的统治者们分享传统岁入，奥斯曼的权威只局限在被吉达总督所认可的埃米尔和被称为"阿贾"（agha）的海关官员手中。①

16世纪中叶，丰吉人开始向西越过杰济拉，很快就控制了科尔多凡东部地区。1554年，阿卜杜·卡迪尔（Abd el-Kadir）素丹打败了萨卡迪人（Sakadi）和莫亚山（Moya Hills）的头领，后者在保证信奉伊斯兰教并同意缴纳年贡之后才恢复了权力。随后，丰吉人的势力进一步扩展。南科尔多凡的格胡迪亚特（Ghudiyat）部落认可丰吉人的宗主国地位。在主要的奴隶搜捕地区努巴山区，丰吉人遭到了穆斯林小国塔克利（Taqali）的持续围攻，进展迟缓，最后不得不向其统治者献礼纳贡。②塔克利人后来承认了丰吉人的宗主权，其首领具有和阿布杜拉比人一样的"曼吉尔"（Mandjill）头衔。代尔（al-Dayr）和科尔多凡山区，后来成为丰吉人与穆萨巴特人（Musabba'at）激烈竞争的舞台。

在白尼罗河地区，丰吉人击退了南方希卢克人的进犯，并使之臣服于丰吉王国。在巴迪二世阿布·迪肯（Badi II Abu Dikn）统治时期，为了监控希卢克人，丰吉人在白尼罗河流域的阿莱斯建立了一个驻扎部队的桥头堡。阿莱斯的行政系统由丰吉王朝的一名成员执

---

① P. M. Holt, M. W. Daly, *A History of the Sudan: From the Coming of Islam to the Present Day*, p.24.

② 同上。

掌，他的官衔仅次于阿卜杜拉比首脑。[①]

丰吉人和埃塞俄比亚进行过两次战争，均由边界纠纷引起，但战争的结果没有引起双方关系的根本性变化，彼此间的经贸合作与相互依赖一直存在。对于信奉基督教的埃塞俄比亚来说，森纳尔长期以来就是他们联系外部世界的主要出口。埃塞俄比亚人通过森纳尔从埃及获得新任主教，并与商人交换日用商品。欧洲的传教士则通过这条通道进入埃塞俄比亚。[②]

第一次埃塞俄比亚战争是17世纪初爆发的。丰吉素丹阿卜杜·加迪尔（Abd al-Gadir）被废黜后，埃塞俄比亚国王苏塞尼奥斯（Susenyos）准予他政治避难，还任命他为切勒加（Chelega）的总督，该地控制着边境贸易商队的活动。两国的关系随即恶化，边境地区屡屡发生军事冲突和奴隶搜捕活动。在双方国王的互赠礼品活动中，苏塞尼奥斯的礼物是金手镯和镀金椅子，将巴迪一世贬低为他的下属封臣，巴迪一世则回赠两匹跛脚的老马。到1618和1619年，边境冲突由小规模的偷袭升级为战争，双方军队都开始少量地使用滑膛枪。这次战争规模不大，意义有限，两国君主都坐镇各自的首都遥控指挥，以埃塞俄比亚的胜利告终。[③]

从18世纪初期，开始有欧洲的旅行者进入苏丹。法国曾派遣多名使者前往埃塞俄比亚建立外交关系，其中的一位使者杜鲁勒（Du Roule）在途经森纳尔时曾受到了丰吉素丹的接见，国王的妻子们也很好奇这个有着白色皮肤的外国人。但杜鲁勒却因为炫耀哈哈镜被误认为是魔术师，随即被扣留并最终遭到杀害（1705年）。埃塞俄比亚国王对此提出抗议，并以使青尼罗河改道相威胁。[④]

第二次埃塞俄比亚战争随即以边境偷袭的形式开始。1744年3月，埃塞俄比亚国王伊雅苏二世（Iyasu II）率领一支庞大军队进

---

① B.A.奥戈特主编：《非洲通史》（第五卷），第136页。

② 同上。

③ A. J. Arkell, *A History of the Sudan from the Earliest Time to 1821*, p.215.

④ Ibid.，p.219.

攻森纳尔。双方军队在丁德尔河（Dinder）两岸对阵，埃塞俄比亚人在大战中被击溃，皇帝伊亚苏二世差一点阵亡。丰吉王国的大捷应归功于在森纳尔避难的穆萨巴特王子卡米斯·朱恩库尔（Khamis Djunkul）及其追随者，他率领军队进行阻击，掳获了一批武器和装备，迫使埃塞俄比亚国王退却，胜利的消息传遍了整个伊斯兰世界。巴迪四世和臣民们热情庆祝胜利，一些穆斯林国家派遣使节来到森纳尔，埃及和摩洛哥派出使者定居苏丹，就连远在伊斯坦布尔的奥斯曼哈里发也“为这次伊斯兰教的胜利感到高兴”。[①]

在丰吉素丹国时期，政府实行轻税薄赋的政策。不管水田或旱田，统一征收什一税。另外在农业收成好的年份，政府会根据不同耕地的产出情况，对收成较好的土地征收一定的附加税。商品交易税一般只对牧民征收。税费的缴纳，除了货币之外，还可用布匹和牲畜代替。当然，游牧民则全部以牲畜缴纳税款。从整体上看，丰吉素丹国时期的赋税并不沉重，税收的主要目的在于维系政权在某种程度上的有效运行。[②]

丰吉素丹国的衰落

丰吉素丹国的政治体制，是一种界于部落首领制与中央集权制之间的松散联邦制。素丹本质上是众多部落的盟主，对部落酋长们实行一种松弛的监督和最高统治权，很多时候必须依赖传统的丰吉贵族（武士）。毗邻的部落经常为了牧草与水发生战争，或互相格斗，或结盟反对森纳尔的素丹。在此背景下，为了增强自身权威，摆脱对地方诸侯的依赖，丰吉国的历代素丹一直追求建立以奴隶武装为基础的新的军事力量。

对于在历次远征中抓获的俘虏，尤其是从努巴山中捕获的非穆斯林俘虏，丰吉素丹们大多将其安置在森纳尔周边地区，经过训练

① B.A.奥戈特主编：《非洲通史》（第五卷），第136页。

② Hassan Abdel Aziz Ahmed, “The Turkish Taxation System and Its Impact on Agriculture in the Sudan”, *Middle Eastern Studies*, Vol. 16, No. 1, 1980, p.107.

后使之成为保护素丹的奴隶警卫队。[1]由于直接隶属于素丹的奴隶军队越来越壮大，素丹本人也越来越依赖外族人和奴隶军队统治国家，“阿赫尔乌苏尔”（ahl al-usul，具有古老门第和身份的传统贵族）们的地位和利益受到了严重影响，他们在巴迪三世统治时期发动叛乱以维护自身权力。叛乱由控制着丰吉王国军队的大臣伊尔达卜（Irdab）领导，而且似乎得到了阿布杜拉比部落谢赫的支持。但巴迪三世最终平息了叛乱，杀死了伊尔达卜。1720年，丰吉贵族们再次起兵叛乱，巴迪三世的儿子翁萨（Unsa）被废黜，而后被驱逐，另一位王子努尔（Nul）继承了翁萨三世的王位。这次王位更迭，标志着开国君主阿玛拉·顿卡斯世系的告终。

努尔素丹的统治短暂而和平。1724年，他的儿子阿布·舍卢赫（Abu Shelulch）继位，即丰吉王国的最后一位素丹巴迪四世（1724—1762年）。在巴迪四世统治前半期，他没有打击传统贵族的势力，将国家事务全部交给他的大臣多卡（Doka）去处理。多卡死后，巴迪四世在努巴奴隶军和富尔难民的支持下开始掌权，他剥夺传统贵族的土地而将之分配给自己的支持者（努巴人）和追随者（哈米斯人），为了摆脱心怀敌意的名门贵族而故意派他们去征讨科尔多凡境内的穆萨巴特人。1747年，穆罕默德·阿布·利凯里克（Muhammad Abu Likaylik）受命远征科尔多凡，不仅在短暂的初期失利后取得了对穆萨巴特人的决定性军事胜利，还以谢赫身份治理科尔多凡14年。[2]丰吉王国似乎一度呈现中兴气象，东边挡住了埃塞俄比亚人的入侵，西边击败了富尔人的进攻，控制了科尔多凡大部分地区。

1762年，在卫戍科尔多凡的丰吉传统贵族（武士）们的劝说下，科尔多凡总督阿布·利凯里克先是在白尼罗河上的阿莱斯与巴迪四世的儿子纳绥尔（Nasir）达成一致，然后率领军队进入森纳

---

① P. M. Holt, M. W. Daly, *A History of the Sudan: From the Coming of Islam to the Present Day*, p.29.

② B.A.奥戈特主编：《非洲通史》（第五卷），第136页。

尔，大肆杀害丰吉国的权贵要员，重新调整官僚机构的人事安排，废黜了巴迪四世并将之流放，扶持纳绥尔登上素丹宝座。[①]阿布·利凯里克反叛成功是丰吉素丹国历史发展的重要里程碑。此后直到1820年王国垮台，穆罕默德·阿布·利凯里克和他的继承者成了世袭的实际统治者/摄政王，丰吉素丹只是摄政王手中的傀儡，相关的历史记载基本不再提及名义上作为最高统治者的素丹。虽然被认为具有贾阿林人血统，然而由于既不是预想中的丰吉传统军事贵族阶层，也不是在丰吉素丹国代表阿拉伯人长达两个多世纪的阿卜杜拉比部落，阿布·利凯里克及其被称为“瓦齐尔”（Wazirs）的继承者，被看作是杰济拉某些已经阿拉伯-伊斯兰化的古老的本土民族势力的重新崛起。苏丹阿拉伯人对这些古老本土民族的专用称呼是“哈马吉”（Hamadj），丰吉王国的这一段历史也被称为哈马吉的谢赫统治时期。

哈马吉人的摄政时期就这样拉开了序幕，动荡不宁，充满了阴谋、叛乱和内战。不甘大权旁落的素丹和实际掌权的摄政王之间，哈马吉人内部不同的摄政王继承者之间，一直在争权夺利、相互残杀、自我毁灭。尽管是个文盲，但阿布·利凯里克是一位强悍而有能力的统治者。在摄政的头八年，他先是废黜了名义素丹纳绥尔并把他驱逐出森纳尔，后在获知纳绥尔与丰吉人私下谋划反对他时进一步将之处死。阿布·利凯里克在1772年刚一去世，素丹伊斯梅尔（Ismail）就积极联合阿卜杜拉比人策划恢复权力，这一图谋遭到了新任摄政王巴迪·瓦德·拉贾卜（Badi wad Rajab）的强力镇压，素丹本人被废黜并进而被流放到萨瓦金，他的儿子阿德兰二世（Adlan II）继任素丹。

阿德兰二世是一位有心计的素丹。首先，他积极团结一切对摄政王拉贾卜不满的力量，包括对他们的堂兄弟们感到不满的前任摄政王阿布·利凯里克的儿子们，被剥夺了官职的阿卜杜拉比部落的

---

① A. J. Arkell, *A History of the Sudan from the Earliest Time to 1821*, p.222.

谢赫和哈希姆地区（Khasm al-Bahr）的统治者等，积极壮大自己的阵营。在随后发生的冲突中，拉贾卜战败被杀，阿布·利凯里克的儿子之一阿布·利凯里克·拉贾卜（Abu Likaylik Rajah）夺得了摄政王位置。在取得初步胜利后，阿德兰二世的目标就是致力于重获全部的王权。拉贾卜出征科尔多凡，阿德兰趁机发动针对拉贾卜兄弟及其在森纳尔代理人的政变。当拉贾卜从科尔多凡返回之后，在与阿德兰的战斗中被杀（1785年11月），哈马吉人也在混乱中被打散。但哈马吉人的失势只是短暂的。阿布·利凯里克的另一个儿子纳绥尔成为新的摄政王，他率军进攻森纳尔，在1788—1789年的战斗中彻底打败国王，阿德兰二世数天后暴卒，其死因有悲伤过度、中毒以及巫术三种说法。[①]

哈马吉人统治集团内部的权力斗争同样激烈，子报父仇，互相倾轧，喋血不止，内不能巩固权力基础，外不能抵御外侮，整体上处于衰落状态。纳绥尔打败了阿德兰素丹，恢复了摄政王的权力，但此后却遭到了两个兄弟伊德里斯（Idris）和阿德兰的反对，并在随后持续数月的斗争中死于非命。1803年10月，阿德兰成为摄政王，但在同年的一次暴动中被杀，凶手是前摄政王拉贾卜的两个儿子。1804年，作为暴动策划者之一的穆罕默德·瓦德·拉贾卜（Muhammad wad Rajab）继任摄政王，但在1808年的混乱中被推翻，被前摄政王阿德兰之子穆罕默德所杀。新摄政王穆罕默德的统治一直延续到1821年，但依然难免成为家族内斗的牺牲品。1821年，在确信埃及王子伊斯梅尔（Ismail）帕夏将要入侵时，穆罕默德传唤了包括大法学家在内的许多人士进行商讨，并且召集贾阿林、昆贾拉（Kunjara）以及其他部落的首领在喀土穆集合，准备进行战争。然而就在此时，穆罕默德被谋杀，丰吉王国顿时陷入了无政府的失序状态，根本无力抵抗土耳其-埃及军队。

在丰吉王国的最后半个多世纪里，素丹都是没有实权的傀儡，

---

① P. M. Holt, M. W. Daly, *A History of the Sudan: From the Coming of Islam to the Present Day*, p.30.

世袭摄政王的哈马吉家族又一直相互伤害，丰吉王国的中央权力机构疲弱不堪。那些昔日的合作者、臣服者和被征服地区，尤其是阿卜杜拉比的谢赫、贾阿林部落的首领以及哈希姆地区的统治者，都在摩拳擦掌积蓄力量，不时地干涉森纳尔的政治事务。由于这些人在丰吉王国中所处的地位不同，各个统治集团内部也存在分歧，他们与情况同样复杂的丰吉人和哈马吉人之间的关系，无论是结盟还是敌对，都没有持久过，瞬息万变，聚散不定，四分五裂。这种现象也成为丰吉王国最后历史时期的显著特点。

在北部，阿卜杜拉比人对尼罗河流域的控制减弱了。舍基亚人早在17世纪中期就向阿卜杜拉比的盟主地位提出挑战，他们的地区很早就已脱离了丰吉王国的实际控制，成为一个重要的伊斯兰教育中心。1811年，为了逃避穆罕默德·阿里（Muhammad Ali）的屠杀，埃及的马穆鲁克人在栋古拉的乌尔迪（al-Urdi）建立营地，一直骚扰舍基亚人。18世纪，世代以宗教学者为主的马贾赫卜（al-Majadhib）家族在贾阿林人中间建立了一个神权王国，势力范围集中在以达迈尔（El Damer）为中心的阿特巴拉河南方地区，拥有多座宗教学校和从开罗带回来的很多宗教和法律书籍，控制了阿特巴拉河与尼罗河交汇的地区。王国奠基者哈麦德·穆罕默德·马贾赫卜（Hamad Muhammad al-Majadhib）是一名宗教导师和苦行者，朝圣后加入了萨迪里亚教团，是一名有作为的统治者，其宗教权威得到了广泛认可，是旅游者去往萨瓦金途中的“通行证”。大约在同一时期，尚迪的萨达卜人（Sadab）实际上也成为了自治的部落王国，尼莫尔·瓦德·穆罕默德（Nimr Wad Muhammad）酋长曾于1801年至1802年间自立为王。柏柏尔（Berber）成为王国的首都。

在西部，穆萨巴特人对丰吉和富尔两个素丹国来说都是一个不安定的因素，他们经常在战争中被雇佣来对抗本地区不同分支的同族人。1772年，哈希姆·伊萨维（Hashim Isawi）带领穆萨巴特人将丰吉人赶出科尔多凡，在欧拜伊德（El Obeid）建立自己的王国。在1784年与富尔素丹国的战斗中，哈希姆素丹在短暂失利后又恢复了对科尔多凡的控制，并将这一现状维持到1821年的土-埃征服之前。[①]

富尔素丹国

富尔素丹国，其名称来源于居住在迈拉山周围的富尔族人，又称凯拉（Keira）素丹国，是比拉德苏丹萨凡纳地区（savannah）的伊斯兰王国之一，位于东比拉德苏丹的西部边缘，可能与加扎勒河以西的民族有渊源关系。富尔素丹国的西边是瓦达伊（Wadai）素丹国，处于两国之间的是一些半独立的小王国，分别归顺这两个素丹国。富尔素丹国的东边是科尔多凡平原，将富尔素丹国和丰吉素丹国隔开，加上科尔多凡的本土居民穆萨巴特人（与富尔人有血缘关系），三方围绕着对科尔多凡地区的控制权长期混战。

富尔素丹国最初只是迈拉山区的一个部落，大约于1640年至1874年间繁荣兴起，1898年再度复兴，但最终于1916年并入英-埃苏丹。富尔素丹国的早期历史由于缺乏文字记载而模糊不清。根据口头传说，在13—14世纪，富尔素丹国所在地区的统治者是达乔人（Dadju），后来因为失去了对商业线路的控制权而在15世纪初被通朱尔人（Tundjur）所取代。通朱尔人的统治时期大约是1400—1600年，势力范围从迈拉山脉附近地区开始，逐渐控制了达尔富尔和瓦达伊的部分地区。

富尔素丹国的建立者是苏莱曼·索朗顿古（Sulayman Solongdungu），他联合哈巴尼亚人（Habaniyya）、马利亚人（Maaliyya）、里扎伊卡特人（Rizaykat）和米萨伊里亚人（Misayriyya）等阿拉伯游牧部落，赶走了通朱尔人，吞并了迈拉山周围地区，在1640年建立了富尔素丹国。在苏莱曼的孙子艾哈迈德·伯克尔素丹（Ahmad Bukr Musa）统治时期，富尔素丹国继续向北及西北方向推进，吞并了达尔基姆尔（Dar Kimr），通过两年备战驱逐了入侵达尔富尔的瓦达伊王国素丹雅库布（Yakub），通过联姻、分化等手段巩固了在达尔扎

① A. J. Arkell, *A History of the Sudan from the Earliest Time to 1821*, p.223.

加瓦（Dar Zaghawa）的地位。至此，富尔素丹国持续了大半个世纪的扩张基本停止，势力范围北抵利比亚沙漠，南邻阿拉伯河，统治中心从最初的迈拉山区的北部地带扩展到整个山区及其周围的平原地区，王国的制度、机构和臣民都逐渐地伊斯兰化；但富尔素丹国同时也不得不直面周边的几大强邻，包括西边的瓦达伊人、北部的扎加瓦游牧民以及东部的穆萨巴特人等。南达尔富尔地区的民众是非穆斯林，他们所提供的奴隶是富尔素丹国不可或缺的组成部分，也是其与北部地区进行贸易的主要“商品”。[①]

伯克尔素丹大约有一百多个孩子，他在临终之际要求大臣们发誓，保证王位在他的儿子们中间轮流继承。在随后的几十年中，这样的王位继承规定引发了一系列内斗。

伯克尔素丹的第一继承人是穆罕默德·达乌拉（Muhammad Dawra），他对弟兄们大开杀戒，或将他们放逐到迈拉山中。达乌拉最初指定儿子穆萨（Musa）为继承人，但很快又决定由小儿子乌玛尔·莱尔（Umar Lel）取而代之，穆萨为了报复起而反抗他的父亲。乌玛尔·莱尔接掌权力之后，他与他的叔父们即伯克尔诸子间的敌对状态进一步增强，苏莱曼·伊本·艾哈迈德·伯克尔（Sulayman ibn Ahmad Bukr）等人到穆萨巴特人那里避难。为了阻止穆萨巴特人和瓦达伊素丹介入富尔素丹国的权力争夺，乌玛尔·莱尔素丹大约于18世纪中入侵瓦达伊，但在激战后兵败被俘。

阿布尔·卡西姆·艾哈迈德·伯克尔（Abul Kasim Ahmad Bukr）是富尔王国的第六位素丹。为了巩固自己的地位，阿布尔·卡西姆素丹重用奴隶并给予他们大量财富和荣誉，完全疏远了本部族的士兵。这种做法遭到了富尔国许多拥有传统封号者的反对，统治集团内部出现了与丰吉王国巴迪四世时期类似的紧张状态和严重后果。当阿布尔·卡西姆素丹与瓦达伊人作战时，传统军事头领及其军队弃他而去，战场上只剩下素丹和他的奴隶军队，作战

① P. M. Holt, M. W. Daly, *A History of the Sudan: From the Coming of Islam to the Present Day*, p.28.

失利元气大伤，穆罕默德·台拉卜（Muhammad Tayrab ibn Ahmad Bukr）被拥立为新素丹。

穆罕默德·台拉卜素丹仿照前任的做法，创建了一支称为“库尔克瓦”（kurkwa，富尔的持矛士兵）的常备奴隶军，人员主要是努巴山区的图龙吉人（Turundj）和达尔塔马（Dar Tama）的达丁人（Dading）。库尔克瓦军中的穆罕默德·库拉（Muhammad Kurra）原是个阉人，后来成为富尔王国权力很大的宫廷卫队长和阿布谢赫（Ab Shaykh）。[①]在对外扩张方面，台拉卜素丹先是向西进攻强敌瓦达伊王国，失败后签订了一个为期百年的条约。之后，可能是想要遏止穆萨巴特人控制南科尔多凡的奴隶和黄金商道，也可能是试图将其他王子和富尔旧贵族赶出达尔富尔以便为其子伊萨克（Ishak）继承王位扫清道路，台拉卜素丹率领大军重点进攻科尔多凡。战争在1784—1785年间爆发，地点在欧拜伊德西边大约100公里的哈马尔（Hamar）。由于麾下军队的背叛，科尔多凡的哈希姆素丹战事失利，被迫到丰吉王国寻求避难。获胜的富尔国军队渴望返回达尔富尔，但素丹本人担心兄弟们对王位的觊觎一再延迟归期，最终因为生病死在从科尔多凡凯旋回国的途中（巴拉，Bara）。哈希姆素丹趁势反击，赶走了富尔人任命的地方官，重新控制了科尔多凡。

台拉卜素丹死后，他的儿子伊萨克继续与各位叔父围绕着素丹王位明争暗斗。伯克尔素丹最小的儿子（遗腹子），阿卜德·拉赫曼（Abd al-Rahman），最终在权力争斗中胜出。根据1793—1796年访问过达尔富尔的欧洲人布朗（G.W. Browne）的描述，拉赫曼素丹“身材矮小，皮肤黝黑，胡子短而密，能言善辩；已经50—55岁，仍然十分机警和富有活力。”[②]为了报答穆罕默德·库拉（Muhammad Kurra）的强力支持，拉赫曼素丹授予他官位仅次于素丹的“阿布谢赫”职位，后者因之成为富尔素丹国1790至1814

---

① B.A.奥戈特主编：《非洲通史》（第五卷），第145页。

② P. M. Holt, M. W. Daly, *A History of the Sudan: From the Coming of Islam to the Present Day*, p.31.

年间最有权势的人。[①]

在拉赫曼素丹统治时期，富尔素丹国的版图达到了空前规模，国力也臻于鼎盛。王国与埃及之间沿“四十日之路”的长途贸易日益繁荣，从南方俘获的异教徒奴隶被不断送往上埃及地区，科拜（Kobbie）是富尔素丹国当时的商业中心。素丹本人是王国最大的商人，他不仅每次派往埃及的商队都装载了大量货物，还让他的奴隶和仆从到邻国去经营埃及货物生意牟利。大概在1791—1792年，拉赫曼素丹在坦德尔蒂（Tendelti）湖畔建立法希尔（El Fasher）城，作为王国的商业中心和永久性都城，结束了之前富尔素丹国没有固定都城、王室不断搬迁的历史，这是富尔素丹国中央权力得到加强的标志。[②]

除了定期的商业交流外，拉赫曼素丹还尝试着与北方地区建立政治联系。在登基后不久，他向奥斯曼帝国素丹进贡了一份厚礼，包括三位精挑细选的太监和三位供其娱乐的漂亮女奴。虽然当时的奥斯曼素丹从来就没有听说过富尔素丹国，但还是回赠一把精美的宝剑、一件昂贵的大衣以及一枚价值连城的钻戒，赐封阿卜德·拉赫曼“拉希德”（al-Rashid，正确的指引）的尊称。1799年，远征埃及的拿破仑曾在一封回信中要求拉赫曼素丹派送2000名年龄在16岁以上的黑奴，但这一组建黑人武装的企图最终未能实现。[③]

到18世纪末，拉赫曼素丹在发展对外贸易和引入伊斯兰教治理国家方面已经很有成就。王国的根基依然还是富尔人，富尔语仍然是宫廷语言，但王国内部已经出现了一个由商人、法学家和神秘主义者组成的新阶层，这有助于改变富尔素丹国种族结构，削弱原来存在的本土宗教活动，阿拉伯语在外交和贸易上广泛使用。

富尔素丹国在行政上采用素丹、州、区、乡四级管理体制，各地人民主要由其所在部落的酋长管辖。全国被划分为5个州，各州

---

① B.A.奥戈特主编：《非洲通史》（第五卷），第146页。

② A. J. Arkell, *A History of the Sudan from the Earliest Time to 1821*, p.214.

③ P. M. Holt, M. W. Daly, *A History of the Sudan: From the Coming of Islam to the Present Day*, p.32.

下设若干个大酋长区或“沙塔亚”（shartaya）。大酋长“沙塔伊”（shartay）由素丹委派或指定其某个兄弟担任，是素丹的代表，主要负责各“沙塔亚”的司法和税收。“沙塔亚”还可进一步划分为数目不等的地方酋长区，即由“迪穆利吉”（dimlij，地方酋长）管辖的“迪穆利吉亚”（dimlijiyya）。面积较大的“沙塔亚”还有数位被称为“赛穆比”（sembi）的酋长，其职责是代大酋长“沙塔伊”管理“迪穆利吉”。乡村谢赫是富尔国管理体制中的第四级，是土地、税收、纠纷解决及与上级部门有关的所有接待工作的直接管理者。1874年后，无论是埃及和英国殖民者还是独立初期的喀土穆政府，对达尔富尔地区的管理，都以“本地管理制”的形式部分地继承了这套以各地酋长为基础的分级管理模式。

富尔素丹国以授予“哈库拉”（Hakura，即土地特许权或免税优惠的地产）的形式来管理土地，不仅包括对被授领地的权利，而且还包括对生活在其中的百姓的管辖权。通常而言，素丹只将“哈库拉”赐予贵族、宗教人士、商人及部落首领，希望借此维持对国家的控制。值得注意的是，“哈库拉”的拥有者既不能征收“天课”（zakat），也不能征收专属于素丹的税款，其主要收益是佃户缴纳的地租和各种习惯税，主要包括进口税（awaaid）、无主人奴隶或牲畜的出售税、司法费用或罚款税以及伤亡抚恤金税等。①

拉赫曼素丹在1801—1802年去世，他的儿子穆罕默德·法德尔（Muhammad al-Fadl）继承了王位。新素丹很快与他的总理大臣穆罕默德·库拉失和，并将其处死。穆罕默德·法德尔统治了40年，富尔素丹国在他的统治时期开始走向衰落。②

苏丹的长途贸易

丰吉和富尔素丹国的兴起，还有苏丹地区其他的伊斯兰王国，大都是长途贸易的产物。几条纵横交错的长途贸易商路，将苏丹与

---

① 姜恒昆：《达尔富尔危机——原因、进程及影响》，第24—25页。

② B.A.奥戈特主编：《非洲通史》（第五卷），第146页。

埃及和红海联接起来，加强了苏丹与外部世界的经济和文化交流。[①]通过提供奴隶、黄金、鸵鸟毛等非洲产品，苏丹人换取了他们需要的优质棉纺织品、珠宝、武器和奢侈品。各国素丹们控制了对外贸易的组织并提供安全保护，并从受他们保护的长途商路中获得利益，有时也派出他们自己的商队前往开罗。富尔王国的素丹们因为这些商队而为外部世界所知晓。除了在关卡征收的关税外，素丹们还需要足够的奢侈品来维持威望和犒赏下属。[②]

苏丹的对外贸易是非洲整体贸易的一部分，主要有沿东西向和南北向分别展开的两条主轴线。东西向的贸易线路，西起尼日利亚东北部的博尔诺（Borno），中间经过达尔富尔的主要商业中心科拜，抵达森纳尔后或者直接通向科兹拉贾卜（Koz Radjab）和萨瓦金，或者经过尚迪（Shandi）抵达萨瓦金。这条商业线路由于距离短，花费少，很多穆斯林因而选择这条道路步行去麦加朝圣，沿途能够得到穆斯林居民的施舍和保护，也顺便从事买卖毛驴、书籍和其他货物的活动。很多非洲的穆斯林学者也通过这条道路与尼罗河流域和希贾兹建立关系。东西向贸易线路在19世纪初就已经广为人知，被称为“苏丹大道”。

南北向的贸易线路一年可以往返两次，起点为森纳尔，向北到达凯里（Kerri）后，或者直接跨越拜尤达沙漠，或者顺尼罗河而下，抵达栋古拉后再北上经萨利马（Salima）到达上埃及的艾斯尤特（Asyut）。18世纪后，由于舍基亚人引起的混乱，南北向的贸易线路向东偏移，自森纳尔经尚迪、达迈尔到达柏柏尔，然后在阿巴布达（Ababda）人的保护之下越过努比亚沙漠到达上埃及的伊斯纳。南北向贸易线路在萨利马绿洲（Salima Oasis）与富尔素丹国通向埃及的贸易干线达尔卜阿尔巴英（Darb al-Arbain，即四十日之路）相接。四十日商路的起点是富尔素丹国的商业中心科拜，向东

① R.S.O’Fahey,（1971）‘Religion and trade in the Kayra Sultanate of DarFür’, in Y . F. Hasan (ed.), *Sudan in Africa* (Khartoum: K U P) , pp. 87-89.

② B.A.奥戈特主编：《非洲通史》（第五卷），第138页。

北经萨利马绿洲和哈尔贾（Khardja）绿洲进入艾斯尤特，往西北方向经利比亚的费赞（Fezzan）前往的黎波里（Tripoli）和突尼斯。

森纳尔、尚迪和萨瓦金是苏丹长途商贸线路上重要的商业中心。森纳尔腹地辽阔，战略地位重要，政策包容宽松，来自努比亚、埃塞俄比亚、达尔富尔、博尔诺、费赞等地的商人，无论信仰如何，都能够在森纳尔和睦相处。大部分的对外贸易都控制在苏丹"杰拉巴"（Jallaba）商人手中，他们推动了达尔富尔一些贸易中心的发展，来到森纳尔的外国商人都必须和他们打交道。尚迪的达纳克拉人（Danakla）和贾阿利英人（Dja'aliyyun）是森纳尔与埃及贸易的中间人，他们也因此获得了经商经验和到新地区从事冒险活动的足够资金。19世纪初，尚迪是继森纳尔之后努比亚商队的大汇合点以及埃塞俄比亚和富尔素丹国的交易市场。萨瓦金是仅次于开罗和马萨瓦（Massawa）的重要奴隶贸易中心。萨瓦金的哈达里巴人（Hadariba）在红海与尼罗河之间的长途贸易中也很活跃，他们从尚迪购进非洲产品和奴隶，然后在萨瓦金换取印度货物。

奴隶是尼罗河沿线贸易的重要内容，从埃及早期王国时期就已开始。阿拉伯人和努比亚人签订《巴克特条约》时就明确要求每年要送去400名奴隶。最初的奴隶主要被当做家仆使用，但因为善于射箭而越来越多地在奴隶军队中服役。埃及的图伦王朝（868—935年）、伊赫什德王朝（935—969年）和法蒂玛王朝（969—1171年），都曾大量搜寻黑奴以补充他们的兵源。为了满足日益增大的黑奴需求，阿拉伯商人进而从科尔多凡、达尔富尔、加扎勒河、博尔诺、瓦达伊以及邻近的中比拉德苏丹地区获取奴隶，主要是努比亚人、贝贾人和努巴人。虽然曾经有阿拉伯商人在19世纪直接参与捕捉奴隶的活动，但整体上看，阿拉伯商人延续了贩卖黑奴的古老习俗和制度，主要依靠非洲的供应者或经纪人，用他们兜售的货物换取奴隶。①

① B.A.奥戈特主编：《非洲通史》（第五卷），第141页。

对黑奴的军事需求在阿尤布王朝时代（1172—1251年）一度缩小，阿尤布人逐步遣散黑人军队而改用白人奴隶。马穆鲁克（1211—1517年）王朝统治时期，军队几乎全部是白奴。在此后的丰吉和富尔两个素丹国，军队的核心力量一直是黑奴。19世纪上半叶，埃及总督穆罕默德·阿里的军队中有相当部分是从苏丹购买的黑奴，他甚至曾经有过建立一支纯黑人军队的计划。[①]

四、伊斯兰教的传播和苏丹的文化边界

伊斯兰教在苏丹的传播和发展

自伊斯兰教勃兴直至19世纪初期，尤其是《巴克特条约》签订后的九个多世纪里，无论是阿拉伯人在苏丹的商贸活动，还是阿拉伯游牧民的大规模移民迁入，都推动了苏丹社会的阿拉伯化和随之而来的伊斯兰化。阿拉伯商人资金雄厚，视野开阔，在与苏丹人的商贸往来中占据着相对优势，积极地宣传和推广伊斯兰教。受宗教感召和优惠政策的吸引，或者就是为了改变自身的相对劣势，苏丹人逐渐地改宗伊斯兰教。游牧的阿拉伯人虽然并不熟悉伊斯兰教义，也较少有强烈的宗教热情，但他们在苏丹当地大规模的移民迁徙，主要是通过与当地苏丹人的联姻，实实在在地扩大了伊斯兰教在苏丹的社会基础。在这一过程中，早期的伊斯兰传教师以个人身份进入苏丹，他们带来了更系统的伊斯兰教学识，引进了神秘主义的苏菲派（sufi），给苏丹的伊斯兰化提供了必要的理论支持。

苏菲派是伊斯兰教中的主流神秘主义，本质上是对伊斯兰教和《古兰经》的理性主义以及由此产生的形式主义的一种修正，是伊斯兰教修持方面的一种主张和实践。苏菲派起初只是部分圣门弟子个人的虔敬行为，他们注重个人宗教功修，清心寡欲，沉思冥想，或

---

① B.A.奥戈特主编：《非洲通史》（第五卷），第141页。

长期诵经祈祷，斋戒静坐，隐居独修，或出家漫游四方，徒步朝觐，沿途宣教，依靠别人施舍和个人劳动为生，祈求内心安宁和精神慰藉。7世纪以后，苏菲派从基督教、新柏拉图主义、佛教等吸取了许多要素，逐渐发展成为一种诸说混合的教义学说，以修身、内省、达己达人为根本宗旨，自命是先知所秘传的、保存在圣训集里的各种教训的真正解释者。[①]事实上，正是由于不太看重拜功等外在的宗教仪式，重在表达个人心性，关注内在精神的合理性，苏菲派比较容易与当地的传统文化结合或者相处，在苏丹等伊斯兰世界的边缘地区传播很快。大体而言，从11世纪末期被纳入正统学派、12世纪建立组织严密的教团到16世纪臻于鼎盛，苏菲派在伊斯兰世界中的统治地位长达五六个世纪之久。18世纪以来，伴随西方殖民主义的压迫，苏菲教团为维护国家尊严和民族独立，在历次斗争中揭竿而起并取得胜利，不仅成为这些国家宗教中的主要派系，而且也是影响当地社会稳定的主要力量。[②]

进入苏丹的传教师来自埃及、希贾兹、也门和马格里布，大多数是曾在开罗和其他圣地学习的苏丹人，他们在当地定居，传授《古兰经》，用沙里亚法（sharia）来整合当地的社会习惯，劝导追随者加入苏菲教团。事实上，在丰吉王国出现之前，已经有一些伊斯兰传教师进入了苏丹，乌莱玛拉-阿伊德（Ghulamallah Ayid）可能在15世纪早期就居住在栋古拉。哈麦德·阿布·杜纳纳（Hamad Abu Dunana）在1445年把苏菲主义带到了柏柏尔地区，他的一个女儿，据说是阿卜杜拉酋长贾玛的妻子。苏丹本土的第一位穆斯林学者是16世纪的马哈茂德·阿拉基（Mahmud al-Araki），他在白尼罗河流域建了17所学校。1570年前后，易卜拉欣·布拉德·伊本·贾比尔（Ibrahim al-Bulad ibn Djabir）引进了马立克学派（Maliki）的两个教本，即《Risala》和《Mukhlasar》，马立克学派礼拜式的统治地位不仅由此确立，并且由于马立克学派占主导

---

① 〔美〕希提:《阿拉伯通史》，马坚译，商务印书馆1990年版，第514—515页。

② 哈宝玉:“伊斯兰教苏菲派研究及其相关问题”，《西北民族研究》2008年第4期。

的马格里布和西比拉德苏丹的影响而得以保持。[①]1577年，巴格达的塔吉·丁·巴哈里（Tadj al-Din al-Bahari）应邀从麦加来到苏丹。他在杰济拉居住了七年，引入了最早也可能是最受欢迎的卡德里亚教派（Kadiriyya Sect），吸引了许多苏丹人（包括谢赫阿杰布一世在内）改宗伊斯兰教。苏丹的另一个主要教派是萨迪里亚教派（Shadhiliyya Sect），引入者哈马德·伊本·穆罕默德·马吉祖卜（Hammad ibn Muhammad al-Madjdhub，1693—1776年）曾在希贾兹学习。萨迪里亚教派最初被称为马吉祖卜教派，与马贾迪卜（Madjadhib）部族合作建立了一个神权政治国家，位置在阿特巴拉河汇合处以南地区。[②]值得注意的是，传教师们在苏丹传教的一个重要特征，就是建立宗教大家庭，包括宗教学者或苏菲导师的亲属。[③]

当苏菲派教义传入丰吉王国时，它在整个伊斯兰世界已处于低潮。然而在幅员辽阔、孤立而落后的苏丹，正统的伊斯兰教尚未扎根，缺乏正当的宗教教育，苏丹民众普遍相信“巴拉卡”（baraka，赐福或仁慈）来自在人与神之间起调解作用的圣者，相信这种神秘能力可以由这些圣者的后代继承或能在他死后由他显示。正因为如此，苏菲派教团的领袖（圣徒）不仅获得了追随者的崇拜，还逐渐对社会和政治事务具有重大影响。

丰吉和富尔王国的素丹们都欢迎并鼓励这些传教师在该国居住，对传教师们授予土地和免税特权，授予他们代表着权威的丰吉部落象征物。传教师哈桑-哈苏纳（Hasan b. Hassuna）是一名突尼斯移民的孙子，他不仅拥有大量的牲畜，经营马匹贸易，统治着丰吉王国的广袤乡村，喀土穆西北的村庄以他的名字命名；而且和地方诸侯一样拥有私人奴隶武装，每个人都配备宝剑，剑鞘上点缀着金属薄片和银针等装饰物。

---

① B.A.奥戈特主编：《非洲通史》（第五卷），第137页。

② 同上书，第138页。

③ P. M. Holt, M. W. Daly, *A History of the Sudan: From the Coming of Islam to the Present Day*, p.26.

从17世纪开始，因为羡慕传教师们日益尊崇的地位，苏丹的法学家们倾向于将教授法律与苏菲派领导地位相结合。来自阿拉伯语的“法基赫”（fakhi）这一名称，便不加区别地泛指丰吉王国的法学家和苏菲神秘主义者。丰吉王国的法基赫们不仅创建了许多宗教中心，使人们对伊斯兰教更加忠诚，为丰吉王国提供了延续和稳定的因素；而且将伊斯兰教扩散到远至科尔多凡、达尔富尔和博尔诺等地，以同样的方式在科尔多凡和新建立的富尔素丹国发展，一些有名的苏丹法学家从杰济拉和博尔诺之间的地区吸引了许多学生。[①]值得注意的是，由于宗教学者经常扮演着协调者或反抗者的角色，他们与素丹们的关系并不始终融洽。17世纪晚期，有一个名叫瓦德-图拉比（Wad al-Turabi）的苦行者，在麦加朝圣时曾宣称他自己是“马赫迪”（mahdi），朝圣返回后就带领阿拉伯游牧民和杰济拉东部地区的村民，反对巴迪三世加大税赋征收的命令。[②]

富尔王国的素丹们也积极地引进伊斯兰教。事实上，因为与埃及的商业往来以及阿拉伯人的移民，伊斯兰教在达尔富尔的影响从13世纪就已经开始，但达尔富尔地区的正式伊斯兰化始于17世纪初富尔素丹国的建立。富尔国的建立者苏莱曼·索朗顿古把伊斯兰教当作宫廷宗教引入，与非洲本土的宗教活动和宗教仪式一度并存，这促进了伊斯兰教的活动。很多达尔富尔宗教家庭就是在苏莱曼统治时期到此定居。在伯克尔素丹和台拉卜素丹统治时期，伊斯兰教得到了进一步鼓励，从埃及和突尼斯引入了许多宗教书籍，新建了一批清真寺和宗教学校。拉赫曼素丹在登基前就是一位虔诚好学的宗教学者，他鼓励突尼斯、埃及、希贾兹等地的伊斯兰法学家和神秘主义者到富尔王国定居，给宗教传教师提供和丰吉王国同样的免税优惠的土地，聘请一些神职人员担任调解人角色并支付报酬，宗教人士则为素丹提供宗教传教师和政府管理人员。在所有迁

① B.A.奥戈特主编：《非洲通史》（第五卷），第138页。

② P. M. Holt, M. W. Daly, *A History of the Sudan: From the Coming of Islam to the Present Day*, p.27.

入达尔富尔地区的外来伊斯兰宗教学者中，有两个人值得一提。一位是乌玛尔·突尼西（Umar al-Tunisi），他的记述是研究达尔富尔历史的主要资料来源之一。另外一位是马立克·富塔维（Malik al-Futawi），他出身于宗教家庭，是阿卜德·拉赫曼即位之前的宗教传教师，后来成为穆罕默德·法德尔（Muhammad al-Fadl）素丹的大臣，担任顾问性质的沙里亚法庭首席法官。

18世纪晚期，随着阿拉伯半岛瓦哈比运动的兴起，伊斯兰世界的核心地带产生了一场巨大的宗教复兴与改革浪潮，苏丹的宗教领域因之出现了新的变化。苏菲派哈瓦提亚教团（Khalwatiyya Sect）派出的传道者之一萨曼尼（al-Sammani，1718—1775年），在非洲建立了新的次一级的教团，该教团于1800年被苏丹人阿麦德·塔伊卜·巴希尔（Ahmad al-Tayyib al-Bashir）引入苏丹。在杰济拉，特别是白尼罗河沿岸地区，巴希尔为萨曼尼教团赢得了大批的追随者。[①]

苏菲派的另一位宗教导师是阿麦德·伊本·伊德里斯·法希（Ahmad ibn Idris al-Fasi）。法希来自摩洛哥的非斯（Fez），但他一生的大部分时间在阿拉伯半岛度过，是一位和瓦哈比相似的伊斯兰改革者，追求最初的伊斯兰状态。法希的追随者在苏丹具有很大的影响力，其中的一位信徒名叫穆罕默德·奥斯曼·米尔加尼（Muhammad Uthman al-Mirghani，1793—1853年），在阿斯旺和栋古拉之间的努比亚部落中赢得大量的追随者，但在森纳尔似乎没有获得多大成功。在法希1837年去世后，米尔加尼组织其追随者建立了新的教团——米尔加尼亚教团（Mirghaniyya）或哈特米亚教团（Khatmiyya）。该教团在米尔加尼之子哈桑（al-Hasan）的带领下获得了长足发展，得到了土-埃统治者的认可。[②]

---

① P. M. Holt, M. W. Daly, *A History of the Sudan: From the Coming of Islam to the Present Day*, p.32.

② Ibid.

南部苏丹的社会文化

南部苏丹是尼罗特文化和中苏丹文化的发源地。当地民众在公元1000年之前大致说中苏丹语，此后因为东部和西部操尼罗特语的民众迁入逐渐尼罗特语化，迄今只有白尼罗河以西的莫鲁人（Moru）和马迪人（Madi）才说中苏丹语。原住尼罗河上游的班图人（Bantu）被迫向南迁移，逐步发展为非洲最大的民族。

在尼罗特人的早期铁器时代，西赤道和加扎勒河两州的尼罗特人饲养无峰牛，为防洪水而在住地附近修筑土丘。在尼罗特人的晚期或新铁器时代，即大约13—14世纪，巴卡拉阿拉伯人逐步南下，给加扎勒河两岸引入了耐热耐旱耐粗饲的瘤牛，提升了谷物种植技术，人们能够在较干旱地区长期生存。尼罗特人被迫从原住地向南和向东扩展，开始进入此前班图人一直避而不去的地域。

19世纪上半叶，阿赞德人（Azande，也称为Niam-Niam）跨越刚果河-尼罗河分水岭进入苏丹，在格巴德夫（Gbudwe）（即延比奥，Yambio）建立了自己的王国。阿赞德人是最后进入苏丹南部的非洲人，长期与丁卡人处于战争状态，与北方的阿拉伯奴隶贩子也不时发生冲突。

在加扎勒河以南、梅什拉雷克（Meshra al-Rek）-伦拜克（Rumbek）线以西的南苏丹范围内，操乌班吉（Ubangian，尼日尔-刚果）和中苏丹（撒哈拉-尼罗河）两大语族的民众，从公元前数千年就在上尼罗河的下游两岸繁衍生息，种植谷物，饲养牲畜，狩猎。乌班吉人都是农民，从西边（中非共和国）迁移而来，大都定居在说中苏丹语者地区以西或与之杂居。乌班吉人起初主要种植薯类作物，后来因为环境改变兼种谷物和香蕉。他们并不饲养牲畜，对于财富，包括对新娘的看法，与说中苏丹语的人大不相同。1800年后，因为当地没有大的政治实体，来自达尔富尔的猎奴者在南苏丹的达尔费尔蒂特（Dar Fertit）和达尔班达（Dar Banda）等地活动猖獗，向胡夫拉纳哈斯附近地区的居民索要铜制贡品，某些阿拉伯人或富尔人家族成为拉加（Raga）地区一些小族体的领袖。当地民众大规模迁往中非共和国，村社解体，本就缺乏记录的南部苏丹历史因之更加模糊。[①]

在南部苏丹，卢埃尔人（Luel）是北方说卢奥语族（Luo）迁人的先行队，其后还有希卢克人、横跨苏丹-埃塞俄比亚边境的安尼瓦人（Anywa）和加扎勒河的卢奥人。这一小群体融合了包括丰吉人和努巴人成分的其他族群，有着不同的文化和经济成分，从17世纪下半叶起统称为希卢克人。[②]

希卢克人身体强壮，肤色暗黑，头发短而卷曲，牧牛为主，兼种庄稼。无论男女，都要在额部用刀把皮肉割破，从左耳至右耳撮出一排小肉瘤，以此作为本部落成员的标记。希卢克人傍河定居，住在用高粱秆和赛凡草搭盖的茅棚里，棚壁呈圆柱状，棚顶呈圆锥形。房屋就地取材造价低廉，既遮风雨，又防酷暑，棚内除睡床或兽皮外一般再无其他家具。

希卢克人大部分信仰原始宗教，认为蛇是神虫，不仅自己不加害，还竭力说服和阻止其他部落的人们也不要去伤害它。他们还有一个习惯，下雨时沉默寡言。希卢克人的传统服装“拉乌”，其实就是一块系在身上的大布。系法男女有别，男的将相临的两个布角在左肩上打结，右肩、右臂袒露，女的则相反。平日里，希卢克人或头顶箩筐叫卖，或拖儿带女摆摊，或手持油亮乌木圆棍津津有味地呷着咖啡，或肩扛长矛口哼小曲来去匆匆，或矫健地撑着独木舟，在尼罗河上运送行人与货物。[③]

对于希卢克人而言，牛的社会价值超过了经济价值，一个人的荣誉和财富取决于占有牛的多少，娶妻彩礼也用牛支付，所有人都喜爱牛，牧养牛。除了节日和祭祀需要外，一般很少杀牛。农作物

---

① B.A.奥戈特主编：《非洲通史》（第五卷），第153页。

② 同上书，第148页。

③ 关于希卢克人的社会和文化生活概况，详见郭宝华：“南苏丹的希卢克人”，《阿拉伯世界》1981年第5期。

以高粱为主，为避免雨季被淹，农田一般在村边高地。多采取轮耕制，使用一些简单农具，使用草木灰肥，禁止施用人畜粪便。此外，因为生活在河边，希卢克人也善于捕鱼和猎取河马。捕猎河马大多在高粱、玉米成熟之际。此时草高穗足，河马常上岸觅草寻食，偷吃庄稼。希卢克人手持盾牌长矛隐避，待河马上岸便围而歼之。河马肉可供食用，河马皮做的盾牌既是防卫工具，又是赠给尊贵朋友的传统礼品。

高粱是希卢克人的主食，吃法主要有两种。其一，将高粱穗粒去壳煮熟，同鱼和菜拌到一起放在贝壳里吃，其二，也是最普遍的，即将去壳的高粱米放在容器里用水浸透，捞出放在一块长方形的磨石上，再拿一块小石片压磨，动作似磨刀，磨成面团状，然后用水调稀煮粥喝。希卢克人还用高粱酿酒，色浊味苦，质量不高。

希卢克人能歌善舞，不仅靠它驱散游牧生活的寂寞和苦闷，还借此表达个人的喜怒哀乐，讲述自己部族的历史与往事，传唱先祖的业绩与战功。“布尔”舞是一种以青年男女为主、表达欢乐的集体化妆舞蹈。跳舞者不仅用天然油彩将全身涂抹得十分艳丽，用白色柴灰在躯体和脸庞上勾画出喜欢的图案，还用其他饰物尽可能让自己与众不同。小伙子们有的用彩带把各式各样的羽毛缠在腰上，有的穿上猴皮、猎豹皮或串珠编成的衣服，头插白羽毛，颈挂彩项链，上臂套象牙圈，手脚腕带金属镯，小腿还要系一些小铃。姑娘们则身穿“拉乌”，有的外边套上小牛皮，头部、腕部缠有几圈彩色串珠，头发上插一支黑羽毛，身上用油涂得乌黑晶亮。希卢克人的布尔舞一般从下午四点开始。小伙子们首先用长矛和木棍以进攻的姿态向场边的大鼓致意，然后每人挑选一个姑娘围成双圆圈，男的在外圈，女的在里圈，小伙子们举起长矛和木棍，姑娘们相应地举起双手，踩着鼓点边唱边跳，气氛紧张而刺激。随着来人的增加，场中的舞圈不断扩大，欢乐的气氛一直持续到日落。如果是月夜，还可返回再跳。希卢克人的战斗舞更加热闹，舞者腰围兽皮或布片，手持盾牌、标枪或棍棒，眼皮涂成红、白色，头戴着插有羽毛的帽冠，随着口中发出的嘹亮喊声，挥舞兵器，以生动的舞步展现激烈的战斗场面。[①]表示悲哀的尤克舞在死者去世一周之际举行，上午开始，下午结束，过一周后再重复一次终止。男人们身披战衣，手持长矛、盾牌，腰间系一只小铃，围着放有食物器皿的死者坟头转圈跳舞，动作粗犷豪放，沉重有力。死者的女亲属每绕坟一圈就往坟上撒一把沙土，并用充满悲伤的声音哭泣，以此寄托对死者的哀思，使活着的人免遭横祸。但统治者雷司（Reth）的葬礼不允许哭，也不举办舞会，用沉默表示哀痛之情。雷司出殡时民众跳葬礼舞，王族成员和各部落酋长宰牛杀牲，一块儿商量挑选新雷司。[②]

在婚姻问题上，希卢克人的通行做法是青年自愿，家长同意，交付彩礼。找对象大多在舞场上进行。当某个小伙子觉得哪个姑娘对他有意时，便上前对她介绍自己的身世及优点，如果姑娘愿意，就伴小伙子跳舞并答应小伙子的求婚。小伙子的母亲随后去姑娘家私访，确定有没有血亲，了解姑娘的待人接物和烹饪手艺，满意后开始进入订婚环节。所谓订婚，就是订彩礼，没有彩礼就不具备订婚的资格。彩礼主要是牛，一般为十头，多则十五头。另外再给些羊，最多不超过三十只。希卢克人的习惯是，彩礼可分期付，三年交清，女方父亲有权拒收不如意的牛。婚礼后，照希卢克人的规矩，新娘仍要在娘家住一段时间后才被接到男方家圆房。不过，若女方家当时对新娘看护不周，新郎及其朋友也可以偷走新娘。新娘接到男方村后，迎亲老妪要把一只绵羊右耳朵割下，并向新夫妇身上淋些水，祝福他俩生活幸福，白头偕老。此后，新娘就完全成为了男方的家庭成员，她们普遍身材匀称，体魄健壮，承担着和男子同样繁重的家务和野外劳动，即使在哺乳期也时常把婴儿带到田间地头，边生产，边抽空儿喂奶。一旦丈夫早亡，不经过新仪式，即可转为丈夫一个胞弟的妻子。一个希卢克人只要财产允许，便可娶多房妻

① 刘鸿武、姜恒昆编著:《苏丹》，第389页。

② 宋庆才:“苏丹散记”，《西亚非洲》1980年第3期。

室，但一夫一妻的家庭较为普遍。

希卢克王国

希卢克人是北卢奥族群的最大分支。根据传说，希卢克人祖居肯尼亚，后来因为土地缺水影响放牧牲畜，在头领尼康（Nyikang，约1490—1517年）的率领下向北游牧，过乌干达，穿扎伊尔抵苏丹境内，起初选居加扎勒河州，后因与兄弟发生矛盾，又弃此北上，辗转来到白尼罗河流域的通加（Tonga）附近，安营扎寨，筑屋建庄。在马拉卡勒（Malakal），希卢克人赶走了原居民丰吉人，建立了最早的定居点。马拉卡勒地处尼罗河和索巴特河汇合处，扼控诺湖（Lake No），战略地位重要，很快就成为希卢克人生活的中心地带。

1500年前后，尼康建立了希卢克王国，并在他的茅棚里处理政务。尼康是一位出色的政治家和富有经验的军事统帅，在希卢克人心目中享有崇高威望，是希卢克人的精神领袖。希卢克人都喜欢把自己的家谱追溯到尼康，在境内修了许多尼康庙宇。直至今日，希卢克人的法庭都必须设在尼康庙前，目的是让他监督后代公正执法。

希卢克人的基层单位是由谢赫领导的氏族，然后是由酋长领导的部落，再由部落组成部族，最上层是叫作“雷司”（Reth）的最高首领/国王。雷司是希卢克部落世俗与精神的绝对领袖和统治者，其主要职责是确保部落安全和稳定，各部落的大事都必须向他请示。氏族的谢赫和部落的酋长由众人推选，然后经雷司批准才能当选和行使权力。酋长们上任时举行仪式，雷司赠送传统服装，宰牲庆贺。由于认为尼康没有死，其魂灵一直随风疾行，并能注入继承王位的子孙体内，雷司一职因而只能由尼康的直系后裔担任，但王位不是按资排辈，也不由先王生前指定，而是在先王故后由全国酋长组成协商委员会，根据年富力强、勇敢善战、足智多谋等条件协商产生。雷司一般不由女性担任，在希卢克王国历史上仅第八代国王是女王。值得一提的是，直到1670年正式定都法绍达前，历代雷司皆在自己居住的村落里处理政务。

雷司的加冕别具一格，以两支象征军队奔赴沙场的形式开始。一支是象征尼康的军队，由北部希卢克人组成，一些人手持尼康及其儿子达克（尼康第一位继承人）的肖像，另一些人手持椰枣叶柄制的鞭子，由北而南向首都法绍达挺进。另一支是新国王的象征性军队，由南部的希卢克人组成，手持代表长矛的高粱穗，在新国王的率领下由南而北向都城挺进。两支军队最终在首都附近的艾尔巴湖相遇，战斗在新国王跨过被压倒在地上的白公牛后开始。国王的战士挥动手持的高粱穗，声嘶力竭地吼叫，用“长矛”投刺对方。尼康的战士则把肖像高举过头，抡鞭劈头盖脑地抽打，将护驾军队击溃驱散，俘虏国王，使其变成尼康的一名战士。双方激战的目的，就是把椰枣叶柄附着的尼康魂灵通过激战注入新国王的身躯。随后，国王肩扛尼康肖像，在一个无水的圆坑绕行四周后奔向法绍达。在都城，覆盖白纱的雷司银制宝座上方悬挂着尼康和达克像，二人身着黑色鸵鸟羽毛做的绚丽服装，这意味着他俩的魂灵在新国王的头上盘旋，将赋予继任雷司新的才干和力量。此后，新雷司还要登上一处高台，打烂矗立在那儿的四个石头动物模型，重建新的，象征着一个新时代即将蓬勃兴起。至此，新雷司才能成为希卢克人名副其实的国王。[①]

在16世纪民族形成的百年时间里，希卢克人逐步放弃了原来季节性迁移的游牧生活，建立了畜牧和谷物种植的混合经济，在尼罗河西岸和索巴特河流域的狭长地带形成了一连串的村落，北起穆奥莫（Muomo），南到通加，绵延160多公里，是当时尼罗河流域人口最稠密的地区。[②]17世纪初，由于人口增加带来的巨大生存压力，希卢克人开始积极向外扩张。向北，他们逐步控制了从穆奥莫到阿莱斯长约500公里的白尼罗河，这里岛屿星罗棋布，森林密布，能够为希卢克人提供猎物、鱼和蜂蜜。从雷司奥达克·奥科洛统治时期

---

① 郭宝华：“南苏丹的希卢克人”，《阿拉伯世界》1981年第5期。

② Georg. Schweinfurth, *The Heart of Africa: Three Years' Travels and Adventures in the Unexplored Regions of Central Africa* (2 vols), London: Marston, Low & Searle, p85.

（Odak Ocollo，约1600—1635年）到1861年，一些穆斯林民族将希卢克人统治的这一段白尼罗河称为“塞卢克河”（Bahr Scheluk）或“希卢克河”，反映了希卢克人对这一段白尼罗河贸易的实际控制。[①]向西，希卢克人与努巴人围绕着对尼罗河和努巴山之间地区的控制权展开了长期的激烈争夺，直至19世纪下半叶巴卡拉阿拉伯人征服该地区为止。

从1630年起，丁卡人（吉恩人）[②]开始入侵丰吉素丹国南部地区，最远扩张到南部杰济拉。为了对抗这个共同的敌人，维护双方经过长期争夺后形成的平衡状态，希卢克人和丰吉人开始联合，遏制了丁卡人向北或向西的扩张企图，迫使后者往东流向埃塞俄比亚边境。与丰吉人的这次联盟，是希卢克人在不同时期与不同族群合作结盟的一例个案，他们还和富尔人、巴卡拉人、阿拉伯海盗、欧洲商人和马赫迪主义者等群体结盟，只为了反对与他们有血缘关系的说吉伊语（Jii）的其他族群。也就是说，这一时期的南部苏丹尚未发展有种族或民族概念，一定程度上代表着团结的种族思想在马赫迪运动之后才成为了南部苏丹社会的一种普遍现象。[③]在南苏丹邦戈氏族（Bongo）的传说中，英雄恩戈利（Ngoli）带领民众抗击来犯的阿赞德人，但“敌对的几个头领”在他刚击退阿赞德人时便谋杀了他！[④]

17世纪下半叶，希卢克王国的雷司们逐步建立了比较集中的行政管理形式，居住在该地区的不同部族初步形成了国家统一的观念，王室开始垄断经济资源以及地方和长途贸易。阿布德霍克（Abudhok）女王是雷司卜沃斯（Bwoc）的女儿，是希卢克历史上

① B.A.奥戈特主编：《非洲通史》（第五卷），第150页。

② 吉恩人（Jieng）是南苏丹丁卡人的自称，因为他们很多时候并不认同西方殖民者和学者在苏丹通常使用的各种种族名称，认为阿拉伯人或英国人给他们所起的和所用的种族名称并不指他们自己。这种倾向在苏丹的非阿拉伯人族群中尤其如此，努尔人就称自己为纳斯人（Naath）。

③ B.A.奥戈特主编：《非洲通史》（第五卷），第151页。

④ 同上书，第153页。

多位有权力的女性之一，从她的统治时期开始，希卢克王国的中央集权日益集中，等级制度开始出现。

1684年，南部苏丹发生大饥荒，许多希卢克人往北逃生，在塞卢克河劫掠或定居，位于阿莱斯和青白尼罗河汇合处的17所宗教学校因而荒废。雷司德霍科斯（Dhokoth，约1670—1690年）借机集中权力，组织了顺尼罗河而下和向西进入努巴山的成功袭击。希卢克人的袭击队满载掠获物而归，俘虏们被集中安置，组成雷司德霍科斯的部分贴身卫队。德霍科斯的继位者是他的儿子图戈（Tugo，1690—1710年），他进一步巩固了希卢克王国的中央集权，他建立了法绍达村并使之成为雷司的永久住地，精心设计了雷司的即位仪式，其声望迅速在希卢克王国内外传开。

18世纪初，随着丰吉帝国的逐渐分化瓦解，希卢克人在白尼罗河流域的权力相应提高，他们的顺流劫掠甚至远达两条尼罗河的汇合处。1780年，希卢克人袭击了喀土穆城镇，将其毁灭并屠杀了那里所有的居民。此后，希卢克人完全控制了阿莱斯以上的白尼罗河流域贸易，为往来于森纳尔和奥贝德之间的商队提供渡河服务。[①]

希卢克人垄断白尼罗河贸易的主要手段，就是他们数量众多的独木舟和划桨能手，其优势地位保持到土-埃政府的船厂在曼贾拉（Mandjara）建成的1826年。在袭击或军事远征中，希卢克人的船队往往由三四十条独木舟组成，是当时尼罗河流域最强的水上军事力量。

在雷司尼阿克瓦阿（Nyakwaa，约1780—1820年）统治时期，丁卡族的鲁因格人（Rueng）和恩戈克人（Ngok）开始越过索巴河（Sobat River），与希卢克人共享白尼罗河流域的贸易权。这意味着希卢克人控制长达一个半世纪的白尼罗河流域贸易权开始与其他说吉伊语的民族共同享有。在尼阿克瓦阿去世后一年，埃及总督穆罕默德·阿里帕夏的军队侵入苏丹，结束了丰吉素丹国，建立了土

① B.A.奥戈特主编：《非洲通史》（第五卷），第152页。

耳其-埃及的统治。尽管希卢克人坚持抵抗，但他们的防线自1821年起节节向南撤退，彻底放弃对白尼罗河流域的控制。在接下来时间里，希卢克人的防御重心，就是强烈抵制丁卡人从17世纪开始的将其农田转变为牧场的所有企图，直到雷司阿科沃特（Akwot，1825—1835年）统治时期，双方间无尽的边界冲突战事才得以终结，也结束了丁卡人对希卢克王国的威胁。[1]

① 〔美〕罗伯特·柯林斯:《苏丹史》，第8页。

第三章　近代苏丹的形成

1821—1881年古老的苏丹被动地进入近代世界。传统的北方强邻埃及深度介入苏丹内部事务，打开了南苏丹通向世界之门，苏丹有史以来第一次在辽阔的国土上出现了统一的政府机构，引进了先进的技术和轻工业，普遍提高了作物产量并积极开拓外销市场。[①]但埃及人的苛捐杂税、横征暴敛以及掳掠奴隶的远征，却表明它打开的是血腥暴力的奴隶贸易和财富掠夺之门。不仅如此，从早期的象牙贸易到后来的奴隶贸易，苏丹北方阿拉伯人由最初埃及侵略者的帮手逐渐升级为主要的掠夺者和施暴者，因之而起的辛酸记忆和刻骨仇恨在南苏丹黑人中代代相传，并成为苏丹南北冲突的最初祸根。埃及赫迪夫们的苏丹治理带有明显的扩张意图，不仅没有达到扩张帝国版图的预期目的，也没有实质性地推动苏丹社会发展，伊斯梅尔赫迪夫对欧洲基督徒的重用还成为苏丹穆斯林攻击政府执政失误的重要借口之一。马赫迪起义的爆发有很强的必然性，但马赫迪国家建立政教合一的神权体制，推行传统的伊斯兰教法，严重影响了苏丹近现代历史的发展主题。它对苏丹的国家治理本质上是一种倒退，王国在内外多重因素的作用下很快被推翻。

---

① 〔苏丹〕迈基·希贝卡：《独立的苏丹》，上海新闻出版系统“五·七”干校翻译组译，上海人民出版社1973年版，第27—28页。

一、埃及对苏丹的征服与治理

穆罕默德·阿里征服苏丹

19世纪初期的埃及是各方势力争夺的焦点。1789年，法国第一执政拿破仑（Napoleon Bonaparte）率军入侵埃及，但在与英国、奥斯曼和埃及三方作战失利后退出，埃及随即开始了英国、奥斯曼帝国和马穆鲁克的三方竞逐。1805年，奥斯曼帝国的军事指挥官穆罕默德·阿里（Muhammad Ali）在动荡中崛起，以帝国行省总督的身份登上了埃及权力的宝座。

穆罕默德·阿里雄心勃勃，渴望建立一个独立于奥斯曼帝国之外的埃及帝国。掌权之后，他迅速追剿埃及境内的马穆鲁克势力，到1811年前后已将其基本肃清，残余的马穆鲁克势力被迫逃至埃及以南的苏丹。从1811年至1818年，假借奥斯曼帝国政府名义，穆罕默德·阿里派兵侵入阿拉伯半岛，占领伊斯兰两“圣地”，将其统治扩张至也门地区。[①]与此同时，阿里还在埃及国内进行大刀阔斧的改革，增强了埃及的实力，卡尔·马克思称赞当时的埃及是“奥斯曼帝国唯一有生命力的部分”，[②]希提甚至更认为19世纪前半期的埃及历史实际上就是阿里的个人历史。[③]

穆罕默德·阿里入侵苏丹的动因主要有三点：其一，获取苏丹的黑人奴隶来增加劳动力和扩充军队。19世纪初期的埃及，人口衰减，经济凋敝，是当时奥斯曼帝国境内最贫穷的州份之一。[④]一方面，穆罕默德·阿里崛起时所依靠的阿尔巴尼亚军团在当时居功自傲，

---

① 彭树智主编：《阿拉伯国家史》，第183页。

② 马克思：《缅甸战争》，《马克思恩格斯全集》（第9卷），人民出版社1961年版，第231页。

③〔美〕希提：《阿拉伯通史》，马坚译，商务印书馆1979年版，第865页。

④ J. F. 阿德·阿贾伊主编：《非洲通史》第六卷，中国对外翻译出版公司1998年版，第265页。

桀骜不驯，穆罕默德·阿里急需大量的黑奴，弥补兵源不足并建立一支忠诚可靠的新式武装，实现他的对外扩张。另一方面，随着国内现代化改革的逐步展开，埃及亟需大量的黑奴满足生产领域对劳动力的需求，恢复大量荒废的农业生产、大规模修建工场和水利等。其二，掠夺苏丹的经济资源。苏丹是埃及的传统贸易伙伴之一，是埃及市场黑奴、象牙、黄金等商品的主要来源。18世纪以来，经苏丹的贸易趋于繁荣，穆罕默德·阿里不仅垂涎其中的商业利润，而且希望尽快开发苏丹传说中的金矿资源，支撑他实现埃及帝国的宏伟计划。其三，被推翻的马穆鲁克王朝的残余势力退缩至苏丹，与当地的部落结盟，也得到了丰吉素丹国的庇护，穆罕默德·阿里需要征服苏丹将其斩草除根。①

为了征服苏丹，穆罕默德·阿里集结了一支近7000人的远征军。其中，步兵3400人，主要由土耳其人和阿尔巴尼亚人组成；骑兵1500人，主要由土耳其人和北非雇佣军组成；非正规军为1500人，由阿拉伯人组成。此外，还有一支300人左右的火枪队，由美国人英格里斯（English）和巴拉迪斯（Bradish）指挥。②全部军队以及装备、粮秣都集中在瓦迪哈勒法，粮仓分布在瓦迪哈勒法南面第二瀑布以上。埃及的一些部落酋长受命随军出发，说服敌对的苏丹伙伴放弃抵抗，接受穆罕默德·阿里的宗主权。随军而行的还有几名伊斯兰宣教人员，宣扬埃及和苏丹同种同教的论调，负责劝降和说服苏丹的穆斯林。这支军队中大部分是雇佣军，根据每月签订的合同服役。这次远征，已给他们预发了六个月军饷，条件是他们必须留在军队里，直到攻下栋古拉，然后再重新签订合同，确定服役期限。③埃及远征军成分复杂，训练程度和纪律参差不齐，并不是一支

① P. M. Holt, M. W. Daly, *A History of the Sudan: From the Coming of Islam to the Present Day*, p.35.

② Arthur E. Robinson, “The Conquest of the Sudan by the Wali of Egypt, Muhammad Ali Pasha, 1820–1824”, *Journal of the Royal African Society*, Vol. 25, No. 97, Oxford University Press, 1925, pp. 47–48.

③〔苏丹〕迈基·希贝卡:《独立的苏丹》，第5—6页。

富有战斗力的军队，然而因为拥有火器，比只会使用传统矛和剑的苏丹人拥有更大优势，足以镇压苏丹人的任何抵抗。

埃及远征军由伊斯梅尔·卡米尔统领，以阿斯旺为起点，分两个方向进军苏丹。一支由王子伊斯梅尔·卡米尔（Ismail Kamil）率领，沿尼罗河方向，向南指向丰吉素丹国的首都森纳尔。另一支由穆罕默德·阿里的女婿穆罕默德·库斯鲁（Muhammad Khusraw）和德福特达尔（Defterdar）率领，目标直指富尔素丹国。

1820年7月，伊斯梅尔·卡米尔率部从开罗出发，开启了对苏丹的征服。当时的丰吉素丹国已经衰弱不堪，其在苏丹北部的统治名存实亡，大小部落各自为政，埃及军队的初期征服进展顺利，几乎兵不血刃便使多数部落降服。在尼罗河第一瀑布至第三瀑布的下努比亚地区，卡希夫利克人（Kshiflik）和萨伊人（Say）没做任何抵抗便向征服者投降。在第三瀑布至第四瀑布之间，居住者主要是栋古拉人和舍基亚人，另外还有埃及的马穆鲁克残余势力。当伊斯梅尔率军到达栋古拉时，当地人在部落酋长的带领下归顺了征服者，逃亡栋古拉的马穆鲁克贵族除少部分投降外，大部分向南逃至尚迪，彻底失去了在苏丹定居下来的希望，一些人向东过红海前往汉志，一些人则向西抵达突尼斯。

舍基亚人是伊斯梅尔在征服过程中遇到的最主要的抵抗者。他们骁勇善战，对外一直保持着独立地位。舍基亚各部落间结成强大的联盟，他们的兵力主要有两部分，即部落民组成的骑兵和黑奴组成的步兵，共约1.5万人。伊斯梅尔命令舍基亚人投降，但遭后者拒绝。虽然舍基亚人英勇顽强，但落后的冷兵器终究抵挡不住现代火器的进攻，经过在库尔提（Kurti）和戴卡山（Jabal Dayqa）的两次激战后，舍基亚人部落联盟首领苏贝尔（Subayr）酋长率众投降，而另一位首领贾维斯（Jawish）酋长则向南逃去。伊斯梅尔很欣赏舍基亚人的勇敢和忠诚，厚待礼遇，使之成为埃及在苏丹可倚重的武装力量，后者也表示愿意作为职业的非正规军参加埃及军队。事实上，从1825年直至土-埃政权统治时期结束，由黑人奴隶训练组成的杰希迪亚（jihadiyya）正规军和舍基亚人组成的非正规骑兵部队，构成了土-埃政权几乎全部的军事力量。[①]因时而变的舍基亚人也因此得到了丰厚的回报，在随后的苏丹社会发展中，他们始终占据着重要位置。

收服舍基亚人之后，伊斯梅尔向第四瀑布上游继续推进。第四瀑布至第六瀑布之间主要是贾阿林人，他们也未曾有效抵抗埃及人的入侵。在伊斯梅尔占领柏柏尔之后，贾阿林部落最强大的酋长尼莫尔（Nimr）率众归顺。之前逃亡至尚迪的马穆鲁克残余势力和舍基亚部落的贾维斯酋长随即也归顺投降，贾维斯酋长所率领的舍基亚人最后以非正规军的身份加入征服者的队伍。值得一提的是，贾阿林部落的尼莫尔酋长对待埃及军队的态度非常矛盾，既不甘心屈膝投降，又自觉难以抵抗，最初只派遣儿子迎接伊斯梅尔，最终在巨大压力下才戴上象征酋长权力的双鹿角帽亲自出迎，在庄严的仪式下宣誓归顺伊斯梅尔。伊斯梅尔王子确认了尼莫尔酋长在部落中的地位，但因为怀疑他的忠诚而没有依照惯例赐他佩剑。

在被征服的贾阿林地区组建了一个政府后，伊斯梅尔王子率军继续南进，改用骆驼运载士兵和装备，用木棒架在两只骆驼身上载运重炮，一路上几乎没有遇到什么抵抗，各个部落酋长都不战而降，接受伊斯梅尔的统治。当埃及军队抵达森纳尔城下时，丰吉素丹国的末代素丹巴迪六世（Badi VI）主动献城，不战而降。之所以如此，原因在于丰吉素丹国内的实际统治权掌握在摄政王哈马吉家族手中，巴迪六世只是傀儡而已。哈马吉家族的首领穆罕默德·阿德兰虽然积极组织力量准备抵抗，派遣儿子率领军队布防青白尼罗河汇合处，但因为错误地解除了艾哈迈德·阿拉基（Ahmad al-Rayyah al-'Araki）谢赫职务，被后者联合其他的敌对派系暗杀身亡。哈马吉家族群龙无首，伊斯梅尔没费太大周折就实现了征服丰吉素丹国

---

① 〔美〕罗伯特·柯林斯:《苏丹史》，第15页。

的目标。

在伊斯梅尔收服舍基亚人之后，德福特达尔也率领部队在第三和第四瀑布之间的德巴（Debba）集结，以此作为征服达尔富尔素丹国的后方基地。在具体的行动中，德福特达尔选择与卡巴比什（kababish）等阿拉伯化的游牧民结成联盟，以共分战利品为条件换取后者共同出征。科尔多凡地区是苏丹东西方向上去往达尔富尔地区的必经之地，是富尔素丹国的属地，埃及人要想征服达尔富尔，就必须先攻占科尔多凡。在劝降无果的情况下，德福特达尔开始诉诸武力。双方在巴拉（Bara）展开激战，埃及军队凭借先进的火器所向披靡，落后的科尔多凡部落武装毫无还手之力，迅速溃败，其统治者穆萨里姆（Musalim）酋长阵亡，首府欧拜伊德被攻陷。

科尔多凡陷落后，富尔国的穆罕默德·法德尔（Muhammad Fadl）素丹迅速派出一支军队进入科尔多凡，企图趁埃及人立足未稳扭转战局，但同样以失败收场。德福特达尔随即率军进攻达尔富尔，但在塔格里山区（Tagali hills）受到当地居民的顽强抵抗，征服行动受阻。之后，因伊斯梅尔·卡米尔被杀，德福特达尔受命前往镇压反抗，征服达尔富尔素丹国的目标就此被放弃。富尔素丹国虽然暂时逃过了覆灭的命运，继续和埃及人做生意，但国祚持续衰落的命运始终没有得到改变，法德尔素丹如此，穆罕默德·侯赛因素丹（Muhammad al-Husayn Sultan，1838—1873年）也是如此。1874年10月，继位仅1年的易卜拉欣·卡拉德素丹（Ibrahim Qarad Sultan）在曼华西（Manwashi）战役中战败被杀，达尔富尔成为了土-埃苏丹的一个州。

土-埃政府的建立和发展演变

征服森纳尔后，伊斯梅尔不仅沿青尼罗河上溯，频繁组织以掳掠为目的的远征，还在森纳尔北面的瓦德迈达尼（Wad Medari）建立首都，给苏丹社会引入了税收制度，征收苛重税赋，最大限度满足埃及国内对黑奴和黄金的需求。整体上看，因为频繁的掠夺性远征和残酷而严厉的统治，在统治苏丹的最初六年里，苏丹人对土-埃政府的基本印象就是战争流血、沉重赋税和残暴统治。

1822年11月，踌躇满志的伊斯梅尔·卡米尔带领250人的骑兵卫队沿尼罗河北上，要以胜利者的姿态返回埃及。为了向父王邀功，在经过尚迪时，伊斯梅尔会见了贾阿林人的两个部落酋长，要求后者在短期内缴纳价值大约2万英镑的牛、骆驼、黄金和奴隶，期间甚至傲慢地用长烟管劈头殴打本就不太顺从的尼莫尔酋长。[①]尼莫尔酋长是当时苏丹最负盛名的部落的酋长，承认埃及人的宗主权已经是对他的极大屈辱，现在又被当众羞辱，因而在会谈结束的当夜纵火报复，不仅导致伊斯梅尔和他的随从殒命尚迪，而且在杰济拉至柏柏尔之间的尼罗河流域引发了大规模的反抗运动。但这本质上是一种绝望的自发反抗，是对伊斯梅尔此前在森纳尔横征暴敛的反抗警示，缺乏适当的领导和有效的协调，双方力量严重悬殊，注定会失败。

伊斯梅尔遇害的消息很快传到了开罗。为了给儿子报仇，镇压苏丹中北部日益蔓延的反抗运动，狂怒的穆罕默德·阿里命令正在科尔多凡作战的德福特达尔前去平叛。德福特达尔集中了他可以调动的全部兵力，迅速开展惩罚性远征，并在从白尼罗河到出事点的范围内大肆屠杀。苏丹的反抗军虽然形成了三大力量中心，分别是尼莫尔领导的贾阿林部落、纳赛尔·阿明（Nasir wad Amin）领导的阿卜达拉比部落和丰吉素丹国的旧有势力，[②]但人员构成庞杂，缺乏训练和必要的火器装备，内部四分五裂，在与埃及军队的正面交锋中多数时候都是一触即溃。1824年初，反抗运动被镇压，复仇战争结束。尼莫尔酋长带领少数部属投奔埃塞俄比亚。德福特达尔将数千名贾阿林战俘押往埃及。穆罕默德·阿里下令将大部分战俘送到奴隶市场出售，但因外国领事干涉而最终未果。

1824年9月，德福特达尔受命返回埃及，奥斯曼·贝伊

---

① 〔苏丹〕迈基·希贝卡：《独立的苏丹》，第16—17页。

② P. M. Holt, M. W. Daly, *A History of the Sudan: From the Coming of Islam to the Present Day*, p.40.

（Uthman Bey）被任命为苏丹总督。奥斯曼·贝伊组建了以黑奴为主的正规军，在青、白尼罗河汇合处的陆岬处修建了军事要塞喀土穆（khartoum，“象鼻”的意思）。1825年5月，奥斯曼·贝伊因为肺结核去世，继任的毛希·贝伊（Mahu Bey）针对苏丹人的不满和恐惧采取了一系列安抚政策，包括减少税收、救济灾民、抑制军队的滥杀无辜等，逐渐地恢复了当地民众对新政府的信任。至此，穆罕默德·阿里逐渐确立了对苏丹的统治，苏丹历史发展进入了土－埃统治时期（Tuico-Egyptian regime）。

1826年6月，阿里·胡尔希德·阿伽（Ali Khurshid Agha）接替毛希·贝伊出任“森纳尔地区长官”。胡尔希德有着超强的行政管理能力，因地制宜，恩威并用，在管理和建设方面成就显赫，基本奠定了土－埃政府的统治基础。首先，胡尔希德恩威并用，大力促进社会和解，扩大管辖区域。阿卜杜勒·卡迪尔（Abd al-Qadir wad al-Zayn）谢赫通晓苏丹国情，胡尔希德任命其为首席顾问，授予其从哈贾尔－阿萨尔（Hajar al-‘Asal）到丰吉山区之间广大地区的统治权，担任总督与苏丹各地方之间的协调人。哈马吉家族的伊德里斯·瓦德·阿德兰（Idris Wad Adlan）谢赫是土－埃当局的死硬反对者，胡尔希德通过卡迪尔成功劝服其接受大赦，承认土－埃政府并接受委派出任丰吉山区的谢赫。另一个被劝服的重要人物是艾哈迈德·阿拉基谢赫，曾因为不满丰吉素丹国摄政王穆罕默德解除其职位而将其密谋暗杀，在叛乱时期带领族人从青尼罗河流域逃到了埃塞俄比亚边境地区，现在也归顺了胡尔希德，向那些逃难者和曾经的反抗者宣传政府的赦免许诺。在兑现安抚承诺的同时，胡尔希德还派军队征讨那些不愿意归顺的地区，杀死那些不愿归顺者，不仅让数以千计的民众返回了青尼罗河地区，还把土－埃政府的管辖范围从苏丹西部扩展到了加拉巴特（Qallabat）。

其次，胡尔希德大力恢复农业生产。在卡迪尔的协助下，胡尔希德迅速清查了村庄和土地的情况，对逃难者宣布大赦，对反叛者许以自由，免除地方显贵和法基赫们的税赋，积极劝返逃亡到埃塞俄比亚边界山区的农民返回家乡，重新耕种在叛乱期间及其镇压过程中荒废的土地。与此同时，胡尔希德引进约一百个受过训练的埃及人向苏丹农民传授先进的耕种方法，从埃及精选种羊、果树、靛青、甘蔗等运到苏丹进行试种，派遣苏丹人去埃及学习那些由于缺乏适当的设备而无法学会的技术。整体上看，胡尔希德的恢复生产措施立竿见影，许多移民重新回到了土地上，加之当年雨水充沛，一度停滞的农业生产得到了有效恢复，政府收入显著增长。在贾阿林地区，许多靠近河流的土地被赐予了忠诚的舍基亚人，后者是土-埃政府倚重的骑兵力量，除负担马匹饲料外不缴纳任何税赋。

第三，胡尔希德在喀土穆城市的建设和发展上投入了许多精力，将之由地方统治中心逐步发展成了整个苏丹的军事和行政管理中心。他抵制了穆罕默德·阿里要将苏丹自由民征召入伍的命令，转而由当地人按配额提供奴隶组成军队并为之专门修建兵营和军用仓库，在尼罗河上修建了一个造船厂。建于1829至1830年间的清真寺在七年后被拆除，代之以一座更大的清真寺。新移入人口在政府的资助下修建永久固定的住房，取代了那些用茅草和兽皮搭建的临时住所。胡尔希德鼓励商业发展，贸易开始繁荣，部分商人富甲一方。值得一提的是，土-埃政府对整个苏丹的出口贸易实行国家垄断，象牙、奴隶、阿拉伯橡胶、牲畜、畜产品等全部纳入贸易管控体系。大量的牲畜和畜产品被源源不断地输往埃及，苏丹成为这时期埃及最廉价的牲畜来源地，牛被输入埃及拉水车，骆驼被送往汉志作为政府的运输工具。①

胡尔希德的总督任期一直持续到1838年6月，不仅是土-埃政府时期任职时间最长的苏丹总督，扩大了苏丹总督的有效管辖范围，也用其仁慈且公正的施政将土-埃政府在苏丹的统治从军事压制时期带入了新的文明统治时期，切实推动了苏丹社会的转型和发

① J. F. 阿德·阿贾伊主编：《非洲通史》（第六卷），第362页。

展。1834年2月，胡尔希德被任命为苏丹四州的总督——森纳尔、柏柏尔、科尔多凡和栋古拉，这与埃及各州总督的称谓“穆基尔”（mudirs）有明显的不同。然而因为苏丹社会发展的严重滞后和农业生产的高度不确定性，胡尔希德总督的治理成效也受到了极大限制。1826年的农业生产因雨水丰沛而喜获丰收，但始于1836年的干旱、饥荒和肆虐的霍乱疫情直接销蚀了此前的努力，胡尔希德总督最后几年的统治困难重重。

和前任相比，胡尔希德在领土扩张方面的成就逊色很多。在1827年夏，胡尔希德组织骑兵从青尼罗河上游的鲁赛里斯（al-Rusayris）进军丁卡人地区，虽然最远推进到索巴特，但遭到了后者用弓箭和长矛展开的强力抵抗，最后只带了500名战俘返回鲁赛里斯。在1830年秋季，胡尔希德率军乘船进攻白尼罗河上游的希卢克人，虽然借助火炮的威力在战事初期缴获了大批的战利品和俘虏，但在后期却遭到了希卢克人的反击，最后仅带200名奴隶仓皇撤退。在1831—1832年对塔卡（Taka）地区的哈丹达瓦（Hadendowa）人的征服中，胡尔希德的军队再次严重遇挫，长时间被围困在阿特巴拉河附近的灌木林中不能前行，只能就地设防，且战且退，最后侥幸脱身返回喀土穆。[①]

在统治的最后几年中，胡尔希德与科瓦拉（Kwara）地区的埃塞俄比亚统治者康富（Kanfu）发生了一系列战争，这构成了这个时期土-埃政府对外政治行为的主要内容。科瓦拉地区远离土-埃政府的权力中心，处于苏丹与埃塞俄比亚从未划定的边界地带，集聚了大批对土-埃政权的不满人士和反抗者，胡尔希德和康富的第一次冲突就主要围绕聚集在该地区的哈曼达（Hammada）阿拉伯人展开。哈曼达部落的首领是拉贾卜·瓦德·巴希尔·古尔（Rajab Wad Bashir al-Ghul），他与康富共同谋划进攻苏丹，但胡尔希德早有准备，埃塞俄比亚人最终战败，拉贾卜落荒而逃，1836年春天

① P. M. Holt, M. W. Daly, *A History of the Sudan: From the Coming of Islam to the Present Day*, p.46.

因康富出卖在喀土穆被处死。随后的军事冲突由加达里夫长官艾哈迈德·哈希姆（Ahmad Kashif Ghashim）主导，他先后两次主动进攻埃塞俄比亚，第一次俘获了许多埃塞俘虏，第二次战争却因为援军的不配合而最终失利，土-埃军队于1837年4月在瓦德卡尔塔布（Wad Kaltabu）被打败，阿赫迈德侥幸活命。为了防止康富吞并加拉巴特附近的边界地区，胡尔希德集结军队从瓦德迈达尼出发，但在加拉巴特被英国人干预制止。1838年6月，胡尔希德因为生病获准回开罗治理，总督职位由阿布·威丹（Abu Windn）接替。

阿布·威丹延续了毛希和胡尔希德设置的行政管理框架，但进行了一些改革，具体措施包括实施更严格的财政管理，惩罚了一些财务官并没收其财产，取消舍基亚部落占领其他部落土地的特权，限制河流区域的土地只能进行农业耕作，无主土地被分配并免除三年税赋。阿布·威丹的财税改革引发了两次叛乱危机，反对者分别是舍基亚人和哈曼达人。免税特权被取消的舍基亚人虽然很不满意，数次抗争，但鉴于整体上在土-埃政府中的优越地位，大部分还是接受了阿布·威丹的命令，只有哈麦德（Hamad）酋长带领家人和追随者从尚迪出发逃往与埃塞俄比亚紧邻的边界地区。阿布·威丹对此软硬兼施，一方面追剿哈麦德酋长及其同情者，另一方面赦免其他叛逃者，允许舍基亚人放弃他们的土地并免除拖欠的土地税，很快就平息了这场叛乱。哈曼达部落的谢赫阿布·里什（Abu-Rish）是被处死的谢赫拉贾卜的弟弟，因为反对阿布·威丹对他们部落的双倍征税决定，在1842年早些时候逃到紧邻埃塞俄比亚的边界地区，并以此为基地袭扰苏丹边界地区。尽管当时正值雨季，行动非常不便，但阿布·威丹仍然从瓦德迈达尼从发，惩罚了这些叛乱袭击者。阿布·里什失败后决定归顺，在阿卜杜勒·卡迪尔及其他要员的协调下也得到了谅解。

阿布·威丹还开展了穆罕默德·阿里统治时期埃及人在苏丹的最后一次意义重大的领土扩张。1840年3月20日，阿布·威丹率领军队上溯阿特巴拉河，征服目标是生活在加什（Gash）北部森林地带的哈丹达瓦部落以及卡萨拉山（Jabal Kasala）以南地区的哈兰卡（Halanqa）部落。4月12日，土-埃军队在阿罗马（Aroma）附近的加什安营扎寨，哈兰卡部落首领穆罕默德·伊拉（Muhammad Ila）和哈丹达瓦部落的穆罕默德·丁（Muhammad Din）都望风而降，被带回喀土穆充当人质。尽管阿布·威丹最终没能迫使哈丹达瓦人屈服，但土-埃政权在卡萨拉获得了一个永久性据点，作为驻扎营地的卡萨拉镇在之后发展成为埃及治下的东部苏丹的行政管理中心。随后，阿布·威丹的目光瞄准了红海沿岸的萨瓦金和马萨瓦（Massawa），要求这两个名义上隶属于希贾兹（Hijaz）的奥斯曼帝国港口向苏丹的国库缴纳贡税。虽然穆罕默德·阿里帕夏迫于奥斯曼帝国政府的压力撤销了这一要求，但他在1846年获得了租用这两个港口的权利（三年后被取消）。1865年，赫迪夫伊斯梅尔（Khedive Ismail）正式吞并了这两个港口。

阿布·威丹是一位强悍而有效率的总督，功绩显赫，但却于1843年10月6日在喀土穆暴毙。因为此前就有传言他企图与奥斯曼素丹阿布德-马吉德密谋把苏丹各州从埃及的版图中分离出去，由他本人担任地位与穆罕默德·阿里在埃及相同的苏丹总督，他的突然死亡就被普遍认为是被他的妻子，亦即穆罕默德·阿里帕夏的女儿下毒致死的。这一点虽然没有证据，穆罕默德·阿里也在开罗公开赞扬阿布·威丹的功绩，但其后的一些改变却很明显，包括一度取消了苏丹总督这一高级职位，规定苏丹各州实行自治并直接听命于开罗等。在三年的探索实践后，穆罕默德·阿里虽然重新设置了总督职位，但不仅十分重视人选问题，例如大多派没有政治野心的人担任苏丹总督，而且成功说服土耳其素丹认可他终身统领新并入苏丹的卡萨拉地区，条件是上缴一定比例的关税给土耳其国库。这样的措施在一定程度上确实巩固了开罗对苏丹的统治，但同时也制约了苏丹从传统向现代转型过程中所需要的集权力量。阿布·威丹的继任者是艾哈迈德·马尼克里（Ahmad Manikli），他最初的任务就是在各个行州之间建立一套切实可行的合作制度，三年后才被授予总督职位。对哈丹达瓦人的惩罚性征服构成了马尼克里统治时期重要内容，他也因此获得了“屠夫”的称号。

埃及对苏丹的掠夺式治理

穆罕默德·阿里对苏丹的治理属于国家治理类型中的“统治型”。该类型属于前资本主义国家治理的一种，统治的机构和职能占据主要位置，管理的机构和职能位居其次，治理目标是“维持一个阶级对另一个阶级的剥削和压迫的规矩和秩序”。[①]

征服苏丹后，土-埃政权通过了一系列行政区划和政策措施，确立了一整套奥斯曼帝国式的中央集权制统治体制，这在一定程度上结束了18世纪以来苏丹北部松散混乱的政治局面，为现代苏丹国家的形成奠定了基础。穆罕默德·阿里对苏丹的治理，最突出的特点就是剥削，即对苏丹资源、财富的直接掠夺和压榨。事实上，在基本确定苏丹不可能大规模开采金矿后，土-埃政府在苏丹的主要任务就日益集中到以下两个方面：

其一，官方主导的大规模猎奴行动。获取黑奴是穆罕默德·阿里征服苏丹的最主要动机，他曾向其属下训话道：“你们记住，我们所有的努力和代价，就是为了获取非洲黑人。请大家投入热情，放手去做。”[②]1822至1823年，为满足军事需求，约3万名黑奴从森纳尔和科尔多凡被掳掠到埃及的阿斯旺，但因长途跋涉和对气候的不适应，最后仅有大约3000名黑奴幸存。[③]1823年，为减少埃及的财政开支，穆罕默德·阿里将苏丹的埃及驻军全部撤回，换之以奴隶组成的正规军。之后，出于强化苏丹本土军事力量和应对埃及与奥斯曼帝国之间的一系列战争，穆罕默德·阿里对苏丹黑奴的需求持续增加，不仅在给属下的通信中要求为他的新军寻找足够数量的强

---

① 许耀桐：“治理与国家治理的演进发展”，《中共福建省委党校学报》2016年第9期。

② Richard Hill, *Egypt in the Sudan*, 1820–1882, London: Oxford University, 1956, p.13.

③ Reda Mowafi, *Slavery, Slave Trade and Abolition Attempts in Egypt and the Sudan, 1820–1882*, Sweden: Maino, 1981, p.20.

壮苏丹黑人士兵，还提出了许多运送黑奴的具体指示，例如在北上埃及之前应该让他们在中苏丹住一些时候以适应水土，旅途中要特别注意他们的食宿等。

猎取黑奴是土-埃政权议事日程上的首要任务之一，每任总督都定期地组织大规模的暴力猎奴活动，允许用奴隶来缴纳赋税，士兵、军官和官吏的薪饷有时也用奴隶支付。公开推行的官方奴隶制度直到英国人抗议后才被废除。土-埃政府猎奴活动的主要区域是努巴山区、青尼罗河上游、白尼罗河上游、南科尔多凡等地，非穆斯林的土著黑人是主要的猎取对象。在猎奴行动中，黑人男性被当做奴隶充实军队，黑人妇孺则在奴隶市场上出售，所得收入被用于支付整个猎奴活动的开支。[①] 许多奴隶在猎奴过程中被杀，或在行军途中因饥饿或疾病而死。

其二，土-埃政府引进了埃及的税收系统，并在此基础上扩大和强化了税收的范围和程度，常规性地从苏丹征取赋税。土-埃政权的税赋名录繁杂，农作物、牲畜、奴隶、盐、水车，甚至居民所拥有的各种屋舍也都是征税的对象，且税额较大。以农业为例，在苏丹中北部的尼罗河流域，土-埃政权将耕地根据土质和灌溉情况分为四个等级征税，具体的操作过程主要依据是耕地拥有的灌溉水车数量，平均的征税标准是每个水车2.5—4埃镑（L.E.）和2阿达布（ardeb）小麦。[②]有三点需要说明。其一，各个地区的情况也不相同，例如栋古拉地区的征税标准就是每个水车6埃镑和2埃镑价值的粮食。[③]其二，税额整体上呈逐渐递增的趋势，每个水车的平均征税标准到1840年代已经上升至8埃镑。[④]从当时农业生产水平看，这样的税率远超过苏丹人的承受能力。其三，土-埃政权坚持以货币形式征税。在当时的苏丹，用于流通的货币很少，主要集中于城市

① 成飞：《苏丹土-埃统治时期的奴隶问题研究》，硕士论文，西北大学，2017年。

② G. A. Hoskins, *Travels in Ethiopia*, London, 1835, p.35.

③ Ibid.，p.178.

④ Hassan Abdel Aziz Ahmed, “The Turkish Taxation System and Its Impact on Agriculture in the Sudan”, *Middle Eastern Studies*, Vol. 16, No. 1, 1980, p.109.

和商人手中。在此情况下，民众为了获得货币而被迫低价出售其农产品，在无法缴纳全部税款的情况下就不得不卖掉牲畜或部分耕地，甚或直接求助于高利贷者。

土-埃政权的征税过程带有很强的暴力特征，政策僵化、缺乏灵活性。首先，在穆罕默德·阿里时期，政府常常借助非正规军征税。在征税过程当中，对于未及时或无能力全部缴纳税款者，征税者常滥用暴力手段加以逼迫。其次，在政府规定所缴纳的税额之外，征税者往往会私自另行勒索同等数额的税款中饱私囊。第三，税收政策缺乏弹性，很少基于实际情况的变化而调整税收政策。例如在某些农业区域，不论其人口增加还是减少，也不管灌溉水车实际利用率的变化，政府所规定缴纳的总税额始终保持不变。这样僵化的税收政策给人们的生产和生活带来了巨大损害，特别是在农业歉收的年份。

沉重的赋税负担和蛮横的征税行为对苏丹的社会经济造成了严重破坏。在农业区，特别是尼罗河谷地带，为逃避苛税，大量人口向苏丹西部、南部和东部的埃塞俄比亚边界地带迁移，造成大片农业用地荒废，相应区域的农业村落随即凋敝。不仅如此，人口的迁移给原有社会经济结构带来了巨大冲击，特别是在苏丹西部地区，农业人口的不断迁入，不仅导致农业界限的西移，而且还引发移民与当地游牧部落的长期冲突。

二、南苏丹的发现

南苏丹的探索和发现

在1840年代之前，南苏丹是一个完全的传统部落社会，社会交往主要限于本地区范围，或战争、或和平，与外界联系甚少。究其原因，主要是除白尼罗河通向北方外，南苏丹与周边地区的自然渠道很少，几乎与世隔绝。白尼罗河是南苏丹当时通向外界的唯一通道，流域内地势平坦，水流异常缓慢，水中植物繁生，航行困难，加之变幻无常的天气、致命的热带疾病以及本地部落对外界的敌视，许多试图进入该地区的人望而却步，即使进入也没法做到深入。

1838年，70高龄的穆罕默德·阿里专程前往苏丹视察金矿勘探情况，结果令其大失所望，在已征服的地区内并未发现可供大规模开采的黄金资源。为了获取更多的黄金和奴隶，穆罕默德·阿里指令苏丹总督胡尔希德组织力量深入南苏丹，探索白尼罗河源头。[①]

1839年，土耳其海军上尉萨利姆·卡普坦（Selim Qapudan）承担起了探索白尼罗河的任务。11月16日，萨利姆率领着由十条船组成的探险队伍从喀土穆出发，开启了对白尼罗河上游地区的首次探险，随行的还有法国工程师约瑟夫·德阿尔诺（Joseph Pons d'Arnaud）和商人乔治·蒂鲍特（George Thibaut）。[②]在首次探险中，虽然有希卢克人的指引，萨利姆的船队最远航行到了杰贝勒河的博尔（Bor）附近，但由于苏德（sudd）沼泽等未知水域的阻碍，最终于1840年2月返回喀土穆。1840年11月，萨利姆再次率队出征，德国探险家费迪南·沃尔纳（Ferdinand Werne）同行。两个月后，经过几番曲折，萨利姆率探险队最终走出了苏德沼泽，到达朱巴附近的冈多科罗（Gondokoro），与当地的巴里人（Bari）签订了贸易协定。1842年，萨利姆组织了第三次探险，但进展有限。

萨利姆·卡普坦的初期探险还算平和。对南苏丹的部落居民而言，他们世代过着几乎与外界隔绝的生活，活动范围有限，与之交往的都是生活方式和状态相似的部落群体，他们对于突然闯入的、着装和相貌奇异的外来者反应各异。有的部落民对这些闯入者表现出强烈的敌视和进攻性，有的则表现出异乎寻常的畏惧，甚至将跟随卡普坦而来的士兵视为天兵天将。[③]对萨利姆·卡普坦及其探险队

① Richard Hill, *Egypt in the Sudan, 1820–1882*, London: Oxford University Press, 1956, p. 32.

② Deng D. Akol Ruay, *The Politics of Two Sudan: The South and the North, 1821–1969*, Sweden: Motala Grafiska AB, Motala , 1994, p. 22.

③ Eve M. Troutt Powell, *a Different Shade of Colonialism: Egypt, Great Britain, and the Mastery of the Sudan*, Berkeley, Los Angeles & London: University of California Press, p. 45.

而言，身处异域，一切充满未知，恐惧感如影随形，他们在与当地部落民的接触和交往中也谨言慎行，突出强调探险行动的和平属性。萨利姆·卡普坦携带了大量的手工业和轻纺制品，从当地部落换取食物等生活给养。在整个探险过程中，某些部落民对萨利姆·卡普坦的探险活动确实起到了建设性的作用，如某些富含铜、铁等资源的山峦，如果没有当地部落民的引导，这些探险者在当时根本无法寻找到。

萨利姆·卡普坦最终没能寻觅到白尼罗河的源头，没有找到渴望中的黄金资源，但其探险活动却在客观上开辟了进入尼罗河上游地区的水路通道。白尼罗河航道的开通，不仅揭开了南苏丹的神秘面纱，终结了其与世隔绝的历史状态，而且使西方势力顺利进入了赤道非洲，被当时的法国地理学会主席乔马德（M. Jomard）盛赞为埃及历史上具有划时代意义上的大事件。[①]与此同时，萨利姆·卡普坦在探险过程中还获得大量具有商业价值的信息，例如在巴里地区发现了象牙、铜、铁等资源。1848年，跟随萨利姆·卡普坦探险的德国探险家费迪南·沃尔纳发表了关于白尼罗探险的详细见闻，引发了阿拉伯及欧洲商人和冒险家的极大兴趣。随后不久，大量商人开始涌入南苏丹地区，推动了象牙贸易和奴隶贸易的快速发展。

象牙贸易和奴隶贸易

19世纪前期，奥斯曼和欧洲市场对象牙的需求旺盛，伦敦市场象牙的价格和数量在1840—1870年间都增加了一倍。贩卖象牙成为当时最有利可图的商业行为之一，象牙贸易在整个跨非洲、中东和地中海贸易中占有极其重要的地位。南苏丹的南部和西部边界地区是最主要的象牙产地之一，南苏丹的发现，无疑为来自北苏丹、埃及等地的阿拉伯商人和欧洲商人提供了巨大的商机。

在整个1840年代，尼罗河流域的象牙贸易一直由土-埃政府所

---

① Eve M. Troutt Powell, *a Different Shade of Colonialism: Egypt, Great Britain, and the Mastery of the Sudan*, p. 42.

垄断，各地商人对此深感不满。迫于在埃及和苏丹的欧洲商人们通过各国领事传导的压力，土－埃政府最终于1849年放弃了在苏丹的贸易垄断权，南苏丹随即成为自由出入之地，商人和冒险家大量涌入，象牙贸易趋于兴盛。

在南苏丹地区，象牙贸易初期主要通过以物易物的方式进行。南苏丹的部落民，如巴里人和希卢克人等向商人们提供象牙，商人则用玻璃、棉布等工业制成品与之交换。之后，随着与当地部落之间矛盾的产生和激化，商人们逐渐失去了提供象牙的中介，不得不开始依靠自身所雇佣的武装人员围捕大象，获取象牙，这些武装人员主要由北方的阿拉伯人构成。

象牙贸易的不断增长导致了武装人员的增加，武装人员的增加又反过来促进了象牙贸易的继续增长。在1851—1856—1863年间，往返于白尼罗河上装运象牙的船只分别是40、80和240艘；与之相对应的象牙数量则从400坎塔（cantars）增加到1400和2000坎塔。[①]疯狂掠夺致使象牙资源逐渐趋于枯竭，象牙贸易的利润开始下降。而在象牙贸易逐渐增长的过程中，商人们围绕象牙贸易所组建的配套体系越来越膨胀，最终导致成本的不断增加，商人们开始转向奴隶贸易。

在象牙贸易中，因为交通运输的不便，商人们在南苏丹地区雇佣大量的土著黑人搬运象牙和提供生活服务。象牙贸易式微后，这些提供服务的黑人逐渐变为被贩卖的“商品”。1860年代随着象牙贸易的式微，奴隶贸易成为苏丹贸易的新基石并趋于繁荣。

蓄奴制是苏丹社会的一项古老传统，与苏丹文明一样久远，不仅推动了从象牙贸易到奴隶贸易的转变，最终为奴隶贸易在苏丹的大规模兴起提供了可能。[②]在苏丹的社会传统中，奴隶发挥着很强的社会和经济功能，既可用作生活和生产中的劳动力，又可作为一种

---

① F.O. 141/30, Petherick to Bruce, 5.12.1856 .

② Robert O. Collins, “Slavery in the Sudan in History”, *Slavery & Abolition*, Vol. 20, No. 3, 1999, p.69.

“有价商品”用于市场交换。[①]在象牙贸易的发展过程中，商人们大量将奴隶用于商品结算，特别是用奴隶支付阿拉伯随从人员的报酬。而这些阿拉伯人在得到奴隶后再根据具体情况对奴隶分别加以处理，其中女奴大多充当妻妾，孩童一般都训练为仆从，而其余的奴隶则被运至北方，在喀土穆的奴隶市场上以高价出售掉。[②]

欧洲人是深入南苏丹从事大规模商业贩奴行为的始作俑者。1857年，法国人德·马尔扎克（de Malzac）在白尼罗河上游的伦拜克附近首次发动有组织的贩奴活动。为在收益和成本方面获得一举两得的效果，德·马尔扎克经常鼓动阿拉伯武装随从进行暴力掳掠，这样既有利于奴隶的获取，又可通过以奴隶支付报酬的方式降低贩奴成本。通过这些方式，德·马尔扎克在贩奴方面取得了很大的成功，其行为也对其他商人形成了明显的示范效应。到1865年，由于政府的限制，欧洲商人从白尼罗河的贸易领域逐渐退出，来自北苏丹和其他地区的阿拉伯人成为苏丹奴隶贸易的主导者。但不管是欧洲人还是阿拉伯人，二者的猎奴方式并无二致，后者甚至更残忍一些。

一般而言，贩奴者获取奴隶的方式大致可分两种。其一，直接的暴力掳掠。枪炮等现代武器的使用提升了猎奴的成功率，推动了奴隶贸易在白尼罗河上游地区的快速发展，使得猎奴行为“成为了一种最恶劣也是最有效的掳掠。”[③]其二，奴隶贩子利用部落之间的历史恩怨和现实利益纠葛，挑动部落战争，拉一派打一派，这其中又可分为直接参与和间接参与两种。直接参与主要表现为，贩奴商人与某些部落结成联盟，共同发动对其他部落的劫掠，最后各取所需。通常结盟部落会得到牲畜和粮食，贩奴商人则获得奴隶或象牙。间接参与就是贩奴商人不参加对目标部落的直接劫掠，而是与结盟部落达成一种事前交易，通过结盟部落之手获得奴隶。

---

① Heather Jane Sharkey, *Domestic Slavery in the Nineteenth-and Early Twentieth-Century Northern Sudan*, Durham theses, Durham University, 1992, p.51.

② Richard Hill, *Egypt in the Sudan, 1820–1882*, London: Oxford University Press, 1956, p.50.

③ 〔苏丹〕迈基·希贝卡：《独立的苏丹》，第24页。

贩奴商人在猎奴活动中还大量使用富尔素丹国创立的“围栅”（Zariba）猎奴系统，不仅为贩奴商人提供了一定的保护作用，而且逐步将其扩展为进行贸易交换和对外掠夺的基地，使得猎奴行为更加便利和有效。到1868年，仅加扎勒河地区就分散着80多座围栅，每座围栅大约有250名男人、女人以及大量的儿童。[①]在一地区内，猎奴行为的主导权通常掌握在几个实力雄厚的大商人手中，这种主导权最鲜明的体现就是围栅系统的使用。大商人们的围栅一般呈体系分布，以一个规模较大的围栅为中心，其余次级的围栅相互连接，绵延不断，整个围栅系统所能容纳的人数规模甚为庞大。在围栅外围还分布着许多仆从部落，他们与奴隶一道，耕种农田，为商人的驻地提供食物和随从劳动力。

伴随着奴隶贸易的繁荣，在杰贝勒河与加扎勒河等尼罗河上游地区，出现了许多富可敌国、实力雄厚的大商人。这些大商人通常被当地人称作“喀土穆人”（Khartoumers），其中最著名的是来自苏丹北部贾阿林部落的祖贝尔·曼苏尔（al-Zubayr Rahman Mansur）。1850年代，祖贝尔通过联姻的方式与加扎勒河地区强大的赞德部落结为联盟，从而为其在贩奴事业的发展方面打下了坚实的基础。1866年，祖贝尔又与阿拉伯河北岸的阿拉伯游牧部落巴加拉人结盟，开通了联接加扎勒河与科尔多凡的陆上贩奴路线。到1870年代，祖贝尔建立起了强大的贩奴集团，年贩奴量最高可达1800人。[②]

除了大商人之外，数量更多的小商人也是奴隶贸易的主要参与者。小规模的贩奴商人在阿拉伯语中被称作杰拉巴（Jallaba），主要来自达尔富尔和科尔多凡地区，但其初始来源地多为苏丹北部地区。德国探险家纳赫蒂加尔（Nachtigal）称，当时的达尔富尔地区定居着5000多户杰拉巴家庭，他们大多来自苏丹北部的栋古拉和柏

① 〔美〕罗伯特·柯林斯：《苏丹史》，第20页。

② Reda Mowafi, *Slavery, Slave Trade and Abolition Attempts in Egypt and the Sudan: 1820–1882*, Sweden: Maimo, 1981, p.63.

柏尔，有些甚至来自更加遥远的摩洛哥。[①]许多杰拉巴之前的职业身份均为小农耕种者，后因政府沉重的赋税盘剥及利润的吸引转向奴隶贸易。杰拉巴在奴隶贸易中的角色大多是商人、代理人和武装雇佣人员，他们一般独立行动，所贩奴隶的规模不大，基本都是以个位数计算。作为势单力薄的个体贩奴者，杰拉巴通常不参与直接的猎奴活动，而是通过与南苏丹地区的奴隶贩子或某些部落进行交易间接获取奴隶。在获得奴隶之后，杰拉巴们向北折返，沿着陆路，通过科尔多凡或直接到达达尔富尔和埃及等地，在当地的奴隶市场上将奴隶卖掉。此外，许多杰拉巴还充当大贩奴商人在南苏丹地区的代理人或者武装雇员，不仅通过当地部落为大贩奴商人搜集奴隶，还通过大贩奴商人以奴隶形式支付的薪酬获得奴隶，然后再将其贩卖。

奴隶贸易的影响

在19世纪的苏丹奴隶贸易中，南苏丹黑人地区是主要的奴隶输出地，而北苏丹的阿拉伯地区则是主要的奴隶输入地之一。穆罕默德·阿里晚年虽然在英国的压力下制止了掳掠奴隶的远征，废除了各种形式的公开的奴隶制，但苏丹的奴隶贸易并没有停止，反而在1860年代达到了鼎盛。根据当时奥地利驻喀土穆的领事奈特尔（Joseph Natterer）的描述，“在白尼罗河上，已经没有了真正的商人，只剩下了强盗和奴隶贩子”。[②]

奴隶贸易的繁荣不仅对当时的苏丹南北双方造成了巨大的影响，而且对整个苏丹的历史发展都产生了深远的影响。其一，猎奴和贩奴活动在南苏丹地区的泛滥，造成地区传统部落社会之间的失序和混乱，引发了持续的部落冲突。在白尼罗河航道开辟之前，南苏丹的各部落间已经形成了较为稳定的分布格局，各自都有相对独立的

① G. Nachtigal, *Sahara and Sudan*, London: 1971, p.110.

② Deng D. Akol Ruay, *The Politics of Two Sudan: The South and the North, 1821-1969*, Sweden: Motala Grafiska AB, Motala , 1994, p.23.

生存和发展空间。虽然也有因为耕地和牲畜的争夺或者自然灾害而引发的部落间冲突，但整体上频率较低，数量有限，再加上复杂的地理自然环境，保持了一种有序的地区秩序。白尼罗河航道开通之后，在以掠夺为目的的利益驱动下，外部势力大量涌入，尤其是以暴力为特征的贩奴活动，在短时期内就打破了部落间长期形成的相对平衡关系，导致地区秩序趋于失序和混乱，冲突不断。事实上，因贩奴活动的猖獗和外部势力的利用，赞德人与邦戈人、赞德人与丁卡人以及希卢克人与丁卡人的关系不断趋于敌对，引发了持续不断的冲突，其产生的影响甚至延续至今。

其二，奴隶贸易导致南苏丹地区大量人口流失，原有的部落社会结构受到巨大冲击、甚至解体。加扎勒河流域是南苏丹奴隶输出的最主要地区，每年贩卖的奴隶可达15000人之多。[①]在加扎勒河、达尔富尔和科尔多凡等地，当时从事奴隶贸易的商人至少达5000人之多，估计有超过40万名奴隶被贩卖至埃及。[②]除此之外，因各种原因而死于贩卖途中的奴隶数量也甚为庞大。据查尔斯·戈登（Charles George Gordon）估计，仅1875年到1879年间，由于营养不良、疾病和人为的虐待而死于从加扎勒河地区到科尔多凡和达尔富尔贩运途中的奴隶约达8万到10万人。[③]到1860年，估计每年有12000—15000名奴隶被送往北方。而在整个土-埃统治时期，大约200万左右的南苏丹黑人遭到贩卖，其中主要是丁卡人。[④]贩奴活动所导致的人口流失及猎奴期间产生的暴力行为，将南苏丹地区的许多部落社会推向了解体的境地，其中一些小的部落作为整体已经不

---

① Alice Moore Harell, "Slave Trade in the Sudan in the Nineteenth Century and Its Suppression in the Years 1877–80", *Middle Eastern Studies*, Vol. 34, No. 2, p.123.

② Deng D. Akol Ruay, *The Politics of Two Sudan: The South and the North, 1821–1969*, Sweden: Motala Grafiska AB, Motala , 1994, p.24.

③ Alice Moore Harell, "Slave Trade in the Sudan in the Nineteenth Century and Its Suppression in the Years 1877–1880", *Middle Eastern Studies*, Vol. 34, No. 2, p.124.

④ Deng D. Akol Ruay, *The Politics of Two Sudan: The South and the North, 1821–1969*, Sweden: Motala Grafiska AB, Motala, 1994, p.24.

复存在。[①]

其三，大量奴隶的涌入冲击了苏丹北方原有的社会结构和经济生活。苏丹奴隶贸易对外的主要出口地是当时的埃及和奥斯曼帝国，对内则是苏丹北部的阿拉伯地区。苏丹北部的阿拉伯社会究竟吸收了多少来自南苏丹地区的奴隶，很难进行统计，但可根据当时游历苏丹的欧洲人的记载窥探一二。“在柏柏尔和尚迪，几乎每一户人家都拥有1至2名奴隶，而蓄养5至6名奴隶的家庭司空见惯，权贵大贾和部落首领则拥有更多。这种情况在森纳尔、科尔多凡和达尔富尔等地也普遍存在”。[②]数量庞大的奴隶构成了北方阿拉伯社会结构当中的一个特殊阶层，他们不仅在社会生活中充当着广泛的角色，如家庭奴仆、妻妾、军人等；而且自19世纪中后期就开始成为农业劳动力的主要承担者，在苏丹中北部的尼罗河流域几乎取代了自由劳动者，成为维系北苏丹阿拉伯社会生活和生产体系运行的关键因素。[③]

最后，奴隶贸易为南北苏丹关系的发展埋下了隐患。历史地看，南北苏丹的真正交往正是启于土-埃统治时期，这一时期双方交往的最主要内容就是奴隶贸易，而奴隶贸易使得南北方交往从一开始就充满对立和仇恨。北方阿拉伯人在南方的猎奴贩奴活动给当地部落社会造成了灾难性后果，并且以集体的历史记忆在南苏丹地区广泛流传，最终影响了南北方的关系发展和现代苏丹民族国家构建。

---

① 对此也有不同的观点。有学者认为，即使在奴隶贸易最为兴盛的时期，每年从杰贝勒河地区所贩卖出的奴隶人数也不会超过1000；另一种说法是最多2000人左右。Reda Mowafi, Slavery, *Slave Trade and Abolition Attempts in Egypt and the Sudan: 1820–1882*, Sweden: Maimo, 1981, p.53.

② J. L. Burckhardt, *Travels in Nubia*, London, 1819, p.346. 引自 Reda Mowafi, *Slavery, Slave Trade and Abolition Attempts in Egypt and the Sudan: 1820–1882*, Sweden: Maimo, 1981, p.34.

③ Alice Moore Harell, “Economic and Political Aspects of the Slave Trade in Ethiopia and the Sudan in the Second Half of the Nineteenth Century”, *The International Journal of African Historical Studies*, Vol. 32, No. 2/3, 1999, p.409.

三、伊斯梅尔时期的治理与扩张

赫迪夫伊斯梅尔的苏丹治理

1849年，穆罕默德·阿里去世。自此至1863年，埃及先后经历了两位帕夏（Parsha，即奥斯曼帝国的地方总督）的短暂统治，分别是阿巴斯一世（Abbas I）和穆罕默德·赛义德（Muhammad Sa'id）。相比于穆罕默德·阿里，继任的两位帕夏并未对苏丹给予足够的重视，赛义德帕夏甚至将苏丹视为负担，一度欲将之放弃。在此背景下，这一时期埃及对苏丹的控制力逐渐减弱，治理混乱，官僚系统的更换和调整过于频繁，苏丹经济状况持续衰退。1863年，阿里之孙伊斯梅尔开始执掌埃及政权，不仅逐步恢复了埃及政府的权威，迫使奥斯曼素丹在1867年正式认可他及其后继者使用"赫迪夫"（Khedive，总督）这一称号；而且决心结束在苏丹统治的混乱状态，恢复其祖父时期对苏丹坚强有力的统治。

伊斯梅尔时期对苏丹的强化治理，具体体现在以下两个方面。第一，大量引进铁路、电报、轮船等现代化的技术统治手段。在赛义德统治时期，埃及政府曾计划修建一条连接上埃及地区与苏丹的铁路，但最后不了了之。伊斯梅尔上任不久，就聘请英国工程师制定了瓦迪哈勒法至迈泰迈的铁路计划，在停工之前共修建了33公里，最后因埃及财政困难被迫放弃。[①]此外，伊斯梅尔还大力发展尼罗河航运业，创建轮船公司，在青、白尼罗河附近修建了造船厂，将土-埃政府的管理有效延伸至尼罗河上游地区。为了辅助铁路、航运和贸易的发展，伊斯梅尔还成立了苏丹公司（Company of Sudan），但最后因公司财政困难，被迫于1868年宣布破产。相比铁路和轮船业，埃及对苏丹通信业方面的建设较为成功，先后建成了

① P. M. Holt, M. W. Daly, *A History of the Sudan: From the Coming of Islam to the Present Day*, p.58.

覆盖苏丹北方的三条电报线路。1866年，上埃及地区到瓦迪哈勒法的电报线建成，1874年又延伸至喀土穆。1875年，柏柏尔至卡萨拉和萨瓦金的电报线架设完工，贯穿喀土穆至欧贝伊德和达尔富尔地区的电报线也投入运营。[①]电报系统的建立，使苏丹北方各地区在信息沟通方面更为密切，增强了土－埃政权对苏丹的管控能力。

第二，强化土－埃政府军事政治能力。19世纪30至40年代，埃及与奥斯曼帝国之间对抗加剧，穆罕默德·阿里不得不大量抽调驻守苏丹的军队进驻叙利亚和阿拉伯半岛等地，土－埃政权的军事力量被削弱，军队装备短缺陈旧，操练废弛，纪律松懈，特别是在阿巴斯和赛义德统治时期。在1964年卡萨拉黑奴士兵暴动后，新继任的伊斯梅尔帕夏决心整顿土－埃军队，具体有削减军队中黑奴士兵数量，代之以埃及和苏丹阿拉伯士兵；正式将军衔制度运用于非正规部队，使其成为隶属于土－埃政权的正规军事力量；建立巡逻部队；更新武器装备。在1876年的装备替换中，大量的雷明顿步枪、机枪和加农炮等新式武器装备列装苏丹军队。[②]

在政治方面，自1843年穆罕默德·阿里的女婿阿布·威丹暴毙之后，苏丹的政治基本陷入混乱。在之后的20年间，埃及当局向苏丹派去了11位土－埃政权的统治代表，但每一位在任都很短暂，无法形成有效的统治，苏丹陷入了停滞状态。[③]赛义德统治时期，埃及政府甚至想放弃苏丹各州，虽然最后并未付诸实践，但却对苏丹的行政区划进行了重新划分。赛义德将喀土穆和杰济拉合为一州，栋古拉和柏柏尔合为一州，科尔多凡和达卡为另外两州。这四州互不统属，各州州长直接听命于开罗。为了强化对苏丹的统治，伊斯梅尔帕夏对其权力分散的行政划分重新进行调整，恢复了土－埃政权

① P. M. Holt, M. W. Daly, *A History of the Sudan: From the Coming of Islam to the Present Day*, p.59.

② Alice Moore Harell, "Turco-Egyptian Army in Sudan on the Eve of the Mahdiyya, 1877–1880", *The International Journal of African Historical Studies*, Vol. 31, No. 1, 1999, p. 22.

③ P. M. Holt, M. W. Daly, *A History of the Sudan: From the Coming of Islam to the Present Day*, 2011, p.50.

初期的集权统治，规定苏丹各州直接听命于喀土穆的苏丹总督，结束了苏丹行政分权混乱的局面。

伊斯梅尔治理苏丹的新特点，就是大量聘用西方人出任要职。这样做的目的，一是希望取得英法等西方列强在外交和财政上的支持，二是打破苏丹社会的利益集团限制，有效地执行埃及的意志和政策，例如禁止奴隶贸易等。在1870年代，苏丹大部分地区的最高军政要职几乎都被欧洲人士把控，其中以查尔斯·戈登最为典型。1873年，为了禁止苏丹境内的奴隶贸易，戈登以最高军事指挥官的身份深入白尼罗河上游地区执行任务，次年便被升职为赤道州总督。1877年，戈登被伊斯梅尔任命为苏丹总督，全权执掌苏丹军政大权。除此之外，达尔富尔、加扎勒河和赤道等地区也都被置于西方人的管控之下，特别是在赤道地区，德国人爱德华·施尼彻尔（Eduard Schnitzer）作为总督在该地区的统治，一直延续至1889年。①

赫迪夫伊斯梅尔对苏丹的治理，使得土-埃政权在苏丹的影响力达到了巅峰，但其背后延续的仍是穆罕默德·阿里建立尼罗河帝国的行动逻辑。在穆罕默德·阿里统治时期，埃及的帝国梦想主要是向叙利亚地区以及阿拉伯半岛扩张。伊斯梅尔时期，基于当时中东的国际形势和埃及自身实力的变化，埃及主要以苏丹为支撑点，将扩张势头转向东北非地区，这是伊斯梅尔强化对苏丹治理的背后逻辑。

打压奴隶贸易与帝国的扩张

18世纪晚期，在启蒙思想的影响下，欧洲的废奴主义兴起，契合了当时工业革命发展的内在需要。从19世纪初期起，以英国为代表的殖民列强相继开始在本国和海外殖民地开展废奴运动。在整个19世纪的前半期，英国废奴运动的焦点主要集中在打击跨大西洋的奴隶贸易方面，非洲大陆西部的跨大西洋奴隶贸易开始式微，而非

① Alice Moore Harell, "Turco-Egyptian Army in Sudan on the Eve of the Mahdiyya, 1877–1880", *The International Journal of African Historical Studies*, Vol. 31, No. 1, 1999, p.22.

洲大陆东部，特别是东非和东北非的奴隶贸易却迎来了它的繁荣期。1863年，美国奴隶制的废除标志着大西洋奴隶贸易的基本结束。此后，英国政府及欧洲废奴协会的关注点由大西洋转向了当时的中东、东北非和东非地区，苏丹境内的禁奴运动序幕由此拉开。

土-埃统治时期，苏丹的禁奴运动经历了一个由消极到积极、由局部到全面、从温和到严厉的政策转变过程，有针对性的行政、军事措施日益与大规模的领土兼并相结合。从时间段来看，禁奴贸易政策的形成和实践贯穿了整个土-埃政权时期，但真正的实践是在伊斯梅尔统治时期。打压奴隶贸易与领土的扩张是伊斯梅尔统治时期在苏丹最为重要的实践内容，二者互为表里，相辅相成。

1830年代，英国人曾经试图通过与埃及政府协商解决苏丹的奴隶贸易问题，但穆罕默德·阿里迫切需要黑奴补充兵员，因而态度含糊，只是象征性地释放了一些奴隶作为回应，苏丹境内的奴隶贸易依然猖獗。当局仍旧在不断组织武装猎奴，依然存在各种形式的公开的奴隶制，士兵、军官和官吏的薪饷有时也用奴隶来支付，正式征收的赋税也允许用奴隶来缴纳。①1857年1月，在英国政府的推动下，奥斯曼帝国政府颁布法令，宣布帝国境内的奴隶贸易为非法行为。同年，奥斯曼素丹向赛义德帕夏发布敕令，命令其着手禁止苏丹的奴隶贸易。这标志着官方禁奴运动正式开始。赛义德帕夏的回应是打击喀土穆与尼罗河上游之间的河段的奴隶贸易，所针对的地理范围和所采取的措施非常有限，苏丹的禁奴运动依然没有实质性发展。

穆罕默德·阿里统治时期，埃及对外基本保持了独立自主的地位，西方列强对其控制较弱，当时英国的废奴焦点主要在大西洋，国际压力不大。伊斯梅尔掌权后，埃及的境遇每况愈下，被殖民化的危机日益严重。1862年至1873年，埃及向英国银行借款约6800万英镑，1876年时的外债总额高达9400万英镑，英法等国控制了埃

① 〔苏丹〕迈基·希贝卡：《独立的苏丹》，第22页。

及的财政。[①]为了偿还债务，埃及的铁路、税收和赫迪夫的领地都被作为抵押，甚至还向英国贱卖了苏伊士运河的股份。在此情况下，面对英国在禁奴贸易方面的压力，同时为了继续得到英国的财政和外交支持，伊斯梅尔遂狠下决心打击苏丹的奴隶贸易。此外，在19世纪后期，废奴主义与殖民扩张的结合，频繁地出现在欧洲帝国主义的计划当中。[②]这契合了伊斯梅尔渴望建立埃及帝国的意愿，他也试图效仿欧洲列强通过禁奴运动实现帝国的扩张。

在19世纪，奥斯曼帝国控制的马萨瓦和萨瓦金是苏丹在红海沿岸最重要的奴隶市场，每年有大量奴隶从这里运往埃及和阿拉伯半岛。英国的废奴压力为埃及夺取这两个港口的控制权提供了机会。伊斯梅尔称，只要控制了马萨瓦和萨瓦金，埃及就能阻止红海地区的奴隶贸易。[③]1865年，在英国的支持下，通过谈判，埃及如愿从奥斯曼帝国手中取得了这两个港口的控制权，实现了对苏丹东部和红海地区的战略控制。

禁奴运动还推进了土-埃政权向南部尼罗河上游地区和西部达尔富尔地区的扩张。1869年，伊斯梅尔分别授命穆罕默德·布拉拉威（Muhammad al-Bulalawi）和塞缪尔·贝克（Samuel Baker）率军出征加扎勒河地区和杰贝勒河地区，这些地区当时处在以拉赫曼·祖贝尔为代表的贩奴商人的控制之下。布拉拉威于1869年底到达加扎勒河地区，代表政府宣布接管加扎勒河地区，并且要求将贩奴商人的财产置于政府的管理之下。这些举措对贩奴商人的切身利益造成了威胁，于是他们集成以祖贝尔为首的反抗阵线，公开对抗政府军。最后，政府军被击败，布拉拉威本人也被祖贝尔所杀。[④]

塞缪尔·贝克在杰贝勒河地区的进展较为顺利。到1872年5月，

① 彭树智主编：《阿拉伯国家史》，第187页。

② P. M. Holt, M. W. Daly, *A History of the Sudan: From the Coming of Islam to the Present Day*, p.54.

③ Reda Mowafi, *Slavery, Slave Trade and Abolition Attempts in Egypt and the Sudan: 1820–1882*, Sweden: Maimo, 1981, p.77.

④ 同上书，p.74.

贝克已经在杰贝勒河流域建立了四个军事据点，分别是冈多科罗、法提科、佛维拉（Foweira）和陶菲基亚（Tawfiqiyya）。1873年3月，塞缪尔宣布完成了政府授予的任务。但实际上，塞缪尔·贝克所取得的成果与赫迪夫伊斯梅尔的预期差距很大，他苦心经营的全部成果就是建立了三座飘扬着土耳其国旗的哨所，驻防军的士兵只能在驻地周围几公里以内活动，杰贝勒河流域政府控制点范围之外的奴隶贸易仍很活跃。[①]究其原因，其一是自然环境的阻碍。杰贝勒河地区航路不通，严重阻碍了贝克通过水路在赤道地区的纵深推进，法提科和佛维拉以南仍是政府无法进入的地方，禁奴运动效果因之大打折扣。其二，塞缪尔·贝克在处理与当地部落的关系时急躁且滥用暴力，使得后者对土－埃政府相当敌视，奴隶贩子们充分而有效地利用了这一失误，最终弱化了打压奴隶贸易的效果。

1874年，伊斯梅尔任命戈登为具有特别权限的苏丹总督，要求他在尼罗河上游地区建立有效统治。因为得到了伊斯梅尔的信任，戈登延揽了一批欧洲基督徒出任州长，多管齐下，在不到三年的时间里就有效地打压了杰贝勒河地区的奴隶贸易，奠定了土－埃政府在该地区的统治基础。首先，在杰贝勒河地区建立赤道州，进行了颇为可信的地形勘测和绘图工作，强化对该地区的有效监督和控制。其次，采取了垄断贸易、禁止商人武装和严格限制商人出入尼罗河上游地区的措施。1874年3月，戈登以赤道州总督的身份颁布政令，宣布政府垄断杰贝勒河地区的主要贸易，严厉打击管辖范围内的商人武装，禁止商人在未经准许的情况下进入杰贝勒河地区。戈登的这些举措将杰贝勒河地区变为一个封闭的区域，直接导致该地区贸易体系的瘫痪，迫使奴隶贩子们不得不从该地区退出。最后，戈登大力增设军事据点。在1874—1875年间，戈登在赤道地区建立了一系列的军事据点，最南可达乌干达境内。这些军事据点极大地增强了政府在上尼罗河流域的力量，对打压杰贝勒河地区的奴隶贸易起

① 〔苏丹〕迈基·希贝卡:《独立的苏丹》，第45页。

到了立竿见影的效果。

加扎勒河地区和达尔富尔地区是苏丹贩奴势力最集中的地方，一直保持着独立状态。加扎勒河地区一直处在祖贝尔的控制之下，他的声望在击败布拉拉威后达到顶峰，统治愈加巩固。达尔富尔地区一直不受土-埃政权控制，是贩奴商人的天堂，富尔素丹国的卡拉德（Ibrahim Qarad）素丹就是最大的奴隶主。禁奴运动是赫迪夫伊斯梅尔消除权力威胁、将埃及势力范围扩大至加扎勒河和达尔富尔地区的最好抓手。在布拉拉威的禁奴运动受挫后，赫迪夫伊斯梅尔一直在等待机会。

科尔多凡的里扎伊卡特阿拉伯人是富尔素丹国的附庸，曾经与祖贝尔签订协议，保障科尔多凡地区贩奴路线的安全。[①]1873年，里扎伊卡特撕毁协议，势力正盛的祖贝尔不仅随即占领了里扎伊卡特人的领地，而且进一步决定入侵富尔素丹国。

击败布拉拉威率领的政府军后，祖贝尔一直担心土-埃政府的报复，现在为了进攻达尔富尔，祖贝尔决定与土-埃政府和解。一直渴望进入加扎勒河和达尔富尔地区的伊斯梅尔抓住了这个机会，他任命祖贝尔为加扎勒河州总督，允许其率军征服达尔富尔地区，使埃及在财政困难的情况下仍然将加扎勒河地区在形式上置于政府管辖之下，收服祖贝尔，征服达尔富尔，同时解决了加扎勒河和达尔富尔两大问题。1874年，祖贝尔与土-埃军队分别从南面和东面进攻富尔素丹国。10月，法希尔被攻占，卡拉德素丹被杀，富尔素丹国覆亡。

赫迪夫伊斯梅尔的苏丹政策表面上很成功。一方面，苏丹的奴隶贸易规模迅速收缩，公开的贩奴行为基本停止；另一方面，通过打压奴隶贸易，埃及政府在实质上或形式上将加扎勒河地区、杰贝勒河地区、达尔富尔地区和苏丹东部地区等悉数纳入管辖范围，突破了苏丹传统意义上的地理范畴，为现代苏丹的国家版图奠定了基

① Abdel Ghaffar M. Ahmed, *Sudanese Trade in Black Ivory: Opening Old Wounds*, Ahfad University for Women, 2006, p.26.

础。[1]除此之外，伊斯梅尔还派兵入侵埃塞俄比亚，积极在东非之角进行扩张，埃及帝国轮廓初步形成。

不幸的是，在19世纪后期，西方列强进入帝国扩张阶段，瓜分殖民地的竞争加剧，埃及在东北非地区公开的领土扩张几乎不太可能。事实上，伊斯梅尔的军事冒险和领土扩张是在不触犯英国殖民当局利益的前提下展开的，这既是埃及在苏丹扩张相对成功的原因之一，但也决定了其扩张范围的有限性。埃及在东非的扩张最终就因为损害了英国的殖民利益而被迫停止。当然，埃及自身的问题也是制约其扩张的主要原因。在伊斯梅尔掌权的最后几年，埃及国内矛盾重重，权力基础脆弱，无法形成足够的力量去支撑伊斯梅尔的扩张政策，特别是财政方面。1879年，伊斯梅尔因违抗欧洲债权国赋予英法作为埃及财务主管的权力而被迫下台，埃及的帝国梦就此终结。而在埃及政府自顾不暇的同时，其在苏丹的统治也陷入了风雨飘摇的境地。1882年，埃及正式成为英国的殖民地。同年，马赫迪革命爆发，苏丹的土－埃政权随即土崩瓦解。

四、马赫迪运动及其发展

马赫迪起义

土－埃政府开启了苏丹的现代化进程，但治理措施失当，统治基础脆弱，民众普遍不满。这是马赫迪起义爆发的根本原因。首先，土－埃政府强制推行现代主义宗教改革政策，要求当地的苏菲教团接受改革思想，放弃圣墓崇拜、圣徒崇拜等礼俗，向制度化的“官方”伊斯兰教靠拢。[2]另外，土－埃当局任命了许多欧洲基督教徒担任政府和军队要职，例如担任过赤道州州长和苏丹总督的戈登等，

---

① 成飞：“简析土－埃统治时期的苏丹禁奴贸易实践”，《中东研究》2016年第2期。

② 吴云贵：《穆斯林民族的觉醒——近代伊斯兰运动》，中国社会科学出版1994年版，第36页。

就被“苏丹穆斯林视为政府管理不当的证据”。[①]其次，进入苏丹的埃及官员大多因某种缘由被下放，聚敛钱财是他们的主要目的。在此背景下，官员们肆意增加税收名目，纵容奴隶贸易以攫取私利，导致贪腐和渎职风气弥漫整个官场，严重破坏了苏丹的经济发展。第三，苏丹的部落力量十分强大，土－埃政府急功近利，一直利用部落间根深蒂固的竞争强化统治，没有尝试消除或者转移部落忠诚，因而也没有获得苏丹部落的忠诚。[②]

土－埃政府的禁奴运动是马赫迪起义爆发的直接原因。苏丹的奴隶贸易历史悠久，是苏丹政治、经济以及社会制度的一部分，是阿拉伯人正当体面的利润来源以及由来已久的特权。禁奴运动被看作是不公正和不合理的外来干涉行为，应受真主惩罚。[③]正因为如此，苏丹民众，主要是在苏丹社会占主导地位的北方阿拉伯民众，他们能够接受土－埃在占领苏丹后的直接猎奴活动，愿意忍受土－埃政府对奴隶贸易垄断，却激烈反对1850年代后土－埃政府的禁奴运动。埃及政府强力推进的禁奴运动波及苏丹社会的各个阶级和各个地区，造成了多重后果。[④]其一，在某些以奴隶贸易著称的地区，为了弥补禁奴贸易带来的损失，土－埃政府强行征收人头税，沉重的税负引发了一种更具体和更直接的不满。其二，禁奴运动打击了那些以贩奴为生的“城市商业阶级和富有的巴卡拉阿拉伯人”，[⑤]那些配备武装的大奴隶贩子们的贩奴活动依然猖獗，与土－埃政府的武装冲突时有发生，那些因禁奴运动而丧失生计的北方阿拉伯民众则痛苦绝望，期盼救世主“马赫迪”（Mahdi）拯救他们于水火之中。

1879年，赫迪夫伊斯梅尔被废黜，时任苏丹总督戈登得知消息

① Heather J. Sharkey, Jihads and Crusades in Sudan from 1881 to the Present, In S. H. Hashmi, Eds., *Just Wars, Holy Wars, and Jihads: Christian, Jewish, and Muslim Encounters and Exchanges*, Oxford: Oxford University Press, 2012, pp.263–282.

② Hasan Qasim Murad, "The Mahdist Movement in the Sudan", *Islamic Studies*, Vol. 17, No. 3, Autumn 1978, pp.155–184.

③ Ibid., pp.155–184.

④ P. M. Holt, *The Mahdist State in the Sudan 1881–1898*, Oxford, 1958, p.24.

⑤ 刘鸿武、姜恒昆编著：《苏丹》，第107页。

后立即辞职离开了苏丹，继任总督无法延续已经实施的政策，只能放任形势持续恶化。[①]此时的苏丹社会出现了短暂的权力真空：埃及政府必须全力应对来自英国的威胁，无暇干预和有效控制苏丹局势；英国1882年占领埃及后的政策重点是保护苏伊士运河，尼罗河的利益还没有完全凸显，还无意占领苏丹。正因为如此，加上糟糕的水路和陆路交通导致的增援不及时，苏丹的马赫迪运动不仅得以迅速发展，而且存续了十几年时间。

1881年3月，在喀土穆以南240公里的阿巴岛（Aba），萨曼尼教团的导师穆罕默德·阿卜杜拉（Muhammad Ahmad Ibn Abdullah）经历了几次幻象，醒来后向信徒秘密昭示先知指定他为众所期待的救世主马赫迪，并开始以极富感召力的语调呼吁苏丹人对奥斯曼土耳其发动“圣战”，驱逐在苏丹的外国统治者，迎接即将到来的正义和公正的新世纪，回到伊斯兰教初期的基本教义。阿卜杜拉信仰坚定，潜心功修，自称是先知穆罕默德后裔，他宣扬的“救世主”思想超越了部落关系、地区差异和教派分歧，因而极大地调动了苏丹人民为信仰献身的宗教热情。大批追随者纷纷向他宣誓效忠，相信他就是期盼已久的救世主。在苏丹的埃及穆斯林也部分地接受了马赫迪思想，许多埃及士兵不战而降。

阿卜杜拉的信徒被称作“安萨尔”（Ansar，辅士/助手），他们主要来自苏丹的西部地区，大致有三类人。第一类是在农村地区有着广泛影响力的宗教神职人员、法基赫以及苏菲派兄弟会成员。这些人长期以来对土-埃政府在苏丹推行官方伊斯兰教、扶持哈特米亚教派的政策不满，反对一些不符合教义的行为，马赫迪关于净化伊斯兰教、建立伊斯兰教神权国家的观点让他们看到了净化苏丹伊斯兰教的机会。第二类人是以某种方式参与奴隶贸易的人，包括过去一直从事奴隶贸易的商人和阿拉伯部落，主要是以贾阿林人和栋古拉人为主，他们因赫迪夫伊斯梅尔的禁奴运动丧失生活来源，仇

① Hasan Qasim Murad, “The Mahdist Movement in the Sudan”, pp.155–184.

恨那些推动禁奴运动的欧洲基督徒官员，马赫迪运动对奴隶制度的宽容态度给他们提供了出路和发泄机会。第三类人是科尔多凡和达尔富尔的巴卡拉游牧部落。虽然吸引巴卡拉人的不是马赫迪的政治观点和宗教理想，他们的本意是借助宗教革命赶走那些专事征税的土-埃政府官员，“杀了土耳其人，不再纳税”，但并不妨碍他们凭借自身的武士传统成为马赫迪军突击队，成为哈里发最有力的支持者。

马赫迪的“圣战”和驱逐外国统治者言论迅速传播到喀土穆，土-埃政府在劝降未果后决定派军队前往阿巴岛镇压叛乱。1881年8月12日，政府军深夜进攻阿巴岛，被早有准备的马赫迪军战败，只有少部分人逃脱。马赫迪军的枪矛刀剑战胜了政府军的火枪大炮，这让阿卜杜拉名声大振，他作为马赫迪的合法性得到了更多人的承认。此后，马赫迪任命阿卜杜拉·穆罕默德（Abdallahi ibn Muhammad）、阿里·伊本·穆罕默德·希卢（Ali Ibn Muhammad Hilu）、穆罕默德·谢里夫（Muhammad Sharif）为“哈里发”（Khalifa，继任者），与他一起组成了马赫迪军的最高指挥机构。阿卜杜拉哈里发担任黑旗师指挥官，这是规模最大的马赫迪军队伍，成员主要是科尔多凡和达尔富尔的巴卡拉阿拉伯人。阿里哈里发掌管绿旗师，规模较小，士兵主要来自基纳纳（Kinana）和迪格海姆（Digheim）部落，也有杰济拉和科尔多凡南部地区的巴卡拉人。穆罕默德哈里发领导红旗师，由马赫迪的同族阿拉夫人（Ashraf）和居住在河流两岸的信徒组成。马赫迪拥有军队绝对的控制权以及表现其特权的专属仪式。[①]王国的经济管理机关是中央金库，缴获的战利品和征收的捐税全部入库，由马赫迪统一按需分配。

苏丹总督不甘失败，先后在1881年12月和1882年6月派遣军队袭击马赫迪军，但都因为轻敌而被击败。相反，马赫迪军缴获了大量亟需的武器装备和其他供给，士气高涨，队伍日渐壮大。不久，

---

① Kim Searcy, *The Formation of the Sudanese Mahdist State: Ceremony and Symbols of Authority:1882–1898*, Koninklijke Brill NV, 2011, pp.54, 74.

马赫迪率领部众西进科尔多凡，不仅以战略转移和游击战的方式增强军队的机动性，赢得了包括巴卡拉人在内的更多追随者，而且派遣密使携带信件前往各部落煽动起义，得到了除哈特米亚教派外所有教派的积极支持或中立保证，导致政府军无法集中兵力组织有效的对抗，多渠道削弱政府军的战斗力。[①]1882年9月，马赫迪军开始围困欧拜伊德，守城军队在坚持四个月后被迫投降。

1882年占领埃及后，英国勉强组建了一支远征军，由前英印陆军上校威廉·希克斯（Colonel William Hicks）率领前去镇压马赫迪军。1883年11月5日，双方在欧拜伊德南面的希甘（Shaykan）地区交战，8000多人的英–埃远征军陷入包围遭遇惨败。欧拜伊德是马赫迪军稳固占领的第一座大城市，达尔富尔州和加扎勒河州随后接连请降。在苏丹东部，马赫迪军将领奥斯曼·迪克奈率部打败了英国贝克将军率领的三千余人的军队，占领了沿岸谷仓陶卡尔和交通枢纽辛卡特，切断萨瓦金至柏柏尔这条通往苏丹内陆的重要交通线，直逼战略港口萨瓦金。

1884年2月，英国派遣戈登再次出任苏丹总督，负责监督埃及军队、官员及所有外国人撤离苏丹。到达喀土穆后，戈登先是许以科尔多凡君主称号要求马赫迪放弃抵抗，在遭到拒绝后建议英国政府派兵镇压。3月，马赫迪击退了戈登的进攻，占据喀土穆以北的哈勒法耶，并于10月23日在恩图曼建立了司令部，包围孤立了喀土穆。虽然局势不断恶化，坚守恩图曼的戈登对援军望眼欲穿，但英国直到1884年8月才开始筹备救援行动，沃尔斯利勋爵（Garnet Joseph Wolseley）率领的援军9月27日从开罗出发。为了避免被夹击，马赫迪军在1885年1月26日凌晨突袭喀土穆，利用尼罗河退潮时裸露出的河床进入了喀土穆城，摧毁了埃及卫戍部队，击毙了戈登，并将其首级献给马赫迪。英国援军两天后抵达喀土穆，但为时已晚，只能羞辱地退出了苏丹，土–埃政权就此垮台。

---

① 包茂宏："苏丹马赫迪运动成败原因分析"，《史学月刊》1995年第6期。

攻占喀土穆后，马赫迪军很快又拿下了卡萨拉和森纳尔。到1885年底，马赫迪军开始进入南部地区。除了受印度军队保护的萨瓦金和位于北部边界的瓦迪哈勒法外，整个苏丹已经在马赫迪军队的控制之下。

马赫迪国家的治理及其限度

马赫迪选定恩图曼作为首都，推行传统的伊斯兰教法，建立起政教合一的马赫迪王国。首先，马赫迪主张以宗教复兴运动而不是世俗性政治运动统一苏丹各民族，建立统一的伊斯兰国家。其次，马赫迪提出忠诚于他的事业是信徒获得正确信条的前提，告知人们他是“真主派来的救世主，是先知的代表”，并将此作为追随者必须信奉的“沙哈达”（shahada，即要求信徒诵读的信条）。第三，马赫迪号召人们用行动来捍卫伊斯兰教的理想，信徒可以用参与“吉哈德”（圣战）来代替其宗教义务“哈吉”（hajj，即朝觐）。给国家纳税的形式也改为了“扎卡特”（Zakat, 天课），南方的黑人也必须信奉伊斯兰教。这些措施引起南方那些并不信奉伊斯兰教的黑人部族的排斥和反对，也与哈特米亚教派发生了冲突。[①]

攻占喀土穆六个月后，马赫迪死于伤寒病，留下了“广阔且人口稠密的领土，一个胜利的军事机器，以及源于伊斯兰教的政府原则。”[②]他挑选的三位继任者展开激烈的权力斗争。1891年，在同族的塔艾沙-巴卡拉人（Taaisha-Baqqara）的帮助下，阿卜杜拉·伊本·穆罕默德击败对手，清除了部分马赫迪家族成员及早期信徒，成为马赫迪国家的新领袖。阿卜杜拉即位后，授予自己新头衔马赫迪哈里发（Khalifat al-Mahdi，马赫迪的继任者），同时成为马赫迪军队的指挥官。

阿卜杜拉哈里发仿效埃及建立了马赫迪王国的行政制度，以巴

① 刘鸿武、姜恒昆编著：《苏丹》，第111页。

② Jay Spaulding, “Administrative Reform in the Mahdist State: An Example from the RUBĀṬĀB”, *Sudanic Africa*, Vol. 6,1995, pp.11-16.

卡拉部落为主力组建马赫迪军，像管理军营一样管理整个王国。首先，将全国划分为约20个州，任命安萨尔信徒（通常是巴卡拉人）担任大埃米尔，负责辖区内的军事和行政事务，权力很大。每个州内又划分成若干地区，地区的统治者是小埃米尔，隶属于大埃米尔。国家没有常规的情报系统，当部落或者个人发动叛变的消息传出后，政府会派专人前去查验。[①]事实上，马赫迪死后仅一年时间，他当初任命的大埃米尔就只剩两名，阿卜杜拉的亲属和支持者把持了政府和军队的重要职务。只是因为作为游牧民族的巴卡拉部落绝大多数都是文盲且缺乏管理经验，在国家的中层官僚层面，阿卜杜拉哈里发不得不依靠巴赫里人管理国家。[②]

其次，金库制度被进一步完善，成为国家经济生活的领导机构，统筹国家的财政、工业、农业、国内外贸易等，起初设在欧拜伊德，后来迁到恩图曼，在各州设有分库，是王国财务和商贸部门的联合体。[③]中央金库起初主要管理战利品和赋税，后来还增加了国家垄断奴隶和象牙贸易的利润以及没收国家罪犯的财产，不仅包括货币，还有实物，如粮食、牲畜、奴隶等。国家税收主要来自于农业和畜牧业，税率由哈里发根据畜牧数量和农业状况确定。地区长官通常会设置代理人帮助部落首领收取贡赋，收集上来的贡赋会被送往恩图曼。[④]

第三，改变以部落为基础的军队编制，采取埃及军队的训练和战术体系进行军事改革，各级军官通过佩戴的特殊徽章显示其级别，桀骜难驯的巴卡拉人也通过编队方式进行训练和执行任务，推动了军队的部分现代化。同时任用俘虏的科普特职员掌管赫迪夫遗留的

---

① J. A. Reid, "Story of a Mahdist Amir", *Sudan Notes and Records*, University of Khartoum, 1926, pp.79–82.

② P. M. Holt, M. W. Daly, *A History of the Sudan: From the Coming of Islam to the Present Day*, p.74.

③ Gabriel Warburg, "Sudan during the Mahdist State", *Middle Eastern Studies*, Vol. 47, No. 4, July 2011, pp.675–682.

④ J. A. Reid, "Story of a Mahdist Amir", *Sudan Notes and Records*, University of Khartoum, 1926, pp.79–82.

军需部和军队账目，一切物品均需书面证明才能够提取。

第四，哈里发任命大法官，大法官之下设置了若干法官。法官们居住在恩图曼，但是需要巡游各地处理案件。哈里发不仅参与重大案件的审理，还经常派遣特使到各地考察地方的诉讼案件情况等。[①]沙里亚法和马赫迪制定的具有法律效力的各种规则被作为王国的主要司法基础。

第五，以《古兰经》为最高经典，同时坚持适应斗争形势的独特马赫迪教义，主要包括反对奢侈腐败，提倡节俭、圣洁的生活；推广权威的祷告书，要求信徒恪守两大美德（安贫、圣战），规避三种邪恶（忌妒、傲慢、疏忽礼拜），妇女遵从“十戒”。[②]由于苏菲派领袖是马赫迪运动早期的主要竞争对手，马赫迪在1883年至1884年期间宣布废除深植苏丹的各种苏菲教团，苏菲派因而拒绝对其效忠。[③]

马赫迪国家的对外战争

在权力基础初步稳定后，阿卜杜拉哈里发开始延续马赫迪的未竟事业，在“圣战”名义下大规模对外扩张，要在更大范围内推广马赫迪教义，净化所有的伊斯兰土地。由于埃及军队在1885年12月已经从瓦迪哈勒法南部所有驻防点撤军，战争因而主要集中在苏丹南部、达尔富尔和东部边境地区。

在南部地区，阿卜杜拉哈里发一直未建立起有效的统治，从未永久占领尼罗河流域内的法绍达以南地区，在流域以外地区的影响力更小。1883至1884年间，马赫迪军将领库尔居萨维（Karam Allah Kurqusawi）曾占领了加扎勒河的大部分地区，但他在马赫迪死后被召回平叛，马赫迪军从此再没有返回过加扎勒河地区。1888

---

① 赵淑慧：“略论十九世纪苏丹马赫迪国家的性质和特点”，《西亚非洲》1985年第3期。

② 吴云贵：《穆斯林民族的觉醒——近代伊斯兰运动》，中国社会科学出版1994年版，第40页。

③ Heather J. Sharkey, “Jihads and Crusades in Sudan from 1881 to the Present,” In S. H. Hashmi eds., *Just Wars, Holy Wars, and Jihads: Christian, Jewish, and Muslim Encounters and Exchanges*, Oxford: Oxford University Press, 2012, pp.263-282.

年，为了消灭前苏丹总督艾敏帕夏及其残余势力，哈里发派遣塔艾沙人乌玛尔·萨利赫（Umar Salih）进军赤道州，虽然顺利抵达拉多（Lado），但在攻占雷贾夫（Rejaf）后就遭遇了诸多不顺。1893年，达法拉（'Arabi Dafa'allah）取代萨利赫，后在1897年与比利时刚果自由邦的作战中严重失利并向西溃逃。马赫迪军从此再未涉足苏丹南部。

西部的战事主要是稳定达尔富尔局势。阿布·朱迈泽（Abu Jummayza）自称是第三任哈里发奥斯曼的继承人，因而在达尔富尔西部获得了众多追随者。1888年，阿布·朱迈泽起兵叛乱，召集达尔富尔的多个非洲部落击败了前来镇压的两支巴卡拉军队，并向东横扫法希尔。但1889年2月，阿布·朱迈泽突染天花暴病而亡，叛军群龙无首，士气低落，在法希尔城外被轻易击溃。巴卡拉军队的统帅奥斯曼·亚当一方面采取焦土政策惩罚当地叛军及其支持者，同时又征用粮食储备来供应他的部队，这加剧了当时已经显露端倪的粮食危机，最终导致一场致命的饥荒，引发了迄今已成为苏丹民族集体记忆的萨纳特·西塔（Sanat Sitta）饥荒。[①]1891年，奥斯曼·亚当去世，继任者是哈里发的侄子马哈茂德·艾哈迈德（Mahmud Ahmad），他在接下来的五年时间里一直在平息达尔富尔地区不时发生的叛乱，安抚富尔人的分离主义倾向。

马赫迪王国与埃塞俄比亚之间没有明确的边界线，两国早在土-埃政权时期就因宗教和边境问题的冲突而多有龃龉。[②]1884年6月，溃败中的土-埃政权与埃塞俄比亚达成协议，后者协助苏丹东部的埃及驻防军撤离。1887年，6万马赫迪军入侵埃塞俄比亚，虽然最初在加拉巴特（Qallabat）遭遇重挫，指挥官战死，但派兵增援后扭转了战局，哈马丹·安雅（Hamdan Abu Anja）将军率军向东

---

① Steven Serels, *Starvation and the State Famine, Slavery, and Power in Sudan, 1883–1956*, Palgrave Macmillan, 2013, p.36.

② P. M. Holt, M. W. Daly, *A History of the Sudan: From the Coming of Islam to the Present Day*, 2011, pp.74–75.

一直挺进到埃塞俄比亚西北部城市贡德尔（Gonder），获取了许多俘虏和战利品。由于哈里发拒绝同埃塞俄比亚缔结和平条约，1889年3月，趁着马赫迪统帅安雅突然去世，埃塞俄比亚国王约翰四世御驾亲征，两国战事再起。其后的战局发展颇具戏剧性。埃塞俄比亚方面起初占据优势，首战告捷，即将完全占领拉巴特市，但约翰国王意外遭遇流弹身亡，战局瞬间逆转，埃军陷入混乱，慌忙撤军。马赫迪军趁势追击，约翰国王的头颅被献给哈里发，王冠、御剑等成为战利品，埃塞俄比亚遭到惨败。1891年，比利时人阻挡了马赫迪军队对埃塞俄比亚的征服。1893年，意大利人占领了厄立特里亚，在阿科达特（Akordat）击退了马赫迪军队的进攻，并迫使其撤出了埃塞俄比亚。

西部和东部的“圣战”是一种安抚手段，旨在维护马赫迪王国的统治，向北方邻国埃及进军才是马赫迪建立统一伊斯兰国家的真正开始。1889年，在数次搁浅之后，马赫迪军正式开始向埃及挺进。这是一次注定失败的远征。马赫迪军的指挥官阿卜杜勒·拉赫曼·纳朱米（Abd al-Rahman al-Najumi）出身巴赫里（Awlad al-Bahr）部落，哈里发对他心存忌惮，于是任命了一位巴卡拉人中尉对其监督。哈里发的不信任导致纳朱米很难做出有效决策，马赫迪军的北进征程很不顺利，长时间滞留在栋古拉地区，补给困难，只能靠劫掠当地人维持生存，士气不高。1889年4月，哈里发命令马赫迪军继续行进，缺乏补给且装备简陋的军队挣扎着沿尼罗河西岸向下游行军，跨过边界线后甚至不得不向当地埃及人求助。7月，马赫迪军与英军遭遇，英国指挥官要求纳朱米投降。纳朱米傲慢拒绝，宣称对哈里发的忠诚，并相信会得到神的庇佑。8月3日，双方在图什基（Tushki）附近交战，马赫迪远征军被彻底击败，纳朱米被杀。埃及虽未乘胜入侵苏丹，但北部边界驻防的英-埃军队让哈里发忌惮不已。入侵埃及的失败终结了马赫迪军战无不胜的神话，马赫迪国家此后对于埃及不再构成任何威胁。

五、马赫迪国家的终结

哈里发的失当统治

1889年是马赫迪王国发展的转折点。在此前的数年间，马赫迪军的南征北讨虽然并没有获得任何实质性的领土扩张，没有改变苏丹人的生存状况，也没有带来稳定的国家秩序，叛乱和暴动此起彼伏，但一连串的军事胜利还是建立了一个军事霸权，整个王国基本上处于上升状态。然而在1889年，马赫迪王国在军事和政治方面同时遭遇了困境。首先，王国最有能力的两位将军阿布·安雅和纳朱米先后在东部和西部前线去世，稳定了西部达尔富尔局势的奥斯曼·亚当也很快于1891年逝世，哈里发军中已无干将可用。其次，连年的征战穷兵黩武消耗了大量资源，导致粮食的需求激增，苏丹又从这一年开始遭遇了连续旱灾，粮食歉收，饥荒和传染病接踵而至，整个国家爆发了严重的危机，马赫迪国家开始步入下滑区间。

为了稳定日益恶化的局面，压制反对部落，在困难时期提升自己的声望，[①]阿卜杜拉哈里发强迫同族的塔艾沙－巴卡拉部落离开达尔富尔的草场，前往恩图曼及其周边定居，充当忠诚的常备军队来保卫其政权，防止心怀不满的巴赫里人的阴谋。这一错误的决策引发了两方面的严重后果，深刻影响了哈里发的后期统治。[②]其一，游牧的塔艾沙人和巴卡拉人生性自由，不愿意离开家园，最后虽然迫于哈里发的压力在1889年的前几个月陆续抵达了恩图曼，但他们并不从事生产活动，加剧了恩图曼原本就存在的物资匮乏情况，加剧了地区饥荒。不仅如此，哈里发本来意图依靠忠诚的同族塔艾沙人

---

① Gabriel Warburg, "Sudan during the Mahdist State", *Middle Eastern Studies*, Vol. 47, No. 4, July 2011, pp.675–682.

② P. M. Holt, M. W. Daly, *A History of the Sudan: From the Coming of Islam to the Present Day*, London: Pearson, 2011, p.78.

维护统治，任用很多塔艾沙人担任政府和军队的高级职务，享有特权地位，但这些塔艾沙人大多文盲，毫无管理经验，不能容忍纪律的约束，部分人乘机逃回达尔富尔的家乡，被迫留下的人也心怀怨言，根本无法转化为管理哈里发国家的统治力量。[①]其二，巴赫里人拥有文化且经验丰富，只是因为竞逐哈里发位置落败而在国家官僚体系中被边缘化，本来就对阿卜杜拉哈里发深怀不满，现在又被后者如此露骨地戒备和排挤，双方的矛盾开始激化。1891年11月23日，穆罕默德·谢里夫率领阿什拉夫人包围马赫迪陵墓，与哈里发军队展开对峙。为了防止战争爆发，也担心本就不驯服的塔艾沙人可能会乘机叛逃，哈里发被迫承认穆罕默德·谢里夫的地位和荣誉，为马赫迪的遗孀和遗孤提供抚恤金。相应地，阿什拉夫人解除武装。然而仅仅过了1个月，阿卜杜拉哈里发就急切地进行报复，逮捕了阿什拉夫部族的7位显要人物，将之发配到法绍达并最终殴打致死，强行拘押在杰济拉的栋古拉人并没收其1/3的财产，纵容塔艾沙人占据他们的土地，穆罕默德·谢里夫本人也被判监禁直至马赫迪王国的结束。最后，阿什拉夫人和巴赫里人的势力被严重削弱，塔艾沙人的专制统治得到了巩固，但马赫迪王国的整体力量被严重削弱。

在排除异己巩固权力的过程中，哈里发组建了一支9000人的护卫队，由奴隶和苏丹自由民组成，栋古拉人和埃及人被排除在外。护卫队拥有自己的金库，军饷由杰济拉提供，塔艾沙人被允许返回家园。在平定阿什拉夫人的起义后，哈里发对部下的猜忌和疑心日益加重。1893年，大将扎基·塔玛勒在加拉巴特战役中获胜，班师后却被收监，最终饿死狱中。1894年和1895年，接连两任的审判长被逮捕入狱致死。而为了营造权力的神秘感，阿卜杜拉哈里发越来越深居简出，逐渐淡出公众视线，只有在重大节日时，他才会在卫队的簇拥下露面，十足的东方君主做派。马赫迪国家实际上转变为

① 〔美〕罗伯特·柯林斯:《苏丹史》，第33页。

由哈里发长子奥斯曼·阿尔丁（Uthman Shaykh al-Din）继任的伊斯兰君主制国家。①

马赫迪以宗教立国，不仅要求穆斯林信仰虔诚，还要求信仰原始宗教和基督教的南方黑人改信伊斯兰教，甚至"强调当地穆斯林（尤其是北方穆斯林）统治的首要地位"。②不切实际的极端宗教政策既导致信仰原始宗教的南方黑人一直被边缘化，也因为排斥苏菲教团而使之成为马赫迪运动最坚定的反对者，教派矛盾冲突不断。严苛的宗教政策及其随之而来的穆斯林对非穆斯林的压迫，一直困扰着苏丹的南北关系。

不仅内部战乱不断，地区离心倾向日益明显，19世纪末期的马赫迪王国还面临着持续紧张的地区国际关系，客观上将自己置于孤立无援的境地。导致这种状况的主要原因，就是马赫迪王国无视自身的能力限度和国际环境变化，在欧洲列强掀起瓜分非洲狂潮的时代背景下，却一意孤行地试图通过圣战向全世界扩展伊斯兰革命，甚至多次拒绝了埃塞俄比亚提出的缔结联盟共同对抗欧洲人的建议，甚至与之屡次交战。③直到王国危在旦夕的1897年，哈里发才开始寻求与埃塞俄比亚这个重要的潜在盟友合力抵抗英国人，但为时已晚。也就是说，因为有着巨大的时代差距，英国确实是苏丹强大而不可战胜的敌人；但哈里发不适宜的内外政策，也是加速马赫迪国家灭亡的重要原因。

总体上看，阿卜杜拉哈里发是一位残暴、有缺点、有作为的君主，他的任人唯亲和打击异己引发了激烈的权力内斗，整体上削弱了国家实力，未能建立起对全国的有效控制，边缘地区及南方始终是不断的暴动和叛乱，最终在内忧外患中走向覆灭。但另一方面，

---

① 〔美〕罗伯特·柯林斯：《苏丹史》，第34页。

② Heather J. Sharkey, "Jihads and Crusades in Sudan from 1881 to the Present", In S. H. Hashmi eds., *Just Wars, Holy Wars, and Jihads: Christian, Jewish, and Muslim Encounters and Exchanges*, Oxford: Oxford University Press, 2012, pp.263–282.

③ G. N. Sanderson, "Conflict and Co-operation between Ethiopia and the Mahdist State, 1884–1898", *Sudan Notes and Records*, University of Khartoum, 1969, pp.15–40.

阿卜杜拉哈里发也在一个渐趋没落的时代将思想激进的马赫迪王国成功维持了十多年。继位后的哈里发面对着历经四年战乱、秩序混乱的广袤国家，他通过与穆罕默德·谢里夫的斗争稳固了王位，通过圣战平息了各地叛乱，不仅凭借一己之力阻止了苏丹北部陷入无政府状态，而且仿效土-埃政权建立了一套复杂的中央集权行政管理体系，重建了国家秩序。[①]

马赫迪运动是近代苏丹的重要事件。从起义爆发到建立国家，马赫迪运动推翻了土-埃政权，建立了一个本土化的伊斯兰神权国家，在政治、经济、宗教等领域进行了变革。马赫迪本人从未有过苏丹独立的想法，但马赫迪思想培养了一种民族意识，马赫迪国家的失败被视为“民族悲剧的象征”，激励着苏丹人民为独立而战，是苏丹民族主义诞生的标志。[②]

对苏丹的再征服

1882年占领埃及后，英国最初并不愿卷入苏丹事务。1886年夏天，所有埃及军队撤退到瓦迪哈勒法地区，埃及留守苏丹的驻军被屠杀；英国放弃直接出兵占领苏丹，主要通过外交手段力图阻止其他欧洲列强对上尼罗河流域的觊觎。1890和1891年，英国先后与德国和意大利签署类似条约，迫使两国承认英国在尼罗河流域的利益。实际上，这也是马赫迪国家得以短暂存续十几年的重要外因。

进入了1890年代，随着比利时和法国日益觊觎尼罗河上游地区，英国日益担心其他殖民列强会利用苏丹的不稳定来获取以前附属于埃及的领土，尤其担心会失去对尼罗河流域的控制，于是逐步改变了马赫迪运动初期的超脱态度，越来越倾向考虑重新占领苏丹。1892年，英国人赫伯特·基钦纳（Herbert Kitchener）成为埃及军队的指挥官，开始准备重新占领苏丹。为了避免法国的反对和议会

① P. M. Holt, M. W. Daly, *A History of the Sudan: From the Coming of Islam to the Present Day*, London: Pearson, 2011, p.82.

② 李安山：《非洲民族主义研究》，中国国际广播出版社2004年版，第126页。

的质询，英国政府将重新占领苏丹定义为埃及对苏丹的“再征服”，战争费用由埃及国库负担。[①]

英-埃的尼罗河远征军共有2.58万名官兵，其中8600名是英国人，其余的属于埃及军队，其中包括从南苏丹招募的6个营。一个武装的河上小舰队护送着这支军队，该舰队还拥有大炮。为了给进攻做好准备，英国在瓦迪哈勒法设立了指挥部，扩大并加强了萨瓦金周围的防线。

1896年3月，试图征服埃塞俄比亚的意大利在阿杜瓦战役中严重受挫，于是请求英国出兵苏丹牵制马赫迪军。为了支援意大利人，也出于先发制人的目的，英国政府授权基钦纳将军率领埃及军队跨过苏埃边界，于9月份占领了栋古拉，开启了征服苏丹的前奏。

1897年1月，英国人开始修筑从瓦迪哈勒法到阿布哈迈德的铁路线，用这条与尼罗河平行的铁路线运送部队和给养到柏柏尔，摆脱了此前对骆驼过分的依赖，能够为军队和供给提供快速且有效的运输。[②]英-埃联军继续沿着尼罗河推进，7月占领了阿布哈迈德，8月占领柏柏尔人的领土，基本扫清了红海沿岸的马赫迪军。实际上，从阿布哈迈德到阿特巴拉，英-埃联军并没有遇到过像样的抵抗。

面对来势汹汹的英-埃联军，哈里发派遣马哈茂德·艾哈迈德率领马赫迪军前往迈泰迈（Metemma）组织抵抗。贾阿林人拒绝服从向尼罗河东岸搬迁的命令，并准备抵抗马赫迪军的任何占领企图。1897年7月，马赫迪军先发制人地残忍屠杀试图保卫迈泰迈的贾阿林人，然后带着从贾阿林人那里掳来的战利品离去。

1898年1月，马哈茂德率领军队跨过尼罗河。2月，奥斯曼·迪克纳（Ottoman Dickner）率军支援马哈茂德，两人各持己见，合作很是糟糕。3月，马赫迪军队离开迈泰迈，向阿特巴拉河行进，最终

① 李安山：《非洲民族主义研究》，第121页。

② Robert Wilkinson-Latham, Michael Roffe, “the Sudan Campaigns 1881–1898”, *Osprey Publishing*,1976, pp.3–40.

在河流北岸安营扎寨。1898年4月8日，基钦纳将军率兵突袭了马哈茂德的围栅，战争很快就结束了。奥斯曼·迪克纳逃脱，马哈茂德被俘，马赫迪军数千人伤亡，英-埃军队仅81人死亡，487人受伤。

阿特巴拉河战役后，英-埃联军开始筹备最后的决战。借助由苏丹北部边境不断向南延伸的铁路和一支由马匹、骆驼组成的运输队，大量的士兵、武器装备以及物资储备陆续运抵前线，而且配备了新发明的马克沁机枪。哈里发在恩图曼集结所有可用的军队，期待在城北的凯拉里（Karari）平原上最终实现对异教徒全面胜利的预言。四个月后，英-埃军队抵达距离恩图曼只有80多公里的沃德哈米德（Wad Hamed），对苏丹持续了三年的再征服战争开始进入决定性时刻。①

1898年8月27日，2.5万英-埃军队携带21天的补给向尼罗河西岸进发，旨在三周内占领恩图曼。阿卜杜拉哈里发本来计划在尼罗河中安排地雷击沉英国炮艇，但因操作失误造成地雷自爆，致使执行任务的伊斯梅尔号及其船员无一幸免。8月30日，英-埃军队逼近恩图曼，哈里发召集所有护卫军和正规军，要求恩图曼城所有的男性都必须参与作战。因为大约有6000人战前叛逃，此时真正参与作战的马赫迪军只剩下5万多人，而且其中只有3.4万人有枪，其余的人都使用刀剑和长矛。9月1日黎明，双方在凯拉里平原交战，哈里发命令他的51789名武士呼喊着向英-埃联军发起了三次冲锋，但勇敢的肉体难敌枪林弹雨，在英-埃联军步枪、马克沁式重机枪和炮艇上连续射击的密集火力下化作一堆堆尸体。中午时分，当得知最后的1万名武士也难以支撑后，哈里发立即带着部分亲信出逃科尔多凡。两天后，英-埃联军跨过尼罗河，攻占恩图曼，马赫迪国家灭亡。

武器装备落后是马赫迪军凯拉里平原战役惨败的最重要原因，

---

① Heather J. Sharkey, "Jihads and Crusades in Sudan from 1881 to the Present", in S. H. Hashmi eds., *Just Wars, Holy Wars, and Jihads: Christian, Jewish, and Muslim Encounters and Exchanges*, Oxford: Oxford University Press, 2012, pp.263–282.

哈里发本人对现代化武器的威力进行了错误的估算。[①]马赫迪军或许在一个世纪前能够抵御任何侵略者，但却无力应对组织结构严密且配备精良武器装备的欧洲现代化军队，[②]凯拉里平原战役几乎就是一场英国人占据绝对优势的单方面枪决行动。在持续5小时的战斗中，大约有1.1万名马赫迪官兵战死，1.6万人受伤，4000人被逮捕入狱，英-埃联军的死亡人数总共只有56人，受伤者434人。此外，战术失误也是马赫迪军遭遇惨败的原因之一。马赫迪军以"圣战"名义出征，自诩得到真主庇佑，沿袭旧法，不知变通，在英-埃联军的初期入侵之际没有组织有效的抵御，中后期的诱敌深入变成了引狼入室，在最后决战前甚至以有违传统而拒绝夜袭英-埃联军，最终以近乎被屠杀的惨败收场。

凯拉里平原战役标志着马赫迪运动的最终结束，局部的抵抗坚持到一年以后。1899年11月24日，英-埃联军上校雷金纳德·温盖特（Reginald Wingate）在乌姆迪韦卡勒特（Umm Diwaykarat），即今天的库斯提（Kosti）城附近，彻底击溃了哈里发及其5000马赫迪军。哈里发被发现时已经身亡，他跪倒在羊皮祈祷毯上，身边仅有少量的亲属和部下。

法绍达危机

与马赫迪王国几乎同时消失的，还有法国的尼罗河帝国梦想，它被英国人扼杀在苏丹的法绍达小镇。法绍达位于白尼罗河和索巴特河流的交汇处，历史上曾是希卢克王国的首都，长久以来默默无闻。在19世纪末的列强瓜分非洲狂潮中，英国试图从北往南打通开普敦和开罗连线，法国试图从东往西贯通法属索马里和塞内加尔，尼罗河上游的法绍达恰好位于两条殖民线路的交汇处，是介于尼罗

---

① Winston S. Churchill, *The River War: An Account of the Reconquest of the Sudan*, London: Longmans, Green,1902, p.192.

② P.M. Holt and M.W. Daly, *A History of the Sudan: From the Coming of Islam to the Present Day*, p.80.

河、索巴特、巴勒加扎尔之间的战略要地，英法两国曾经为争夺对法绍达的控制权而爆发过冲突。

法国进军尼罗河上游有政治和军事双重考量。首先，法国对英国在1882年后独占埃及耿耿于怀，希望通过控制上尼罗河扼住埃及生命线，重新插手埃及事务。1870年代，英国和法国共同控制着埃及，法国后来因为国内危机而暂时离开埃及。[①]1882年，英国出兵占领了埃及，法国的民族自尊心严重受伤，因而总是试图在埃及以及其他非洲地区挑起与英国的争端。其次，法国一直想扩大在西非和中非的殖民地，实现连接索马里和塞内加尔的"二S计划"，向东非扩张并占领上尼罗河地区是实现这一计划的关键步骤。

1895年9月，冒险家马尚德（Jean Baptiste Marchand）与法国外交部开始商谈进军上尼罗河的计划，表示只需200人的队伍以及60万法郎就能够抵达加扎勒地区。在法国外交部的支持下，1896年6月，马尚德组建包括法国军官和120名塞内加尔士兵组成的远征军，沿刚果的乌班吉河（Ubangi）溯流而上，1897年8月跨过刚果和尼罗河的分界线，1898年7月抵达了白尼罗河上的法绍达村，并在那里升起了法国国旗。为了确保马尚德的行动获取成功，法国于1896年与埃塞俄比亚签署条约，要求埃塞俄比亚完全无条件支持法国占领上尼罗河地区。

面对法国人的进攻态势，英国人最初并不相信他们能够穿过马赫迪王国和地方部落地带，因而希望通过外交谈判化解危机，并为此先后与比利时、德国和意大利有过接触，希望将其他列强引入尼罗河流域以牵制法国。在外交手段失效的情况下，英国逐渐改变了最初对马赫迪王国的态度，也开始用军事手段介入苏丹事务。事实上，早在进行决定性的凯拉里平原战役前，基钦纳将军就收到了法国远征军已经占领了法绍达的消息，并得到了在占领喀土穆后向尼罗河上游进军、驱逐法国人的指示。1898年9月9日，基钦纳率领

① 〔美〕詹森·汤姆森：《埃及史——从原初时代至当下》，郭子林译，商务印书馆2014年版，第253页。

4000英-埃士兵出发，18日抵达法绍达，并与法绍达的法军进行了会谈。英国强烈谴责了法国占领法绍达乃至尼罗河流域的行动，称其严重侵犯了埃及和英国政府的权利。马尚德则表示他已经和希卢克部落首领达成协议，后者愿意接受法国的保护，他正在等候法国政府批准协议。最后，基钦纳和马尚德达成了君子协定，把涉及尼罗河水域的主权问题提交各自政府裁决，双方在法绍达都不采取使事态扩大的行动。

英法在法绍达对峙的消息传到伦敦和巴黎，两国舆论都非常高涨，“要么得到法绍达，要么诉诸战争”。然而由于英国做好了战争准备，态度强硬，准备不足的法国当局既想避免与英国的战争，又希望保持法国的尊严和荣誉，两国关系面临着自滑铁卢战役以来最严重的一次危机。1898年11月底，因为国内爆发动乱，又得不到俄国人的支持，实力欠缺的法国无奈撤离法绍达退出苏丹。1899年3月21日，英国和法国“就苏丹问题发表共同宣言，确认苏丹南部和尼罗河流域为英国的势力范围。”①此后，英国控制了从非洲的赤道大湖到地中海的尼罗河水域，牢固掌控埃及与苏伊士运河，就连埃塞俄比亚也承诺绝不干涉青尼罗河和阿特巴拉支流水系的事务。

---

① 朱河海:《中东，为水而战》，世界知识出版社2012年8月，第183页。

第四章　英埃共管时期的国家治理

1899年到1955年，英国人以外来者身份给苏丹移植了现代国家治理的基本框架，初步建立了各项制度和管理机构，推动了苏丹的经济发展，并对苏丹带来深远影响。由于1920年代苏丹民族主义运动的觉醒，加之随后二十年国际形势的复杂变化，苏丹民众的独立愿望在经历了曲折的斗争过程后于1956年1月1日成为现实。

在统治苏丹的半个多世纪里，英国似乎从最初就有着一套完整的压制苏丹发展、促进南北分裂的“殖民政策”。经济上的重北轻南和重农抑工造成了中心地区与边缘地区的对立，政治上扶持宗教领袖和部落酋长使苏丹保守力量始终占据主导地位，尤其是基于南北差异实行的分而治之政策埋下了苏丹南北分裂的种子。[①]摇摆不定的南方政策，或者怂恿南方的独立倾向以压制北方，鼓励其与英属东非殖民地合并，或者为了阻止北方接近埃及而迎合其统一愿望，压制南方的分裂倾向推动统一，无不给人留下英国有意在苏丹制造麻烦的印象。由于身份和视野局限，苏丹的精英们在国家独立后虽然继承了英国殖民时期的政治框架，却并没有成为具有现代意识的具体操作者。他们不仅没有尽快给从殖民者手中继承的这套国家空壳赋予必要的合法性，积极开展新形势下的国家治理探索，反而在历史惯性的推动下日趋倒退，让战争充当了民族国家构建的主要力量，最

① 刘辉：“英国对苏丹殖民政策——特点与影响”，《重庆与世界》2015年第2期。

终导致国家构建与民族构建同时陷入困境和停滞。①

一、英国殖民苏丹的治理探索

现代苏丹的确立和行政制度建设

1899年1月19日，经过一番讨价还价和反复修改，克罗默勋爵（Lord Cromer）代表英国政府，布特劳斯·加里（Boutros Ghali）代表埃及政府，两国在开罗签订了《英－埃共管苏丹协定》。这是一个折中的方案，既没有采取英国兼并苏丹的方式，也没有将苏丹合并由埃及管理，而是设计出了一个新的混合形式的政府，创造了一个理论上的联合主权，既照顾了埃及的呼声和荣誉，也维护了英国的利益。

在马赫迪王国时期，奥斯曼帝国实际上已经失去对苏丹的控制权，英－埃联军占领苏丹是签订《英－埃共管苏丹协定》的前提基础，《英－埃共管苏丹协定》自始至终未提奥斯曼帝国，而且明确指出，对苏丹某些州份的重新征服，来自"大不列颠女王陛下政府和总督殿下政府的共同军事和财政力量"。根据帝国的敕令，埃及总督府无权与外国政府签订商贸和关税协定，但它实际上却和"大不列颠女王陛下政府"共同承担了《英－埃共管苏丹协定》的权益和责任，说明奥斯曼帝国与这一决定苏丹历史命运的协定没有关系。②

《英－埃共管苏丹协定》确立了英国在苏丹独特的殖民统治。根据条文，苏丹的统治权由英国和埃及共同分享，总督掌控最高军事和民政指挥权，埃及当局掌握对总督的批准和任命，但总督人选由

---

① 相关理论阐释，参见Mostafa Rejai & Cynthia H. Ealoe, "*Nation-States and State-Nations*", International Studies Quarterly, Vo.1 13, No.2, 1969, pp.150-151.

② 《英－埃共管苏丹协定》的条文，详见世界知识出版社编辑：《国际条约集（1872—1916）》，世界知识出版社1986年版，第162—165页；〔苏丹〕迈基·希贝卡：《数世纪以来的苏丹》（السودان عبر القرون），吉勒出版社1991年版，第466—469页。

英国政府推荐，而且未经英国政府同意埃及不得单方面免去苏丹总督的职务。事实上，在英埃共管时期，苏丹所有的总督都是英国人，每一任苏丹总督都是在英国的独立管控下对苏丹进行治理，这在客观上也符合赫迪夫此前在苏丹大量任用欧洲基督徒的惯例。苏丹总督比英国其他殖民地的总督拥有更大的独立性。其他殖民地的总督需要向英国殖民地事务部报告工作，但苏丹总督通过英国在开罗的代表向外交部汇报工作。

虽然马赫迪军有组织的抵抗已经不存在，哈里发本人和马赫迪的两个儿子也在1899年去世，但却不断有人打着他们的旗号起事，有关末世论的预言也不断出现。在此背景下，英-埃联军总司令基钦纳无疑被看作是担任苏丹总督的首要人选，尽快消除民众对马赫迪的崇拜和对政府的抵制。基钦纳是重新征服苏丹的军事统帅，一直积极镇压各地的反叛，对苏丹的情况了如指掌，把萨瓦金治理得井井有条。实际上，在凯拉里平原战役摧毁马赫迪国家的主力军之后，基钦纳和克罗默勋爵就已经开始考虑苏丹新秩序的构建问题了。[①]当年11月，克罗默同开罗有关当局讨论后，起草了英埃共管苏丹的草案。基钦纳对该草案提出了更切合实际情况的修改意见。于是，在《英-埃共管苏丹协定》签订的同一天，基钦纳被任命为第一任苏丹总督。[②]

根据克罗默的指示，苏丹总督直接听命于英国驻开罗的代表兼特命全权总领事，要经常向后者汇报工作。总督拥有直接处理苏丹日常事务的充分权力，但在发布一些重要的法令之前，应先报送英

---

① 〔苏丹〕穆达斯尔·阿卜杜·拉希姆:《苏丹的帝国主义与民族主义》(الامبريالية والقومية في السودان)，白昼出版社1971年版，第41页。

② 历任苏丹总督分别是：1.基钦纳（1899.1.19—1899.12.22）；2.雷金纳德·温盖特（Reginald Wingate，1899.12.22—1916.12.31）；3.李·斯达克（Lee Stack，1917.1.1—1924.11.19）；4.瓦齐·斯特里（Wasey Sterry，1924.11.21—1925.1.5）；5.杰弗里·阿彻（Geoffrey Archer，1925.1.5—1926.7.6）；6.约翰·马菲（John Maffey，1926.10.31—1934.1.10）；7.乔治·赛姆斯（George Symes，1934.1.10—1940.10.19）；8.休伯特·赫德尔斯顿（Hubert Huddleston，1940.10.19—1947.4.8）；9.罗伯特·豪（Robert Howe，1947.4.8—1954.3.29）；10.诺克斯·赫尔姆（Knox Helm，1954.3.29—1955.12.2）。

国驻开罗的总领事。总督不得擅自处理有关苏丹的外交事务，在进行涉外活动之前应当向英国驻开罗的总领事请示，年终必须向英国驻开罗总领事做施政报告。也就是说，在英国的政策话语里，“苏丹始终都被认为是附属于埃及的一个问题。”①

克罗默奠定了英埃共管苏丹的行政管理制度雏形。这套制度以土-埃时期的苏丹行政制度为基础，但克罗默的初衷是尽量把埃及人排除到权力核心圈之外。②直到1925年，苏丹的军政大权一直牢牢掌握在由英国人担任的总督手中，苏丹全境被划分成数个州，英国军官包揽了各州的州长职位；每个州下辖多个县，每个县的监察员一职通常由英国军官担任。③由埃及军官担任的县长和副县长必须协助监察员开展工作。偏远地区的管理主要依靠笼络苏丹的长老们和各个部落的酋长。由于基钦纳在任一年就被派往南非参与指挥第二次布尔战争，巩固共管政权的重任落在了其继任者雷金纳德·温盖特的肩上。温盖特从1887年开始负责埃及军队的情报部门工作，基钦纳离开后他担任总督职务直到1917年。温盖特总督时期是苏丹发展的重要时期，奠定了现代苏丹的基础和发展方向。

英埃共管政府首先改进了苏丹落后的基础设施，强化了南方各州与喀土穆之间的通信设施。杰贝勒河在1904年被疏通，苏德沼泽和阿扎勒河也得到了定期的维护，“一战”后甚至引进了机械清淤设施。邮政系统被重新建立起来，通过军事巡逻控制内陆地区的做法因为耗资巨大而被放弃。1899年修建的军用铁路被转为民用，1909年修到森纳尔，1911年修到了欧拜伊德，而且逐步延伸到了青尼罗河，喀土穆北部兴起了阿特巴拉和科斯提等重镇。1906年，尼罗河至红海的运河开通，终点直达苏丹港，取代了发展面临瓶颈期的萨

---

① 〔苏丹〕迈基·希贝卡：《独立的苏丹》，第775页。

② 〔苏丹〕德拉尔·萨利赫·德拉尔：《现代苏丹史》（تاريخ السودان الحديث），生活书店出版社1968年版，第233页。

③ 1898年，苏丹被划成6个州。第一次世界大战期间被分成14个州，之后减少为9个。参见〔苏丹〕穆达斯尔·阿卜杜·拉希姆：《苏丹的帝国主义与民族主义》，第48页。

瓦金港。其次，共管政府在杰济拉地区制定了雄心勃勃的棉花生产计划（Gezira Scheme），而且早在1900年就开始了实验性的种植，只是由于滞后的灌溉设施建设和战争影响直到“一战”后期才得以实施，最终成为苏丹国家的经济支柱。

在这一时期，共管政府基本划定了苏丹与周边邻国的边界。1899年，克罗默特别提出共管协议中苏丹政府的领土不包含之前属于埃及的部分。1899年3月，尼罗河-刚果河分水岭被认为是英法两国的实际控制区域分界线。1900年，苏丹政府承认了复苏的富尔素丹国，在1916年却借机将达尔富尔并入苏丹。1898—1902年，苏丹与厄立特里亚之间的边界逐渐固定下来。1902年，英国和埃塞俄比亚政府之间达成了有关边界协议，但作用有限，两国在边界地区依然存在着矛盾。1906年，苏丹与刚果自由邦之间的边界划定，拉多（Lado）作为飞地被租赁给比利时国王利奥波德（Leopold）二世终身使用，1910年后最终归属于苏丹。1913年，苏丹划定了与乌干达的边界。①

英埃共管苏丹的最初数年，军人完全把持着政府的各个机要部门。在克罗默看来，初建的行政机构需要军事力量的全面支持。一方面，残余的马赫迪势力时刻准备着推翻共管政府，时常发动一些叛乱。另一方面，1928年之前，苏丹南部的一些州和部落对共管政府的态度也不友好。此外，直到第一次世界大战之前，达尔富尔的统治者阿里·第纳尔一直控制着西苏丹。利比亚的赛努西势力与富尔人一直联合抵抗苏丹的共管政府。鉴于这些形势，由军人操控当时的苏丹政治是必要的，但缺陷很快就暴露了出来。首先，善战的英国军官们面对的是远比枪炮复杂得多的苏丹各个部落群体，他们往往用简单粗暴的方式来解决问题，而对这些问题所带来的后果缺乏应有的考虑。其次，英国军官们对阿拉伯语一无所知，因而不得不依靠埃及军官。这使得埃及人在共管政府中的影响力不断扩大。

① P.M. Holt and M.W. Daly, *A History of the Sudan: From the Coming of Islam to the Present Day*, 2011, p.87.

这是克罗默最不乐意看到的结果。

自1901年起，英埃共管的苏丹政府逐渐由军人政治向文官政治过渡，民事行政管理机构慢慢确立。克罗默创建了“苏丹政治事务部”（the Sudan Political Service），由牛津大学和剑桥大学等著名高校中选拔的优秀毕业生组成。这些毕业生被送往苏丹之前，首先要学习阿拉伯语一年，通过阿拉伯语考试后还要通过法律考试。事实上，文官取代军官的过程很缓慢。1901年只有6名英国大学毕业生被送往苏丹，1933年增至166名。[①] 1909年，文职人员首次坐上州级政府的第一把交椅。1912年，在苏丹的12位州长中，只有两位是文官，其余的都是军官。1914年，州级文官增至5名。1933年，各个州级行政机构的长官基本上都是文官。[②]

1910年1月，第二任英国驻开罗代表兼特命全权总领事埃尔登·戈斯特爵士（Eldon Gorst）认为，英埃共管的苏丹应该由军事统治阶段向民主议会阶段转变，因而决定成立总督参事会，协助总督管理行政和司法事务。1月27日，第一届苏丹总督参事会在喀土穆成立。总督是参事会的主事，他有权任命2至4名参事。参事成员通常是总监察长、司法秘书、财政秘书和民事秘书。司法秘书、财政秘书和民事秘书是总督的助手。其中，民事秘书的权力最大，他是总督的幕僚长，每个州的州长都要向他汇报。每届参事会为期3年，参事可连任。一般情况下，参事会的决议以多数票为准，成为共管政府的中央权力机构，但总督有凌驾于多数票之上的权力。1948年6月15日，苏丹籍人士第一次进入总督参事会！[③]

财政和司法制度建设

英埃共管时期的财政立法，主要是根据伊斯兰地区众所周知的原则核定税额，纳税额要在法律允许的范围之内，按照税收预算收

---

① 〔苏丹〕德拉尔·萨利赫·德拉尔：《现代苏丹史》，第234页。

② 〔苏丹〕穆达斯尔·阿卜杜·拉希姆：《苏丹的帝国主义与民族主义》，第44页。

③ 同上书，第47页。

税，不允许超前地干涉税务。[①]基于这样的原则，共管时期的苏丹政府最初只能按照土地、畜群和枣椰树的产量来规定征税额度，并且明文禁止当地私征杂税。至于关税问题，在《英-埃共管苏丹协定》的第七条中已有明文规定："输入苏丹的来自埃及领土的货物不用支付进口税，但对来自埃及领土以外的其他地方的货物可以征收上述进口税；如果货物是在苏丹的萨瓦金，或红海沿岸的任何其他地方进口，所征收的税额不得高于当时对从外国输入至埃及的货物所征收的税额。对从苏丹输出的货物可以随时根据公告所规定的税率予以征收。"

这种低税收的政策需要获得其他的资金来抵消财政赤字，埃及方面反对这样的财务安排，但克罗默不想重蹈土-埃时期苛捐杂税引发民众叛乱的覆辙，从一开始就有意尽量减轻苏丹民众的税负。1902年建立的戈登纪念学院（Gordon Memorial College）的经费，就是克罗默圣诞节回国期间号召英国公众募捐得来的。从实际运作看，苏丹政府不仅从1913年开始持续地由埃及补充资金缺口，而且在财政预算平衡时期也继续保持着对埃及的财政依赖。实际上，共管时期苏丹的税收被置于埃及财政部的监管之下，年度预算必须经由埃及部长会议批准，财政补贴由埃及财政部支付，[②]担任苏丹行政管理的军官的薪水也由埃及国库拨付。[③]这就为埃及部长们干涉苏丹内政提供了借口，例如苏丹政府的年度预算就必须经过埃及内阁的同意，接受埃及后续的财政安排约束。

① 〔苏丹〕穆达斯尔·阿卜杜·拉希姆:《苏丹的帝国主义与民族主义》，第41页。

② 〔美〕罗伯特·柯林斯:《苏丹史》，第42页。

③ 〔苏丹〕迈基·希贝卡:《独立的苏丹》，第776页。

图表3　英埃共管时期苏丹财政收支情况表①

年份	岁入（单位：英镑）	支出（单位：英镑）
1899	126569	230238
1900	156888	331918
1901	242309	407335
1902	270226	516945
1903	462605	616361
1904	579113	628931
1905	665411	681881
1906	817921	827961
1907	975973	1012357
1908	979343	1163657
1909	1104599	1153519
1910	1171007	1214676
1911	1311218	1350854
1912	1428605	1490668
1913	1654149	1614007
1936	4462309	4204917
1946	8288985	8207802
1956—1957	45869401	32698657

在温盖特担任苏丹总督期间，前任总督的经济和税收政策在很大程度上被保留了下来。针对定居民主要征收土地税、进口税（按照货物价值的百分比纳税）人头税。1901年，对公共的“进贡”税取代了针对游牧民的族群税收。这些税收通常以实物缴纳，核定和征收非常困难，政府主要通过威权来达成这一目标。房产税、市场

① 〔苏丹〕穆达斯尔·阿卜杜·拉希姆：《苏丹的帝国主义与民族主义》，第53—54页。

税以及通行费也被纳入到税收体系中。农业是苏丹经济的基础以及政府财政收入的主要来源，那些定居的农业居民是税收的主要承担者。

英国在苏丹的司法制度建设很大程度上参照了殖民印度的政策，例如1899—1900年颁布的《刑法》和《刑事诉讼法》，就与英国人在印度颁布的法律相似，保证当地英国人的安全和维护英国的殖民统治。这些法律条文简明扼要，便于英国军官们了解和学习。1900年，《民事法》在苏丹北部开始生效。

苏丹的法庭分为三类：其一，刑事法庭。分大法庭和小法庭两种。大法庭由大法官和审讯团构成。小法庭只有一位法官，通常由英国军官担任。刑事案件根据严重程度分送大法庭或小法庭审理。其二，民事法庭。民事法庭也分为大法庭和小法庭，组成与刑事法庭类似。其三，沙里亚法庭。沙里亚法庭由雷金纳德·温盖特建立于1910年。法官由数名苏丹人和埃及人担任，在喀土穆大法官的监督下负责处理穆斯林的个人和家庭纠纷。

共管时期的司法程序迥异于土-埃时期和马赫迪时期，审讯时更加细致和理性。一旦判决出现了失误，诉讼人可以通过申诉程序要求法庭重新判决。法庭会根据具体情况，重组审判团，重新审理案件。1900年3月28日，著名宗教学者穆罕默德·沙克尔（Muhammad Shaker）被任命为苏丹第一任首席大法官。他的主要职责是构建苏丹的司法机关。1903年，沙克尔仿照埃及的法官条例，制定了苏丹的法官条例，其主要内容有三：其一，关于审判人员的条例有50条细则，主要规定各级法官的任职条件、权利和义务。其二，关于审判程序的条例，由124条细则构成。其三，关于司法仪式，由20条细则构成。①

现代苏丹法律的三大来源，就是英埃共管时期植入苏丹的英国法律、伊斯兰教法和苏丹土著部落传统习惯法。虽然伊斯兰教法是

---

① 阿卜杜拉·侯赛因：《苏丹：自古代历史至埃及远征》（السودان من التاريخ القديم إلى رحلة البعثة المصرية）（第二卷），信达维文化教育基金会2013年版，第134页。

苏丹法律制度的基础，但英国法律对现代苏丹法律的影响最为重要。[①]共管时期英国的司法判例深刻地影响着苏丹的司法实践，现代苏丹的大多数律师和法官都接受过英式法律教育。苏丹独立后，曾多次举行关于是否需要改革或废除英国式的法律体制的讨论。

温盖特卓有成效的治理探索因为“一战”的爆发而终止，对达尔富尔的征服是他任期内最后一件重要的事。1909年，法国占领瓦达伊（Wadai），并在1911年占领了达尔马撒利特（Dar Masalit）部分地区，因为对法国的这一系列征服不满，加之赞同奥斯曼帝国在“一战”中的立场，富尔国素丹阿里·第纳尔对英国的态度越来越具有挑衅性，与苏丹政府的关系不断恶化。1915年8月，苏丹总督温盖特发起了一场反对达尔富尔自治的运动，并积极组织军队准备终结富尔素丹国。1916年3月，温盖特集结了一支有三架飞机支援的两三千人的队伍，5月23日就占领了法希尔，逃亡的阿里·第纳尔在9月6日被伏击杀害，达尔富尔归属苏丹政府管辖。1919年，共管政府和法国达成一项协议，收回了达尔马撒利特的部分地区。

间接统治和南北分治

征服达尔富尔后，苏丹政府开始放弃对安萨尔教派的敌对政策，解除了对马赫迪遗腹子赛义德·阿卜杜勒·拉赫曼的限制，不仅承认他为安萨尔教派的领袖，还提供津贴帮助其从事商业活动和对外贸易，在1908年赐予他阿巴岛和杰济拉的大片土地，以经济利益引诱教团领袖远离政治，利用宗教影响引导改善信众对待政府和英国的态度。英国的政策契合了安萨尔教派领袖赛义德的主张，他反对埃及独占苏丹，但同时认为以武力无法推翻英国统治，因此竭力制止安萨尔派地方领袖的叛乱，并削除后者所倡导的非正统宗教习俗，这有利于形成统一的伊斯兰信仰，也受到了英国的欢迎。和英国达成默契后，赛义德就周游于苏丹各地，呼吁信徒效忠政府，借助政

① 刘鸿武、姜恒昆编著:《苏丹》，第168页。

府的支持牢固掌控了在安萨尔教派的领导权。到1936年，赛义德的年收入大约有1.5万—4万英镑之间，是苏丹最富有的人，在阿巴岛有一支4500人的私人武装。这些财富是“新马赫迪主义”兴起的基础，也是苏丹现代民族经济开始起步的一个标志。[1]赛义德·阿卜杜勒·拉赫曼是位伟大的教派领袖和民族主义领导人，有着敏锐的商业头脑和娴熟的政治技巧，在白尼罗河流域拥有了大片土地，主要生产出口英国的棉花，是英国巴斯利银行中苏丹股份的最大拥有者。赛义德挽救了由于英国遏制打压而濒临关张的安萨尔教派，缔造了苏丹政坛温和而有世俗色彩的民族主义重要政党乌玛党，自第一次世界大战后一直在苏丹政坛处于主导地位，毕生事业的顶峰是推动苏丹独立。

1919年，埃及爆发革命，阿尔弗雷德·米尔纳（Alfred Milner, 1854—1925年）被派往开罗，商议未来英国和埃及之间的宪政关系。为了避免苏丹受到民族主义的影响，尽可能地减少埃及人在苏丹担任职务，英国人不仅从1920年开始就组建一支完全由苏丹人担任士兵的军队，由埃及政府负担费用，而且逐步发展出一套间接统治制度。根据这套制度，英-埃政府的基层行政管理职能开始更多地转移到传统的部落首领手里，英国顾问尽量不去干预部落内部事务，他们与当地主要部落或大家族的首领建立了亲密的关系，尊重后者的判决结果，他们的职责只是维护法律和现有的秩序以确保英国实际上的统治地位。这套制度在当时很受欢迎。对于英国来说，间接统治制度减少了行政官僚数量，减轻了政府的财政负担，是一套比较经济的政府管理制度。而在苏丹当地的开明人士看来，这种统治方式代表了苏丹农村居民真实的民族主义情感，因为部落是农村居民赖以生存的基本组织单位，很多村民只知其所属部落的首领，对部落以外的世界并不感兴趣。

1922年，英-埃政府颁布《游牧部落酋长权力法令》（Powers

---

① Tim Niblock, *Class and Power in Sudan:The Dynamics of Sudanese Politics, 1898–1985*, 1987, Palgrave Macmillan, 1987, p.51.

of Nomad Sheikhs Ordinance），标志着间接统治制度的开始。此后一年内，超过300部落首领的司法权力得到了承认、加强和规范化。与此同时，时任总督李·斯达克还设想为受过教育的苏丹人提供更多的关键岗位，笼络北方有势力的家族，但他没来得及进一步推进这一政策制度，就在1924年危机中命丧于埃及民族主义者之手。

1926年，约翰·马菲爵士（Sir John Maffey）被任命为苏丹总督，他大力倡导间接统治制度，期望以最小的代价维护社会秩序，主要通过对本地传统首领的承认和支持保证英国的影响力，抵消正在崛起的传统教派和民族主义影响力。1927年，苏丹政府颁布了《酋长权力法令》（Powers of Sheikhs Ordinance），把1922年赋予游牧部落首领的委任权力扩大至所有的传统部落首领和定居的农耕团体族长。《酋长权力法令》同时扩大了文职官员的权力，摧毁了苏丹原来按照地理区域单位划分的行政管理体制，从而确立了不管行政边界而按照不同部落族群进行治理的行政体制。

对于苏丹南部，因为部落非常分散，没有高度集权的领袖，间接统治制度是一套终结南苏丹人的传统政治组织形式的全新制度。丁卡人善于牧牛，牛群数量庞大，但没有权威首领。为了推行间接统治制度，英国人花费了三十年时间用于惩罚性的巡逻，赤道军团直到1920年代末期才完成了对加扎勒河丁卡人的征服。上尼罗的努尔人的情况更让英国人头疼。努尔人的预言家们常常带领一批追随者、牛群和女人四处游荡，根本就不把苏丹政府放在眼里。他们善于躲藏，苏德沼泽和埃塞俄比亚的边界区域是他们天然的极佳藏身之地。英国人用武力征服他们之后，又不得不从这些消失的部落中选出原本就不存在的部落酋长。

1922年，英埃共管政府颁布《护照签发条例》，规定南部被划分为“封闭区域”，并开始将苏丹南部的行政事务交由当地有关部门。英－埃政府这样做的目的，首先是阻止来自北方的杰拉巴（小商人）进入南部区域，同时阻止南方人向外流动。其次，英－埃政府也试图借此限制伊斯兰教在苏丹南部的传播，帮助基督教传教士在南部开展活动。1922年，谢赫法庭在英国地区事务专员的监管之下成立，这是将苏丹南方酋长的行政权力制度化的标志性措施。

南北苏丹的教育政策也开始趋于不同。在北方，政府大力支持正统伊斯兰教育，费用计入教授世俗课程的公立学校库塔布（Kuttabs），传统伊斯兰小学哈尔瓦（Halva）的数量在1918—1930年间从6所增加到768所。1910年成立由各级传统官员组成的乌勒玛委员会，负责清真寺的修建和《古兰经》的教授。阿拉伯语是苏丹北方学校学生的必修课程之一。在南方，教育由基督教传教士提供，他们坚持以英语作为通用语言、教学用语和官方语言，阿拉伯语被抵制。从1926年开始，政府向这些传教士办的学校提供资助。1928年的拉杰夫（Rejaf）会议选择了六种教学语言，英语不仅成为通用语，而且也是政府公职人员晋升官阶必备的技能。阿拉伯语，甚至普通的阿拉伯语词汇都被禁止使用。此后，南方使用地方语言教学的男子小学数量从1926年的4所增加到1930年的32所，使用英语教学的中学从1所增加到3所，中学的学生人数也从35名增加到177名。值得关注的是，苏丹北方在1920年已经有80所世俗化教育的小学，但此后直到1929年却没有再创办一所小学。相应地，教育经费开支在国家预算的占比也呈现下降趋势，从1915年的3.9%高点下跌到1926年的1.9%。

到1930年，以间接统治制度、“封闭区域”政策和英化教育政策为主体的“南方政策”基本成型。整体上看，英埃共管政府这一时期的南方政策实现了政策初衷，是间接统治成效显著的范例。间接统治成本低廉，只需要很少的专业人员，封闭区域政策使得南方与北方隔离并能够按照它自身的路线发展，排除北方的行政人员、贸易商以及取消使用阿拉伯语，不仅阻止了伊斯兰教的渗透，而且让英国的行政体制优势以及西方传教士普遍尊重教育和文化的特性得到了充分发挥。[①]但英埃共管政府的南方政策忽略社会经济发展，

---

① P.M. Holt and M.W. Daly, *A History of the Sudan: From the Coming of Islam to the Present Day*, 2011, p.104.

在统一的国家内部人为地扩大了南北方差异，客观上形成南北不平等的发展格局，也孕育了种族隔离和分离主义。南部苏丹，无论是各地区与部族间的和解还是行政机构的建立完善程度都远远落后于北方，尼罗河两岸和城镇里的苏丹人也因为南方的整体落后而强化了认同感。因为在1940年代后南北方草率的统一过渡，加之苏丹独立后北方穆斯林的歧视性同化政策，南方政策最终催化了南北方之间本已存在的隔阂，并且在民族解放运动的话语体系里成为北方政策失误的替罪羊。

二、苏丹民族主义的觉醒与发展

1920年代的危机与繁荣

1916年底，温盖特被任命为驻埃及英国高级专员，此后，英埃在苏丹的共管统治开始遭遇日益觉醒的苏丹民族主义的挑战。

苏丹的民族主义思想最早发轫于知识分子和军官中。1920年代，苏丹的一小群知识分子开始主张泛阿拉伯主义，其中以陆军少尉阿里·阿卜德·拉蒂夫（Ali Abd al-Latif）为代表。拉蒂夫是接受过一定教育的南方籍黑人穆斯林，既能够放下种族身份的负累，又没有传统北方人对埃及的情感束缚，因而积极地投身于反对英国在苏丹统治的运动。1921年，拉蒂夫创建了苏丹统一部落协会，反对英国殖民统治，要求建立部族和宗教领袖分享国家权力的独立苏丹。1922年5月，拉蒂夫发表《苏丹民族要求书》，号召人民起来赶走英国人，要求给予苏丹独立和建立政治制度的权利，拉蒂夫随即被捕入狱。1924年5月，在埃及和苏丹民众的财务及道义支持下，获释后的拉蒂夫和几个公务员伙伴建立了“白旗同盟”，宗旨是联合埃及反抗英国，成立统一的尼罗河流域的国家，拉蒂夫因之被苏丹政府看作是埃及政客的傀儡，并在同盟成立后的1个月再次被捕入狱。[①]

与此同时，随着社会经济的发展，苏丹社会出现了一些行业的“联盟”和“工会”等社会组织，主要由退役士官、教士和南方籍知名穆斯林组成。这些组织虽然在当时并不引人注目，影响力有限，缺乏部族基础和民众支持，但在后来的历次政治斗争中发挥了重要作用。这些新兴组织的部分成员，尤其是那些具有较高社会地位的政府官员、军官和商人，尽管支持继续实行共管统治，但并不愿意将他们的未来永远置于英国统治之下，渴望一个最终实现苏丹独立的明确规划。

间接统治制度的引入提升了传统教派权贵们的地位，安萨尔教派在农业领域占据优势，哈特米亚教派则在商业和贸易领域有优势，有更大的实力来维持现状抗衡新的世俗反对派，这实际上给苏丹民族主义的发展提供了另一种渠道。1919年，哈特米亚教派的赛义德·阿里·米尔加尼领导苏丹代表团前往伦敦，表面上是为了祝贺英王乔治五世赢得战争，实际上则是苏丹传统势力试图联合英国一起反对埃及合并苏丹。安萨尔教派领袖赛义德·阿卜杜勒·拉赫曼的影响力在访问后持续增长，尤其在苏丹西部的部落中。1923年后，苏丹的两大教派领袖都厌恶拉蒂夫代表的世俗反对派，也都瞧不起白旗同盟，但都巧妙地利用拉蒂夫“统一的尼罗河流域”主张，他们此前说服追随者在第一次世界大战期间支持英国，现在则尽可能地阻止埃及追随者在苏丹人中间的影响。

1924年1月，支持民族主义的华夫脱党在埃及议会选举中脱颖而出，几乎获得了所有的席位。为消除埃及民族主义在苏丹的影响，防止埃及对苏丹事务的干预，斯达克总督开始驱逐在苏丹的埃及官员和军队，并将受过教育的苏丹人看作麻烦制造者。7月，拉蒂夫再次被捕并被监禁。8月，在阿特巴拉发动起义的埃及军队被镇压，喀土穆军事学校的学员领袖因为组织街头游行示威而被监禁，军事学

① 〔美〕罗伯特·柯林斯:《苏丹史》，第46页。

院也迅速被关闭。11月19日，苏丹总督斯达克在开罗被埃及民族主义者暗杀，高级专员艾伦比在没有得到伦敦同意的情况下发布最后通牒，要求埃及联军立刻从苏丹撤离，并宣布在杰济拉灌溉区“只要需要就无限制增加驻军”。伦敦后来虽然否认了增加驻军的第二项条款，但整体上仍然坚定支持埃及和苏丹总督的决定。

驻扎在喀土穆的埃及联军虽然拒绝在没有开罗直接命令的情况下撤离，但在英国人机关枪的威胁下还是平静地登上列车返回埃及。埃及军队中的苏丹军官在效忠埃及国王和英国高级军官之间左右为难，第11苏丹营的士兵在11月27日走上喀土穆街道，随后占据军事医院避难防守，英国炮兵部队在两次劝降无果后轰炸了军事医院，叛乱士兵被全部消灭，三名苏丹军官被处死。随后，剩余的埃及部队全部撤离苏丹。随之而来的是普遍的镇压，白旗同盟的领袖人物和成员、军事学校的学生都被投进监狱，反对英国军队的军官都被枪杀。

埃及军队撤离后，埃及籍文职官员也随即撤走，曾经的英埃共管徒有形式。埃及与苏丹之间的一切活动都被禁止，阅读埃及报纸等于犯法，特别是在学生中间更是如此。[①]接受埃及资助的苏丹国防军开始建立，成员主要是苏丹人，接受英国司令官领导。国防军的人数大概有4500名，分赤道军团、东阿拉伯军团和西阿拉伯军团。

1924年危机之后的十年，因为血腥镇压和明显退化但却行之有效的间接统治，英国的统治地位得到了强化，基本实现了对苏丹的完全控制；觉醒中的苏丹社会历经了一段寂静时期，民族主义运动暂时处于低潮。本来就为数不多的激进分子几乎消失，传统的教派精英们越来越掌握话语权，受过教育的温和派低调行事，且主动与激进派保持距离。更重要的是，由于南方的发展在1920年代以后受到了多种限制，苏丹民族主义运动领导力量开始由南方籍穆斯林精英转移到北方穆斯林精英，从而使苏丹的民族主义运动带有鲜明的阿拉伯-伊斯兰色彩。在1920—1930年代的民族主义运动中，只有

① 〔苏丹〕迈基·希贝卡：《独立的苏丹》，第808页。

一小部分苏丹人表现出亲西方的感情，大多数人都是反对西方的激进分子，怀着亲阿拉伯情感，小心翼翼地保护自己的阿拉伯-伊斯兰认同。①

1928下半年，贝鲁特美国大学的第一批苏丹毕业生来到了喀土穆，他们在戈登纪念学院任教，不仅很快地就使学生们感受到全社会压抑的生活气氛，同时也影响了学生们的精神状态和斗争方式。1931年，苏丹政府借口经济萧条，要降低戈登纪念学院毕业生的起薪标准。学生们讨论了这个问题，决定在和平的气氛下罢课，不诉诸任何形式的暴力，避免学院遭到无限期关闭。得益于谨慎的斗争策略，加之安萨尔教派领袖赛义德·拉赫曼的调解，这场罢课达到了预期目的，学生们接受劝告复课。这是一个不起眼的标志性事件，正是这些在1931年参加罢课事件的，带动着在1924年实施镇压政策之后上学念书的整整一代人，领导了苏丹民众争取自由的斗争并最后获得国家独立。②

与政治运动的停滞相反，这一时期的苏丹经济取得了重要进展，主要是自20世纪初期就被大力推广的棉花种植。一度流产的“杰济拉计划”因为得到了来自伦敦的贷款而得以复苏，精心设计的杰济拉地区灌溉网得以完成，修筑的森纳尔大坝通过积蓄青尼罗河水实现了自流灌溉。1929年，埃及和苏丹签订了新的尼罗河水协议，即“1929年尼罗河用水协议”，其关键条款是根据消耗量确定埃及和苏丹各自的用水份额，从而保证了杰济拉计划的灌溉用水，能够灌溉的土地面积将会增至超过50万费丹。③此后，苏丹通过一家私营的种植园辛迪加（联合企业）开展合作化农业生产尝试，分散的承租人被组织起来在市场上集体销售棉花，销售利润的20%归辛迪加企业，政府与承租人分别得到40%。耕种方式也得到改进，在40费丹

① Abdel Wahab El-Affendi, *Turabi's Revolution Islam and Power in Sudan*, London: Grey Seal, 1991, p.34.

② ［苏丹］迈基·希贝卡：《独立的苏丹》，第809页。

③ 费丹（feddan），埃及和苏丹等国的土地面积单位，约等于1.038英亩或者6.07亩。

的租种地上，10费丹用于种植棉花，谷物和草料分别占5费丹，另外的20费丹作为休耕地。

整体上看，杰济拉棉花种植计划给苏丹社会提供了全新的生活方式。棉花成为苏丹经济的支柱，杰济拉计划成为非洲农业发展以及其他地方发展项目的样板，杰济拉地区成为苏丹人口最稠密的地区。受棉花生产发展的带动，苏丹对外贸易在1914—1919年间从300万英镑增加到了690万英镑；政府税收从1916年的186万英镑增长至1920年的440万英镑。①

也就是在这一时期，英-埃政府的扶持，例如在1919年、1921年、1926年颁布了大量法令，强化了苏丹宗教领袖和部落酋长的政治权威和经济势力，使二者成为苏丹最有权势的阶层，成为独立后相当长一段时期内苏丹的主要政治力量。1935年，赛义德·拉赫曼拥有了大约1.6万费丹的土地，其中1/3用于种植棉花，获得了大宗的政府合同，每年获利2万—3万苏丹镑，能够为大量的安萨尔教派信徒提供食宿，拥有参与政治、社会和文化活动的充足资金。②哈特米亚教团的领袖赛义德·阿里·米尔加尼（Sayyid Ali al-Mirghani）在红海州与北方州拥有大片耕地，在商业领域也拥有大量利益。白尼罗河地区哈萨里亚部落（Hassaniya）哈巴尼家族（Hahhani），在白尼罗河沿岸拥有15个水泵站和1.5万费丹的土地。丹拿格拉部落（Danagla）的马里克·祖拜尔家族（Malik al Zubair）在栋古拉拥有许多水泵站。

1935年，意大利入侵埃塞俄比亚，要完成从利比亚的黎波里到亚的斯亚贝巴的"新罗马"计划，英国在苏丹和埃及的存在是新罗马计划的唯一障碍。国际形势的迅速变化推动了英国和埃及的合作，1936年的《英-埃条约》（Anglo-Egyptian Treaty）对苏丹产生了深

① P.M. Holt and M.W. Daly, *A History of the Sudan: From the Coming of Islam to the Present Day*, Pearson Education Limited, 2011, pp.92, 52-54.

② Gabriel Warburg, *Islam, Sectarianism and Politics in Sudan Since the Mahadiyya*, London: Hurst & Company, 1988, p.92.

远影响，以一种背叛的方式结束了苏丹社会长达十年的政治沉寂状态。根据该条约，英国巩固了其在苏伊士及尼罗河流域的战略利益，埃及对苏丹的主权要求得到尊重，埃及军队将返回并保卫苏丹，埃及向苏丹的移民也不再被限制。虽然将埃及视为唯一的潜在盟友，信赖英国的制度和保护，然而无论是英国还是埃及，均未就这些重大安排与苏丹进行过协商，所以当该条约正式公布时，苏丹的知识分子对于埃及将其利益出卖给英方深感痛苦，英国官员则担心苏丹可能会发生另一场类似于1924年的危机。①

苏丹民族主义的发展

间接统治制度一直得到苏丹政治事务部（SPS）的强烈支持，大部分的苏丹社会事务被交由当地的部落或宗教领袖按照习惯法管理。南方地区在1936年前甚至是连一所官办学校也没有；为数不多的苏丹籍下级职员也只需要接受基础教育，掌握基本的交流工具和计算能力。然而也有在喀土穆的英国官员意识到，必须给苏丹引进一个世俗化的西方课程体系开启民智。1934年，在新任总督乔治·赛姆斯（George Symes）爵士的推动下，后一种意见逐渐占据上风，苏丹开始进行教育和行政改革，通过与受过教育的苏丹温和派而不是与部落权威合作，最终结束间接统治制度。

改革首先从教育领域开始。1934年，一所培养小学教师的新型职业学院在拜希特汝达（Bakht al-Ruda）正式开学，承担着研究教学方法和出版教科书的重大改革任务，远期目标是将小学老师的培训学校从喀土穆推广至苏丹的广大农村地区。1936年，喀土穆出现了法律、工程、兽医和农业学校并开始接收学生，理学院和文学院也分别于1939年和1940年开学。政府技术部门的岗位随后出现了越来越多的苏丹人。经过改制的戈登纪念学院先是在1945年合并了这些职业学校，进而在1951年与基钦纳医学院合并成立喀土穆大学

---

① P.M. Holt and M.W. Daly, *A History of the Sudan: From the Coming of Islam to the Present Day*, p.98.

学院，隶属于伦敦大学，苏丹独立后改名为喀土穆大学。整体上看，虽然有限的伊斯兰世俗学校库塔布被改造为了中级学校，但苏丹在独立前的教育改革一直举步维艰，伊斯兰小学哈尔瓦处于极度萎缩状态，中等教育改革因人才短缺和“二战”爆发而陷入困境，教育开支仍然仅占苏丹政府预算的2.1%（1936年）。在此背景下，1930年代，苏丹先后出现了《复兴》、《苏丹之镜》和《曙光》等文学刊物，出现了反映婚姻、习俗等社会问题的文学作品，具有现代气息的散文和小说逐渐发展起来，喀土穆等大城市里出现了一些民间性质的文学俱乐部和文学团体，积极宣传革命思想，探讨文学问题，在苏丹思想史和文学史上产生了重大影响。1948年，长篇小说《北迁时节》问世，它是以真诚态度描写苏丹现实生活和文化的代表作，被翻译成了20多种语言出版。①

与缓慢的教育改革和文学发展不同，行政体系改革的影响迅速而重大，反映了治理路线的根本性变化。1937年，苏丹政府颁布了三项地方管理法令，分别改革了自治市、城镇以及农村地区的行政管理，除了最偏远的游牧区，全国领土的划为主要依据地域单位而不是部落形式，间接统治的权力被下放给“当地政府”而不是部落首领或者酋长。这次行政体系改革的最终结果，就是在1951年出台了一项综合性的地方管理法令。

改革同样涉及到了经济领域。首先，政府继续稳定以农业为基础、以棉花为主要经济作物的经济格局。1944年，政府决定到期后不再授予种植园辛迪加（联合企业）经营杰济拉计划的特权，并在1949年特许权期满后由杰济拉委员会取而代之，计划到1953年再增加100万费丹灌溉棉田，先前分配给辛迪加的利润份额被用于杰济拉地区的调研和社会发展，例如宏大的迈纳吉勒（Managil）扩展工程等。其次，在赤道州的赞德地区，苏丹政府仿照杰济拉工程样板，发起了改善偏远地区土著民族社会发展的“赞德计划”（Zande

① 仲跻昆：《阿拉伯现代文学史》，昆仑出版社2004年版，第219—249页。

Scheme），力图通过种植棉花和出口棉布制成品使阿赞德人自给自足，同时改善通信和交通，创办新的学校，建立发电厂和一系列的榨油厂、肥皂厂和纺织厂等。截至1954年，赞德地区18.2万费丹的土地开始种植棉花，带来了637万英镑的年均收益。也正是得益于这些改革措施和激增的战争需求，加之国际棉花市场价格持续高涨，苏丹的棉花出口持续盈利，“二战”爆发至独立前的苏丹经济普遍繁荣，进口额从1941年的800万英镑激增到1951年的4200万英镑，出口额从890万飙升到6200万英镑。越来越多的预算盈余被集中用于改善通信、生产方案、社会服务和公共设施，例如农村供水设施、杰济拉工程项目以及长期被忽视的南部苏丹地区。苏丹铁路延伸到达马津（Damazin）和尼亚拉（Nyala），增添了新的汽轮船，成立了苏丹航空公司，教育和保健得到前所未有的资金投入。[①]

因为乔治·赛姆斯改革的鼓励和1936年《英-埃条约》的刺激，民族主义在苏丹再度兴起，提出了限制总督权力、让苏丹人进入政府立法与预算执行委员会等要求。1938年2月，苏丹知识界成立了“毕业生大会”组织，大约有1180名各类学校的毕业生参加，其中大部分是政府官员或工作人员，第一任总书记是就读于贝鲁特美国大学的伊斯梅尔·阿扎里（Ismail al Azhari）。[②]阿扎里出身宗教世家，在戈登学院担任数学教师，他肯定了毕业生们作为公职人员的责任，并将大会的关注点概括为“重要的公共利益或者在政府政策范围内的事务”。毕业生大会显然受到英国当局的鼓励支持，希望借之抑制传统部落和教派领袖的影响，在不过分干预政治的前提下徐缓地推进世俗化运动。1943年，阿扎里组建了兄弟党（Ashigga），这是苏丹真正意义上的民族主义政党。

1940年代，苏丹的民族主义者和宗教领袖因为对国家未来发展道路的不同看法而逐渐分裂为两派。较为激进的民族主义者，例如

---

① P.M. Holt and M.W. Daly, *A History of the Sudan: From the Coming of Islam to the Present Day*, Pearson Education Limited, 2011, p.106.

② 刘辉：《民族国家构建视角下的苏丹内战研究》，第62页。

哈特米亚教派领袖赛义德·阿里等，就主张采取泛阿拉伯主义意识形态，与埃及合并，实现“尼罗河的统一”。以安萨尔教派领袖赛义德·拉赫曼为代表的温和派，坚持纯粹苏丹式的民族主义，反对与埃及合并，主张通过与英国合作逐渐获得独立。[①]除此之外，赛义德·阿里一直对赛义德·拉赫曼的迅速崛起惴惴不安，担心后者借助英国的支持在苏丹建立一个马赫迪君主制国家，认为只有与埃及联盟才能阻止马赫迪政权的复兴。在多重因素的作用下，两个不同教派的赛义德成为了对立的民族主义运动领导人。哈特米亚教派创立了“民族联合党”（National Unionist Party），安萨尔教派创建了“乌玛党”（Umma Party），二者是独立后深刻影响苏丹政治进程的两个宗教民族主义政党，宗教领袖也始终借此保持着对政治走向的重要影响。

乌玛党支持苏丹完全独立，似乎比支持与埃及联合的政党更具吸引力，但两个因素阻止了民众对它的普遍接受。其一，乌玛党的领导人倡导通过与现政权的合作逐步实现国家独立，兄弟党等激进民族主义者很容易将它看作是英国帝国主义的殖民工具。其二，赛义德·拉赫曼对乌玛党的资助，很容易让人疑虑他作为马赫迪儿子的个人野心。[②]同样，虽然埃及是苏丹民族主义事业唯一的潜在支持者，“统一的尼罗河流域”有现实基础，但埃及在很多时候却并不愿意平等地对待苏丹，民族主义运动所宣扬“苏丹是苏丹人的”的观点，很多时候成为英国反对埃及干涉苏丹内政的最佳借口。事实上，由于英埃双方并未就苏丹的未来地位达成一致意见，英国人一直树立自己的南方保护人形象，苏丹的民族主义者一度担心英埃的摩擦可能会使苏丹北方归并于埃及，而南方则并入乌干达和肯尼亚，最终造成国家的分裂或者不存在。[③]

---

① Douglas H Johnson, *The Root Causes of Sudan's Civil War*, Bloomington: Indiana University Press, 2003, p.23.

② P.M. Holt and M.W. Daly, *A History of the Sudan: From the Coming of Islam to the Present Day*, 2011, p.101.

③ 刘鸿武、姜恒昆编著:《苏丹》，第120页。

1940年代，苏丹的民族主义运动出现了民族主义力量与伊斯兰力量联合领导的局面。为了尽快地增加“兄弟党”的影响力，阿扎里选择与哈特米亚教派的赛义德·米尔加尼联盟。安萨尔教派的赛义德·拉赫曼则重点在毕业生中间扩大影响，致力于使自己成为民族主义运动的领袖。这不仅导致世俗民族主义一直没能主导苏丹政治发展，而是因为依附于宗教团体而形成了宗教政党；伊斯兰与民族主义合作催生了苏丹民族国家，但同时也导致了苏丹政党的宗教化和政治的宗教化，对苏丹独立后的政治有深刻的影响。①究其原因，就是苏丹的民族主义运动从来没有真正的民众参与，那些受过教育的世俗精英们讨厌部落和教派领袖，认为他们落后原始，阻碍了社会进步，这反过来导致他们的民众基础薄弱而孤立，需要借助教派势力来扩大影响和实现政治目标，甚至是那些他们反对的传统教派势力。②

第二次世界大战的爆发加快了苏丹民族主义运动发展。1940年夏，意大利入侵苏丹，占领了卡萨拉，苏丹国防军在苏丹港阻止了意军的继续推进。1941年1月，苏丹国防军扩充到2万人，不仅在两个月后夺取了卡萨拉，参加了英军在厄立特里亚击溃意军和解放埃塞俄比亚的战斗，一些苏丹部队还为后来英国第八军团在北非的胜利做出了贡献。战争经历提升了苏丹军队的地位和苏丹人的民族主义意识。1942年3月，“毕业生大会”执行委员会向英-埃共管政府提交了一份备忘录，要求废除阻挠南北往来的“南方封闭区”法令，增加苏丹人在殖民政府中担任文职官员的人数，以联合宣言的方式承诺战后给予苏丹自治地位。因为备忘录明显超出了大会先前被默认的行为界限，英-埃共管政府愤怒地拒绝接受该备忘录，谴责大会丧失了政府对它的信任，但几经斗争后开始同意将间接统治逐渐过渡为由苏丹人管理的当地政府，甚至建议将来的苏丹建立议

---

① 彭树智主编：《伊斯兰教与中东的现代化进程》，西北大学出版社1997年版，第128页。

② Francis Mading Deng, *War of Visions: Conflict of Identities in the Sudan*, Washington: Brookings Institution Press, 1995, p.116.

会制政府，统一管理南北苏丹。[①]

三、独立之路

曲折的独立进程

在苏丹人民的斗争下，英国在苏丹逐步实行改革。1943年，地方和中央咨询委员会成立，这被看作是政府向民族主义的妥协。咨询委员会的主席是总督，28位成员中有18位成员从同期建立的地方委员会产生，大多数是部落领袖；另外10名成员由总督选择，全部是政府官员。咨询委员会在1945—1948年期间共召开了8次大会，塑造了政府问责制的印象。但实际上，由于议程、会议的长短以及讨论的内容都是由政府事先决定，咨询委员会不仅因为其未关注重要话题而被公开抨击，更因为委员会中只有北方人而被看作是共管政府准备分裂苏丹的伏笔。毕业生大会就一直抵制咨询委员会。

随着战争的结束，苏丹地位问题再一次成为英埃两国的焦点问题。1945年12月，埃及正式要求英国就1936年条约再次协商，苏丹总督随即向咨询委员会征求意见，1946年3月，经过协调，一个包含所有政党的苏丹代表团前往开罗参与谈判，但很快就四分五裂。当埃及坚持要承认埃及和苏丹联盟时，乌玛党和他们的盟友返回苏丹，阿扎里领导下的联盟派选择留下，成为埃及人唯一认可的苏丹利益代言人。由于会谈没有让任何一方满意，苏丹总督以辞职相威胁，此次会谈在1947年3月宣布破裂。乌坶党威胁将不再与英国合作，支持者四处示威骚乱。

1946年底，英国殖民当局为防止北方政党倒向埃及，放弃支持南方独立，开始支持南北统一。1947年2月，英埃共管政府废除了禁止南北往来的法令，决定建立代表整个国家的立法会议取代咨询

① 刘鸿武、姜恒昆编著:《苏丹》，第121页。

委员会，其中至少有一半的成员应该是苏丹人。6月12—13日，英-埃共管政府组织南北方代表在朱巴开会，讨论南方的未来地位以及在立法会议中的角色问题。在朱巴会议上，英国人最终放弃了对南方利益的坚持，反而试图说服南方代表支持统一的苏丹立场；南方代表似乎难舍新近被废弃的“南方政策”，希望拥有诸如保障性措施之类的特殊待遇，辩解说这是对未完全“成熟”的南方民众的保护；北方代表专注于促进尼罗河流域的统一或者是独立，只是简单地回应称学习政治艺术的最好方法是参与进去。大多数的南方人继续在与外界隔离的状态中怡然自得，对于朱巴会议所蕴含的意义毫无察觉。[①]

在“二战”后争取独立的运动中，因为经济不平衡造成的紧张局势，正在崛起的城市工人阶级遭遇了工资涨幅跟不上物价涨幅的窘境，苏丹的各类专业工会组织开始出现，并积极参与苏丹的民族主义运动。苏丹的工人运动发源于阿特巴拉地区，这一地区90%的居民是苏丹铁路公司的职工及其家属。1946年6月，铁路工人们组织成立了职工事务协会（WAA），随即举行三次罢工迫使政府承认了协会的合法性。在1948—1952年间，苏丹颁布了一系列以英国和殖民判例为基础的劳工立法，1948年的《工会条例》为各类工会组织的注册和依法经营提供了法律依据。截至1952年，有将近100个工会组织登记在册。苏丹铁路工人联盟（SRWU）是最重要的工会组织，成员在1951—1953年间从1.7万快速增长到10万。1949年，工会代表大会成立，1950年进而扩大为苏丹工人工会联合会（SWTUF）。工会联合会有着鲜明的政治目的，不仅公开宣称要结束英国帝国主义统治和实行苏丹自治，而且与兄弟党等组织一起建立了民族阵线党，这一党派通常被看作是一个共产主义阵线组织。新成立的工会联合会是苏丹民族主义运动最后阶段的重要角色之一，不仅被政府当局严加防范，在1952年10月借口罢工中止了与工会联合会的全部合同；而且因为谴责1953年2月的《英埃协议》而将自

① 〔美〕罗伯特·柯林斯：《苏丹史》，第66页。

己与大多数苏丹工人对立起来，旗下的成员工会拒绝响应罢工呼吁。更重要的是，由于工会联合会的领导人越来越多地参与苏丹民族解放运动，他们为苏丹工人谋利的政治初衷越来越让位于他们个人的政治野心，受到了苏丹传统教派和政党斗争的深度影响，与苏丹基层大众的利益渐行渐远，逐步失去了领导苏丹劳工运动的合法性和可信度。[①]

1947年7月，不顾埃及的反对，英国颁布了《执行理事会和立法会议条例》。据此，总督委员会被12—18人的执行理事会取代，成员中至少有一半是苏丹人。执行理事会着手倡导立法并提出立法建议。议会由75名议员组成，其中10名是被举荐的官员，另有13名南方人以及52名北方人。52名北方人中10人由直接选举产生，42人则通过间接选举产生。议会被禁止参与涉及条例自身、与外国政府的关系以及苏丹国籍等问题，涉及国防、金融、宗教和少数民族地位等问题的法案必须首先提交给执行理事会，总督对议会的所有立法拥有否决权。1948年11月15日，在英国总督的主持下，苏丹举行立法会议选举。因为亲埃及的民族联合党抵制选举，主张与英国合作的乌玛党及其盟友获得了对议会的控制权，乌玛党秘书长阿卜杜拉·哈利勒（Abdallah Khalil）被选为议长。

议会选举后的苏丹形势波诡云谲。乌玛党担心英国试图让南方成为独立国家或与英属东非合并，担心英国可能会为了维持在苏伊士运河的利益而出卖苏丹，因而加大了对自治的要求力度，希望早日独立。新成立的民族阵线党赢得了众多的追随者，支持苏丹成为埃及王权下的自治领地。英国极力阻止民族阵线党参与议会，乌玛党尝试联合哈特米亚教派抵制激进的民族联合党。1950年12月15日，乌玛党以多数优势强行在议会通过一项决议，要求英国和埃及于1951年年底前批准成立自治政府，并且支持成立由英国专家主持、由13名苏丹人组成的宪法修订委员会。10月8日，埃及正式废除了1899年《共管协定》和1936年《英-埃条约》。这遭到了英国

① P.M. Holt and M.W. Daly, *A History of the Sudan: From the Coming of Islam to the Present Day*, 2011, pp.107-108.

和除兄弟党外所有苏丹政党的抵制。

宪法修订委员会于1951年3月29日成立。一年后，由于认为苏丹现阶段没有一个合法政府，有六名成员投票赞成由一个国际机构取代苏丹总督，政府随即解散了宪法修订委员会。1952年4月23日，以宪法修订委员会此前发布的报告为基础，乌玛党控制的立法会议颁布了《自治法》，设计了一个内阁向两院制议会负责的制度。众议院（议会下议院）由81个选举产生的议员组成，参议院（上议院）有50名议员，其中20名议员由总督任命，其余30人由各州的选举团选举产生。政府由总理及部长会议组成，向议会负责。总督负责公共服务及对外事务，并有权否决对苏丹南部产生影响的立法，新政府处理除此之外的苏丹事务。英国在11月批准了苏丹提出的这项自治法令。

在这一过程中，埃及一直反对苏丹的独立主张，一度声称除非英军撤出苏伊士运河，否则不会放弃对苏丹主权的要求。然而在1952年七月革命后，法鲁克国王被推翻，新政府放弃了合并苏丹的政策，主张将苏丹问题与苏伊士运河脱钩，承认苏丹人拥有自治权利。1952年10月，埃及新政府与乌玛党达成共识，并迫使英国改变了它的苏丹政策。根据1953年2月12日签署的英埃协定，苏丹可以在三年内实现由共管统治到自治政府的过渡，成立一个国际委员会和一个选举委员会分别承担总督的权力以及监督议会选举，所有外国军队在自决前撤离苏丹，苏丹在过渡期末期通过国际监督下的公民投票来决定其未来地位，针对南方的保障性措施被有意忽略了。作为“最高宪法权威”的总督将在五人委员会的辅助下行使权力，该委员会有2个苏丹人，埃及、英国和美国各有1人。

1953年11月，因为得到哈特米亚教派的秘密支持，加之太多人担心乌玛党的目的就是重建马赫迪君主国，亲埃及的民族联合党在议会选举中获得了多数席位，在下院97个议席中获得了51个议席，在上院30个议席中获得22个议席。1954年1月，苏丹自治政府成立，民族联合党领袖伊斯梅尔·阿扎里成为自治政府首脑。乌玛党把自己的失败归咎于埃及人干涉苏丹选举，破坏了不干涉选举的“君子协定”，因而组织了4万人的队伍抗议埃及纳吉布将军出席3月1日的议会开幕式。抗议事件在冲击总统府时失控酿成骚乱，造成20名平民和10名警察死亡，庆祝活动被取消，纳吉布将军匆匆返回开罗。

完成独立

苏丹化政策已经实施多年，例如1946年就开始安排北方人到南方任职，同时允许南方人到北方就业，取消了禁止穆斯林到南方传教的禁令，将阿拉伯语作为南方的官方行政语言等。在1953年英埃协议缔结后，苏丹化的节奏明显加快。1954年2月，阿扎里政府成立了民族联合党成员为主的苏丹化委员会，开始大规模解雇英国官员，并通过慷慨给予的补偿和退休金把伤害降到最低。大批的英国和埃及籍行政官员被解雇和替换。1954年12月17日，苏丹政治事务部的最后一名成员，民事秘书戈温·贝尔（Gwain Bell）在苏丹港登上轮船离开苏丹。

在1954年的政府初创时期，如果留意议会中民族联合党南方成员的告诫，顾及历史上北方与南方之间的文化、民族、种族、宗教差异，通过平等吸纳北方和南方参加新建的政府机构展示民族团结，消弭奴隶贸易导致的种族仇恨，采取南方人看得见的具体行动兑现选举承诺，伊斯梅尔·阿扎里政府本来可以有一个乐观的新开端。但所有这一切都永远成为了假设，民族联合党草率的全面苏丹化运动，不仅同时引起了英国和苏丹内部两方面的批评，而且即将产生巨大的悲剧性后果。这一是因为苏丹化过程过于仓促鲁莽，继任者似乎并不具备驾驭复杂的共管体制的能力；二是因为苏丹化委员会完全无视南方人的愿望，延续了南方人不能胜任的陈旧观点，只委任了6个南方人出任南方地区的下级行政职务，苏丹化后空出的其他800多个岗位全部分配给了北方人，包括赤道军团的军官们。[①]随

① 〔美〕罗伯特·柯林斯:《苏丹史》，第75页。

即，进入南方的北方人迅速增多，他们或者经商，或者在军队、警局和公办学校任职。

南方政治家们对阿扎里政府的做法反应强烈，他们指责议会里听不到任何支持南方独立发展政策的声音，批评北方人可能还想把南方再殖民100年。普通南方人则担心会受到北方人的压制，他们对自治政府强制规定阿拉伯语为官方语言特别不满，因为这剥夺了许多受过教育的讲英语的南方人进入行政部门的机会。因为担心北方的做法会导致南方反抗政府，1954年10月，英国殖民当局在朱巴召开了一次会议，承诺独立后的苏丹政府将会保护南方的政治和文化权利，南方人则提出只有在联邦政府的框架下才能实现南北统一。朱巴会议后，联邦迅速成为了南方人的标语。①

虽然阿扎里政府以补偿性的加薪方式巧妙地挫败、收买了提议南方独立的自由党，以立宪会议将"全面考虑南方联邦要求"的虚幻承诺换取了南方议员的支持，但更多的南方人似乎对建立统一平等的独立苏丹国家失去了信心。1955年7月下旬，赤道州恩扎拉（Nzara）地区的南方籍失业棉纺织工人举行游行示威，北方安全部队介入后情况立即恶化，有报道显示至少有20人死亡。随后，北方要采取进一步报复行动的谣言开始在南方地区传遍，一份真伪莫辨的阿扎里的电报就要求南方三州的所有行政人员不要听信南方人自私的抱怨。曾经的《赞德方案》此后再也没有恢复过，这为独立前夕南方日益增长的愤怒情绪增添了一桩不公平的案例。

8月14日，苏丹政府命令北方官员及家属撤离南部，这被南方人合理地看作是北方军队要消灭南方军队计划的第一步。8月18日，南方军队接到命令，要他们经朱巴前往喀土穆，南方士兵拒绝接受，开始酝酿暴动。赤道军团的第二连队驻扎在托里特（Torit），他们杀掉了当地所有北方人，包括部队军官，占领了军械库。此后，南方军队先后在朱巴、耶伊、延比奥（Yambio）、梅丽迪（Merdi）等地

① Joseph Oduho & William Deng, *The Problem of the Southern Sudan*, Oxford University Press, 1963, p.27.

发动兵变。8月20日，在乌干达国王非洲步枪队的协助下，发动叛乱的南方军队开始进攻朱巴和蒙加尔拉（Mongalla）的苏丹政府军。叛乱分子拒绝了阿扎里的会谈提议，要求从朱巴撤走北方军队，还试图寻求联合国介入。

因为曾与英埃共管时期的国王非洲步枪队（King's African Rifle, KAR）有过合作，发动兵变的南方部队曾经尝试寻求英国的支持，但英国为了确保苏伊士运河安全和增强对苏丹政府的影响力，坚决支持北方军队平乱，并出动皇家空军帮助苏丹政府运送军队，南方战局随即急转直下。8000多政府军日夜工作，嫌疑犯被就地正法，村落和庄稼被毁，牲口被宰杀。[①]8月30日，苏丹政府军与赤道军团达成协议，政府军进入了托里特，兵变宣告失败。拒绝投降的叛乱分子带着武器逃入乌干达和苏丹交界的丛林深处，成为强硬的分裂主义分子。放下武器的叛乱分子原本指望被宽恕，却被随意逮捕，其中的335名被判处死刑。[②]

参与南方兵变的士兵，主要来自拉图库（Latuko）族，所以在北方镇压过程中，拉图库族死伤惨重，占被起诉的赤道州尼罗河东岸诸部族的66%。尼罗河东岸诸部族士兵也曾参与兵变，但不如拉图库族积极；驻守加扎勒河州中心瓦乌和上尼罗州中心卡拉卡尔的士兵，对兵变甚至根本不知情。[③]南方叛乱者的典型是赤道州卡克瓦（Kakwa）的库库人（KuKu）。得知托里特兵变的消息后，库库人立即拿起武器袭击当地的警察和狱卒，将武装反叛看作他们摆脱阿拉伯人政治、经济和宗教征服的一种尝试。部分北方警察和狱卒在伊耶被南方警察所杀。一些库库人还袭击了当地的阿拉伯商人，烧毁他们的商店和房屋，迫使他们逃至乌干达的莫约（Moyo）。苏丹政府采取劝降与镇压两手结合的政策，并派飞机散发传单，声称要大

---

① 刘辉：《民族国家构建视角下的苏丹内战研究》，第36页。

② Scopas S.Poggo, *The First Sudanese Civil War: 1955–1972*, Palgrave Macmillan, 2009, p.42–45.

③ Ibid., p.49.

赦库库人，库库族的警察在伊耶镇集合后，苏丹安全部队对他们开火，多数人当场死亡，只有少数人设法逃脱。部分拥有店铺的库库人后也被逮至喀土穆，理由是他们在库库人袭击时未能有效保护阿拉伯商人，最终被判处6—8年不等的监禁。

面对南方的敌意，阿扎里自治政府一度中断了苏丹的自治进程，甚至希望能够促进同埃及的统一，但最终放弃了这一想法。1955年8月，议会通过一项决议，要求英国和埃及的武装力量撤离苏丹，并在11月中旬完成军队撤离行动。10月，阿扎里拒绝了乌玛党提出的建立联合政府建议。12月3日，赛义德·拉赫曼和赛义德·阿里近十年第一次公开会面，联合号召在独立后立刻建立联合政府，阿扎里被迫同意。12月19日，苏丹议会在阿扎里的领导下一致通过了独立宣言，同时拒绝了南方议员们提出的联邦制政体和实行自治的主张。12月31日，议会颁布了过渡宪法。最后一任总督在离职的前两个星期去世，因而并没有返回英国。

1956年1月1日，阿扎里正式宣布苏丹独立，建立苏丹共和国。在匆忙准备的仪式上，自豪的伊斯梅尔·阿扎里降下了埃及和联合王国的国旗，升起了新的苏丹共和国国旗。在独立日举行的全国大赦中，参与兵变的南方人被排除在外。失望的南方人开始拿起武器为自决而战，但整体规模有限，对新生的苏丹共和国影响不大。

第五章　议会制政府与军政府的轮替治理

从1956年到1969年，苏丹先后经历了两轮民主政府与军政府的交替执政，面临着多种发展问题。主导意识形态在自由主义与阿拉伯社会主义之间摇摆，南方叛乱此起彼伏，经济严重滞后。教派寡头掌控着议会制文官政府时期的国家权力和发展方向，阿布德军政府相对有效地推动了国家发展；二者都是彼此的修正和纠偏力量，都代表着一种国家治理实践方向，但某种意义上也都是苏丹国家发展的阻碍因素。

一、第一届议会制政府的治理实践

派系权争与政局动荡

1956年1月1日，在原英国总督府前，被称为“新苏丹之父”的伊斯梅尔·阿扎里和反对党领袖赛义德·马哈古卜（Sayyid Muhammad Ahmad Mahjub）共同升起苏丹国旗。这宣告英埃共管时期的结束和苏丹的独立，也预示了苏丹独立后政治发展的坎坷历程。具有讽刺意味的是，伊斯梅尔·阿扎里宣布了苏丹独立，但随着势力强大的传统教派政党在政治生活中的回归，阿扎里本人在独立之后的苏丹政坛上却变得不再那么重要且可有可无。[①]

① 〔美〕罗伯特·柯林斯:《苏丹史》，第79页。

1956年1月底，3位内阁部长辞职，阿扎里总理只得建立联合政府。6月，联合政府中的21名哈特米亚教派成员在赛义德·阿里的支持下退出民族联合党，另行组建人民民主党（People's Democratic Party，PDP）。7月5日，人民民主党和乌玛党通过不信任投票，解散了阿扎里的联合政府，选举乌玛党总书记阿卜杜拉·哈利勒（Abdallah Khalil）为总理。此后两年中，民族联合党一直被排除在政府之外。[①]

乌玛党与人民民主党的联合是短暂和权宜的，双方的联合目的就是为了对抗世俗主义的阿扎里，新政府因为教派纷争而变得低效无能。乌玛党坚持要本党领袖赛义德·阿卜杜勒·拉赫曼成为国家元首以及终身总统，人民民主党则主张阿拉伯民族主义，高度警惕乌玛党的政治野心。也正因为如此，尽管双方的联合持续到该届议会结束，两党在议会闭会期间承诺在1958年的选举中继续保持联合，但始终无法就制定永久宪法、稳定南部局势、促进经济发展、改善与埃及关系等亟需解决的重大议题取得进展。在经济发展战略上，联合政府存在分歧：乌玛党主张大力吸引外国资本和援助，人民民主党则坚决反对。1957年棉花丰收，但苏丹的经济形势并未因之好转，持续低迷的经济困境造成了社会政治动荡。

由于民族联合党与乌玛党、人民民主党之间矛盾重重，人民民主党与乌玛党之间猜疑颇深、屡现分歧，再加之南方政党对北方的深刻不信任，这一时期的苏丹政局极为动荡。新联合政府从成立伊始就面临重重挑战，被称作是苏丹有史以来最差的政府，除了动荡、无序和分裂外一事无成。[②]首先，宪法问题上，乌玛党坚持赛义德·阿卜杜勒·拉赫曼应成为国家元首及终身总统，但这遭到了哈

---

① Richard A.Lobban Jr. , Robert S.Kramer,Carolyn Fluehr-Lobban eds., *Historical Dictionary of the Sudan*, The Scarecrow Press, Inc.2002, pp.206-207.

② Elias Nyamlell Wakoson, "Islamism and Militarism in Sudanese Politics: Its Impact on Nation-Building", *Northeast African Studies*, Vo1.5, No.2, 1998, p.78.

特米亚教派和人民民主党的坚决反对。其次，因为与埃及在尼罗河水分配问题上的争执，苏埃关系不断恶化，埃及甚至暗示可能会支持反对哈利勒政府的政变。再次，随着全球性棉花市场的萧条动荡，苏丹棉花出口不断下降，加之埃及禁止从苏丹进口家畜、骆驼和椰枣，苏丹经济逐步恶化，社会矛盾激化，陷入困境的北方农牧民举行了反政府示威游行。[①]

1957年，美国表示愿意为苏丹的发展计划提供财政帮助，但苏丹政府在是否接受美国财政援助上存在广泛争议。阿卜杜拉·哈利勒和乌玛党急于接受美国的财政援助，人民民主党则习惯性地坚持拒绝态度。经过一年多的争论，议会在1958年7月通过了接受美国援助的协议，但鉴于南方议员们的立场开始转变，为了避免民族联合党发动不信任投票，哈利勒总理主动宣布议会休会。

1956年，苏丹进行首次全国性人口普查，并根据普查结果将全国的选区数从97个增加到173个。新的选区划分大大便利了广大农村地区的教派选民，对乌玛党有利；但却牺牲了城市世俗选民的利益，削弱了民族联合党的选举基础。这种调整也许更贴合苏丹的现状，但从长远看却不利于苏丹国家发展。1958年3月的议会大选是苏丹独立后的第一次大选，乌玛党赢得63个议席，人民民主党获得26个。民族联合党尽管拥有比例最广泛的选票，但在新的选区划分中只获得首都以及尼罗河沿岸城镇中的44个议会席位。选举结束后，乌玛党和人民民主党联盟迅速组成了政府，哈利勒蝉联总理职位，民族联合党成为了议会反对派。

1958年夏末，喀土穆新闻报道称乌玛党与民族联合党就组成联合政府达成一致，并将哈利勒总理和人民民主党排除在外。面对可能的政治危机，哈利勒总理欲借助军人的力量打破僵局，因而决定先发动一场政变维持现状。1958年11月7日，陆军司令易卜拉欣·阿布德（Ibrahim Abbud）少将下令军队确保首都安全，宣布国

① 刘鸿武、姜恒昆编著：《苏丹》，第126页。

家进入紧急状态，随后组成的军事武装最高委员会接管了国家的权力。这是苏丹独立后的第一次军事政变，文官政府被军政府取代。根据1964年阿布德军政府被推翻后的相关调查，1958年11月的军人政变确实是一次文官指导下的军人政变，策划者就是哈利勒总理本人，只是由于各种原因，哈利勒总理本人并没有能够完全主导这场政变，他和阿扎里都被迫退休，两个军队高级将领易卜拉欣·阿布德和艾哈迈德·瓦哈卜（Ahmad Abd al Wahab）控制了新组建的军政府。[①]

政治、军队和司法制度建构

1955年12月31日，苏丹议会通过临时宪法，确立了议会民主制的国家政体。第一，实行三权分立的政治体制。国家最高委员会为国家最高权力机构，由五人组成，多数通过方可做出决定。总理和部长组成的部长会议为国家的最高行政机构。总理由议会中多数党领袖担任，部长人数为10—15人，部长会议对议会负责。司法机构自成独立体系，向国家最高委员会负责。第二，1955年宪法直接来源于宗主国英国，规定政府总理为国家最高领导人，建立起初具形态的议会制度、政党制度和文官制度。[②]第三，1955年宪法部分顾及南方地区的权益，给南方代表保留两个部长职位，但比例远低于占全国人口1/4的南方地区黑人应得的政治权益。1955年宪法是苏丹现代史上第一部宪法，具有鲜明的英国制度色彩，是苏丹国家存在时间最长的宪法，在推动民主政治建设和发展方面作用重大。

在英埃共管时期苏丹现代化的初步发展中，部落酋长、教派领袖、商人及其为之服务的专业技术人员等逐步成为了苏丹社会的经济精英阶层，经济地位的崛起反过来又促使上述阶层积极地参与苏丹政治事务，最终成为了苏丹国家的统治阶级。从部族角度看，苏

① Tim Niblock, *Class and Power in the Sudan: The Dynamics of Sudanese Politics, 1898–1985*, London: Macmillan Press, 1987. p.217.

② 刘鸿武、姜恒昆编著：《苏丹》，第151页。

丹国家的精英阶层主要来自贾阿林人、舍基亚人和栋古拉人三个部族，从内阁部长到最下级的公务人员，他们在苏丹独立之后的50年间始终垄断着政府中的绝大部分职位。[①]这就是苏丹国家政治统治力量的稳定基础，另一方面也构成了苏丹国家认同形成的主要障碍。

苏丹军队创立于英埃共管时期，高级军官主要是英国人，中下级军官则由埃及人充任。1924年埃及反英起义后，苏丹军队中的埃及中下级军官基本被解除职务。1925年，英国殖民者开始组建苏丹国防军（Sudan Defence Force, SDF），主要吸纳骁勇善战的北方游牧部族参加，苏丹本土军官开始逐渐参与指挥事务。1956年独立后，随着英籍军官的退出和大量苏丹籍军官的进入，苏丹军队初步实现了本土化。只是由于历史和现实的多重因素影响，进入国防军的南方人为数很少，军队的苏丹化、本土化实际上就是阿拉伯化。

独立初期，苏丹军队建设有如下特点：第一，虽然英籍军官逐渐被取代，但大多数军官仍由英国主持的戈登军事学院培养，训练和装备仍保持着英国的特点。第二，国防军不介入政治斗争，政治中立，无党派属性声誉良好，只是随着政治选举接连发生舞弊与冲突事件后才开始介入政治生活。第三，因为内战的爆发和延续，苏丹军队的数量一直在稳步增长，多样化的外援也让军队武器装备日益多样性。[②]

苏丹司法体系是长期历史演进过程中的产物，其中包含着伊斯兰教法、部落习惯法、英埃共管时期的成文法等诸多内容。伊斯兰教法主要适用于北方阿拉伯人地区，沙里亚法专家大穆夫提（grand mufti）有很大的建议权，世俗统治者在做出判决结果时往往要考虑卡迪（qadi，由逊尼派教法学校培养出来的法官）的意见。南方黑人聚居区以传统的部落习惯法为主要判决依据。部落酋长、首领负责地方法庭的审判，宗教法庭和传统法庭审理诸如土地所有权、放牧权及部族纠纷等案件。值得一提的是，英国的司法体系和司法实

① 〔美〕罗伯特·柯林斯：《苏丹史》，第10页。

② 刘鸿武、姜恒昆编著：《苏丹》，第334—335页。

践对苏丹影响很深，苏丹的司法体系很有独立精神，苏丹律师协会在1956年之后的苏丹政治发展中多次发挥了重要作用。

经济概况和制度建设

独立初期的经济基础相当薄弱。英埃共管时期，殖民政府关注的主要是农业，棉花种植得到了快速发展，外国资本大量涌入。这一方面导致了苏丹城镇经济和部分农村经济（棉花种植业）的殖民化，另一方面也推动了苏丹与世界市场的融合，客观上有利于民族资本的兴起。为棉花种植提供灌溉的杰济拉工程是这一时期重要经济遗产，旱地农业出现了数量有限的机械化耕作。[①]苏丹的工业基础相当薄弱，制造业占GDP比重甚至不足1%，主要是一些小规模的制造业和农业加工业，绝大部分集中在苏丹北部。制造业中以食品加工、饮料加工和棉花加工为最重要，食品加工业的纯产值占制造业总产值的40%左右。由于整体上的长期封闭状态和殖民者的分而治之政策，苏丹南方长期处于落后状态。

苏丹的主要交通运输线有铁路、内河航运、公路和航空。其中铁路最重要，负担着国内主要客运和货运任务，1961年的运货量是246.5万吨，基本垄断了苏丹的进出口贸易运输。1920年代修建的杰济拉铁路长期是非洲最大的轻便铁路之一。苏丹的公路大部分是简易公路，全长4.8万公里。中部和西部的公路，雨季不能通行。南方仅重要城市之间有公路联通，交通运输极不方便。尼罗河是苏丹的主要内河航道，能通航的河道长4068公里。白尼罗河全年可以通航，青尼罗河基本不能航行。政府与私营公司组成的河运公司长期控制内河航运，效益不佳，亏损严重。苏丹港是苏丹唯一的港口，在独立后经历了多次扩建和改造，1961年的货物吞吐量为225万吨。苏丹航空公司是国营公司，在喀土穆与各州首府开设定期航班，1959年开辟了喀土穆－开罗－雅典－罗马－伦敦国际航线。

---

① 刘鸿武、姜恒昆编著:《苏丹》，第214页。

农牧业在苏丹国民经济中占据重要地位，1956年时的从业人口约占全国总人口的92%，出口商品中90%以上是农产品，其中2/3是棉花和棉籽出口，其余为阿拉伯胶、牛、羊、皮革和高粱等。进口商品主要是消费品，其中40%是粮食、烟、糖、茶、纺织品，33%是工农业原料，火车设备、机器和机动车等生产资料占进口商品的20%左右。对外贸易经常出现逆差。

独立后的苏丹逐步形成了三种土地经营管理方式。对于直接从英国当局接收的大型农场，苏丹政府采取了直接经营的方式，出现了很多规模宏大的国营农场。例如在杰济拉、卡什和陶卡等地，政府直接经营的植棉场规模很大，总面积200万费丹，接近全国可耕地面积的1/8。这些大型农场的经营管理沿袭了英埃共管时期的三方合伙分成制，政府、农场管理机构和佃户对农场经营有着各自的不同义务，并因此按照42%、10%和42%分配利润，另有4%被当作佃户储备金和社会发展基金，2%交地方政府。佃户在国营农场生产的棉花必须全部交给管理机构，还需担负雇用临时工和摘棉工的费用，只有玉米和牧草可以自由支配，因而实际只能获得利润的21%，在每年生产时还需贷款支付生产费用。

苏丹私人农场在第二次世界大战以后发展很快，数量从1939年的200多个迅速发展到1960年的2185个，耕种面积120多万费丹。根据1960年的材料，私营农场中，占地50费丹以下的农场接近60%，占地50—500费丹的中等农场占总数的31%，占地500—5000费丹的大农场有177个，为农场总数的7.8%。占地5000费丹以上的最大农场共有6个，其中最大农场的耕地面积超过8万费丹。在农场利润分配方面，私营农场和国营农场差不多，农场主分得净收入的58%，佃户分得42%且要负担主要生产成本。

第三类土地主要分布在东北部的卡萨拉、中部的科尔多凡和西部的达尔富尔，属于游牧或半游牧地区。这类土地虽然名义上为国有，但实际上为部落酋长及贵族所有。部落酋长和贵族掌握较肥沃的土地和大量牲畜，普通部落成员耕种3—5费丹的土地。部落成员每年必须向酋长和贵族缴纳牲畜、皮毛和农产品；他们参加运输劳动中所得的工资也要交一部分给部落首领。①

独立初期的相关经济治理主要涉及如下几个方面。第一，积极扩展农业生产，主要渠道是在青尼罗河流域修建了许多大型抽水工程，完善农田水利灌溉系统，扩大现代化机械化棉花种植。1956—1961五年发展计划的主要建设项目都是青尼罗河上游的水坝、水电站、灌溉工程等。著名的朱奈德（Junayd）工程可以灌溉耕地8万费丹。当地游牧民因此获得新的生计来源，可以选择种植棉花、甘蔗等经济作物。第二，积极建立和发展国有资本和金融体系。国有资本的主要来源是接收殖民时期的铁路、港口、农田水利工程、农场和邮电、自来水等公用事业，同时投资了一些小型的轧棉厂、纺织厂和锯木厂等。1957年4月8日，苏丹发行与埃及镑等值的本国货币苏丹镑，确定含金量为2.55187克，法定汇率为1苏丹镑等于2.87156美元和1.025英镑。②1957年，苏丹农业银行成立，主要向农业发展项目提供贷款等。第三，颁布法规吸引外资，采取对外开放的经济政策。1956、1958年，苏丹先后颁布了《优惠企业法》和《优惠工业法》，提出的优惠措施包括减免营业税和所得税、减少原材料进口税、降低铁路运输费等，为外国聘用人员的入境提供方便。第四，持续投资长绒棉种植，推动以长绒棉为主的农产品出口，减少贸易逆差。在世界棉花市场旺盛时期，苏丹政府甚至设置了近50万费丹的棉花种植目标。③但不幸的是，1957年的世界棉花市场需求下降，政府却继续维持棉花最低价格，造成棉花大量积压，严重影响了苏丹的出口贸易和外汇储备。

1958年，为了解决棉花严重滞销问题，苏丹与多个社会主义国家签订了长绒棉贸易协定，同时拒绝购买不进口苏丹棉花国家的货物。这种努力虽然即时地改变了贸易状况，1959年的对外贸易实现

---

① 宗实：《苏丹》，第50—55页。

② 杨期锭、丁寒编著：《苏丹》，第141页。

③〔美〕罗伯特·柯林斯：《苏丹史》，第80页。

出超，但由于进口货物增加和棉花歉收，苏丹的对外贸易逆差持续增多，1961和1964年分别是1960万和2490万镑。

亲西方的外交政策

独立后，苏丹迅速加入了联合国和阿拉伯国家联盟等国际组织，同时宣布遵循和平中立和不结盟政策，同一切国家友好，不同任何阵营或集团结盟，不参与任何形式的条约。就其实际外交表现看，苏丹政府一般性地表示反对帝国主义和殖民主义，支持亚非民族独立运动，同社会主义国家保持不同程度的友好关系，例如公开反对法国的殖民政策，支持阿尔及利亚的民族解放战争，支持突尼斯要求法国撤军等，但整体上采取的是亲西方的外交政策，同美英两国关系很深。①

作为曾经的宗主国，英国在苏丹有重大的政治影响。独立初期，英国顾问继续帮助苏丹训练军队，苏丹陆军也继续采用英式装备和指挥体系，刻意培植的安萨尔教派、乌玛党和文官体系是英国在苏丹的政治支柱。1956年的苏伊士运河战争虽然为双方关系蒙上一层阴影，政治上长期处于时紧时松的状态，但苏丹对英国的经济依赖却始终存在。以巴克莱银行为中心的英国财团、英资吉拉塔莱·亨基公司、英资苏丹商业公司、博克萨尔公司、马克尔·科茨公司、英国壳牌石油公司等，在苏丹的工业、农业、外贸、城市建设等领域均有较多的投资，著名的杰济拉计划虽然自1956年后就交给了苏丹政府，但英国资本一直保持着该计划的运营。直到1974年，英国资本仍是苏丹重要的资本来源，是苏丹最重要的贸易伙伴。

与美国的关系开始于苏丹民族独立运动时期。1952年，美国在喀土穆设置联络处，1956年苏丹独立后升格为大使馆。1957年，美国副总统尼克松和特使查理斯访问苏丹，试图推行艾森豪威尔主义，要求在苏丹红海沿岸建立军事基地和开发南苏丹，遭到拒绝。1958

① 宗实：《苏丹》，第93—94页。

年，苏丹与美国签订经济和技术援助协定，大量的美援以援助、贷款和赠予等方式随即进入苏丹。此外，联邦德国也向苏丹提供了大量贷款和投资，在苏丹的十年计划中承包大量工程项目。总体上看，大量的西方援助虽然有助于苏丹政府实施其发展计划和缓解经济困难，但伴随的附带要求也导致了多次政治危机，政府内部因接受美国援助而产生的分歧就是哈利勒政府垮台的重要原因之一。

1956年1月7日，苏丹与苏联建交，愿意接受苏联政府一切形式的援助，苏联对此积极响应。随后，苏丹与同属社会主义阵营的保加利亚、捷克斯洛伐克、波兰、罗马尼亚和南斯拉夫等国相继建交，贸易关系也随之发展，其中与捷克斯洛伐克的贸易额较大。1959年2月，铁托访问苏丹，两国关系从公使级升格为大使级，南斯拉夫此后与苏丹开展文化交流与经济合作，合作项目有航运业、修建纸板厂、水泥厂等。

埃及对苏丹影响很深，与埃及的关系是苏丹最重要和复杂的双边关系。20世纪上半叶，苏丹政治精英们逐渐形成了亲英和亲埃两派。亲英的主要力量是安萨尔教派和乌玛党，主张苏丹独立建国，与埃及保持距离。亲埃的主要政治势力是哈特米亚教派及其支持的民族联合党，深受大埃及民族主义思想影响，坚持“尼罗河流域的统一”。[①]1952年后，纳赛尔领导的埃及最终放弃了对苏丹的主权要求，这是苏丹1956年得以独立的重要外因之一。在1956年的苏伊士运河战争中，苏丹大力支持埃及，除提供武器装备外，还派出志愿军参战。

苏丹与埃及的矛盾焦点主要有两个。其一是尼罗河水分配问题。苏丹经济以农牧业为主，但其雄心勃勃的农业灌溉计划受1929年《尼罗河用水协议》的制约而进展迟缓，加之埃及阿斯旺大坝的建设淹没苏丹的瓦迪哈勒法地区，双方存在移民和赔偿争议，苏丹因而多次要求重新协商修订1929年英国主导签署的《尼罗河用水协议》。其二是哈莱伊卜领土争议问题。1899年的英埃共管协定规定苏埃边

---

① 杨灏城、江淳：《纳赛尔和萨达特时代的埃及》，商务印书馆1997年版，第29页。

界以北纬22°为界，但英国在1902年以管理方便为由将北纬22°线以北的哈莱伊卜地区划给苏丹，这引起了埃及的不满。1958年2月，埃及突然出兵占领哈莱伊卜地区，双方战事一触即发，阿扎里总理甚至要在联合国对埃及提出控诉。虽然在多方协调下埃及于次月撤军，但双方并未就哈莱伊卜地区的归属达成协议，始终因之心存芥蒂，在乌玛党执政时期尤其如此。

苏丹和邻国埃塞俄比亚存在历史旧怨和现实矛盾，并因此而互相支持对方的反对派。在埃塞俄比亚的海尔·塞拉西一世（1930—1975年在位）执政时期，苏丹与埃塞俄比亚全面恶化。苏丹长期支持埃塞俄比亚北部厄立特里亚的解放阵线，而埃塞俄比亚则同情并支持苏丹南方的反政府武装。埃塞俄比亚是苏丹南北内战扩大和持续的主要外部因素之一。

二、阿布德军政府的治理实践

阿布德政府的建立和挑战

1958年11月，以阿布德为首的军官集团发动不流血政变，接管了国家权力，结束了低效混乱的议会制政府。

政变成功后，阿布德军政府迅速地采取多种措施巩固权力。首先，解散在独立后取代总督的国家委员会，暂停过渡宪法，解散政党、内阁和工会组织，承诺在6—12个月内恢复民主政体。其次，建立13人组成的军事武装最高委员会，其执行机构是包括7名军官和5名平民的部长委员会，阿布德担任总统和国防部长。①

发动政变的军官主要属于哈特米亚教派，基本来自尼罗河两岸的巴赫里人，绝大多数是舍基亚人，另有一些栋古拉人和贾阿林人，彼此间激烈的权力斗争导致苏丹在1959年间先后发生了三次军

① Edgar O'ballance, *Sudan Civil War and Terrorism 1956-1999*, Macmillan Press, 2000, pp.11-13.

事政变。3月2日，两位被排除在权力核心之外的陆军准将穆希·阿卜杜拉（Muhay al-Din Abdallah）和阿卜杜·山南（Abd al-Rahim Shannan）发动政变，进军喀土穆，迫使阿布德免除艾哈迈德·阿卜杜勒·瓦哈布（Ahamad Abdel al-Wahab）的职位，任命了一个包含这两位军官在内的10人最高委员会。此后，阿布德任命十一月政变的主要发动者——哈桑·纳斯尔（Hasan Bashir Nasr）准将为陆军副总司令兼参谋长，阿卜杜拉和山南对此不满，遂于5月22日再次发动政变，调东部地区两个营进入喀土穆，逼纳斯尔下台。因为军官马格布尔·阿明（Magbur Amin）临阵动摇，纳斯尔将军迅速采取措施镇压了这场政变，逮捕了阿卜杜拉和山南，军事法庭判决二人煽动叛乱罪，囚至1964年十月革命后才释放。11月，阿里·哈米德（Ali Hamid）上校率领在五月政变中受牵连的军官，在恩图曼步兵学校中组织了一次更为激进的政变，但因处事不密而被残酷镇压，参与政变的军官被当众施以绞刑，这令苏丹举国上下震惊。[①]

1958年8月，军政府在首席大法官阿布·朗宁特（Abu Rannant）的规划下，先后颁布《州级行政法案》（1960）、《中央委员会法案》（1962）和《地方政府法案》（1962）等三项条例，建立起从农村到地方再到中央的咨询委员会，实施金字塔式的“新民主”政策。[②]中央最高委员会类似于议会，但实际权力要小得多。咨询机构是阿布德政府重要的统治工具，巩固了军政府的统治，但遭到各党派的反对。

阿布德政府面临几方面的严峻挑战，首先是传统教派政党的平衡问题。阿布德发动政变得到了哈特米亚派的支持，属于安萨尔教派的瓦哈布在1959年3月政变后被逐出政府，乌玛党在政府中的地位被削弱。1959年3月22日，安萨尔教派的领袖赛义德·拉赫曼去世，这是安萨尔教派半个多世纪以来政治影响开始减弱的标志。继

① 宗实：《苏丹》，第78—79页。

② P.M. Holt and M.W. Daly, *A History of the Sudan: From the Coming of Islam to the Present Day*, 2011, p.120.

任的安萨尔教派领导人赛义德·西迪克（Sayyid Siddiq），利用民众对军政府的不满情绪，与民族联合党领袖阿扎里一起公开挑战军政权。1960年11月，安萨尔教派联合反政府力量，发表反对军政府的联合宣言，公开提出结束军人专政，恢复议会民主的主张。1961年9月，赛义德·西迪克去世，其弟哈迪·马哈吉卜（Hadi al Majub）继任安萨尔派领导人，其子萨迪克·马赫迪（Sadiq al-Mahdi）继续其政治角色。①

其次是各种激进的政治反对派日益活跃。迅速发展的苏丹共产党（SCP）是阿布德政府的重要威胁。1958年政变后，阿布德对左翼政党进行了残酷镇压，逮捕了很多共产党和工人党领导人。但基于当时全球范围内左派思潮的兴起，苏丹共产党在逆境中仍然获得很大发展，与工会保持着紧密的联系，党员人数也不断增加，地下出版物更是大量涌现。1959—1964年间，苏丹共产党组织了多次罢工和示威，加强了与工人、农民、民族小资产阶级的联合。党员人数从1958年的750人增加到1965年的10000人左右，大多数党员是律师、教师等知识分子，并继续推行受工人和农民欢迎的灵活的宗教政策，扩大在工农阶级中的影响。②苏丹共产党坚决反对阿布德军政府的“新民主”政策，反对苏丹接受美国援助。

以苏丹穆兄会为代表的政治伊斯兰势力是阿布德政府面临的另一挑战。苏丹穆兄会是一个历史悠久、成员复杂的政治伊斯兰组织。1954年，苏丹穆兄会进行选举，在新任总书记拉希德·塔希尔律师的领导下逐渐走出困境，成立了“修宪伊斯兰阵线”，致力于在苏丹实施伊斯兰宪法。1959年，塔希尔因涉嫌参与军事政变被捕，苏丹穆兄会群龙无首，转向与苏丹共产党合作，罢免塔希尔，建立集体领导。1964年，哈桑·图拉比（Hassan Turabi）结束法国留学返回苏丹，在喀土穆大学法学院工作，积极参与穆兄会的活动。1964年，

---

① P.M. Holt and M.W. Daly, *A History of the Sudan: From the Coming of Islam to the Present Day*, 2011, p.120.

② Cecil Eprile, *War and Peace in Sudan 1955-1972*, London:David & Charles,1974, p.126.

塔希尔获释后正式辞去穆兄会总书记，图拉比被推荐为新领导人，为其施展抱负提供了广阔的空间。①

此外，由于阿布德政府坚持强硬的南方政策，在南方强制推行非基督教化和阿拉伯-伊斯兰化，引起南方的强烈反抗。

经济治理的初步推进

阿布德政府对激进的经济社会变革兴趣不大，夺权后迅速以国家强制力推动经济发展。标榜“专家治国”，要用新的经济治理模式改善国家的经济。②

第一，调整农业政策，大力兴修水利，这一时期动工修建的水利工程有哈什姆吉尔巴水库（Hashim Gilba，1963年建成）、鲁塞里斯水库（Ruceris，1966年建成）等，扩大了农业灌溉面积。1955—1960年，苏丹政府和私人资本对农业的固定投资为3639万苏丹镑，占同时期全部固定投资额的22.7%。1959年到1964年，联合国特别基金组织共向苏丹提供约850万美元的援助，在苏丹南部建立农业研究站，试种经济作物。

第二，制定经济发展规划，加大政府直接投资力度，同时鼓励私人资本投资。据统计，在1959—1962年间，军政府用于发展经济的预算费用为6800万苏丹镑。1962年9月，军政府开始实施十年经济与社会发展计划，包括260多个项目，投资额为5.12亿苏丹镑，其中需要外援1.49亿苏丹镑，占总投资的26%。十年计划的重点集中于农牧业、工业和交通运输，例如皮革厂、罐头厂、制糖厂等轻工业，以期减少对农业部门的依赖，然而由于计划本身存在严重弊

① 埃及穆兄会创办初期，也曾积极吸收苏丹成员加入。20世纪40年代，苏丹已经建立起很多穆兄会名义的小团体。1945年，埃及穆兄会向苏丹派遣代表团，尝试建立分支机构。1948年，哈桑·班纳正式任命阿里·塔里不拉为穆斯林兄弟会苏丹分会的总书记，但此时塔里不拉正在坐牢，哈桑·班纳并不知情。由于英国的反对，穆兄会成立被一再延迟。20世纪50年代初，苏丹穆兄会正式成立，并在1954年合并了伊斯兰解放运动（Islamic Liberation Movement）。涂龙德、周华：《伊斯兰激进主义》，时事出版社2010年版，第169页。

② Edgar O'ballance, *Sudan Civil War and Terrorism 1956-1999*, Macmillan Press, 2000, pp.11-13.

端，政府于1963年不得不中止了部分项目。[①]1960年代，英国资本在苏丹经济中仍占较大比重，1963年外资兴建的苏丹纺纱厂和喀土穆纺织有限公司是当时苏丹最大的纺织工厂。

第三，完善金融系统与基础设施建设。1960年2月，苏丹成立了中央银行和商业银行，加上1961年成立的专门性苏丹工业银行，初步确立起了苏丹的金融系统，为工业发展提供资金支持。与此同时，苏丹的交通基础设施建设也有很大进步。1962年3月，连接科尔多凡和加扎勒州的铁路干线正式通车，大大便利了南北方的交流。[②]苏丹港是苏丹唯一的港口，设施完善。1962年，苏丹港的吞吐量为225万吨，接纳商船1248艘。1962年，苏丹与南斯拉夫合股成立苏丹国营轮船公司，建立了本国的商船队，结束了苏丹没有本国商船队、对外转运主要依靠英国船只的历史。1958—1961年，世界银行及其附属机构国际发展协会，向苏丹提供了8750多万美元的贷款。1963年，世界银行向苏丹提供800万苏丹镑的贷款，用来修建从喀土穆到苏丹港的铁路线。

第四，继续扩大棉花种植面积。1959年，为解决棉花销路，军政府采取了一系列措施清理积压库存，积压的棉花库存在两个月之内被迅速处理，增加了国库收入，1959年对外贸易出超，经常性预算开始出现盈余。城市精英阶层呈现出活跃的迹象，国内稳定得到保障，并且获得大量的双边援助。[③]在1962和1963年，苏丹棉花种植面积接近100万费丹，占全国耕地面积的1/6，棉花产量分别为20万吨和16万吨。[④]

整体上看，在阿布德政府的强力推动下，苏丹经济取得较大发展，社会进入稳定发展时期。然而短暂的繁荣背后隐藏着深刻的危机。首先，依靠单一作物的生产方式造成了严重的财政困难。1963

① 宗实:《苏丹》，第64—66页。

② P.M. Holt and M.W. Daly, *A History of the Sudan: From the Coming of Islam to the Present Day*, Pearson Education Limited, 2011, p.121.

③〔美〕罗伯特·柯林斯:《苏丹史》，第88页。

④ 宗实:《苏丹》，第44—45页。

年棉花产量比1962年减少22%，而进口的食糖因国际价格上涨，需要比往年多支出700多万苏丹镑的外汇。由于外贸逆差逐渐增加，1961年和1964年分别为1960万苏丹镑和2490万苏丹镑，阿布德政府只得采取措施禁止资金外流，加征新税、提高糖价，希望缓解财政危机。另外，军官集团利用国家机器为自身服务，好大喜功地兴建军队项目并从中牟利，影响了经济发展，也使政府的信誉受到损害。

不结盟的中立外交

阿布德政府外交的主要特点是不结盟和面向非洲。这一时期，苏丹坚持不结盟、反对军事集团、清除外国基地和谴责军备竞赛的基本政策，竭力避免与他国发生意识形态冲突，积极参与泛非主义运动。在此方针指导下，苏丹没有加入两大阵营的争夺，采取不结盟政策，与美苏均保持一定距离。

苏丹与英法的关系出现波折。苏丹与英国的矛盾主要集中在两个方面，一是英国支持乌玛党及安萨尔教派与军政府进行斗争，二是英国同情和支持南苏丹的分裂势力，导致南方的分裂活动从1963年开始不断加剧。1962年5月，阿布德政府开始限制基督教在南方的活动，并以不延续签证的方式驱逐了200多名西方传教士，理由就是他们进行颠覆活动，导致了英国政府的严厉批评。[①]1961年，法国在撒哈拉沙漠进行核爆炸试验，苏丹政府进行了强烈抗议，一度召回了驻法大使。

苏丹与美国的经济联系极为紧密。从1958年到1963年，美国先后向苏丹提供了7040万美元贷款，主要用于苏丹的发展计划、技术援助、人员训练和进口支出等。1964年2月，苏丹政府驱逐了50多名美国传教士，两国关系一度陷入紧张。另外，苏丹政府对刚果内战的态度也深受美国影响，支持1960年联合国关于出兵干涉刚果的决议，并提供一个营的军队加入联合国警察部队，封锁苏丹与刚

---

① 宗实:《苏丹》，第94页。

果边境，阻止亚非社会主义国家通过苏丹援助刚果。[①]

苏丹与苏联的关系也有一定发展。1960年，苏联报刊载文纪念苏丹独立四周年，称赞苏丹政府实行独立的外交政策，赞扬苏丹经济取得的巨大成就。1961年7月，阿布德总统访问苏联，苏联同意提供2000万卢布（约合800万苏丹镑）的长期贷款和技术援助。10月，苏联派贸易、经济和技术代表团先后访问苏丹。11月，勃列日涅夫访问了苏丹。受政治回暖带动，苏丹与苏联的经贸关系也有一定进展。在1958—1962年间，苏丹向苏联出口的商品价值从4000苏丹镑增加至358.9万苏丹镑，进口商品价值从16.6万苏丹镑增加至292.6万苏丹镑。[②]

苏丹与南斯拉夫关系比较密切。1959年2月，铁托访问苏丹，双边关系从公使级升格为大使级，苏南双方随后签订了文化、经济、科学和技术合作等多项协定。1960年7月，阿布德总统回访南斯拉夫。1962年2月，铁托再次访问苏丹。1962年4月和6月，苏丹前武装部队副总司令和宣传劳工部长先后访问南斯拉夫。1963年12月，南斯拉夫联邦执行委员会副主席韦尔科·泽科维奇访问苏丹。[③]

苏丹与埃及关系在阿布德政府时期取得了较大突破，标志性事件就是1959年《尼罗河水协定》的签订。由于1929年签署的《尼罗河水资源协议》对苏丹很不利，苏丹因而自独立以来就一再主张重新修订。在1956—1958年间，苏丹与埃及关系逐渐紧张，苏丹多次谴责埃及修建阿斯旺大坝，要求重新修订1929年协议，甚至以不再继续执行1929年协议回应埃及，埃及撤回对苏丹鲁塞里斯水库的资助。

1959年3月，阿布德政府开始与埃及商谈修订1929年协议。11月，埃及和苏丹签署了《1959年尼罗河水协定》（The Nile Waters

① 苏联科学院非洲研究所编：《非洲史1918—1967》，上海人民出版社1974年版，第332页。

② 宗实：《苏丹》，第56页。

③ 同上书，第96页。

Agreement of 1959)。该协定的主要内容有：埃及提供1500万美元弥补苏丹瓦迪哈勒法因为移民造成的亏损；苏丹每年分得的尼罗河水从40亿增长至185亿立方米，埃及则从480亿增长到555亿立方米；如果将来出现其他国家针对尼罗河水资源的诉讼，苏埃两国将以联合体的形式共同与之谈判。[①]

1959年签订的用水协定导致了两个严重后果：其一，埃及提供的移民赔偿杯水车薪，苏丹被迫大幅缩减对海什姆吉尔拜（Khashmal-Qirba）5万努比亚人的移民安置，导致努比亚地区爆发了暴力的示威游行活动。其二，1959年协定将尼罗河水分为苏埃两国使用及自然损耗三个部分，开启了苏埃之间在河水分配问题上的长期互惠关系，鲁塞里斯大坝和阿斯旺大坝分别得到对方的支持，苏丹的鲁塞里斯大坝于1966年完工。但1959年协议没有包含其他沿岸国家的利益关切，也没有为气候、人口增长和经济变化留出修正的空间，导致尼罗河流域新独立国家的不满。埃塞俄比亚首先发难，强调对自己领土上的那部分河水享有权利，并开始与美国合作开发水资源。

十月革命与阿布德政府的终结

苏丹1956年的独立是南北方妥协的结果，但双边关系中占据主导地位的北方却不仅未能在独立后兑现成立联邦政府的承诺，反而基于历史惯性和现实地位而丝毫不掩饰对南方的蔑视和优越感。和此前的议会制政府一样，阿布德政府也以为他们能够通过实施一项严格的阿拉伯－伊斯兰化政策实现民族融合和国家统一，因而延续了议会制政府针对南方的阿拉伯化方案，不仅坚决禁止基督教传教士设立新的学校或者在教堂之外从事宗教活动，那些去国外休假的传教士因签证得不到续签而被迫离开苏丹；而且采用阿拉伯身份和阿拉伯语、非穆斯林民众的伊斯兰化等措施，例如将阿拉伯语作为

① Robert Collins, "History, Hydro politics and the Nile: Myth or Reality?" in Howell and Allen eds., *The Nile: Sharing a Scarce Resource*, Cambridge University Press, 1994, p.121.

南方学校的教学语言，开办了6所中级伊斯兰学院（学校），建造清真寺并将安息日由周日改至周五等。1962年5月，阿布德政府颁布《传教士社团法令》（Missionary Societies Act），规范基督教社团的活动。消极被动的南方民众陷于痛苦的沉默，许多的南方政治家们以及赤道州受过教会培训的南方人逃亡到乌干达，于1961年创立了苏丹基督教协会（Sudan Christian Association, SCA），整个南方地区处于动乱前夜。北方的官员们对此麻木不仁，没有做出任何经济发展的努力以抚慰阿拉伯-伊斯兰化带给南方人的屈辱和愤怒，很多原本设置在南方的发展项目被取消或者移至北方地区。[1]1963年，阿尼亚尼亚运动（Anya-Nya）兴起，南方开始对北方进行零散且缺乏协调的袭击。

1964年9月，阿布德政府组建委员会调查南方动荡原因并寻求解决办法，邀请各界广泛参与讨论。10月中旬，南北方形势愈演愈烈，民众对政府的不满逐渐加深。10月21日傍晚，大学联合会学生开会讨论南方问题，猛烈抨击阿布德政府，认为它不能解决南方问题。阿布德政府随即决定取消后续会议。10月22日，愤怒的学生在校园中开会，遭到警察镇压，数名学生受伤，艾哈迈德·库拉希（Ahmad Qurashi）伤重不治，当晚死于医院。23日，超过3万人的示威游行队伍为库拉希送葬，喀土穆爆发了大规模的示威与暴动，军队和警察难以控制秩序。

10月25日，全国专业人士阵线（National Front for Professionals）得到高等法院批准，其主要成员是教师、学生和律师等知识分子阶层。获准成立的全国专业人士阵线迅速组织大规模游行示威，一些工会组织也号召工人进行总罢工，示威游行很快从喀土穆波及到许多州级城镇。在这一过程中，传统的宗教政党因为遭取缔而几乎解体，苏丹共产党积极联合其他被取缔政党的文官政治家，组建了带有鲜明左翼色彩的“全国联合阵线”（United National Front,

---

① 〔美〕罗伯特·柯林斯：《苏丹史》，第89—90页。

UNF）。因为在游行示威中又有20人被打死，军队在镇压民众示威游行的态度上出现分歧，下级军官同情人民，高级军官坚持镇压，阿布德总统进退维谷，左右为难。

10月26日，阿布德宣布解散最高委员会，开始与联合阵线谈判。10月30日，经过四天激烈且节制的谈判后，双方最终达成协议，成立过渡政府，由阿布德担任总统，喀土穆职业技术学院院长及南方教育委员会前代理副秘书长希尔·哈提姆·哈利法（Sirr al-Khatim al-Khalifa）担任过渡总理。过渡内阁共有14名成员，其中全国专业人士阵线成员7名，南方人2名，乌玛党、民族联合党、人民民主党、穆斯林兄弟会、苏丹共产党各1名。阿布德总统并不恋栈，于11月15日告老退休，解职而去，国家元首的职能由一个五人委员会代行。[①]苏丹进入了第二届文官政府执政时期。

1964年的十月革命，是一场不流血的民众革命，是苏丹历史上的重大事件，在苏丹民主化进程中具有重大意义。在斗争形式上，十月革命是一场由学生、市民和中产阶层为主体的民主运动，是阿布德上台以来参加人数最多、规模最大、冲突最激烈的一次民主势力与威权势力的对抗，但是斗争方式相对和平，市民和军队、警察的暴力均控制在很小的范围内，实现了政权平稳转型，影响深远。“记住十月革命”成为1985年不流血地推翻尼迈里军政权的战斗口号，并且在以后苏丹社会的历次政治动员中依旧发挥着重大作用。[②]

三、第二届议会制政府的治理实践

频繁的政府更迭

这一时期苏丹政治表现出鲜明的部落政治特征：第一，北方阿

---

① P.M. Holt and M.W. Daly, *A History of the Sudan: From the Coming of Islam to the Present Day*, 2011, p.123.

② 〔美〕罗伯特·柯林斯：《苏丹史》，第93页。

拉伯部落把持全国政治，来自阿拉伯民族的政治家们极力确保阿拉伯部落的政治优势，并试图将伊斯兰教凌驾于政治之上。第二，贾阿林人、舍基亚人和栋古拉人几乎垄断着政府行政管理的所有职位。第三，教派家族以及部落领袖由于较高的经济地位而广泛参与苏丹政治发展，成为苏丹议会政治机构中的主要角色。第四，南方部落在国家政治中处于被排挤和被边缘化的地位。[①]

第二届文官政府时期共有四任总理，分别是希尔·哈利法（1964.10—1965.6）、穆罕默德·马哈古卜（Muhammad Ahmad Mahgoub，1965.10—1966.7）、萨迪克·马赫迪（Sadiq al-Mahdi，1966.7—1967.5）、穆罕默德·马哈古卜（1967.5—1969.5）。

哈利法总理上台伊始就宣布开放党禁，允许所有政党活动，但临时政府中15个部长中8个给了全国专业人士阵线，两个部长职位给了无党派的南方人士，而只有5个是政党领袖。[②]传统的保守党派虽然在推翻军政权的过程中没有发挥多大作用，但他们借助宗教和部落等纽带而始终拥有较多的民众支持。1965年2月初，乌玛党发动安萨尔派民众进入喀土穆展示力量，呼吁举行直接选举。联合政府内部也因为意见分歧而趋于瓦解，苏丹共产党过于关心自身利益，工程师和医生代表的专业人士阵线与政府渐行渐远。1965年2月18日，内阁请辞，总理哈利法一周后重组内阁，乌玛党、民族联合党以及新成立的伊斯兰宪章阵线（Islamic Charter Front, ICF）控制了新内阁。

新内阁首先对选举制度进行改革，废除了主要由传统谢赫和部落酋长们把持的参议院，授予妇女投票权并把投票年龄降至18岁，南方地区因为实行紧急状态而暂不进行选举。苏丹当时登记在案的政党有15个，各自的政治倾向与1958年基本相同，广袤的农村地区是乌玛党的稳固阵地，民族联合党在尼罗河沿岸城镇根基深厚，这

① 梁娟娟：《苏丹部落社会研究》，西北大学，2017年，博士研究生学位论文，第111—116页。

② 刘鸿武、姜恒昆编著：《苏丹》，第128—129页。

也注定了此次选举的结果。1965年4月底，投票正式进行，乌玛党获得76个席位，民族联合党获得54个席位，伊斯兰宪章阵线获得5个席位，共产党获得8个席位，24个无党派人士当选，其中10位来自贝贾山区，7名来自努巴山区。抵制大选的人民民主党（因3个人私自参选）获得3个席位，南方选出20名满足居住条件的北方商人。议会选举后，乌玛党和民族联合党控制了议会的大多数，二者联合组建新一届政府，乌玛党的重要领导人穆罕默德·马哈古卜担任总理，哈特米亚派支持的民族联合党领袖伊斯梅尔·阿扎里成为最高委员会的永久主席和国家元首。[①]苏丹政治回复到了文官政府轨道。

马哈古卜是乌玛党的重要领导人，有法律知识和娴熟的外交手腕，但过于敏感和虚荣，听不进不同意见。马哈古卜总理推崇阿拉伯伊斯兰文明，主张泛阿拉伯的统一，主张对南方采取强硬政策，将国家整合理解为用战争手段消除南方的抵抗，在很多方面被看作是北方阿拉伯主义的象征。[②]出任总理后，马哈古卜加速推行阿布德的阿拉伯-伊斯兰化进程，指令军队全力镇压南方起义，捣毁起义者的营地，甚至骚扰和恐吓受过教育的南方人，这加剧了南北方之间的矛盾。与此同时，马哈古卜总理以粗暴的方式对待北方的其他政党，例如抵制议会选举的人民民主党（PDP）等。1965年10月，乌玛党和民族联合党同盟因为争夺对外交事务的主导权而崩溃。1965年11月，穆斯林兄弟会要求取缔苏丹共产党。议会随即通过一项宪法修正案，宣布共产主义不合法，取缔了苏丹共产党并将其财产充公，议会中的共产党议员也被罢免。[③]

自负的马哈古卜总理强硬处理南方事务，粗暴地对待其他政党，虚幻地认为自己不可或缺，忘记了他只是乌玛党的重要领导人之一

---

① P.M. Holt and M.W. Daly, *A History of the Sudan: From the Coming of Islam to the Present Day*, 2011, p.126.

② Francis Mading Deng, *War of Visions: Conflict of Identities in the Sudan*, Washington: Brookings Institution Press, 1995, p.353.

③ P.M. Holt and M.W. Daly, *A History of the Sudan: From the Coming of Islam to the Present Day*, 2011, p.126.

而非领袖。事实上，马哈古卜总理遇到了更有资格和能力的竞争者，即乌玛党的新领导人萨迪克·马赫迪。萨迪克是马赫迪曾孙，拥有家族传承的深厚宗教背景，同时在坎博尼（Camboni）学院、喀土穆大学及牛津大学接受过良好的世俗教育，既能被传统的苏丹民众接受，又得到城镇知识精英阶层的认可，加之他在十月革命中的积极作用，在当时几乎就是现代苏丹人的典范。1965年12月，年满30岁的萨迪克具备竞选议员的资格，很快在青尼罗州补选中获胜。担任议员后，萨迪克与民族联合党合作，对马哈古卜总理的批评逐渐增多。1966年7月，因为马哈古卜顽固地拒绝下台，萨迪克在议会发起了对内阁的不信任案，最终以126票赞成、30票反对、15票弃权正式通过，马哈古卜被迫下台。7月27日，萨迪克正式组阁。①

萨迪克的总理任期很短，仅仅维持10个月，但充分展示了一个有作为年轻政治家的远见和胆识。首先，萨迪克反对宗教宗派主义，突破了苏丹政治家惯有的狭隘利益局限，任命一批年轻的、有能力的人才担任部长职务，这为他在非乌玛党派以及某些南方的政治家中间赢得了尊重甚至崇拜。其次，虽然萨迪克也认为苏丹南方根本就不存在文化，认为南方人必须接受阿拉伯-伊斯兰化，②但他第一次提出了超越教派传统的国家议程，谋求制定一部永久宪法来代替1955年颁布的久拖不决的过渡宪法，任命的宪法起草委员会42名成员中有7名是南方人。③新起草的宪法是带有“伊斯兰倾向”的混合宪法，提出了一条较少争议的中间道路，很快被提交给计划1968年1月15日召开的制宪国民代表大会。

1967年3月，苏丹在此前被延期的36个南方选区举行小规模的议会选举，萨迪克领导的乌玛党赢得了15个席位，拥护联邦制的苏丹非洲民族联盟获10个席位，民族联合党占5个，剩余的席位

① 〔美〕罗伯特·柯林斯：《苏丹史》，第102页。

② Dunstan M Wai, *The African-Arab Conflict in the Sudan*, London: African Publishing Company, 1981, p.117.

③ P.M. Holt and M.W. Daly, *A History of the Sudan: From the Coming of Islam to the Present Day*, Pearson Education Limited, 2011, p.126.

被统一和自由党以及无党派人士获得。虽然苏丹民众通过选举表明了对政府的支持态度，但萨迪克的改革举措激起了联合政府内部的激烈内斗，最终动摇了他本人在议会中的地位。首先，马哈古卜的辞职导致了乌玛党的分裂，乌玛党内部的三个派别斗争激烈。萨迪克·马赫迪是乌玛党的官方领导人，伊玛目哈迪·马哈吉卜（Hadi al Majub）是乌玛党的保护人，乌玛党的多数派声称效忠于年轻的萨迪克，马哈古卜领导的传统派则以伊玛目哈迪为精神领袖，另有一小部分人支持哈桑·图拉比博士的伊斯兰宪章阵线。因为萨迪克主张通过立宪来保障宗教信仰自由，拒绝宣布苏丹为伊斯兰国家，哈迪领导的乌玛党传统派开始反对萨迪克。其次，萨迪克为了结束内战而在议会中对南方人做出的让步承诺惹怒了伊斯梅尔·阿扎里领导的民族联合党，后者在1967年5月宣布退出萨迪克的联合政府，并与乌玛党哈迪派联手在议会发起对政府的不信任投票，萨迪克被迫于1967年5月15日下台。

马哈古卜再次出任联合政府的总理，他领导着一个由民族联合党、人民民主党、三个南方党派以及乌玛党传统派组成的联盟，权力基础并不巩固。乌玛党萨迪克派占议会多数席位，能够阻止马哈古卜政府的任何行为，双方之间斗争激烈，甚至出现了总理解散议会而议会拒绝解散的情况。1967年12月，阿扎里将民族联合党和人民民主党合并成民主联盟党（Democratic Unionist Party，DUP），并借助最高法院的判决将议会选举定于1968年春季，期待民主联盟党趁乌玛党的内部分裂获得选举胜利。

在1968年4月的选举中，民主联盟党赢得101个席位，乌玛党因为内部纷争而大幅落败，乌玛党哈迪派获得36个席位，乌玛党萨迪克派只赢得30个席位，萨迪克本人也在选举中遭到惨败。南方各党派的表现差强人意，苏丹非洲民族联盟（Sudan African National Union，SANU）和南方阵线总共获得25个席位，与他们宣称的期望选票严重不符。由于毕业生选区再次被废止，伊斯兰宪章阵线表现糟糕，只赢得了代表喀土穆的3个席位。

由于都没有达到议会多数，民主联盟党同乌玛党传统派联合组阁。乌玛党传统派得到了总理及4个部长职位，马哈古卜出任总理。联合政府的施政纲要包括改组政府部门，同阿拉伯世界建立密切联系以及重新努力发展经济，尤其是南方各州的经济，同时接受了苏联的军事、技术及经济援助。选举失利的乌玛党萨迪克派组成了一个很小的议会反对派，当它拒绝参与完成已经延期了10年的宪法草案时，政府以查封其报纸并禁止亲萨迪克分子在喀土穆举行示威游行来进行报复。1968年末，乌玛党两派同意支持伊玛目哈迪参加1969年的总统选举，主要的竞争对手是民主联盟党的阿扎里，此外还有共产党和其他左翼分子团结支持的前大法官巴比克尔·阿瓦达拉（Babikr Awadallah）。

宪法问题是困扰第二届文官政府的难题。1958年的军事政变废除了1955年临时宪法，国家最高委员会也被解散。1963年，有名无实的中央咨询会议成立。1964年，过渡政府宣布实施经修改后的1955年临时宪法。[①]1968年5月27日，制宪会议召开，民主联盟党主席伊斯梅尔·阿扎里以压倒性胜利当选最高委员会主席。北方宗教精英们控制了制宪会议，南方人、非穆斯林及非宗教政党的利益被排除。议员们热衷于钩心斗角和幕后操纵，企图用票数优势压制少数群体，对国家面临的紧迫问题并不关心。

苏丹政治的派系特性极强，教派主义与部族主义始终与选举活动如影随形，各方的贪婪权欲、个人野心及利益争夺整体上恶化了苏丹的政治氛围。教派领袖世袭且受过良好教育，兼有传统与现代的二元性。但他们的政治主张十分保守，不愿意采取激进措施变革社会，组成的政府也软弱不堪。因为教派斗争和妥协而上台的马哈古卜政府注定不会有大的作为，事实上他也更关注以选举为核心的政治议会斗争。文官政府持久混乱和腐败无能引起了越来越多的不满，普遍渴望出现一个强有力的军人政权，用装甲车的隆隆声扫除

① 刘鸿武、姜恒昆编著:《苏丹》，第156页。

一切混乱和龌龊，甚至来一场人民革命扫除所有的腐败。[①]1969年5月17日，乌玛党和民主联盟党就拖延已久的宪法问题达成了政策性和原则性共识，延宕多时的宪法问题似乎出现转机。然而8天之后的5月25日，随着加法尔·穆罕默德·尼迈里（Gaafar Mohamed Nimeri）领导的五月革命的成功，存在四年多的第二届文官政府结束，苏丹进入第二届军人政权统治时期（1969—1986年）。

迟缓的经济和社会发展

第二届议会制政府时期，苏丹的社会经济继续缓慢发展，1960年代的国内生产总值增长了大约44.6%。首先，政府通过兴修水利、鼓励种植等措施扶植农业生产，在稳定农业基础的同时重点推动棉花出口。这些措施效果明显，政府财政收入从1964—1965年的7400万苏丹镑增长至1967—1968年的9200万苏丹镑，农产品1969年的出口收入占总收入的比例高达97.2%。[②]其次，苏丹政府颁布经济法规、国有化等手段发展以农牧产品为主要加工对象的轻工业，以期改变廉价原料出口和高价商品进口的不利局面。1965年，苏丹创办工业发展公司，负责管理政府投资。1966年，政府回购了苏丹国营轮船公司中的南斯拉夫股份，轮船公司被收归国有。1967年，苏丹颁布了《工业企业与促进投资法案》，大力吸引和鼓励国内外的私人投资。1968年，政府开始对境内的外国公司进行管制，初步实现国有化，在金属冶炼和水泥生产等领域有所发展。

农业始终是苏丹的经济支柱，农业人口超过全国总人口的80%，1960年代的农业发展逐渐形成了一个金字塔状的农村经济结构。处于最上层的是国家政治权贵和各地的地方领袖，他们大多居住在首都喀土穆和各地的大城市，利用权势在加达里夫（Gedaref）东部地

① Abdel Wahab El-Affendi, *Turabi's Revolution: Islam and Power in Sudan*, Grey Seal, 1991, p.91.

② P.M. Holt and M.W. Daly, *A History of the Sudan: From the Coming of Islam to the Present Day*, 2011, p.128.

区、青尼罗河流域以及科尔多凡等地占有或者租赁了大片土地，聘请专业管理者确保农场运转，通过机械化耕作创造了可观的财富，成为富裕的“外居地主”阶层。紧随其后的新土地所有者是地方行政官员以及拥有充足资本的商人，他们从市场上购置了白尼罗河和青尼罗河两岸的大片土地，添置抽水设备、设施，雇佣农民种植灌溉棉从中获取利润。还有一些新土地所有者是当地的农民，大约相当于农村人口的1/3。这部分农民用他们做小生意以及跑运输积攒的储蓄购买600费丹大小的小型农场，带领全家共同劳作，其中大部分依赖自然降雨，只有一小部分是抽水工程。大约1/2的农村人口处于这个金字塔体系的最底层，他们拥有30—60费丹的小块田地，大多是贫苦农民，过着延续了几个世纪的传统生活。

自独立以来，尼罗河沿岸的栋古拉人和贾阿林人就一直在苏丹社会的商业化过程中发挥着重要作用，形成了颇具影响力的商业社团“杰拉巴”。这些商人们大多定居在喀土穆和其他一些重要城市，利用在财政和商业部门中同族人较多的便利条件获得了更多的商业许可和利润来源，进而将他们的商业利润通过给次一级的商人提供融资扩展为实质性的投资。不仅如此，这些新崛起的商人精英还主动与有权势的中央和地方首领联姻，形成了具有血缘性、种族性、联姻性等特点的家族企业的集合体，其中每一个企业都忙于从市场这块蛋糕中分得更大份额，利用各种手段获得竞争优势。①

苏丹经济发展的最大障碍就是始终缺乏足够的发展资金，这导致许多发展项目难以为继。1968年，苏丹国有企业整体亏损3100万苏丹镑，资本外逃又导致了5200万苏丹镑的经济损失。更致命的是，由于南方的叛乱和随之而来的长期战争，政府的经常性支出远超收入，1965—1969年的外汇储备从6500万苏丹镑迅速下降到1400万苏丹镑。政府捉襟见肘，只能依靠扩大财政赤字和举借外债维持运转，虽然缓解了燃眉之急，债务水平却从1965年的390万苏丹镑提高

① 〔美〕罗伯特·柯林斯:《苏丹史》，第104—105页。

到1969年的4600万苏丹镑，不仅带来了巨额财政负担，还导致国家经济易被外国资本渗透与控制，加剧了经济的不稳定性。[①]

苏丹具有阿拉伯国家和非洲国家双重属性，这一时期的外交相对积极。整体上依然是亲欧美国家，但开始与苏联为首的社会主义阵营开展军事与经济合作，面向中东和非洲的倾向越来越明显。首先，积极参与阿拉伯国家事务。1967年6月，第三次中东战争爆发，苏丹在战争期间大力支持埃及，因为不满西方国家支持以色列而宣布与美国断交（1972年复交），战争结束后在首都喀土穆主办第四次阿盟首脑会议，推动埃及首次与沙特和约旦等国站在一起，主张用政治手段解决阿以冲突，共同提出了阿拉伯国家对以色列政策"不承认、不和解、不谈判"的"三不政策"。也门内战（1962—1970年）是也门国内共和派与王室派之间的内战，因为埃及和沙特的介入而带有国际色彩。苏丹一直积极参与调停也门内战。1963年，苏丹在调停埃及与沙特撤军方面做出了一定贡献。1967年8月的喀土穆会议上，苏丹推动纳赛尔和费萨尔就实现也门和平达成协议。[②]其次，倡导泛非主义。泛非主义（the Pan-Africanism）是非洲的民族主义，既是一种思想理论，又是一种政治运动。苏丹第二届文官政府在理念上认同泛非主义运动。1969年4月16日，苏丹等14国在赞比亚首都卢萨卡（Lusaka）召开东非和中非国家会议，明确反对南部非洲的种族歧视，呼吁用和平方式解决南部非洲问题，表明了反对种族主义统治的决心，同时也得到了国际社会的广泛支持。[③]实践上，苏丹政府把支持邻国的分离主义势力当作博弈手段，却坚决反对邻国对国内南部分裂势力的支持，导致周边邻国关系一直比较紧张，与乍得和埃塞俄比亚甚至一度发生武装冲突。整体上看，虽然苏丹地区外交政策的初衷是营造良好的周边和国际环境，然而由于对南

① Dunstan M.Wai, *The African-Arab Conflict in the Sudan*, London: African Publishing Company, 1981, p.117.

② Asher Orkaby, *Beyond the Arab Cold War: The International History of Yemen Civil War, 1962–1968*, Oxford University Press, 2017, pp.107, 197.

③ 舒运国：《泛非主义史（1900—2002）》，商务印书馆2014年版，第166—167页。

部反抗势力的残酷镇压和邻国对南部地区分离运动的支持，苏丹这一时期的外部环境并不理想。

南北内战和圆桌会议

苏丹的独立喜悦伴随着南方人的不满和叛乱隐患，但阿扎里政府（1956.1—1956.7）既未满足南方人建立联邦制国家的政治诉求，也未给予南方人平等参与国家管理的权利，反而大力推动南方的“阿拉伯化”，用恐吓、监禁、公开处决和任意逮捕等高压措施清算叛乱分子，强行将一套阿拉伯化方案纳入南方的国民教育体系。北方军队开始代替南方军队驻扎在要塞，赤道军团的番号在1955年10月被撤销，在南方的北方籍教师配备了枪械，南方无辜的百姓遭到了肆意恐吓、拷问和杀戮。[①]南方籍官员动辄被怀疑并身陷囹圄，北方军警在南方肆意妄为却拒绝接受传统法庭审判。1957年，约1万座房屋被苏丹安全部队焚毁，赤道州伊耶镇在一天之内就有700多间民房被焚毁。南方政治家生活在深深的恐惧中，民众则大量向邻国逃亡。托里特兵变揭开第一次南北内战的序幕。

阿布德政府（1958.11—1964.10）继续推行前任政府的阿拉伯化政策。政治上歧视南方人，从中央到地方各级政府中很少有南方人任职。经济上重北轻南，南方获得的水利和公共事业预算额是北方的1/9，北方还掌握着主要工商业的领导权。文化教育上采取同化政策，强制在南方推行阿拉伯-伊斯兰化，大力扩建伊斯兰教经学院，强迫南方黑人学习阿拉伯语，绝大部分初等、中等学校都集中在北方，南方一所高校也没有。就业上，北方人几乎垄断了所有就业机会，南方人只能在城市中从事繁重的体力劳动。

1962年，阿布德政府颁布《传教士社团法令》，以规范传教士社团活动的名义限制南方基督教的发展。1963年，阿布德政府在南方到处搜寻和打击反政府势力和危险分子，包括妇女和儿童在内的

---

① Scopas S.Poggo, *The First Sudanese Civil War: 1955–1972*, Palgrave Macmillan, 2009, p.53.

600多名南方人因此遇害，100多人被逮捕。仅上尼罗州和赤道州就有300多个村庄的5000户房屋被烧毁，南方各州笼罩在恐怖的气氛中。[①]1964年2月，阿布德政府开始驱逐南方传教士并镇压南方宗教人士，在国外度假的传教士无法返回苏丹，南方籍国会议员的活动开始受到限制。8月，上尼罗州的科多克（Kidok）地区成为政府恐怖统治的中心，当地的教师遭受讯问，许多人受伤或丧命。1965年，政府在南部城市朱巴和瓦乌大开杀戒，波及知识分子、普通群众，甚至儿童。整体上看，苏丹政府的强硬政策虽然暂时安定了社会秩序，但南北方之间的裂痕开始加深，南方地区开始出现有组织的武装抵抗力量，部分南方政治家萌生了与北方决裂的政治主张，多途径挑战苏丹国家正在建设中的政治秩序。

1962年，越来越多的南方籍政府职员、教师潜入丛林开始反抗斗争。这些新的反抗者大多受过初等或中等教育，他们与先前的赤道兵团叛乱者一起组成了“阿尼亚尼亚”（Anyanya，当地一种有毒植物名称）运动，主要斗争目标是通过武装斗争解放南部地区。阿尼亚尼亚游击队成立时装备简陋，仅有从南方逃兵、警察手中获得的枪支。1962—1963年之间，游击队主要采取小规模袭扰战术，以孤立的警察局为主要袭击目标。1964年1月，一支阿尼亚尼亚武装袭击了加扎勒河州州府瓦乌，杀死了10多名士兵，缴获了大量的自动武器。这是阿尼亚尼亚游击队对南方州府城市发动的第一次真正攻击，标志着遍布整个南方地区零星的但缺乏协调的攻击的开始。1964年底，游击队的总数已达5000人，拥有100支来复枪和一支火箭筒。[②]

1961年，苏丹基督教协会在乌干达成立，协会领导人是萨托尼诺·洛赫尔（Saturnino Lohure）神父和拉图卡族教师约瑟夫·奥杜哈（Joseph Oduha Aworu），后来吸收了来自加扎勒河州的丁卡

---

① 宗实编著：《苏丹》，第89—90页。

② Edgar O'Balance, Sudan, *Civil War and Terrorism, 1956–1999*, Macmillan Press, 2000, pp.37, 43.

族官员威廉·尼亚尔（William Deng Nhial）。1962年，流亡国外的南方政治家成立了苏丹非洲封闭区民族联盟（Sudan African Closed Districts National Union），1964年更名为苏丹非洲民族联盟（SANU），并吸收了苏丹基督教协会。联盟的主要目标是主张南方完全独立，采取的斗争手段有两种，一是采取各种手段推动苏丹问题国际化，包括向联合国（包括后来的非统组织）提交请愿书、接受新闻采访和分发印刷品等，二是在南方组织游击队袭击北方军队。[①]

1964年10月，在乌干达首都坎帕拉（Kampala），苏丹非洲民族联盟召开第一次国民大会，选举阿格雷·杰登（Aggrey Jaden）为主席，菲利普·雷思（Phillip Pedak Leith）任副主席，约瑟夫·拉古·雅科博（Joseph Lagu Yakobo）被任命为阿尼亚尼亚运动总司令，授予上校军衔。落选的约瑟夫·奥杜哈另立山头，创建阿扎尼亚解放阵线（Azanian Liberation Front，ALF）。虽然是当时最有影响力的南方政治组织，苏丹非洲民族联盟却几乎完全在苏丹国外运转，在国内没有可行的组织和执行机构，与苏丹国内的南方地下基层抵抗组织没有联系，因而最终完全沦为了流亡政客们争权夺利的斗争场所。也正是因为没有在南方建立可靠的政治组织，许多阿尼亚尼亚的军事指挥官严重猜忌和不信任这些受过教育的南方政治家，认为他们在浴血奋战争取自治或者独立，政治家却在国外高谈阔论享受战斗成果。

不幸的是，大多数的南方政治家们无法确定和清晰阐述南方统一的前景，沉迷于内部分歧、种族忠诚及思想混乱之中，钩心斗角和分裂几乎是他们的通病。威廉·邓（William Deng）领导的境内苏丹非洲民族联盟（SANU-inside）主要在难民营和游击队活动，主张走议会道路，在统一的国家内部以联邦的形式解决南方问题，但完全是威廉·邓的个人政治舞台。南方阵线（Southern

① Dunstan M. Wai, *The African-Arab Conflict in the Sudan*, London: African Publishing Company, 1981, p.71.

Front）由生活在喀土穆的受过教育的南方人创建，以大流士·巴希尔（Darius Bashir）和克莱门特·姆博罗（Clement Mboro）为代表，主要公开活动于南方各州，在1965年6月正式登记成为一个政党组织。南方阵线发行的时事杂志《警醒》（The Vigilant）有趣而出色，尽管在报道了朱巴和瓦乌大屠杀事件之后被查禁了6个月，却是整个南方运动中很有影响力的宣传平台。

1964年12月6日，星期日，因为南方籍内政部长姆博罗（Clement Mboro）从南方巡回访问归来的飞机延误到达，于是有谣言说是北方人害死了第一位担任重要内阁职务的南方人，喀土穆的南方人狂暴地冲上喀土穆街头，袭击他们所见到的任何一个北方人，最终酿成了近百人死亡的种族骚乱。"黑色星期日"事件后，虽然穆斯林精英们因为正在觉醒的民族主义坚决反对分裂以及南方独立，依然坚持用阿拉伯-伊斯兰化实现国家统一，但喀土穆的许多民众开始认为苏丹北南之间的差别不可调和，如果没有南方北方的情况会更好，希望从政治上迅速解决南方问题的时机已经来到。12月10日，在"黑色星期日"事件四天之后，身为无党派教育家的哈利法总理开始改变前任的高压政策，他在答复苏丹非洲民族联盟的提案中宣布赦免所有于1955年1月之后离开国家的苏丹人，确认南北方传统与文化的差别不能以暴力手段解决，并同意召开涵盖广泛的圆桌会议解决南方问题。①

经过三个月的紧张筹备，圆桌会议最终于1965年3月16日在喀土穆召开。这是南北双方第一次互相表达主张并让对方倾听的会议，几乎所有的南方政治组织都被邀请与会，包括互为对手的境外苏丹非洲民族联盟、境内苏丹非洲民族联盟、南方阵线和其他持不同意见的南方人团体，但最具实际战斗力的阿尼亚尼亚未被邀请。所有的北方主要政党都派代表出席了会议，此外还有来自乌干达、肯尼亚、尼日利亚、坦桑尼亚、阿尔及利亚、埃及和加纳的观察员。

---

① 〔美〕罗伯特·柯林斯：《苏丹史》，第94—95页。

圆桌会议的主要争端是统一的苏丹应该建立什么样的国家政体。当时能左右苏丹形势的北方政党忙于竞选争权，无心和谈，反对任何形式的自决权，要求建立单一制政府，拒绝南方的主张。只有苏丹共产党支持多样性统一，给予南方自治地位。人民民主党持消极态度，其领导人拉赫曼（Ali Abdel Rahman）时常缺席，导致会议难以进行。伊斯兰宪章阵线认为南方问题就是伊斯兰教和基督教之间的冲突。其他政党因为担心参加会议可能被政敌攻击而态度暧昧。从主张南方完全独立到呼吁建立联邦制并获得自治权，南方各派意见不一致，充满猜忌、派系纷争以及个人分歧，苏丹非洲民族联盟主席阿格雷·杰登在致开幕辞后直接离开会场返回坎帕拉，加之未被邀请的阿尼亚尼亚拒绝和谈，与会的各方代表始终无法就南方的宪法地位问题达成一致决议，圆桌会议在经过10天的谈判后无果而终，后续的12人委员会的和谈也未取得任何实质性成果。圆桌会议虽然无果而终，第二届文官政府（1964.10—1969.5）的南方政策从缓和趋向收紧，但这次会议的召开为南方自治奠定了基础。

1965年4月，新上台的马哈古卜总理态度强硬，主张用武力镇压南方叛乱，有意回避南方的政治诉求，完全抛弃了过渡政府追求和解的目标。南方局势迅速恶化，数以千计的南方人逃至乌干达和刚果的难民营，大量的警察、监狱看守、猎场看守人和军队逃兵则加入了附近丛林中的阿尼亚尼亚部队。由于得到了溃逃的刚果辛巴军（Simbas）的大约6000件（套）自动武器和大量弹药，阿尼亚尼亚游击队成为拥有现代武器的武装力量，并在南方建立许多游击营地。1965年7月，阿尼亚尼亚部队和政府军在朱巴发生大规模武装冲突，政府军宣称有1018人丧生（朱巴当时有4万人口），游击队则宣称有3000多座棚屋被毁。11月，阿尼亚尼亚的一支小分队偷袭瓦乌的政府军营地，70名游击队员丧生，政府公布的数字为250名。1966年初，政府军组织1.5万兵力扫荡瓦乌地区的游击队营地，平民成为政府军打击的主要目标。许多村庄被毁，民众纷纷逃往丛林或国外避难。1966年5月，政府对赤道州的阿尼亚尼亚营地进行了大规模扫荡，游击队得知情报后提前撤离，政府军一无所获。[①]

1967年5月，马哈古卜再次成为联合政府总理，对南方继续奉行歧视和高压政策，同年发生的托里特大屠杀和政府空军大规模南下作战，令战局更加复杂。马哈古卜政府启动了一项"集体化"政策，以微不足道的补偿将赤道州的农村人口集中到33个环绕城镇的"和平村"中，剥夺了阿尼亚尼亚从其亲属那里获得食物、庇护和支持的途径。在加扎勒河州和上尼罗州，政府开始组织当地民兵武装，利用历史上种族之间的对抗来削弱阿尼亚尼亚的力量，这一战略成为南北内战期间政府最为有效的武器之一。[②]

1967年8月，阿格雷·杰登在昂格迪里（Angurdiri）召开大会，组建南部苏丹临时政府（Southern Sudan Provisional Government，SSPG）。这是南方举行的首次大型会议，吸引了大量的南方人、阿尼亚尼亚士兵以及政治官员参加，与会者谴责了政治家们无聊的个人纷争，决定建立统一战线。

1967年底，阿盟喀土穆会议通过的对以色列三不政策，使得南北内战越出了苏丹范围，成为沙特、利比亚、埃塞俄比亚和乌干达等国的博弈焦点之一。以色列开始越来越多地为南方提供武器和训练士兵。[③]非统组织和阿拉伯国家联盟积极支持苏丹政府，维护国家统一和领土完整。非统组织拒绝承认南苏丹，坚决反对南部苏丹的分离运动。阿盟积极支持苏丹镇压南方地区的分裂组织，沙特阿拉伯、埃及等国向苏丹提供了武器和财政援助。

---

① Edgar O'Balance, Sudan, *Civil War and Terrorism, 1956–1999*, Macmillan Press, 2000, pp.38–39.

② 〔美〕罗伯特·柯林斯：《苏丹史》，第99页。

③ Mansour Khalid, "External Factors in the Sudanese Conflict", in Fancis M.Deng & Prosser Gifford eds., *The Search for Peace and Unity in the Sudan*, The Wilson Center Press, 1987, p.115.

第六章　加法尔·尼迈里时代

1969年，通过政变上台的尼迈里军政府承诺实施阿拉伯社会主义，借助国有化等非常措施增强政府的控制力和执行力，将意识形态热情转化为激动人心的社会凝聚力，短期内就在结束内战、经济发展、社会和解等方面取得进展。

尼迈里基本属于魅力型的克里斯玛式权威人物。在新政权早期，他肩负重建民族国家的历史使命，借助军队、政党等现代政治工具将其理想付诸实践并建立了一种新秩序，其人格魅力和丰功伟绩吸引民众长期追随，也比较注意廉政、效率及革新，治下政府生机勃勃。但随着社会发展从凯歌高进的宏大革命主题转入复杂琐碎的建设主题，尼迈里曾经的革命领袖特质逐渐消磨殆尽。他被歌舞升平的繁荣景象所迷惑，不仅对变革的要求反应迟钝，把向民众妥协和让步视为软弱和背叛，通过压制舆论、其他派别和民间组织来巩固统治；而且他同样贪权恋栈，大搞个人崇拜和权力游戏，逐渐抛弃了最初的建国理想，转而寻求长期执政、终身执政乃至权力世袭。尼迈里总统的后期执政轨迹，清晰地显示了后现代国家威权领袖的这一历史发展局限。

一、五月革命与尼迈里政权的巩固

五月革命

独立初期的苏丹在发展阶段上基本都处于前现代时期，必须实施赶超型现代化发展战略，以政治变革引导经济变革，全面推动国家和社会的现代化。由于在联系日益广泛的现代世界同时确立了多重的发展目标，苏丹的现代化建设不得不多头并进，同时面临着集权与分权、政治与经济、投资与福利、环保与发展、民族化与国际化等诸多困境。为了防止这些矛盾和冲突演变成社会动乱，同时也为了给经济高速增长创造稳定的政治环境，加之传统文化中根深蒂固的威权政治基因，苏丹社会运转确实需要强有力的中央政府引领。而作为苏丹国家内部最具现代形式和意识的强大组织力量，在国家政治体系因为从传统向现代的转型不畅而陷入停滞或空转时，军队就是维系国家稳定、转型和发展的可靠力量。1958年11月，在军事政变中被赶下台的阿卜杜拉·哈利勒总理曾这样感叹道："经验告诉我，这个国家还不能实行民主，我决定将统治权交给军队。"①

"二战"后第三世界国家普遍出现的军人干政与军人政权现象，也包括以国家名义实施的武力弹压和民间各派系间爆发的暴力冲突，其实是这些国家社会现代化危机的产物，是这些国家政治不稳定的结果而非原因，是病态社会症候群中的症状之一而不是孤立的一种疾病。②事实上也确实如此。1969年，因为不满意苏丹政坛的传统教派主义和腐败的议会政治，认定他们对内没有搞好经济建设和改善人民生活，对外没有搞好同阿拉伯国家的关系，不可能解决苏丹

① Joseph Oduho & William Deng, *The Problem of the Southern Sudan*, Oxford: Oxford University Press, p.37.

② Lyle.N.MacAlister, "Changing Concepts of the Role of the Military", in Ramon Eduardo Ruiz ed., *Interpreting Latin American History: From Independence to Today*, Holt, Rinehart and Winston, 1970, p.396.

的经济发展、南部骚乱和农业生产等重大问题，不关心武装部队面临的武器装备更新、改善生活条件等问题，年轻的苏丹中下级军官又一次勇敢地走上政治前台，在多次失败后最终以军事手段推翻了执政五年之久的阿扎里政府。这是苏丹独立15年来取得成功的第三次政变和第二次军事政变。

1969年5月25日凌晨，以陆军上校加法尔·尼迈里为核心的6名军官，领导着一支由250名伞兵和170名装甲步兵组成的武装力量，不仅令人吃惊地发动了一场不流血的政变，而且迅速在军队及苏丹人民中间获得了广泛支持。前任首席大法官巴比克尔·阿瓦达拉（Babikr Awadallah）是事先得到政变消息的唯一文职官员，他在政变当日就出任政府总理兼外交部长，任命的21名内阁成员中只包括两个军人，即国防部长尼迈里上校和内政部长哈姆达拉少校，至少有8名部长和4名革指委成员是苏共党员或者左派人士，另外还有1964—1965年过渡政府的几名成员、两名南方人士以及从知识界和商界吸收的精英。阿瓦达拉总理力图改变人们对新政权是政变建立的军事独裁统治的看法，扩大与社会主义者和阿拉伯国家的联系，组建的政府内阁具有浓厚的亲纳赛尔和亲共产党色彩，苏丹共产党是唯一被允许公开活动的政治团体，其他政党则被宣布解散和取缔。但实际上，苏丹新政府权力的真正拥有者是尼迈里上校及其领导的革命指挥委员会（Revolutionary Command Council, RCC，简称“革指委”），由21人组成的内阁对革指委负责。在革指委的10名成员中，除了为吸引民众支持而特意吸收的巴比克尔·阿瓦达拉外，其他人都是参与政变的自由军官组织成员。[①]只是出于策略考量，精于算计的尼迈里在军事政变后长时间躲在幕后，甚至被舆论看作是一位没有主见的人，是“一只谁穿都行的草鞋”。[②]

苏丹的自由军官组织可以追溯到20世纪50年代。受纳赛尔“自

---

① P. M. Holt, M. W. Daly, *A History of the Sudan: From the Coming of Islam to the Present Day*, 2011, p.130.

② 刘宝莱：“记苏丹前国家主席尼迈里访华”，《阿拉伯世界》2004年第2期。

由军官组织”和埃及“七月革命”的影响，苏丹武装部队的年轻军官们虽然立场各异，对许多社会问题有不同的看法，但都希望仿效埃及纳赛尔建立军人政权，拯救自己的国家，因而也成立了成分复杂的“自由军官组织”，针对文官政府发动了多次政变，但都被镇压。

尼迈里1952年毕业于苏丹军事学院，因为崇拜纳赛尔及其主张的泛阿拉伯主义而在1953年加入了“自由军官组织”。尼迈里1955年任北部军区重武器连连长，1957年参与创建装甲部队，后因参加反政府活动被开除军职。在1959年春季恢复军职后，尼迈里虽然因为未遂的军事政变而两度被捕入狱（1964、1966），但他在军队的地位却不断攀升，1961年任喀土穆警备队步兵营副营长，1964年担任格达雷夫（Gedarev）东部军区副司令，1966年任赤道州托里特市警备司令，是自由军官组织未公开承认的领导人。[①]在1967—1969年间，尼迈里负责杰拜特（Gebeit）训练学校的组织领导工作，这为他招募年轻学员加入自由军官组织以及谋划成功的军事政变提供了理想场所。

军事政变早在1968年秋末就已经开始筹划，具体的实施方案在1969年3月已经起草完毕。1969年4月，虽然自由军官组织内部14人的核心小圈子多半认为应该推迟发动政变，但尼迈里等六人却坚持按计划发动政变，并对多数派的畏惧胆怯表达了明显的憎恶。事实上，苏丹五月革命的具体过程非常顺利。参与政变的装甲学校及伞兵部队士兵分作四队，第一队负责截断通讯联络并占领飞机场，其他三个小队负责逮捕高级军官，在不到三小时的时间内就顺利接管了国家权力，宣布成立独立自主的苏丹民主共和国，推行“阿拉伯社会主义”。

纳赛尔是尼迈里的精神导师和政治偶像，埃及1952年的七月革命是尼迈里发动政变（或称“五月革命”）的直接效仿对象和行动指南。这不仅体现在政变前成立自由军官组织和革命指挥委员会，为

---

① 吴春秋主编：《外国军事人物辞典》，世界知识出版社1996年版，第447页。

笼络人心而吸纳了受人尊敬的阿瓦达拉作为新政府的领导人，竭力淡化新政府的军事强权色彩，在政变当天特意吸纳与苏丹共产党有联系的巴比克尔·达哈卜中校（Babikr al-Dahab）、法鲁克·哈姆达拉（Faruq Hamdallah）少校和本身就是苏共党员的哈希姆·阿塔少校（Hashim Muhammad al-Ata）进入革指委，有效巩固了自由军官组织内部的团结，最大限度地组织力量确保政变成功。政变成功后，尼迈里采取了一系列权力巩固措施，包括废止1964年临时宪法，解散内阁和制宪会议，禁止一切政党活动和游行示威，逮捕了前政权的所有63名文职领导人，迫使包括武装部队总司令和参谋长在内的21名高级军官退役，让9名已经退伍的军官重回武装部队服现役，在喀土穆开设两个军事法庭审判反对新政权的人，将许多企业、商店和银行迅速地国有化，很快恢复了社会秩序。政变一周后，苏丹政府准许七家报纸复刊，取消关于示威游行的禁令。

1969年政变结束初期，尼迈里军政府决定效仿埃及实行阿拉伯社会主义，包括对以英国为代表的外国银行和公司实行国有化，发展民族资本，建立一党专政等。苏丹和欧美等西方国家的关系趋于恶化。与此同时，尼迈里军政府积极扩大与社会主义者和阿拉伯国家的联系，与埃及和利比亚就组建阿拉伯共和国联邦签订了《的黎波里宪章》，承认东德政府并与之建交，苏丹代表团频繁出访东欧、苏联、中国和朝鲜等国，得到了大量的长期低息贷款。1969年9月29日，革指委宣布所有的进口货物都必须来自那些与苏丹达成贸易协定的国家，包括大部分东欧社会主义国家，苏丹的对外贸易此后急剧地从西方转向东方。

与传统教派政治家的空谈和自私不同，尼迈里军政府切实地致力于推动苏丹的经济和社会改革，查封苏丹的私营企业并将之国有化，具体的实施者就是内阁中的那些激进的社会主义者和左派部长们。五月革命胜利后，为了取代外国投资、限制私有企业以及与社会主义国家和阿拉伯国家建立密切经济联系，阿瓦达拉总理宣布对所有进出口产品实行国家控制，随后成立了第一批对进口商品进行控制的国营企业。在五月革命一周年之际的1970年5月，苏丹政府颁布了《查封法令》(Sequestration Act)，将几乎所有的大型和小型公司都国有化了，包括17家盈利状况最好的苏丹公司、所有的银行和保险公司。虽然尼迈里军政府并不真正了解如何管理复杂的私营部门和国际公司，那些被委任管理国有企业的官员们也只是政治立场正确，拙劣的企业管理带来了严重的资源浪费和沉重的财政负担，雄心勃勃的《工业发展计划》执行得很糟糕，但在当时却显著增加了政府对社会的掌控能力，使之能够迅速地调动资源按照预定轨道推动社会变革。1970年11月，苏丹通过立法赋予职工更大权力，慷慨地对杰济拉承租人的债务和租金给予补贴，大幅度增加了初中与高中学校的学生人数。

血洗右翼安萨尔教派发祥地

在苏丹，苏菲教团首领的影响和势力远超传统的乌里玛阶层，苏丹的政党因之与苏菲教团也就有着密切的关系。民族联合党受到哈特米亚教团的支持，群众基础是中小城镇的居民和农民。乌玛党则以安萨尔教派（或萨曼教团，安萨尔意为助手）为政治基础，在达尔富尔、科尔多凡等马赫迪主义盛行的地区影响深厚。哈特米亚教团在政治上历来主张谋求与埃及的统一与合并，在殖民统治时期极力支持埃及以及其后的英-埃统治当局，在民族主义高涨时期则主张民族独立后与埃及合并。乌玛党是在马赫迪运动的思想基础上建立的政党，由安萨尔教团成员组成，在殖民统治时期从事反英-埃统治的斗争，在民族主义高涨时期积极争取苏丹的完全独立。[①]根据1951年英国在苏丹颁布的《地区政府法》，独立后的苏丹有着从中央到地方完整的议会机构，伊斯兰政党凭借自身的宗教联系和民众基础控制议会与内阁。

从议会民主制的具体实践看，由于哈特米亚教团和安萨尔教派

① 金宜久、吴云贵：《伊斯兰与国际热点》，东方出版社2002年版，第193页。

的历史矛盾，苏丹的政党斗争不仅有着明显的教派冲突因素，而且因为与带有世俗倾向的民族主义者相互纠缠，苏丹的议会政治一直受制于有野心的个人、自私的党派及集团之间的恩怨和斗争，混乱腐败低效，经常处于瘫痪状态，难有作为。1954年的苏丹议会，就因为4万名安萨尔信徒在喀土穆举行游行示威酿成伤亡而被迫延期。乌玛党的领导人之一马哈古卜曾这样评价苏丹的教派政治："马赫迪和米尔加尼的联盟是苏丹政治的灾难。由于对权力的贪婪、个人的野心及利益的争夺，双方之间的斗争持续恶化。他们应当退出政治舞台。"①

在1968年4月的议会选举中，民主联盟党和乌玛党虽然获得了压倒性多数，但因为彼此间根深蒂固的不信任，组建的联合政府对亟需解决的重大问题毫无进展。这也是尼迈里等人发动军事政变的诱因之一。在尼迈里军事政变成功后的两个月内，曾经两次担任联合政府总理的穆罕默德·艾哈迈德·马哈古卜心脏病发作，丧失了行为能力；在1956年升起新苏丹国旗的政界老手伊斯梅尔·阿扎里去世，享年69岁，被轻蔑地看作是缺乏建设性的政治掮客。②随着这两个政坛老手的离去，民主联盟党对于政权的任何直接的威胁全部消失。乌玛党、安萨尔教派开始成为尼迈里政府着力打击的主要敌人。

乌玛党内部也四分五裂。具有进步思想的保守派支持党魁萨迪克·马赫迪，传统的保守派则支持安萨尔派的首领伊玛目哈迪，一小部分人支持哈桑·图拉比（Hassan Turabi）的伊斯兰宪章阵线。作为乌玛党领袖和曾经执政10个月的政府总理，萨迪克·马赫迪拒绝苏共进入苏丹新政府，在6月6日被捕。当时的哈桑·图拉比虽然还没有什么影响力，但也被捕入狱，从1969到1976年间的大部分时间

① Gabriel Warburg, *Islam, Sectarianism and Politics in Sudan since the Mahadiyyd*, London: Hurst & Company, 1988, p.146.

② P. M. Holt, M. W. Daly, *A History of the Sudan: From the Coming of Islam to the Present Day*, 2011, p.131.

都在监狱里度过。[①]伊玛目哈迪继任乌玛党党魁，他毫不掩饰对尼迈里和革指委的敌视，非但没表现出与尼迈里军政权和解的诚意，反而和幕僚们退至马赫迪运动的发祥地阿巴岛，在整个1969年冬季都一直要求结束革指委的统治回归民主，要求剥夺苏丹共产党的权力，号召信徒采取暴力行动对抗，希望勇敢无畏的安萨尔派信徒能够像以往那样改变、阻止苏丹政府的举动。

1970年3月初，伊玛目哈迪派出信徒进入喀土穆举行大规模抗议活动，公然挑战尼迈里政府，遭到了军队的强力弹压，造成了重大的生命和财产损失。随后，在极力反对马赫迪运动的外交部长巴比克尔·阿瓦达拉与国防部长哈立德·阿巴斯（Khalid Hasan Abbas）少校推动下，在苏共的勉强支持下，尼迈里政府组织了一支大型船队，沿白尼罗河上溯阿巴岛，要用军事手段强力镇压安萨尔教派。3月27日，因为伊玛目哈迪拒绝直接对话，也不理睬尼迈里发出的最后通牒，政府军在空中力量的支援下向阿巴岛发起了进攻。3万多安萨尔信徒凭借防御工事勇猛抵抗，但终因武器落后最终不敌，1.2万人战死。伊玛目哈迪逃离阿巴岛，三天后在试图越过苏丹与埃塞俄比亚边界时被杀。伊玛目一职此后长期空缺，直到1983年尼迈里自封伊玛目。萨迪克·马赫迪逃出苏丹，流亡国外。另一说是萨迪克被流放到埃及，纳赛尔承诺要好好看管他，阻止他成为安萨尔教派的领袖。1970年8月，马赫迪家族与米尔加尼家族留下的不动产和其他资产均被政府没收。尼迈里军政权对阿巴岛的进攻虽然暂时消除了安萨尔教派有组织反抗的潜在威胁，也警示了其他被取缔的政党，但其暴力程度却招致大部分苏丹民众的长久不满，尼迈里政权失去了主要宗派群体的支持。

镇压左翼苏丹共产党

苏丹共产党前身是1944年苏丹留学生在埃及开罗建立的“苏丹

---

① W. J. Berridge, *Hasan al-Turabi: Islamist Politics and Democracy in Sudan*, Cambridge University Press, 2017, p.50.

民族解放运动”，1946年改称苏丹共产党，在苏丹独立后提出了通过议会斗争建立民族民主国家、和平过渡到社会主义的主张。[①]苏共是阿拉伯世界中最有力量的共产党组织，列入名单的正式党员约有6000名，另外还有大量的同情者，特点鲜明。首先，苏丹共产党虽然整体上受苏联的影响比较大，但与阿拉伯世界的其他共产党组织相比，它没有全盘接受苏联的意识形态，能够主动适应苏丹民众强烈的穆斯林情绪，具体政策照顾了苏丹的和阿拉伯的具体环境，例如在举行大会时通常先读《古兰经》吸引民众。其次，对于地区事务，苏丹共产党也有着自己的观点，包括批评苏联在1947年对联合国关于巴勒斯坦分治的支持态度，在1950年代是唯一支持泛阿拉伯主义的阿拉伯共产党组织，在1960年代同情巴勒斯坦解放组织的游击斗争。第三，苏丹共产党在苏丹军队中有一定影响。从1964年10月全国专业人士阵线推翻阿布德政权时起，苏共就将反对高级军官镇压民众的初级军官当作重点联系对象，党的领导人阿卜杜勒·哈里克·马哈吉卜（Abd al-Khaliq Mahjub）吸纳了大量的中下级军官入党。组成自由军官运动内部小圈子的14名成员中，有一半成员就以这样或那样的方式与苏丹共产党有着不同程度的联系。第四，苏丹共产党在大学和社会青年人中间有广泛的同情者，即便在1971年之后的低潮期也是喀土穆大学校园里仅次于穆兄会的第二大势力。这主要是由于苏共的党员标准比较宽泛，强调对问题的看法而不是立场。任何人，只要认为苏丹需要调整其社会和经济制度，赞同苏丹应该是世俗化的、非教派的社会主义国家，苏共都愿意与其建立联系。在组织发动五月军事政变的革指委中，巴比克尔·阿瓦达拉是苏丹共产党的有力盟友，他曾经以首席法官的身份否决了制宪会议做出的禁止共产党活动的决定，甚至在他的裁决被推翻时以辞职表达抗议。

苏丹共产党内部对待尼迈里军政府的态度存在分歧。强硬派将

---

① 蓝瑛主编：《非洲社会主义小辞典》，华东师范大学出版社1992年版，第137—138页。

军事政变看作是小资产阶级性质，尼迈里的军事政变实际上“冻结革命”，主张苏共应该同军队中进步的下级军官结盟，采取直接行动夺取政权。但苏共领导人马哈吉卜认为，苏共必须通过耐心的政治游说来获取民众的支持，可以利用军队以及社会上的其他派系力量推动苏丹最终走上革命道路，因而主张支持尼迈里发动的军事政变，苏共党员可以去政府部门任职。6月2日，在苏丹共产党的积极组织下，苏丹工会联合会（Federation of Workers Union）在喀土穆组织了大规模的政治集会，庆祝政变成功，支持新政权。

尼迈里军官集团与苏丹共产党之间的合作，从一开始就充满猜忌和互相利用，前者早在与安萨尔派摊牌之前就着手逐渐稀释政府内部苏共的影响力，仅仅因为需要对付共同的传统教派势力和保卫新政权才维持着表面上的团结。为了遏制苏共，精明的尼迈里非但不与苏共领导人马哈吉卜协商就吸纳非共产党及反马赫迪的其他党派成员入阁，而且蓄意利用苏共内部的矛盾纷争，有意批准苏共内部反对马哈吉卜领导的穆阿维叶·易卜拉欣派别（Muawiya Ibrahim）的多项提议，任命该派成员为经济部长和劳工部长。1969年11月，苏共要求成立人民阵线政府并允许苏共作为平等伙伴参与政权，阿瓦达拉总理宣称没有共产党的援助现政权将无法维持，这在苏丹内外引起轩然大波。尼迈里强硬出手，接替阿瓦达拉出任政府总理，同时兼任国家元首。阿瓦达拉被留任外交部长，充当着政府同左翼组织联系的主要纽带，同时被解职的其他5个部长中有4个是苏共党员。12月，苏共强烈批评尼迈里政府签署《的黎波里宪章》，反对苏丹与埃及和利比亚组建统一的“阿拉伯共和国联邦”，主要原因是纳赛尔和卡扎菲都残酷摧毁了各自国内的共产党组织。

在消除了安萨尔教派势力的反对后，尼迈里开始着手镇压苏丹共产党，双方的分歧日益公开化和敌对化。1970年11月16日，尼迈里突然解除了他在5月25日政变当天亲自吸纳的三位亲苏共人士在革指委中的职务，指控他们被苏共灌输了独立行事的思想，成为“外来利益的代理人”，破坏了革指委的团结和统一。1971年春天，尼迈里公开呼吁苏丹人民自发地采取敌视共产党的行动，并发誓要摧毁苏丹共产党，逮捕了苏共领导人马哈吉卜，勒令喀土穆大学关闭，接管苏共控制的工会联合会，禁止与苏共有联系的学生联合会、青年联盟和妇女联盟等组织开展活动。苏共则组织学生游行示威，借黎巴嫩和伊拉克等国媒体攻击尼迈里政府独裁，秘密策划推翻尼迈里政府。事实上，从1969年5月到1971年7月，苏丹的安全状况确实不稳定，尼迈里的安全部队至少挫败了9起试图将其推翻的政变阴谋。

1971年6月29日，苏共领导人马哈吉卜从监狱逃出，潜入保加利亚驻苏丹大使馆，喀土穆开始传言军队中有人试图颠覆现政权。尼迈里随即大肆逮捕共产党人和左翼分子，并用夸张的言辞公开吹嘘苏丹已经摆脱了共产主义的威胁。7月19日下午3点，8个月前被从革指委解职的哈希姆·阿塔少校突然发难，开动坦克包围总统府和电台，逮捕了正在开会的尼迈里、革指委成员和其他亲尼迈里军官，将他们扣押在人民宫的地下室。政变得到了总统府卫队和第三装甲团的帮助，整个过程用时45分钟。阿塔少校指定了7人组成的革命委员会，委员会主席是巴比克尔·奥斯曼中校（Babikr Nur Ottoman），他本人出任委员会副主席和苏丹武装部队司令，还在英国的法鲁克·哈姆达拉少校也是委员会成员之一。革命委员会发布一系列命令，包括解散尼迈里政府的安全机构，释放被投入监狱的49名政治犯，废除了对4个亲苏共团体的取缔令，商议组建以哈姆达拉为总理的新政府，同时要求政府各部门的副部长主持工作，宣布成立广泛的新民族民主阵线，要让苏丹摆脱“外国资本主义和当地资本主义之间的联盟”，成为独立的民主共和国。

“7·19”军事政变开局顺利，后续发展却因为哈希姆·阿塔少校的一些致命失误最终以失败收场。首先，阿塔少校是仓促地单方面发动了政变，既未经另两位同谋者巴比克尔·达哈卜与法鲁克·哈姆达拉的同意，也没有得到苏丹共产党政治局的批准，前者当时正在伦敦，鞭长莫及，只能在国外为政变争取舆论支持；后者则大感意外，措手不及，只能组织群众集会和拍发电报表示支持，仓促帮助阿塔少校组建革命委员会，导致政变后的领导力量不足。其次，阿塔少校没有切实争取苏丹民众和军队的支持，通过电台宣布的社会主义经济发展举措在农村地区的反应逐步发展为公开的敌意，对苏丹武装力量的争取有些流于形式，仓促出台的各类指令和声明也毫无章法。驻扎在尚迪的北方防卫军团（Northern Defense Corps）虽然表面上支持新政府，但背地里却听从尼迈里政府国防部长的指挥，宣誓忠于尼迈里并准备向首都进发。第三，新政府同时面临不利的内外环境。阿塔少校允许支持者上街举行大规模示威游行，挥舞红旗，高喊共产主义口号，明显的左翼倾向既在苏丹国内激起了人们对苏丹共产党潜在的、不易察觉的敌意，[①]也表明它准备放弃与埃及和利比亚根据1969年《的黎波里宪章》建立的紧密联盟，激起了周边邻国对苏丹社会可能共产主义化的担忧。

伊拉克的复兴党政权是最早承认阿塔少校新政权并保证给以"全力支持"的阿拉伯国家，最早有关"7·19"军事政变的消息也都发自巴格达，伊拉克甚至组织高级别代表团前往苏丹表示祝贺，但代表团乘坐的专机在沙特吉达机场附近上空发生爆炸，三名伊拉克高级官员被炸死。相反，太多的阿拉伯邻国对苏丹"7·19"军事政变持反对和怀疑态度，尤其是埃及和利比亚直接出手帮助尼迈里恢复权力。埃及的萨达特总统本来对苏丹军事政变保持克制，一度禁止埃及报纸对政变发表任何评论，但在深思熟虑后选择支持尼迈里恢复权力，守卫贾巴尔奥利雅大坝（Jabal Awliya Dam）的埃及军队向喀土穆进发，驻扎在苏伊士运河的苏丹精锐部队被投送至紧邻喀土穆的瓦迪赛义德纳（Wadi Saidna）空军基地。利比亚的卡扎菲对共产主义素无好感，与阿塔少校存在私怨，迫使巴比克尔·达哈卜与法鲁克·哈姆达拉乘坐的英国航班在的黎波里着陆，将两人逮捕并很快将之移交给尼迈里。

7月21日深夜，忠于尼迈里的军队通过恩图曼电台发表声明，

① 〔美〕罗伯特·柯林斯：《苏丹史》，第115页。

强调武装部队将根据尼迈里主席的意志继续前进。22日下午，来自沙迦（Shagara）的装甲部队猛攻人民宫，在一场激烈的交火之后解救了被羁押的尼迈里，苏丹空军轰炸了阿塔的指挥部大楼。重新掌权的尼迈里通过广播电台和电视台向全国发表讲话，谴责政变是“卑鄙的阴谋”，要求苏丹民众配合武装部队和警察，采取更加严厉的措施合作打击共产党人和各种左翼分子，同时向利比亚和埃及政府通报情况并表示感谢，宣布与伊拉克断绝外交关系，驱逐大部分在苏丹的苏联军事专家，批评苏联把援助当作干涉苏丹内政的通行证。

持续了72小时的政变最终流产，虽然喀土穆直到7月24日仍不时有零星交火。哈希姆·阿塔少校和他的三名助手被特别军事法庭判处死刑，在7月23日被处决。在政变失败后10天内，坚决否认事先知道政变计划的苏共领导人马哈吉卜，被控参与策划政变的南方事务部长约瑟夫·加朗（Joseph Garang），亲苏共的苏丹工会领袖沙菲·谢赫（al-Shafi Ahmad al-Shaykh），还有被利比亚卡扎菲移交的达哈卜和哈姆达拉等人，都被迅速地处以绞刑。其他数十名著名的苏共党员或遭逮捕，或被击毙，大约3000多名左派人士被拷问或监禁。在血腥镇压苏丹共产党主流派别的同时，尼迈里还刻意保护此前被他吸纳进内阁的苏共易卜拉欣派党员。尼迈里宣称苏丹政府中除了前南方事务部长约瑟夫·加朗外没有任何共产党员，被任命为经济部长、外交部长和劳工部长的易卜拉欣和苏莱曼等人很早就同意政府取缔苏共，从1969年五月革命后就断绝了与苏共的组织联系。

苏丹民众不满意尼迈里对政变失败者迫不及待的秘密审判和即时处决，不满意尼迈里在政治生活中滥用暴力，他们对1964年推翻阿布德军政府的不流血的革命深感自豪。但这种同情主要还是针对民众基础深厚的安萨尔教派而不是苏丹共产党。苏共长期通过与其他非共产党左派的结盟来掩盖其权力诉求，也经常高估自己的力量，但其自1964年十月革命以来的活跃表现令很多苏丹人震惊并进而产生反感。实际上，苏丹民众可能是对某个苏共党员抱有好感，但并不认同在苏丹建立苏联式的社会主义，这不仅是苏共在1964.10—1965.2间领导权忽得忽失的原因，也很好地解释了尼迈里的个人地位为何在“7·19”军事政变后会得到巩固。也正因为如此，虽然苏共在马哈吉卜被处决两个星期后选出了新的领导人，但由于许多同情者以及知识阶层都开始转向新成立的苏丹社会主义联盟，易卜拉欣·努古德（Ibrahim Nuqud）的领导成效不大，除了参加过1975和1976年的两次反对尼迈里的未遂军事政变外，主要就是指责尼迈里独裁，再也没有恢复到曾经的强大。[①]

至此，尼迈里彻底清除了来自传统宗教势力的右翼挑战和来自苏共的左翼挑战，他的个人威望和政治地位得到巩固，开始推动军政府向文官政府转型。1971年9月15日，400万苏丹人开始投票选举总统，投票时间从6天延长到15天，唯一的候选人尼迈里最终获得了98.6%的赞成票，以总统取代革指委，任期6年。随后，尼迈里总统采取了一系列措施加速新政府的建立和运作，用中立而有经验的技术官僚取代了苏共的同情者，宣布组建全国性的政治组织“苏丹社会主义联盟”（Sudan Socialist Union, SSU）以替代所有政党，动员公众参与政府管理，苏丹国家的政治生活随即进入了一个新阶段。

二、尼迈里总统的英雄时代

苏丹南方抵抗运动

1967年，阿格雷·杰登组建了苏丹南方临时政府，自任主席，任命埃米迪厄·塔芬（Emedio Tafeng Odongi）为南方武装力量总指挥，这是自苏丹内战爆发以来南方人成立的第一个名义上的政治军事组织。因为被降级为总参谋长，阿尼亚尼亚运动实际的军事指

① 〔美〕罗伯特·柯林斯：《苏丹史》，第114—116页。

挥官约瑟夫·拉古拒绝听命于塔芬的指挥，日益蔑视纠缠于私人恩怨的南方政治家，尽量避免介入南方苏丹不同部族之间的武装冲突，专注于阿尼亚尼亚军队的指挥、招募与训练。更重要的是，由于阿拉伯国家在1967年底的喀土穆会议上通过了对以色列不承认、不谈判、不缔约的“三不政策”，精明的拉古写信给以色列总理列维·艾希科尔（Levi Eshkol），表示他本人以及阿尼亚尼亚战士愿意为以色列效劳，在南部苏丹开辟对抗阿拉伯人的第二战场，希望以色列能够提供武器。拉古的提议得到了以色列人的欢迎，尤其当南方临时政府在1968年8月因为阿格雷·杰登的突然离开而垮台后，失望的以色列人开始单独同拉古打交道。1967年12月和1969年1月，拉古两次访问以色列，就开展包括空降计划在内的军事训练项目进行了深入协商，稳定地获得了大量活动资金，控制着以色列经过埃塞俄比亚和乌干达空运输入武器的分配，巩固了其对阿尼亚尼亚的指挥权。也正是因为牢牢掌握着对阿尼亚尼亚运动的指挥权，无论是戈登·穆奥塔特·马延（Gordon Muortat Mayen）建立的尼罗河临时政府还是埃米迪厄·塔芬组建的昂尼伊迪（Anyidi）临时政府机构，最终都臣服于拉古的领导权威。1971年1月，拉古将阿尼亚尼亚武装力量重新命名为南部苏丹解放运动（Southern Sudan Liberation Movement, SSLM），同时创设年度指挥委员会（Annual Command Council）专门负责组织分配以色列提供的武器，遍布南方各地的指挥官们前往拉古位于奥威尼凯巴尔（Owiny-Ki-Bul）的司令部宣誓效忠，换取枪支等武器装备。也就在这一时期，拉古逐渐放弃了阿格雷·杰登关于建立统一的多种族民族军队的观念，重组了阿尼亚尼亚。此后，巴里人（Bari）阿尼亚尼亚留在中赤道地区，丁卡人阿尼亚尼亚留在加扎勒河地区，努尔人阿尼亚尼亚留在上尼罗地区，拉古则凭借对以色列输入武器的分配权掌控着各地区的阿尼亚尼亚运动。

在1968年之前，由于南方各抵抗力量一直比较分散，也由于自身的装备落后，阿尼亚尼亚的军事行动主要是零散袭击政府军的分散哨所，趁夜色偷袭大城镇的外围地区，在偏僻公路上伏击政府军运输车队等。在1968年至1969年间，阿尼亚尼亚指挥机构得到了初步统一，得到了来自以色列的武器、训练以及信号设备，尤其是配备了大功率无线电通讯网络和反坦克火箭筒等先进装备，拉古可以对遍及南方各地的武装力量进行统一指挥，针对政府军的偷袭行动得到了更好的协调。在赤道地区，巴里人阿尼亚尼亚在主要道路上布下了大量地雷，用大炮袭击朱巴，对战略重镇莫特（Morta）发动定位进攻。1970年9—10月，政府军与巴里人阿尼亚尼亚在莫特城展开激战，双方均损失惨重，政府军的数架苏制直升机坠毁，莫特城的控制权几度易手，但阿尼亚尼亚最终控制了莫特城。1971年，配置苏制米格战斗机和直升机的政府军大举进攻赤道地区，虽然一度占领了拉古位于奥威尼凯巴尔的司令部，但位于西赤道地区诺波（Naupo）的陆军基地被摧毁，军事上陷入困境。在上尼罗地区，努尔人阿尼亚尼亚不再局限于在州府马拉卡勒（Malakal）附近伏击水上交通船只，开始协调军事行动。1971年初，经过一个月的激烈战斗，努尔人阿尼亚尼亚占领了波查拉（Poehalla），击毙政府军150多名，缴获了大量武器、弹药，包括数门82毫米火炮，赢得了他们自成立以来的最大胜利。在加扎勒河地区，丁卡人阿尼亚尼亚也在通往瓦乌（Wau）的公路上大量布雷，伏击政府军的装甲部队，破坏了通往瓦乌的铁路。

在1969年5月25日的全国讲话中，无论是加法尔·尼迈里还是巴比克尔·阿瓦达拉均未提及南方问题。1969年6月9日，尼迈里军政府发表声明，承认苏丹南北间的历史文化差异，认为南方人有权发展自己独特的文化和传统，苏丹政府准备在统一的社会主义国家框架内给予南方诸州自治权。[①]这是苏丹独立以来第一次公开承认南北方的差异并且承诺给予南方自治。但这仅仅是个口头宣言，因为革指委中只有两名成员曾经在南方担任过军官，而且都主张为军

① Abel Alier, *Southern Sudan: Too Many Agreements Dishonoured*, Exeter, Ithaca Press, 1990. p.49.

队提供更多优良武器来镇压南方的叛乱。一直主张南方自治的苏共党员约瑟夫·加朗被任命为南方事务部长，但是在南方的北方官员蔑视约瑟夫部长及其领导的南方事务部，实际工作毫无进展。1970年10月，供给与贸易部长阿贝勒·阿利尔（Abel Alier）起草了一个发展规划，宣称南方问题是政治问题而非军事问题，最好通过与阿尼亚尼亚谈判协商解决，尼迈里对此不置一词。“7·19”军事政变失败后，尼迈里将不断恶化的南方问题简单归咎于约瑟夫·加朗，依凭外援继续加大对阿尼亚尼亚运动的军事围剿，在南部苏丹部署2万军人和武装警察。但此时的阿尼亚尼亚战士人数逐渐恢复到1.3万人，政府军在南方三州的军事行动严重受阻，实际上已经无法征服南方。尼迈里总统没有其他选择，或者也试图以新的方式处理南方问题，加之“7·19”政变后与苏联关系恶化，苏丹转而与美欧国家交好，寻求政治方案解决南方问题。

值得注意的是，在20世纪70年代，非洲国家整体上对分离主义运动持公开敌视态度，这也是苏丹南北双方和解的时代背景。事实上，南部苏丹确实有很多同情者，包括正在与厄立特里亚分裂运动进行斗争的埃塞俄比亚海尔·塞拉西国王（Haile Selassie），但很少有国家支持南部苏丹的独立主张，包括已经获得独立的黑非洲国家。刚果与阿尔及利亚对本国分裂主义运动的残酷镇压，就得到了非洲统一组织（Organization of African Unity, OAU）的坚定支持。事实上，强烈反对分裂的非洲统一组织就坚持维护苏丹现状，认为苏丹南方的分离主义运动有损非洲人的利益，有悖非洲统一的目标，而任何一次成功的分离都是可能导致非洲大陆“巴尔干化”的前奏。[①]虽然流亡在伦敦的南苏丹政治家们往往忽视这一点，也一直有人批评南部苏丹解放运动的和谈立场，但以拉古为首的军事指挥官们和南部苏丹解放运动却深刻认识到他们自身的不足，认识到周边国家对他们的支持限度，无法获得同苏丹政府军匹敌的军事援助，无法

① Dunstan M. Wai, *The African-Arab Conflict in the Sudan*, London: African Publishing Company, 1981, p.127.

在当时的情况下取得对政府军的决定性胜利。拉古就希望用相对强大的实力寻求更多的新让步，他曾经这样阐述南北和谈的重要性，“我们不是暴乱分子，我们在为自己的事业而奋斗。这如果能够通过谈判来实现的话，我们就没有理由不欢迎和谈。”①

《亚的斯亚贝巴协定》与南北和解

1971年1月，面对陷入僵局的军事状态，北南双方都表现出了和谈的愿望，尼迈里首先下令单方面停火，拉古领导的南部苏丹解放运动随即也向阿尼亚尼亚战士施压，说服他们与政府会谈。7月，深孚众望的阿贝勒·阿利尔（Abel Alier）出任南方事务部长，受命与南部苏丹解放运动开启对话。上任之初，阿贝勒首先去西方国家巡回演讲，与世界基督教联合会（World Council of Churches, WCC）等关注南部苏丹事务的西方人道主义机构洽谈，为南方难民募集救济资金。8月，阿尼亚尼亚的古老圣物“命运之矛”，从位于喀土穆的国家民族博物馆返回格沃尔勒（Gwalla），这有效舒缓了丁卡人对尼迈里政府的敌意。为了推动和谈取得实质性进展，北南双方都精心挑选了参加谈判的代表人选。尼迈里亲自指派身为南方人的阿贝勒·阿利尔率领政府代表团，其他的成员要么同情南方，要么是拉古在军事学院的同学。作为回应，拉古也剔除了代表团内部坚持独立的强硬分子，预先排除了任何关于分裂的讨论，寻求在苏丹统一框架下的地区自治基础上达成解决方案。

1972年2月27日，经过海尔·塞拉西皇帝的调停与支持，南北双方代表经过14天的谈判终于达成了具有历史意义的《亚的斯亚贝巴协定》。协议实际上是对一系列具体问题的解决方案，具体包括南方诸州自治协议、南北停火协议、过渡时期行政安排，涉及大赦、赔偿、救济、战争恢复、重新安置以及南方武装力量的临时组成等。《亚的斯亚贝巴协定》另外还有两个附录，分别是基本人权和自由

① Dunstan M. Wai, *The African-Arab Conflict in the Sudan*, p.153.

法，南方财政与援助法。

尼迈里对《亚的斯亚贝巴协定》很满意，在协议达成一周后就签署批准，命令军队停火，将每年的3月3日定为国家统一日。拉古领导的南方苏丹解放运动虽然一度要求延期执行协定，但因为来自各方的压力，在得到整合进苏丹政府军队的南方人肯定是阿尼亚尼亚部队的保证后也同意签字，拉古本人被授予苏丹武装力量最高的少将军衔，负责将阿尼亚尼亚部队整合进苏丹政府军。1972年3月27日，在埃塞俄比亚王宫，北南双方代表批准了《亚的斯亚贝巴协定》。

《亚的斯亚贝巴协定》规定了南方的自治地位，朱巴是南方政府首府，设有选举产生的议会和由总统任命的高级执行委员会（执委会），《南方诸州自治法》成为1973年永久宪法的一部分。高级执行委员会代表总统，具体规定南方地区各部门的职责，协调南方与中央各部门机构的关系，负责维护南方地区的公共秩序、内部安全和行政管理，发展社会经济文化等事业，算是南方的地方过渡政府。执委会主席是南方地区的最高领导，对总统和地区议会负责。中央政府负责国防、外交、货币、交通、通信、关税和对外贸易等事务。南方地区有独立的预算，财政收入主要是地方税收及中央政府为缩小南北差距而划拨的特别资金。南方的宗教现状得到承认。阿拉伯语是官方语言，英语被确定为南方地区的主要语言，南方学校按照教育阶梯的升序级别，教学语言分别为本地方言、英语和阿拉伯语。

1972年4月24日，阿贝勒领导的地区过渡政府、执委会开始运作，虽然执政能力饱受质疑，11名地区部长中有7名是流放国外的政治家，对赤道州籍公务员的偏爱引发其他两州地区人士的不满，围绕贪腐问题的起诉与反诉几乎导致地区政府解散，但在遣返和救济100多万战争难民方面取得了出人意料的成功。地区议会在1973年11月举行了第一次选举，有60名代表。虽然南方地区议会运作的特点是无休止的争论，议员们出于嫉妒和报复心理而频繁提出责难动议，但在苏丹当时的时代背景下，地区议会的存在本身就是一种尽职。议员们认真地履行宪法赋予的监督管理职责，踉跄前行，在激烈的争论中艰难地通过了推动地区政府运作的例行立法，解决了一些可能具有爆炸性的重大问题。

《亚的斯亚贝巴协定》的重要内容，就是对苏丹国家的未来宪法、税收、引渡、难民安置和战后重建做出具体安排。执委会和地区议会确实也在这些方面做出了一定成绩。但《协定》在当时的权威性，却主要来自政府联合委员会，苏丹南部解放运动以及国外实体联合监督执行的停火安排，具体讲就是如何妥善安置数万阿尼亚尼亚战士。事实上，由于和平协议承诺的社会和经济福利难以落实，南方地区政府越来越腐败且丁卡人日益占据多数，游荡的前阿尼亚尼亚战士，无论是始终拒绝接受《亚的斯亚贝巴协定》的强硬分裂分子，还是在短暂安置后又被迫失业的生活艰难者，日益成了威胁南北和平的重要利益群体。

将两支长期敌对的军队整合成统一的国家军队是一项艰难的任务。苏丹军队的主体是北方人，士兵大多来自西部达尔富尔等地，军官主要是来自河流沿岸部落的舍基亚人。作为苏丹社会里最具现代意识的国家机构，以北方人为主体的军队面对现实愿意接受南方自治，愿意阿尼亚尼亚战士取代在南方工作的大约3000名北方的警察和狱警，愿意他们进入公路、林业和农业等政府部门工作（其中大部分于1974年在过渡时期专用基金耗尽时被遣散回乡），但却不愿意将阿尼亚尼亚战士整合进统一的国家武装部队。对于协定中关于五年内完成武装部队整合的规定，不同的群体有不同的理解。南方人担心那些被整合的阿尼亚尼亚战士可能会被随意处置，更多的北方人，尤其是北方军人们，倾向于认为《亚的斯亚贝巴协定》将于五年后自动解除，吸收南方人进入南方司令部的整合过程届时将终止，已经被整合进来的阿尼亚尼亚士兵将通过遣散、退休和辞职而逐渐消失。也正因为如此，拟议中的南方司令部直到1976年才整编完毕，成为一支拥有12000人的武装力量，其中6000人是南方人，另外6000人来自南方之外地区，分属6个阿尼亚尼亚步兵营和5个旧军队步兵营。被整合进来的阿尼亚尼亚战士受到了必要的武器使用、后勤和战术方面的培训，一些人甚至被送到国外接受训练。值得一提的是，武装力量的整合进程，主要是依赖执委会主席阿贝勒和拉古少将的个人魅力而不是制度的包容。尤其是拉古少将，充分利用了他作为阿尼亚尼亚前总司令的威望和现任将军的绝对权威，多次化解矛盾，消除危险，在各方都缺乏热情的情况下艰难推进武装部队整合。

1972年的尼迈里总统是一个真正的国家领导人，能够接受所有的苏丹人而不论其种族、文化、血缘和宗教背景。尼迈里总统执政初期针对南方的和解政策，无论是在镇压安萨尔教派和苏丹共产党之后想利用南方人作为其政治权力的基础，利用南方人的支持来制衡他在北方的反对者，还是为了向非洲乃至全世界表明他是苏丹和平的缔造者，他在实践中都为一个饱受战争蹂躏的国家带来了难得的和平，也受到了国际社会的一致赞誉。尼迈里总统沉浸于各种奉承与提名为诺贝尔和平奖的传言之中。①

《亚的斯亚贝巴协定》的签订，主要依赖于三方面因素在1972年前后的良性互动，分别是尼迈里总统解决南方问题的决心、拉古少将通过和平手段结束战争的意愿和阿贝勒部长以法学家身份发挥的桥梁作用。②对国家治理和社会发展都严重滞后的苏丹来说，签署《协定》往往只是通往和平的第一步，更艰巨的挑战在《协定》签署后立即随之而来，包括如何将昔日的两支敌对武装力量整合成统一的国家军队，如何建立有效合理的中央和地方关系，如何实现南方乃至整个国家的可持续发展等。

《亚的斯亚贝巴协定》本质上是苏丹政治精英合作的产物，在重要的协定执行环节上几乎没有任何的制度或体系保障，协定最终能否履行完全取决于尼迈里总统和拉古少将的个人意愿，尤其是尼迈里总统的意愿。实际上，随着权力基础的巩固以及与昔日政敌乌玛党的和解，加之1970年代阿拉伯产油国的经济崛起和伊朗伊斯兰革

---

① 〔美〕罗伯特·柯林斯：《苏丹史》，第128页。
② 刘辉：《民族国家构建视角下的苏丹内战研究》，第99—100页。

命的感召，尼迈里总统不仅越来越轻视来自南方的政治支持，而且越来越有意愿在苏丹全境实施伊斯兰教法（沙里亚法），事实上摧毁了南北双方在1972年的和解基础，将苏丹重新拖入内战乃至最终南北分立。另一方面，为《亚的斯亚贝巴协定》和苏丹和平做出同样重大贡献的拉古少将，在进入苏丹政府后也难免流俗，与执委会主席阿贝勒钩心斗角，越来越远离他担任阿尼亚尼亚运动总司令的初衷，但最终也没有得到他所期盼的副总统一职。那些坚定的分裂分子，实际上从协定签署初期就轻蔑地认定拉古已经被喀土穆政府收买了，他们在1974年12月和1975年3月先后在朱巴和阿科博发动过未遂兵变，鼓动一支装备齐全的阿尼亚尼亚连队从瓦乌驻地逃离并试图重新进入丛林发动暴动。所有这些，都预示了北南双方在亚的斯亚贝巴达成的政治解决方案，实施起来并不会那么顺利，甚至签署协定本身也许就已经是双方能够达到的最高限度。

宏大的经济发展计划

为了增强权力合法性，尼迈里政府按照自己的理解切实开展经济和社会改革，热衷于用大型发展项目推动经济发展，其早期的相关治理举措大致包括如下几个方面。

首先，利用国家权力开展国有化运动，迅速掌控主要经济资源，大力推行以国有企业为主体的进口替代型工农业发展战略，进行倾向性明显的社会分配。五月革命胜利伊始，社会主义者和左翼人士占主导的内阁迅速开展国有化运动。截至1970年6月底，几乎所有的大型和小型公司都被国有化，其中包括马赫迪家族与米尔加尼家族留下的不动产和其他资产、17家盈利状况最好的苏丹公司、所有的银行和保险公司等，政府为此提供的补偿微不足道。在1970年代的经济建设中，无论是新兴的糖厂、棉纺厂、水泥厂、化肥厂、印刷厂、水电供应、基础设施、主要商业银行、大型旅馆，还是农业土地和一些现代化的种植园，均掌握在政府手中。与此同时，苏丹政府成立了控制商品进出口贸易的国营企业，限制私有企业发展，与社会主义国家和阿拉伯国家建立密切的经济联系，出访东方社会主义国家寻求经济援助，例如从中国获得1亿元人民币（约合4000万美元）长期无息贷款等。由于被委任来管理这些国有企业的官员们只是政治立场正确，但并不了解如何管理复杂的公司运作，整体经济状况在国有化后变得糟糕而又混乱，许多曾经盈利的企业却必须接受政府补贴才能运转，造成了沉重的财政负担，最后甚至发展到了整个国家近乎破产、仅靠外贷才能维持生存的地步。在《亚的斯亚贝巴协定》签署之后，尼迈里政府逐步放弃了带有左翼色彩的经济和社会政策，放松对经济的干预，日益转向政府及其机构与外资企业和国际援助机构的协作。1973年，被强行没收的31家公司与银行已经归还原主，通过了若干新的立法以保护私人投资。

其次，尼迈里政府在1970年引进了五年工业发展计划，大力发展面向国内市场的进口替代项目，重点是扩大甘蔗种植以及满足国内市场的榨糖、纺织、农产品加工，此外还有支持现代农业生产的化肥和水泥工业等。雄心勃勃的《1970年五年工业发展计划》后来被分解为两个《临时行动纲要》（1973—1974，1976—1977），重点利用西方和阿拉伯产油国的投资实施杰济拉农业发展计划，投资主要集中在以“金三角”著称的中部地区，大致有拉海德水渠、科纳纳糖厂和南部琼莱运河开凿等项目。从后来的发展实践看，虽然最终的结果都不尽如人意，但由于尽可能地结合了国有企业、私人投资的合作企业以及私营独资企业等多种形式，各个项目在初期都给民众展示了美好的发展前景。

拉海德计划（Rahad Scheme）投资1.8亿苏丹镑，由阿拉伯经济与社会发展基金（AFESD）与科威特、沙特阿拉伯及美国政府提供资助，通过开凿80公里长的水渠将拉海德河与青尼罗河连接起来，使30万英亩的棉田与花生得以浇灌。科纳纳（Kenana）糖厂是苏丹政府与英国罗荷公司（Lonrho）创立的合资企业，计划在库斯提（Kosti）建成世界上最大的甘蔗种植园，年产精制食糖30万吨，满足苏丹国内的食糖需求，然后随着建设成本从1975年的2975万美元上升到1981年近乎天文数字的7.5亿美元，加之食糖市场的衰退，科纳纳糖厂的生产成本远超进口费用，只能通过政府给予大量的补贴继续经营。

琼莱运河（Jonglei Canal）计划从1901年开始已经酝酿了数十年，在1974年正式提出时的合同造价是5200万苏丹镑，另有1800万苏丹镑拨款用于运河区的当地发展项目，整个项目既有必要性又有可行性，可以增大尼罗河向北方地区和埃及的流量，避免赤道地区的淡水资源在苏德沼泽地区由于蒸发而白白丧失。然而由于南部地区政府内部的权力斗争，尤其是一些人图谋借此推翻执委会主席阿贝勒·阿利尔，琼莱运河项目被夸张地渲染为巨大的环境灾难，整个运河区很可能会成为非洲的下一个沙漠，甚至被恶意描述成是为了安置200万埃及农民，琼莱运河计划最终成为内战的牺牲品。

至于雪佛龙（Chevron）公司在南科尔多凡州和上尼罗州进行的石油勘探，由于存在分歧与误解，苏丹北方的政治家们对此并不怎么热心，担心一旦在南方发现具有商业开采价值的石油储量，苏丹统一的根本纽带将被消除，因而也就没有被明确列入发展计划的大型发展项目。[①]除了这些大的工程项目，尼迈里政府的经济发展规划还涉及对基础设施建设的投入，涉及铁路系统、苏丹港码头、主要交通干线等。1974年，借助配有卫星通讯的微波网络工程，苏丹各地区之间缺乏通讯与电信设施的问题得到了部分解决。1975年，苏丹授权美国雪佛龙石油公司在南科尔多凡、上尼罗州以及红海沿岸进行陆上和海上石油勘探，并在20世纪80年代初步发现了石油储藏。

第三，尼迈里的善政愿望赶上了阿拉伯产油国经济崛起的好时候，苏丹因而经历了一个开局美好的经济发展时期。通过1970年代的石油危机，阿拉伯产油国突然拥有了巨大的投资能力，他们将拥有辽阔土地、廉价劳动力和丰沛水源的苏丹设想为中东的“面包篮子”，试图借此缓解对西方的食品依赖，强化自身粮食安全。沙特和

① 〔美〕罗伯特·柯林斯:《苏丹史》，第140页。

科威特成为苏丹援助的新来源。1976年，阿拉伯经济与社会发展基金（Arab Fund for Economic and Social Development, AFESD）制定了为期25年的《苏丹农业发展基本纲要》，计划在随后十年对苏丹的2500万亩耕地建设投资60亿美元。与此同时，来自西方国家和国际社会的双边和多边援助也稳步增多。从1971—1985年间，苏丹接受的净官方开发援助和外国政府援助总额从0.89亿美元上升到11.3亿美元。1972年后，美国成为苏丹最大的双边援助来源，苏丹是美国在非洲除埃及以外最大的援助对象国。[①]整体上看，来自阿拉伯产油国和西方国家的投资满足了尼迈里政府对发展资金的渴求，国际援助成为苏丹1970年代经济建设的主要资金来源，在1973—1976年间，苏丹获得了2.78亿、4.33亿、6.66亿和10亿苏丹镑的发展资金，许多与农业相互联系的发展项目开始实施。处于中心地带的首都三镇首先享受到了这一波经济发展成果，民众对未来普遍持乐观态度。尼迈里总统解决了南方问题，创建了超党派的苏丹社会主义联盟，组建了有专长的技术官僚内阁，吸引了大量外资流入苏丹，发起了一系列迫切需要并得到广泛宣传的开发计划，因为不断增长的个人威望与整个国家对其政权的广泛支持而怡然自得。

三、尼迈里的理想与现实

1973年宪法和苏丹社会主义联盟

苏丹在1956年独立时制定过一部临时宪法，此后也有过多次修订，但都未能解决苏丹的国家身份认同和宗教信仰问题。这两个问题是导致南北之间长期内战的根本原因。在《亚的斯亚贝巴协定》签署后，随着南方问题的暂时缓和，踌躇满志的尼迈里总统打算制定一部永久宪法，解决苏丹社会这两大难题，也借机巩固他的统治

① Susan Turner, Sudan Economy, *The Sub-Saharan Africa 1986*, Routledge Taylor and Francis Group, London and New York, 1986, p.962.

地位。1972年8月，尼迈里召开国家制宪会议，组建以制宪会议成员为主的新内阁，借机剔除了那些曾经反对解决南方问题或者有亲埃及倾向的阁员。1973年4月11日，制宪会议提交了永久宪法草案，因之展开的激烈辩论将苏丹社会分裂为互相对立的两个阵营。支持者欣喜若狂，认为宪法彻底清除了苏丹的两大社会难题；反对者沮丧愤怒，要求宪法应当坚持将伊斯兰教的价值观与沙里亚法作为立法渊源。1973年5月8日，经议会通过和尼迈里总统批准，《永久宪法》正式实施，即苏丹的1973年宪法。

1973年宪法以1968年被搁置的临时宪法修正案为基础，借鉴法国、印度、阿尔及利亚、突尼斯和埃及等国宪法，条款多达225项。根据宪法规定，苏丹是统一的、民主的社会主义共和国，是阿拉伯和非洲两个实体的一部分，支持南部地方自治；伊斯兰教是苏丹的官方宗教，基督教是许多苏丹公民的信仰，国家对各种宗教信仰者一视同仁；总统是国家元首和武装部队的最高统帅，经全民选举产生，任期6年，可连选连任；总统有权任免副总统、总理、部长、军官、外交使节、法官、总检察长等，有权给予免刑或减刑、宣布紧急状态，总统享有豁免权；苏丹社会主义联盟（苏社盟）是唯一认可的政治组织，人民议会设250个席位，其中125名议员通过投票选举产生，100名议员由与苏社盟有关的职业和专业团体指派，总统直接任命其余的25名议员。①

1973年宪法是苏丹独立后制定和实行的第一部宪法，将《南部苏丹自治法案》纳入了宪法第8条，在第16条中规定了宗教信仰自由原则，似乎解决了颇具争议的身份问题和信仰问题。另外，1973年宪法还对总统权力设置了许多限制条款，如第106条、第107条、第111条和第118条等。然而因为历史上从未有过宪政传统，缺乏强大而独立的政党和立法机构，缺乏司法独立，苏丹的军事强人们总是能够以自己的方式解读宪法甚至修改宪法，宪法的根本大法地位

① 刘鸿武、姜恒昆编著：《苏丹》，第156页。

和权威性从一开始就备受挑战。1973年宪法志向高远，但却是一部仅仅存在了12年的短命宪法。尼迈里基本无视宪法对总统权力的限制条款，频繁运用第106条规定的临时总统命令进行立法，极大地削弱议会的权力和威望，立宪总统制最终退化为尼迈里个人的专制统治。

1970年代上半期，尼迈里不仅要通过《永久宪法》彻底解决南方问题和整个国家的发展方向问题，还试图建立群众基础广泛的社会联盟取代此前的一切政党，超越所有部落、教派、区域和意识形态界限，彻底终结此前苏丹政坛腐败低效的教派政治泥沼。为了实现这一美好愿景，尼迈里先后镇压了右翼的安萨尔教派和左翼的苏丹共产党，经过近三年的酝酿，在1974年11月召开了苏丹社会主义联盟成立大会，尼迈里任主席兼总书记。

苏社盟是一个巨大的金字塔结构，与现行政府机构并列甚或直接嵌入了行政体系，很多人同时在政府机构和相应级别的苏社盟委员会任职。苏社盟的中央机构为全国代表大会和中央委员会、政治局、总书记处，地方组织分为大区、州、地区、县四级代表大会和委员会，各个层级的委员会数量分别是10、34、325和1892个，共同管辖着6381个基层委员会。[①]苏社盟每一级委员会的代表都由下一级委员会选举产生，全国代表大会选举产生主席，主席任命总书记和中央委员会的半数成员，其余半数成员由代表大会选举产生。苏社盟的职能与控制范围虽然有过数次调整，也拥有庞大的官僚机构和很多正式责任，党员最多时曾达614万，但它从来都不是一个真正的政党。[②]

尼迈里对苏社盟的设想，似乎在模仿苏联式社会主义国家的党和政府关系，定位苏社盟是一个特别的、独立的民主对话场所，既能够集思广益地制定相关政策，减少决策失误，又能够在政策制定

---

① 〔美〕罗伯特·柯林斯:《苏丹史》，第132页。

② P. M. Holt, M. W. Daly, *A History of the Sudan: From the Coming of Islam to the Present Day*, 2011, p.136.

后有效地动员民众参与执行。从实际的运作看，苏社盟确实也发挥了一定的作用。1977年1月，苏社盟召开第二次代表大会，通过了1978—1983年经济和社会发展六年计划。1980年1月，苏社盟举行第三次全国代表大会，修改基本章程，强调民族和解，决定在全国实施地区管理和非中央集权制。1984年5月，为加强贯彻伊斯兰法，尼迈里任命穆斯林兄弟会成员穆罕默德·奥马尔为第一书记。在1985年4月6日，苏社盟及其附属组织被新成立的过渡军事委员会解散。

总体上看，试图超越传统教派政治泥沼的苏社盟实际上并没有达到预期目的。首先，作为与现行政府机构并列的咨询机构，在一些地方甚至就是地区政府当局所设的学校与健康咨询诊疗室等机构的翻版，苏社盟更多的是代表着政府的另一个管理机构，既不是独立有效的民意表达渠道，也不是改变苏丹国家传统政治生活的有效变革工具，更多时候反而是尼迈里用来平衡和压制不同派系力量的工具。[①]其次，苏丹独立后的国家治理模式承袭了英国殖民者的间接统治体系，由谢赫、纳齐尔、乌姆达与酋长等组成的传统权威主导着当地政府，用不成文的惯例解决社会争端。苏社盟的出现，虽然在客观上限制了传统谢赫们的福利分配权力及其对民众的影响，削弱了家族政治传统的内聚力，加速了部落社会的解体和传统权威的衰落，但取而代之的地方议会却根本不了解此前地方政府的运作，没有建立起有效的新社会管理体系，第二次内战中的巴卡拉民兵组织就是这种混乱和失序导致的最大恶果。

民族和解的初衷与歧变

尼迈里总统的后期执政开始于1975年。1月底，尼迈里总统突然解散了专业负责的技术官僚内阁，用身边曲意逢迎的小团体取而代之。这一事件被国民议会宣布为五月革命的历史转折点，随后发

---

① 蓝瑛主编:《非洲社会主义小辞典》，第138—139页。

生的两场军事政变严重影响了尼迈里总统的后期执政。

1975年9月5日，喀土穆发生了一场以西部士兵为主的小规模军事政变，尼迈里总统因为临时改变了居住地而毫发未损，事件仅仅持续了两个钟头就被镇压。1976年7月2日，流亡国外的安萨尔教派领袖萨迪克·马赫迪策划了一场组织严密的暴力政变，出访归来的尼迈里总统因为专机意外地提前半小时抵达又一次安然无恙，暴乱在三天后被彻底平息。两次未遂的军事政变都没有达到其预定目的，1975年9月的那次政变尤其微不足道，但由于将偶尔变换居住地点和专机意外提前抵达归因于真主的眷顾，尼迈里总统越来越坚定地认为他自己就是真主在人间的代言人，他能够代表苏丹民众的整体利益，苏丹的未来取决于他的直觉行事而不是宪法或者技术官僚内阁。在这种思想指引下，尼迈里积极推动议会通过了宪法第82条修正案，允许总统根据自己的意愿做出有法律效力的决定和行为，从而彻底突破了宪法中本就微弱的权力约束条款。对于尼迈里总统这样明目张胆的扩权之举，一些苏丹人大为震惊，批评他已经是苏丹的皇帝。但更多的苏丹人却对此置若罔闻，这不仅因为尼迈里总统的扩权举动符合他们的传统认知和生活习俗，更因为他们不习惯、不适应甚至不喜欢低效混乱的议会制政府和技术官僚们建立的复杂体制，实际上更习惯、更适应强人领导的威权体制，也更希望看到有着高超统治技巧的政治强人。

萨迪克·马赫迪在苏丹政府军血洗阿巴岛之后流亡国外。1975年，萨迪克联合谢里夫·辛迪（Sharif al-Hindi）创立了流亡的国民阵线（National Front），以乌玛党、民主联盟党（DUP）和伊斯兰宪章阵线（ICF）为基础，团结苏丹共产党等其他反对尼迈里政权的政党和组织。尼迈里拒绝了卡扎菲要将达尔富尔纳入利比亚的要求，埃塞俄比亚人深信苏丹是厄立特里亚叛乱的主要支持者，苏联则因为苏丹共产党发动的政变失败以及苏联顾问被驱逐而反对尼迈里政权。1976年7月的未遂军事政变，实际上是苏丹内外各种反对派势力合作反对尼迈里政权的产物，它由萨迪克和利比亚长期策划，参与者以忠诚于萨迪克的苏丹安萨尔教派人士为主，并在利比亚南部的20个训练营里接受苏联顾问的训练和武器装备，同时得到了苏丹穆斯林兄弟会（穆兄会）的帮助和埃塞俄比亚的默许。政变虽然最终失败，发生了大规模的集中处决，政府军在喀土穆杀死了700名叛乱分子，[①]另有许多无辜民众被杀害，萨迪克和谢里夫·辛迪被缺席判处死刑，但它显示了苏丹反对派在长期沉寂后日益复苏的力量。

1976年的尼迈里政权已经完全摆脱了革命初期的左派色彩，那些曾给宗教右翼政党带来恐慌的革命性言辞已经随风飘散，尼迈里政权和国民阵线的意识形态对立逐渐缩小，加之尼迈里本人的思想因为在数次军事政变中的幸运因素而越来越相信神启，因而很容易接受国内外要求政府与全国阵线和解的呼声。1976年底，尼迈里伸出了和解的橄榄枝，由在阿联酋的苏丹两大名门望族牵线，与萨迪克·马赫迪实现了初步和解。1977年7月7日，尼迈里和萨迪克在苏丹港举行了第二次会谈。此时的萨迪克因为政变失败而几乎没有其他选择，无力要求彻底变革现政权，只能接受苏社盟的执政党地位，认可苏社盟比原来低效的多党制更适合苏丹国情，仅仅坚持要求苏社盟应当更加开放和更具代表性。1977年9月，尼迈里宣布实行“民族和解”，任命回国的萨迪克为苏社盟政治局成员，恢复了许多萨迪克支持者在行政机构的职务，安全部队也停止了对安萨尔信徒的骚扰，赦免流亡在外的穆兄会和苏丹共产党成员，成功地将反对派分成愿意返回苏丹参与政权和选择依然流亡在外两个阵营。虽然萨迪克从未就任尼迈里任命的职务或者参与议事，但他的回归确实削弱了苏丹反对党的威严和力量，谢里夫·辛迪和其他人要求实施更多改革的呼声日益微弱。

1978年2月，苏丹举行人民议会选举，乌玛党、民主联盟党和穆兄会支持的候选者赢得了304席中的80个席位，独立人士赢得了

---

① 刘鸿武、姜恒昆编著：《苏丹》，第138页。

60个席位。1978年9月，萨迪克返回苏丹，与哈桑·图拉比和其他曾经的反对者等进入了苏社盟政治局。1978年末，因为不满尼迈里总统公开支持埃及和以色列的《戴维营协议》，萨迪克开始怀疑尼迈里是否会坚持在苏丹港做出的承诺，于是退出政治局，再次离开苏丹开始了流亡生活。1980年，安萨尔派联合抵制议会选举，和解过程受挫。1982年，萨迪克·马赫迪宣告民族和解失败，随即被监禁进而逮捕，但这反而更彰显了他的反对派立场，也帮其重树威望。

除了乌玛党领袖萨迪克犹犹豫豫、瞻前顾后的矛盾心理外，反对派阵营对待尼迈里的“民族和解宣言”还有另外两种态度。民主联盟党领袖谢里夫·辛迪从一开始就持反对态度，也没有打算回国。伊斯兰宪章阵线的领导人哈桑·图拉比则充分展示了一个政治家的远见和深谋远虑。图拉比首先将由他资助的穆兄会从原来致力于“复兴伊斯兰”的党派结构扩大为协商性质的舒拉（shura）委员会，说服追随者支持他的长期计划，公开表示效忠尼迈里政权，以高级官员的身份急切地加入了苏社盟。而借助新获得的总检察长的职位和权力，图拉比得以系统建立基于伊斯兰教法的更为广泛的组织机构，稳步复兴由于《亚的斯亚贝巴协定》及1973年宪法而在人们的思想中已经烟消云散的伊斯兰教法。

“民族和解”终结了尼迈里政府带有理想主义色彩的前期执政，最终将苏丹引入了另一个发展方向，然而在当时，它确实是尼迈里总统政治生涯的又一次胜利。他分化和瓦解了主要的反对派联盟，将1977年做出的改革承诺置之脑后，将境外归来的伊斯兰宪章阵线当作继苏丹共产党、技术官僚内阁之后的又一个支持力量，并借此压制苏社盟中不同意和解的保守派势力，他本人因而还是苏丹局势的最终掌控者和仲裁者。原本试图超越所有部落、教派、区域和意识形态界限的苏社盟，完全沦为了一个不具有实质内容的组织形式。尼迈里政府步入了充满派系斗争色彩、无理想、无格局的后期执政阶段。

1979年3月，尼迈里开始筹划在苏丹北方实行区域划分，采取类似于南方地区政府的区域自治制度，安抚西部人和努巴人的不满。1980年2月，苏社盟全国代表大会批准了尼迈里的区域化计划，人民议会随即通过了《1980年地区政府法案》（Regional Government Act 1980），将苏丹北方设置为5个地区，分别是北部地区、东部地区、中部地区、科尔多凡和达尔富尔。各地区设立经选举产生的议会，总统从议会提出的3名候选人中选任1个地区长官，地区长官任命地区部长，负责管辖地区的治理和发展。

此后，尼迈里总统精心选择忠心的地方官员，建立各种临时的派系联盟，改组内阁，大力宣扬苏丹的“新开始”，越来越沉迷于个人权力。地方政府则发现所谓的区域自治只是个形式，他们的教育、医疗等基础项目完全依赖中央政府资助，位于喀土穆的中央政府并不愿意真正地下放权力。而随着经济形势的进一步恶化，越来越多的苏丹人开始相信，无论是民族和解还是新的行政区划，本质上都是尼迈里为了强化自身权力地位的手段和工具，他们的总统越来越类似昔日在苏丹的英国总督而不是美国总统。[①]

尼迈里总统的执政限度

尼迈里总统的初期执政有抱负、有视野，其执政理念和意志对苏丹国家发展产生了深远影响。虽然具体的施政过程中也有过反复，有过政治算计，甚至被质疑对南方的和解动机不纯，认为他只是在利用南方对付北方的反对派，从来都不愿意真正履行与南方签订的和平条款，[②]但尼迈里政权在和平、稳定和发展方面对苏丹社会的贡献不容否认。然而在后期的执政中，因为缺乏系统的思想体系，也因为苏丹社会的高度复杂而导致国家治理和建设任务艰巨，擅长政治操控的尼迈里总统几乎用尽了各种意识形态，拉拢过几乎所有的势力派别，最终陷入了派系政治的恶斗泥沼。在长达16年的执政时期，尼迈里为了保住权力不择手段，钩心斗角，诡异多变，先后与

---

① 〔美〕罗伯特·柯林斯：《苏丹史》，第149页。

② John Garang, *The Call for Democracy*, Kegan Paul International, 1992, p.11.

共产主义者、阿尼亚尼亚、伊斯兰宪章阵线、苏菲派、传统的部落首领与谢赫都合作过，也都在目标实现后抛弃并背叛了合作伙伴，基本否定了其前期的执政成果，导致国家发展停滞，战端再起，甚至推动了民族主义与宗教极端主义的合流。精于算计的尼迈里总统最终沦为了权力场上的机会主义者，他将自己定位于唯一能够保持国家团结的核心人物，拥有过总统、陆军元帅、最高统帅与伊玛目等头衔，但最终被民众和其他政治势力唾弃，包括他所倚重的军队。尼迈里总统的政治发展过程不仅是他本人从英雄到罪人的滑落轨迹，更折射了一个前现代国家威权领袖治理国家的善政愿望和能力限度。

与尼迈里总统的执政轨迹相似，苏丹的行政部门也越来越臃肿，越来越官僚化和政治化而非专业化，中下层官员们甚至不愿意做出最普通的决定，绝大多数问题和矛盾都被移交给各部部长或总统府。1976年，苏丹全国人口1500万，公务员队伍已经高达25万人，其中12万在中央政府，13万在地方政府。另有10万苏丹人在腐败低效的大约60家国营公司上班，他们通常没有什么技能，获得工作岗位主要是因为其背后的社会关系。这些日益增长的新官僚主义和沦落为腐败温床的国有企业，既是尼迈里总统因为寻求专权而日益集中的决策过程的倒影，反过来又和正全面展开的经济和社会危机一起，严重打压了尼迈里总统的执政空间和执政信心，影响和制约了他后期的执政理念和方向。

1971年政变后，尼迈里政府首先强化与社会主义阵营的关系，随后与西方和多数阿拉伯国家的关系也逐步改善。1972年，苏丹与美国重建外交关系，美国和埃及成为苏丹最重要的外交伙伴，与美国和埃及的联盟一直是尼迈里对外政策的中心。1973年3月，美国驻苏丹外交官在喀土穆被巴勒斯坦人杀害，尼迈里随后将已定罪的罪犯移交给巴勒斯坦解放组织，双方关系一度紧张。然而由于对苏联支持的埃塞俄比亚和利比亚威胁的共同担心，尼迈里政权对美国援助的依赖和对美国民主价值观的信赖，苏美双边关系趋于稳固，一直延续到尼迈里政权解体。1976—1985年是苏丹和美国关系最密切的时期，尼迈里总统6次访问美国，美国向苏丹提供的贷款和其他援助共18亿美元，包括向苏丹出售武器和提供军事援助。[①]苏丹与埃及的关系尽管不时地也会紧张，但整体上还算紧密。1974年2月，苏丹与埃及实施"经济与政治整合"计划，1977年签订双边防御条约。1978年后，尼迈里政权因为是唯一支持埃及与以色列和平条约的阿拉伯国家而日益赢得国际注目。1982年，埃及和苏丹签订《整合宪章》，建立不同的统一机构和有自己预算的高级会议。这是迄今为止向尼罗河联盟理想迈出的最远一步。在尼迈里政权垮台前夕，埃及驻守喀土穆的空军大队因为"技术原因"撤回国内。[②]对于东边邻国埃塞俄比亚，苏丹一直支持厄立特里亚分离主义者，埃塞俄比亚则支持苏丹南方的分离主义运动，这导致双方关系长期恶化。对西部邻国利比亚，因为拒绝加入《的黎波里宪章》，对乍得内战持有不同立场，不满其对达尔富尔的领土要求，尼迈里政府与利比亚的关系也长期紧张。事实上，大多数苏丹人把性格怪异的卡扎菲看作是一个小丑。[③]

激动人心的经济绩效是威权领袖们政治合法性的最主要来源，苏丹在1970年代早期宏大的经济发展规划就是明证。然而从较长的历史时段看，因为苏丹社会极度落后的发展现状，加之1970年代全球性经济危机导致的市场价格浮动的出口需求暴跌，尼迈里总统的善政愿望收获寥寥。1974—1977年间超过10%的经济快速增长不仅没有能够持续下去，而是很快失去了动力，经济状况在1978—1984年间一直是2%以下的低速增长乃至负增长。1985年，苏丹的人均国民收入下降到680.9美元，是独立以来的最低点。

导致苏丹经济状况难以改善的原因有如下几点。首先，苏丹的

① 刘鸿武、姜恒昆编著：《苏丹》，第413页。

② P. M. Holt, M. W. Daly, *A History of the Sudan: From the Coming of Islam to the Present Day*, London: Pearson, 2011, pp.137-138.

③〔美〕罗伯特·柯林斯：《苏丹史》，第204页。

国民经济以农业为根基，可耕作土地多，但地处生态过渡带，极易遭受旱灾、水灾和沙漠化等气候灾害，农业技术落后，生产率低下，实现自给自足的难度都很大，要成为海湾产油国的“面包篮”，借之产生贸易顺差不太现实。因为粗放经营的大规模机械化农场运动，苏丹土地退化严重，传统出口产品棉花的产量急速从1973—1974年的174万包下降至1983—1984年的55万包。其次，低水平的国有化运动及因之形成的国营企业成为制约经济发展的严重障碍。和农业相联系的那些工业和基础设施项目，例如科纳纳糖厂等，虽然使得苏丹国家的工业资产附加值从1970年的0.67亿苏丹镑增加到1975年的1.43亿苏丹镑，但因为建设延期、支出超额和管理不善等因素，国营企业生产的工业品根本就没有竞争力，效益很低，亏损严重。铁路运力从1971年的280万吨急剧下降到1983年的150万吨。国营或部分国营的工业企业占苏丹全国企业总数的65%，但在1975—1980年间平均每年亏损5000万美元，成为政府日益沉重的负担。[①]第三，南方的滞后发展状况基本没有改变。备受关注的琼莱运河计划和石油勘探计划似乎对南方地区来说没什么直接收获，最终不了了之。1972—1977年间给予南方的特殊发展经费实际只完成了20%，喀土穆大学1984年的1637个学生名额只分给了南方人9个。[②]

从1978年起，苏丹政府就只能依靠债权方的大规模减免债务维持外汇资金的供应，每年获得的国外资金大部分用于国际收支的短期贷款，能够用于经济发展的资金只有很少部分。1978年，德国、英国和荷兰三国免除的苏丹债务额分别是2.18亿英镑、1010万苏丹镑和1900万美元。[③]截至1984年底，苏丹已经无力偿还其90亿美元的巨额外债，只能依靠西方和阿拉伯产油国的财政和军事援助勉强维

① 中国社会科学院西亚非洲研究所编：《北非五国经济》，时事出版社1987年版，第93页。

② P. M. Holt, M. W. Daly, *A History of the Sudan: From the Coming of Islam to the Present Day*, 2011, p.134.

③ Ali Ahmed Suliman, Sudan Economy, *The Sub-Saharan Africa 1980*, Routledge Taylor and Francis Group, London and New York, 1980, p.985.

持生存。尼迈里总统开始积极多次出访寻求同情和援助，1983年底的五国之行时间长达35天。庞大的经济发展规划和严重的企业亏损带来了巨大的资源浪费和社会发展不平衡，因之产生的巨额外债、通货膨胀、资金短缺、货币贬值使得苏丹更难应对连年的饥荒和干旱。

尼迈里的宏大经济发展规划催生了两类富裕阶层，主要是粮食大亨和商业新贵们，他们引发了更多的社会矛盾。粮食大亨们利用人们找寻“中东粮仓”的机会迅速崛起，他们成立机械化耕作公司，平整林地，集中耕作的农田超过5000万亩，但基本上属于粗放式经营，破坏了当地的脆弱生态，很多地区在耕作数年之后变成了干旱尘暴区，加之不时肆虐的干旱，苏丹粮食连年歉收，粮价飞涨，导致了数量巨大的流离失所者。大批苏丹人不得不背井离乡，四处逃荒要饭。来自南部和西部农村的大量失地农民和贫困人口涌入城市，住在鼠害肆虐的贫民窟，受着饥饿和疾病的摧残。在欧拜伊德以及其他西部城镇周围，处处可见饥民们破旧不堪的帐篷。喀土穆的人口每年以6.5%的速度增长，1983年达到了134万人，私自搭建的棚屋宿营地串联成难民聚集的“黑色地带”，到1990年代几乎已经将喀土穆包围起来。[①]首都三镇的主要大街上挤满了失业者和无家可归者，被称作只有太阳没有屋檐的“沙摩挲”（Shamasa）人，在对饥饿的极度恐惧和绝望中度日如年。[②]

那些暴富起来的商业新贵们，以土耳其裔沙特商人艾南·卡修基（Adnan Khashoggi）为代表。他们利用尼迈里的急于求成心理，避开专业人士组成的政府，代表苏丹参与了大量国际贷款谈判并从中获利。这类人虽然数量不多，在1981年时大概有20人左右，但过分自信，喜欢摆阔，被许多苏丹人看作是只会夸夸其谈、投机取巧的谄媚者，通过不正当手段掠夺了大量财富。弥漫在城市中产阶级专业人士中间的这种不满情绪，因为大量“沙摩挲”人的突然涌入而激化爆发。

① 〔美〕罗伯特·柯林斯：《苏丹史》，第172页。
② 刘鸿武、姜恒昆编著：《苏丹》，第195页。

苏丹有组织的劳工运动自1971年7月政变后一直很微弱，罢工被定为叛国行为，1981年6月的铁路工人联盟罢工就被残酷镇压，4.5万名铁路工人被从政府雇佣人员名单中删除。但得到市民支持的中产阶级专业人士的集体罢工却成了对尼迈里政权的最大威胁。1983年夏天，由于工作条件恶化，工资被削减，在司法部的领导下，法官、医生、工程师和大学教授等中产阶级专业人士开始拒绝工作。司法部门和律师协会领导的集体罢工持续了三个月，尼迈里最终不得不恢复了一些法官的工作，安抚性地提高其工资和福利待遇。受到法官的启示，医生们也集体辞职，尼迈里再次退缩，释放了被逮捕的医生并满足了其提出的所有要求。为了防止再次爆发类似的专业人士罢工事件，尼迈里在1984年4月30日发布总统令，宣布实施戒严，直到一年后他被推翻才得以解除。

四、尼迈里时代的落幕

《亚的斯亚贝巴协定》的破产

1980年前后，尼迈里总统的主要执政思路是通过实施新的行政区划来巩固总统权力。这一思路首先在苏丹北方开始实施，随后逐渐推广到了苏丹南方。此时的尼迈里总统越来越专制，比此前的阿布德政权更加认同阿拉伯与伊斯兰原教旨主义，新的行政区划和随之而来的阿拉伯-伊斯兰化运动一起，不仅颠覆了来之不易的《亚的斯亚贝巴协定》和平成果，将苏丹拖入内战状态；而且将苏丹引入了持续近30年、最终导致南北分立的阿拉伯-伊斯兰化道路上。

苏丹南方的第一届地区议会成立于1973年，它的四年任期代表了南方人的初次行政管理尝试，是《亚的斯亚贝巴协定》的最主要和平成果和实施保证。虽然地区议会的存在和完成任期本身就是一种进步和成功，也确实做了不少工作，但它远不是成熟的议会政治实践。因为种族、意识形态、地区以及个人情感等因素，议会议员和执委会的部长们结成了各种不同的政治团体，议会辩论的最大特色就是报复性的人身攻击以及子虚乌有的诽谤性指控。执委会主席阿贝勒及其追随者主导着南方地区议会，被视为“丁卡人集团”，赤道州人士对此深感不满和恐慌，因而集合到南方军司令部约瑟夫·拉古少将旗下。尼迈里总统对此洞若观火，乐见阿贝勒和拉古两派在地区议会里的争权夺利，并借此维系权力平衡。在1977年的议会选举中，尼迈里秘密说服阿贝勒退出竞选，保证约瑟夫·拉古顺利出任执委会主席，但同时却迅速解除了其在军队的职务。苏丹军队中的北方军官们因为总统为他们摆脱了这位“南方人”少将而欢欣雀跃。

拉古主席出身行伍，缺乏前任阿贝勒的个性魅力和政治技巧，也没有与任何有影响力的北方人建立可靠的工作联系。他利用权力创设了一系列薪水可观的地区部长职位，任职者都是赤道州人士，这导致了他们与丁卡人之间的种族敌对行为。阿贝勒领导的“丁卡人集团”一直指控拉古贪腐，滥用阿布扎比提供的贷款，最后甚至发展到攻击拉古的每一个施政举措。1979年末，“丁卡人集团”的24名议员共同指控拉古篡夺议会权力，违反宪法，请求尼迈里总统解除拉古主席的职务。此时的尼迈里总统因为糟糕的经济状况和对埃及萨达特总统的支持而内外交困，需要用实际举动增进阿拉伯团结，换取来自海湾产油国的援助，更由于不满意拉古对本提乌原油通过管道输往苏丹港一事的暧昧态度，他于1980年2月解除了拉古的主席职务，下令解散议会并重新举行选举。

第三届地区议会选举工作在1980年5月举行，阿贝勒以压倒性的多数当选执委会主席，他的内阁保持了丁卡人与赤道人的大致平衡，初期的施政重点是扩展此前已经开始的技能培训、农业技术推广服务、教育和初级卫生保健等项目，实践中也确实为南方的发展争取到了一些发展资金，例如苏丹银行同意在朱巴开设分支机构并从来自科威特的援助基金中拨出900万美元用于恢复赞德植棉计划。但不幸的是，南方地区政府的关注重点，很快就转变成了关于统一或分权的激烈争论。1980年夏，南方地区政府组织出版了一本英语小册子《团结书》，不仅阐释了为什么要拒绝重新划分南部地区，而且猛烈抨击尼迈里总统及其北方官员，认为南方受到了不公正的对待。尼迈里对此大为恼火，中央政府的高级官员也极其愤怒。

1980年10月4日，就在南方民众围绕着统一抑或分权而展开的激烈争吵中，尼迈里总统突然解散南方地区议会与高级执行委员会，任命南方穆斯林吉斯马拉·拉萨斯（Gismallah Abdullah Rasas）将军为“地方过渡政府”主席，意图为南方的重新分区扫除障碍。由于这一举动明显违宪，也未曾与南方政治家协商，南方的反应强烈而迅速。在科尔多凡，南方的学生走上街头游行示威，抗议解散地区议会以及对拉萨斯的任命，但抗议活动并没有明确地反对尼迈里本人。面对南方人意料之中的强烈反应，尼迈里总统泰然处之，相信能够得到伊斯兰宪章阵线、中央政府各官僚机构和约瑟夫·拉古等多派势力的支持，因而抱着投机和试探的心理随机应变。1980年底，尼迈里政府不顾南方人的不满和抗议，正式决定将南方本提乌的原油通过输油管道运往北方，管线北端也从库斯提延伸到能够直接出口国际市场的苏丹港。南方地区议会和执委会愤怒地谴责这一决定，声称炼油厂的丧失会使本提乌地区处于永久的不发达地位，但无法促使尼迈里改变，只能强压屈辱接受。北方和南方在石油勘探和开采上的意见分歧变得更为尖锐且不可调和。1982年2月初，为了平息国内因为物价上涨而引发的抗议活动，尼迈里不仅指令已经关闭的大学延期开学，防止以投掷石块表示抗议的大学生“投石党”们抗议示威，免去了22名中高级军官的职务以稳定形势，而且突然宣布推迟做出任何有关在南方重新分区的决定，要求南方举行新的地区议会选举。

在1982年春季的议会选举中，南方选民围绕着南方是否分治问题分裂为态度截然不同的两派。支持重新进行区域划分的一派以赤道州知识分子中央委员会（Equatorial Central Committee of Intellectuals, ECCT）为代表，他们得到了约瑟夫·拉古的资助。另一派主张南部地区的统一，领军人物是阿贝勒·阿利尔，南部苏丹统一委员会（Council for the Unity of Southern Sudan，CUSS）是其主要组织。在选举过程中，因为伊迪·阿明政权垮台而从乌干达返回的大量赤道州难民将生活困顿归咎于“丁卡人的统治”，也因为南方司令部北方人司令官、喀土穆政府和伊斯兰宪章阵线的支持，加之纠缠不清的历史恩怨，例如丁卡人在1960年代的大洪水期间侵入赤道地区放牧而引发了与赤道州农民的公开冲突等，主张地区分治的意见占据上风，支持地区分治的约瑟夫·詹姆斯·坦布拉（Joseph James Tambura）成为高级执行委员会的主席。1982年6月，因为支持南方地区分权，约瑟夫·拉古被任命为苏丹第二副总统，这是他长期以来梦寐以求的职位。

第二次南北内战爆发

1982年12月，尼迈里总统巡视南部地区，遭遇了充满敌意的示威游行，伦拜克中学的学生们起哄并投掷石块，与他1972和1975年作为和平缔造者南巡时受到的欢呼形成了鲜明对比。尼迈里总统很生气，当晚即召集高级执行委员会少数成员开会，要求他们立即提出议案，将南方分为三个州。由于这涉及到单方面修正被纳入宪法的《南部地区自治法案》，执委会当即对此严词拒绝，一个月后召开的苏社盟南部地区代表大会也以压倒性票数通过决议，维持《亚的斯亚贝巴协定》与南方的统一。尼迈里被迫推迟做出决定，但对南方人的敌意耿耿于怀，因而在1982年底命令南方司令部第1师的3个营驻守北部及西部地区。

1983年5月24日，尼迈里第三次宣誓就任总统，他在历时12天的公民投票中获得了99.6%的支持率。6月5日，尼迈里总统突然宣布共和国第一号命令，将南方地区分为加扎勒河州、赤道州和上尼罗州三个州，用三个权力有限的州议会取代了南方地区议会，南方人不能再质询中央政府，甚至不能就国家立法进行辩论；南方地方行政长官由总统任命而不再经由选举产生，南方官员被剥夺了财政权力，所有的金融和经济权力都集中到中央政府；阿拉伯语成为苏丹唯一的官方语言，英语的地位降为地方方言。所有这些举措，不仅终结了《协定》赋予南方的人事权和财政自主权，而且取消了《协定》里经过精心设计的安全措施，主要是取消了南方人在武装部队员额中的法定比例。南方地区的部队今后将处于当地军事指挥官、国防部与最高军事长官总统的直接指挥之下。由于尼迈里早在1977年7月在苏丹港与萨迪克·马赫迪进行"民族和解"会谈时已经承诺修订《亚的斯亚贝巴协定》，图拉比领导的伊阵清楚表明他们对尼迈里的支持取决于修订《亚的斯亚贝巴协定》及其实行伊斯兰宪法，所以共和国第一号命令的最主要意图，就是通过变革南方的行政体制和运作方式废除《亚的斯亚贝巴协定》，为总统及那些谋求恢复伊斯兰神权统治的人们进行干预立法扫清了宪法上的障碍。①

尼迈里很蔑视南方的政治家们，认为他们只会钩心斗角，更重视追求他们自身的生存与财富，不会为了地区利益而牺牲个人利益，这也是他敢于违反《亚的斯亚贝巴协定》在南方进行区域划分、实行伊斯兰教法的原因之一。事实上，南方政治家们确实没有能力反制尼迈里，他们沉溺于权位、争吵和钩心斗角，拉古领导的阿尼亚尼亚看起来也似乎是一群乌合之众，然而随着20世纪六七十年代民族解放运动浪潮的冲击和熏陶，加之十多年和平时期的建设和培养，苏丹军队中受过培训的年轻的南方军官们开始觉醒，他们和五月革命时期的尼迈里上校一样，鄙视惯于空谈的政客，按照自己的理解开始规划南方的未来。对于尼迈里单方面取消南方自治地位，废除《亚的斯亚贝巴协定》，他们的应对是精心策划军事叛乱，要用手中的武器将加法尔·尼迈里逐出苏丹。这些年轻军官中的代表人物就是约翰·加朗（John Garang）上校，他曾在1972年之后的南北和解中被送到美国接受培训，后来成为苏丹人民解放运动、苏丹人民

① 〔美〕罗伯特·柯林斯:《苏丹史》，第155—156页。

解放军的主要领导人。

苏丹武装部队南方司令部第1师下辖第105、110和111三个营，主要由根据《亚的斯亚贝巴协定》被整编的前阿尼亚尼亚运动战士组成。因为在编入苏丹军队后没有达到预期的愿望，所受的教育及训练与正规官兵们不能相提并论，1974—1982年间进入军事学院学习的南方学员不到总人数的5%，远低于《亚的斯亚贝巴协定》规定的1/3，第1师官兵们本来就对尼迈里政府有积怨，在1976年后对很多议题都表现得比较敏感。共和国第一号命令变相废除了《亚的斯亚贝巴协定》，点燃了南方官兵的不满和怨愤。南北之间战端再起。

动乱始于南方军队被调防北部及西部地区的1982年底。从1983年1月到5月，驻守在博尔的第105营始终拒绝执行命令，与前来弹压的苏丹军队发生激战，最后在克鲁比诺·博尔（Kerubino Bor）少校带领下于5月16日夜晚离开军营遁入丛林。截至1983年7月，南方司令部有超过2500名士兵叛逃到位于埃塞俄比亚境内贝尔帕姆（Belpam）的游击基地，另有500多人散布在加扎勒河州的丛林之中。后来的史实证明这确实是一个重大事件的开端，但尼迈里总统当时并未给予太多考虑，将之视作又一场普通的南方士兵哗变事件，不仅按计划发布了解散南方地区政府的共和国第一号令，彻底激化双方矛盾至无可挽回余地，而且所托非人，指派时任恩图曼参谋学院院长的南方军官约翰·加朗上校解决博尔哗变事件。后者不仅是第105营士兵叛逃事件的幕后策划者，而且即将是严重影响苏丹发展的第二次南北内战的南方指挥核心。

约翰·加朗接受过完整的学校教育，参加过拉古领导的阿尼亚尼亚运动，在苏丹的邻国中有志同道合的支持者，是一个有理想、有格局、有能力、有手段的戎装政治家，也是南方反抗力量中平民派与军事派理所当然的选择。约翰·加朗的政治理想是希望未来的苏丹能够像美国那样，“将一个种族各异、文化多元的社会塑造成自由、世俗、民主、统一的社会，人们信奉各种不同的宗教，生活和谐安宁。”[①]加朗在1983年4月6日创立了苏丹人民解放运动（SPLM，简称苏人运），起草了《苏丹人民解放运动宣言》，搁置了有关统一与分裂的争议，组建广泛的团结阵线和争取外援，将来源复杂的苏丹人民解放军打造成一支不同于阿尼亚尼亚运动、有纪律的新型军队。同时，结合苏丹的内外形势将罢免尼迈里总统确定为斗争目标，并就此与不同的北方反对党举行了多次秘密会谈。

在具体的斗争过程中，加朗用统一的苏丹理想安抚邻国对分离主义运动的担忧，接受来自埃塞俄比亚和利比亚的武器和其他支持，使用苏丹人熟知的各种权变手段打压最高领导层其他成员的挑战，利用南方各派别间的对抗打击那些顽固的分裂主义者，将不信任的军官调至偏远的部队。1985—1991年的六年里最高领导层会议几乎未召开过会议，即使偶尔召开的会议也不过是为批准加朗预先确定的议事日程走走过场。上述做法最大限度地巩固了加朗作为军事政治强人的领导地位和权威。

在1983—1990年间，加朗领导苏人解不仅利用突袭和小范围交火对政府军发动多次袭击，阻止了在南部的石油勘探和琼莱运河项目，占领大片领土，显示了苏人解的力量和影响；而且稳固地占据了位于赤道州的博马高原（Boma Plateau），将其作为苏人解在苏丹境内的总部。1984年2月，苏人解军队袭击了尼罗河上的一艘游轮和一艘驳船护卫队，造成大约1500人在交火中丧生或者溺水而亡，南北方的水路和铁路交通被中断。[②]半年后，苏人解的一个小分队伏击了索巴特河上的一艘军船，导致274名士兵丧生。1985年，苏丹人民解放军炮轰了博尔城，政府守备军指挥官身亡，伤亡人数不详。此后，在埃塞俄比亚武器、后勤的支援下，加朗的军队在赤道州、上尼罗州、南科尔多凡州和青尼罗州发动多地多点进攻，接连占领了皮博尔城（Pibor）和托里特，南方几乎成为苏丹人民解放军的占

---

① 〔美〕罗伯特·柯林斯：《苏丹史》，第160页。

② Edgar O'Balance, *Sudan, Civil War and Terrorism, 1956–99*, London: Macmillan Press LTD, 2000. p.134.

领区。截至1990年，苏人解的军事化已经完成，而且呈现出明显的专制主义军事等级特点。他们对于被解放地区的恢复重建计划和社会与经济发展规划没有兴趣，主要专注于没有民众普遍参与的军事胜利。[①]

九月法令的出台及其实施

因为在1969—1985年间躲过了至少22次未遂军事政变，尤其是侥幸地躲过了1971年和1976年的两次军事政变，加之在1979年后因为严重的心血管疾病开始关注死亡等哲学命题，执政多年的尼迈里总统逐渐变得不稳定和非理性。他将宗教看作是所有社会制度与政治制度的基础，将自己的奇迹般幸存解读为真主的指引，认为来自西方的政治、教育、经济与价值观导致了苏丹伊斯兰社会的衰落，因而必须消除西方价值观的影响，寻求文化独立，重塑伊斯兰教正当性。在这种近乎原教旨主义的宗教理念指引下，加之沉重的债务压力、经济萧条引发的中产阶级专业人士抗议、大饥荒导致的国内难民潮以及南方加朗领导的叛乱等，尼迈里在1983年9月8日突然宣布废除旧刑法，执行根据伊斯兰教法制定的新刑法，即所谓的“九月法令”，不仅要在全苏丹范围内无差别地实施伊斯兰教法，恢复断手、鞭笞、绞刑等传统刑罚，对无视新刑法者一律按照新法治罪；而且效仿一个世纪前的马赫迪自封为伊玛目（教长），独揽宗教和世俗大权，要求政府高级官员向他宣誓效忠。

在1983年9月—1985年4月的18个月里，尼迈里将在苏丹确立伊斯兰教权威视为自己先知般的“使命”。他发表言辞犀利的系列演讲，虔诚地引述《古兰经》经文，批评晚间娱乐活动是亵渎神灵，训斥杰济拉州的民众好色放荡，告诫遭受洪灾的卡萨拉州民众冒犯了真主，谴责罢工的人们“有违主道”。当英国驻苏丹大使警告说禁酒令可能让2000名在苏丹的英国专家离开时，尼迈里这样回答，

---

① 〔美〕罗伯特·柯林斯：《苏丹史》，第232—233页。

“我们请的是技术专家，不是饮酒专家。如果专家们一定要饮酒才能工作，那就请离开苏丹。”[①]事实上，尼迈里本人也喝酒，他在1970年访华前夕曾到中国驻苏丹大使馆做客，在品尝中餐时就很兴奋地“喝了不少茅台酒”。[②]

新刑法颁布后，苏丹政府宣布犯罪率下降了30%，但民众反应迥异。在北方的城镇，很多市民因为许多娱乐方式被禁止而失望沮丧，进而担心会受到审讯和惩罚。有饮酒嗜好的男人公开表示不满，家庭妇女们因为禁酒令能够节约家庭开支而表示支持。众多的农村居民是虔诚的穆斯林，他们很高兴看到强制实行沙里亚法，认为这可以洁净首都的奢侈生活，消除宗教腐败，延续了一个世纪前马赫迪运动的未竟事业。但对南方人来说，九月法令严重侵犯了1973年宪法规定的平等原则，是对《亚的斯亚贝巴协定》的致命一击，他们不再支持尼迈里。当然，至少在当时，尼迈里觉得南方人没有反抗的政治、经济和财政手段，他已经不再需要南方人的支持。

当时的苏丹权力体系已经不可能对尼迈里总统构成制约，曾经的专业人士内阁已不复存在，九月法令迅速在全国范围内实施。穆兄会控制的喀土穆大学学生会发动学生上街游行庆祝新刑法实施，高呼“不要东方，不要西方，只要伊斯兰共和国”等口号。苏社盟中央政治局也组织报纸等苏丹媒体，反击国内外对实施伊斯兰教法的指责。推土机在人民宫与青尼罗河之间的埃尔尼林大道上将大量酒瓶碾轧成碎片，数千加仑的烈酒被倒入尼罗河，酒精类饮料的酿制和消费被严格禁止。仓促设立的“正义裁决法庭”通常由一名穆斯林兄弟会成员主审，先后有超过150人被判处当众处决或遭断手、鞭笞等刑罚，包括政府部长在内的大批观众被刻意召集起来目睹行刑过程。9月29日，为了效仿先知饶恕陷害他的麦加人，尼迈里发布大赦令，释放了考伯尔（Kober）监狱中全部的1.3万名囚犯，并给每个人发放100苏丹镑（60美元）帮助他们开始新的生活。考伯

① “苏丹首次按伊斯兰法对二名偷盗犯行断手刑”，《参考资料》1983年12月30日（上）。

② 刘宝莱：“记苏丹前国家主席尼迈里访华”，《阿拉伯世界》2004年第2期。

尔监狱随后被改造成执行沙里亚法的行刑场，后来一度成为专门关押政治犯的地方。

1983年12月，苏丹首次对两名偷盗犯施行断手的刑罚，割断偷盗犯的右手腕关节，并用汽车将断手掌展示给数万名现场观众。在随后的18个月内，有50多名偷窃犯被砍手，一名科普特基督教徒因持有外币而被绞死，也有贫穷的家庭主妇因销售啤酒而被殴打。1985年1月18日，因为公开要求废止伊斯兰教法和恢复公民自由，时年76岁的苏丹共和兄弟党领袖马哈茂德·塔哈（Mahmud Muhammad Taha）和4名追随者在考伯尔监狱被处以绞刑，尸体被丢弃在恩图曼以西的沙漠里。这是苏丹实施沙里亚法后首次以“信奉异端邪说”的罪名处死一名穆斯林，让国际社会和媒体大感意外和愤慨，因为苏丹刑法禁止处决70岁以上的人，而且此前尼迈里刚刚赦免了209名被控“搞阴谋活动”的基督徒。虽然穆兄会称赞尼迈里对塔哈的绞刑处决，整个社会反对尼迈里的活动也有所收敛，但更多的苏丹人将之看作是残酷的、攻击性的和不必要的报复行为，是尼迈里政权结束的先兆。[①]

尼迈里总统的下台

因为外债负担沉重，出口严重下降，从1978年开始，苏丹国内通胀高企，货币在1978—1984年间贬值13次，基本食品和基础物资供应严重匮乏，只能依靠外援维持生存，为了得到援助而实施的紧缩政策招致了民众的普遍不满。可悲的是，在1983—1985年间，苏丹和埃塞俄比亚同时遭遇了严重旱灾，苏丹西部法希尔有记录的降雨量只有年度平均水平的1/3。连年大旱不仅导致苏丹国内300万人流离失所，还有大约100万埃塞俄比亚难民进入苏丹，每年的粮食供应缺口达到200万吨（美国国际开发计划署为苏丹提供了74.8万吨），引发了饥荒、难民潮和大量死亡。1985年，苏丹1416万人，有

① 〔美〕罗伯特·柯林斯:《苏丹史》，第169页。

超过60%的人受到旱灾影响，220万人营养不良，免疫力下降，达尔富尔地区有9.5万人被饿死，超过5万人进入恩图曼以西的难民营。[1]

尼迈里是政治操控大师，从共产主义者到穆兄会，从阿尼亚尼亚游击队到传统部落首领，他几乎与每个政治团体合作，维持了当时苏丹政坛持续最久的执政时期，被称作"伟大的幸存者"。从1977年的民族和解开始，尼迈里通过对伊斯兰教的日益重视赢得了大量的群众支持，分化了传统宗教政党的群众基础，同时任命哈桑·图拉比出任司法部长，全面实施沙里亚法，虽然疏远了世俗主义者、南方人和那些不接受沙里亚法的穆斯林民众，但凭借穆兄会的支持，也维持了政局平衡和体系运转。对于尼迈里执政后期政治信仰的转变，苏丹的宗教政党有着各自不同的看法和反应，其理念和实践影响了苏丹20世纪最后20年的发展走向。

传统的宗教政党，以萨迪克·马赫迪和他的安萨尔教派为代表，还有哈特米亚教派和苏菲派兄弟会，虽然也认同伊斯兰教应该作为立法的主要来源，应当在苏丹社会中发挥核心作用，国家与社会机构也应当伊斯兰化，但同时也主张伊斯兰化不是对《古兰经》和沙里亚法的生硬解释和机械模仿，应当将法学家的作用与伊斯兰法律制度结合起来，由法学家按照沙里亚法的灵活性根据现实情况执行判决。从较长的历史时段看，萨迪克的观点也许更客观，也更适合苏丹现实，在第三届议会制政府时期一度被寄予厚望，但其差强人意的政治表现，后期甚至和尼迈里一样完全坠入了派系政治的泥沼，因为迷恋权力而与各种派系做交易，优柔寡断，进退失据，清楚地折射了理想和现实的距离。

与萨迪克及其安萨尔教派不同，哈桑·图拉比多年来一直以其卓越的领导才能持续地向苏社盟、学校以及伊斯兰银行进行渗透，借助民族和解之机出任苏丹总检察长，既是推动尼迈里政治信仰转变的主要力量，是尼迈里总统伊斯兰化运动的主要推手和执行者，

---

① 〔美〕罗伯特·柯林斯:《苏丹史》，第176页。

也是这种转变的主要受益者。苏丹穆兄会恢复和扩大了自身的影响，在人民议会选举中赢得了大量席位，直接控制了喀土穆大学学生会。与此同时，图拉比领导穆兄会编织了一个复杂的金融网络，从海湾阿拉伯国家、国外的苏丹侨民、富裕的苏丹商人中和伊斯兰银行募集捐款，所有这些国家、团体、个人和机构均赞同成立一个专门的领导机构负责伊斯兰教育问题。凭借这些源源不断的捐助支持，图拉比向学生们提供支持，扩大和重组了穆斯林兄弟会，在喀土穆大学附近新修建了一个大清真寺，在恩图曼创办了伊斯兰大学并使之成为苏丹穆兄会的活动中心。1980年，图拉比制定了一系列有深远影响的举措，他从中学以上的各类学校中招募了一批新成员，希望这些未来的中学教师、大学教授、律师、医生、工程师、公务员以及军事学校学员能够推动苏丹的伊斯兰事业。事实上，图拉比的政治伊斯兰理念和实践虽然都有着严重缺陷，但老谋深算的他确实主导了一段时期苏丹国家的政治发展。

图拉比及其政党影响的渗透和扩张，不仅引起了萨迪克等传统宗教党派的警惕或者嫉妒，也引发了习惯在派系间维系平衡的尼迈里总统的担心，因而被作为苏丹所有症结的替罪羊。1985年3月10日晚，尼迈里在国家电台发表长达30分钟的讲话，指控图拉比领导的伊斯兰宪章阵线从一个准宗教组织演变为准军事组织，接受外国武器阴谋推翻政府，宣布予以取缔。几乎在尼迈里发表讲话的同时，苏丹强力部门逮捕了哈桑·图拉比等9名知名人士，随后逮捕的宪章阵线成员超过1000名。3月下旬，尼迈里政府残酷镇压了宪章阵线组织的两场大型反政府游行示威活动，宣布国家进入紧急状态，强化已经执行了一年的戒严令，在“伊斯兰正义”的名义下创设了一长串新罪名，同时下令重新审查此前由宪章阵线控制的“正义裁决法庭”所通过的全部裁决和判决。虽然一连串的高压政策引发了国内民众的反感和国际社会的普遍谴责，大多数人似乎都预见到政府将要走到尽头，在西方出版的阿文刊物公开讨论谁会是军事政变的发动人，但尼迈里总统自恃有军队支持，自认为没有哪个政党、利益集团或者个人会站出来挑战他的权威。[①] 3月16日，尼迈里放弃了此前一直由他兼任的国防部长一职，任命武装部队副总司令阿卜杜勒·达哈卜（Abd al-Rahman Muhammad Siwar al-Dhahab）少将担任国防部长，同时任命检察长拉希德·塔希尔·贝克尔（Rashid Tahir Becker）出任负责政治和法律事务的第三副总统。3月27日，尼迈里登上总统专机对美国进行为期16天的访问，向国际货币基金组织及美国寻求更多的援助和贷款，同时向他的美国医生们进行咨询。尼迈里总统在执政的16年间多次在发生重大危机的时候出国访问，尼迈里除了想表明他的宽容和掌控局面的能力外，似乎还想以此证明他是唯一能够确保苏丹稳定和秩序的人，从而增加向美国和国际组织寻求援助时的筹码。

尼迈里总统专机离开苏丹几小时后，已经持续了两天的暴乱开始升级。大约两千多名示威者试图冲击美国大使馆，防暴警察和士兵大肆镇压，逮捕了大约1400名示威者，其中300人被立即审讯，另有数以千计的外来无业人口被驱逐出喀土穆。3月30日，600名医生开始集体罢工，罢工活动集中在喀土穆大学的医院。被取缔的苏丹警官协会散发秘密传单，宣称警察将不会采取行动制止针对尼迈里的任何革命行动。一个从未有人知晓的“自由军官组织”在报纸上刊登公报，要“武装支持人民反饥饿、反疾病、反愚昧的斗争”。苏社盟中央政治局随即将骚乱归咎于苏丹阿拉伯复兴社会党，指责9名被逮捕的医生属于某个“共产党组织”，在总统府前组织了亲政府的民众游行。4月3日，苏丹的十几个专业工会联合举行反政府示威活动，他们升起五月革命前的苏丹国旗，呼吁举行总罢工，要求尼迈里总统下台。4月4日的总罢工使整个国家陷入停顿，喀土穆与外界的电讯联系中断，普遍认为苏丹会发生军事政变。4月6日晚，国防部长达哈卜少将领导部分高级军官采取行动，宣布军队将顺应形势，依靠“人民的力量”保留对国家的控制权，要忠于“国家团

① P. M. Holt, M. W. Daly, *A History of the Sudan: From the Coming of Islam to the Present Day*, 2011, p.141.

结、个人自由和民主选举”，在苏丹全境实施军事管制，封闭了苏丹领空和边界，关闭了喀土穆机场，并用车辆封锁了机场跑道。居住在喀土穆的数十万民众自发走上街头，欢呼军队推翻尼迈里政府，一些士兵举枪庆祝，与游行民众相互致意。其他城市也有类似的大规模群众游行。

4月7日，尼迈里中断了访美行程，试图返回苏丹恢复权力和秩序，但他的飞机被迫改变航线飞往埃及。在开罗机场，尼迈里与前来迎接的穆巴拉克总统先是秘密会谈了50分钟，然后两人一起走向尼迈里的专机，只是由于机舱内的机组人员突然阻止尼迈里上飞机，引发了一阵骚乱，穆巴拉克和尼迈里在登机舷梯边站立了5分钟后又回到了贵宾休息室。根据埃及媒体的报道，穆巴拉克一直在努力说服尼迈里不要返回喀土穆，不要同发动政变的军事领导人会晤。随后，尼迈里乘坐直升飞机前往曾经收留过伊朗国王的埃及总统府，随后提出避难要求，入住地中海城市亚历山大郊区的一处别墅。虽然有部分民众多次在埃及驻苏丹使馆附近示威要求埃及交出尼迈里，乌玛党领袖萨迪克就多次明确要求引渡尼迈里，达哈卜将军在1985年10月访问埃及时要求引渡尼迈里接受审判，但穆巴拉克始终不愿意交出埃及在阿拉伯世界最忠实的盟友。此后，尼迈里在埃及度过了14年的流亡生活，这也是他在执政后期每年夏天都至少要待一个月的地方。1999年，尼迈里应邀回国参加总统选举，仅获得了9.6%的选票，他的人民劳工党从未受到过重视。2009年5月30日，尼迈里去世，苏丹军队在其出生地恩图曼为之举行了葬礼。

第七章　苏丹的全面伊斯兰化时代

以九月法令为代表的伊斯兰化政策导致尼迈里政权坍塌。然而，从较长的历史时段看，尼迈里的强制性全面伊斯兰化运动，非但没有随着其统治地位的坍塌而结束，反而在一段时期的动荡调整后再次全面推进，严重影响了苏丹国内政治发展进程，也推动了国际伊斯兰运动重心从西亚向北非的蔓延。

在第三届议会制政府时期，大多数人都认为如果不废除九月法令，继续实行严苛的沙里亚法，南北之间已经爆发的内战将继续升级，但废除九月法令和制定世俗宪法却并非易事。过渡军事委员会的将军们不愿意放弃在伊斯兰教基础上实现国家真正统一，故而将其留给了民选的议会制政府。被寄予厚望的萨迪克没有丝毫展现出坚强领导人的迹象，最终沦为无所作为的传统政客。萨迪克在推动民主发展、结束南北战争、发展国民经济等方面毫无建树，曾经的理想化为泡影，不仅让冀望他引领苏丹发展的支持者们大失所望，还让激进的全国伊斯兰阵线[①]最终主导了一段时期的苏丹政治发展。图拉比是一个具有深谋远虑的政治家，他的伊斯兰试验是苏丹发展路径的一种探索，契合部分苏丹民众的认知，与当时阿拉伯世界的某些思潮吻合，甚至引领了1990年代早期国际伊斯兰运动的发展方向，但整体上脱离了冷战后和平与发展的时代主题。图拉比本人最终在苏丹政坛

① 1985年5月原“伊斯兰宪章阵线”改组更名为“全国伊斯兰阵线”，简称“伊阵”。

被边缘化，这标志着苏丹社会全面伊斯兰化时代的式微甚或结束。

一、四月革命与过渡军事委员会

四月革命

1985年的“四月革命”大致分两个阶段。在推翻旧政权的第一阶段，革命的领导力量是医生、律师、会计师、航空公司雇员及工程师等专业工会组织。他们在首都三镇联合举行声势浩大的反政府示威活动，组建“救国联盟”（National Alliance for the Salvation of the Country, NASC）协调行动。这是一个松散的反对派领导联盟，涵盖十多个职业协会、工会组织，每一个组织都有自己的议程，政治诉求五花八门，联盟的主要基础是对尼迈里政权的共同敌意以及微弱模糊的民主信念。在革命初期长达10天的示威、骚乱和罢工活动中，军队曾和苏丹安全机构一起打压示威民众，先后拘留了2600多人。此后，随着街头伤亡的增多和军队内部的分裂，也为了避免更大规模的街头民众革命，以国防部长达哈卜少将为首的军官集团发动政变，逮捕了副总统、几十名内阁部长和政府官员，在几小时内就迫使尼迈里总统下台。4月7日，31个专业人员工会组织民众进军苏丹军队总部，达哈卜少将回应示威者结束罢工的要求，同意将权力最终移交给文官政府，同时下令解散臭名昭著的苏丹安全机构，没收其武器和通讯设备，由军队接管其治安功能。苏丹安全机构拥有4.5万名成员，是尼迈里政权的主要支柱之一，在革命期间一直严酷处置示威民众。对安全机构最高领导人第一副总统乌玛尔·塔伊卜（Umar al-Tayib）的审判持续了6个月，他在1984年摩西行动中收受美国中央情报局200万美元酬金的事情也被曝光。[①]尼迈里政府的其他主要官员也遭到拘捕并被公开审判。

---

① 〔美〕罗伯特·柯林斯:《苏丹史》，第180页。

在建设新制度的第二阶段，因为缺乏切实的权力控制手段，缺乏有魅力和远见的核心领袖，民众基础狭窄薄弱，专业工会组织以及苏丹共产党等反对派联盟失去了共同目标，开始陷入分裂和清谈。4月8日，领导罢工的“救国联盟”经过多次长时间的辩论和协商，最终以“救国联盟宪章”（Charter of the Alliance for National Salvation）的形式表达了自身的革命主张，具体诉求包括设定一个不超过三年的过渡期，修订1964年通过的宪法并进行公民投票，保障人民的基本自由，恢复南方的区域自治等。苏丹法官联合会还要求释放全部政治犯，取消尼迈里政府实行的一切紧急法律，制定新宪法。苏丹专业工会联盟明确要求废除伊斯兰法。此后，因为达哈卜将军保证在短期内将权力移交给文官政府，专业工会组织联盟随即发布声明，结束了几乎每天举行的示威活动，工作重点逐渐从轰轰烈烈的群众运动转移到后台操作，转向旧的派系政治运作，最终让出了革命的领导权和控制权。[①]发动政变的军官集团牢固地掌控着整体局势发展，禁止在喀土穆举行未经批准的示威活动，批评继续罢工者是革命的叛徒。恩图曼电台一再宣读救国联盟要求工会会员复工的声明，参加罢工的民众开始返回工作岗位，喀土穆街头秩序逐渐恢复。[②]4月12日，苏丹同外界的电讯联系逐步恢复，喀土穆机场重新开放，尼迈里的专机被送回苏丹。

过渡军事委员会

4月9日，达哈卜将军成立了15人组成的过渡军事委员会（Transitional Military Council, TMC），他本人担任委员会主席，并在4月11日宣誓就职。过渡军事委员会的成立初衷是实现民族团结和解决问题，

---

① P. M. Holt, M. W. Daly, *A History of the Sudan: From the Coming of Islam to the Present Day*, London: Pearson, 2011, p.143.

② 根据1985年4月7日军方与救国联盟讨论的结果，救国联盟的声明主要包含如下内容：1.充分信任武装部队管理国家事务；2.尽快把权力移交给人民；3.立即复工和提高产量；4.停止街头示威活动；5.组成专业人员工会和协会；6.谋求新闻自由和出版自由。

通过与专业工会和其他政党的协商在一段过渡时期后将权力移交给文官政府。过渡军事委员会的15名成员有着不同的意识形态和政治立场，达哈卜本人是哈特米亚教派成员，其他成员则分别支持尼迈里、图拉比和救国联盟，另外有2人是南方基督徒。过渡军事委员会宣布国家进入紧急状态，中止1973年宪法，解散执政党苏丹社会主义联盟及其各级组织，解散苏丹人民议会和地方人民议会，恢复多党制，暂停实施沙里亚法，释放了大约350名政治犯，其中包括苏丹穆兄会领导人哈桑·图拉比。事实上，民众在此前的示威活动中已经冲破了考伯尔监狱大门并释放了全部政治犯。与此同时，军事委员会开始承认苏丹西部粮食紧缺，呼吁国际社会援助，大规模的“苏丹生命线行动”（Operation Lifeline Sudan）随即展开。[①]整体上看，由于举措得当，达哈卜领导的过渡军事委员会既得到了国内许多将级军官和显要人物的支持，也得到了埃及和沙特等主要地区盟友和美英等西方国家的支持。

4月22日，经过与专业工会组织和一些政党长达12天的艰难谈判，过渡军事委员会任命了不带政治色彩的文官看守内阁，同意将过渡期设定为新政府成立后的12个月，过渡期结束后举行全国大选。看守内阁总理是尼迈里时代曾被监禁的医疗协会主席贾祖里·达法拉（Gazuli Dafallah），国防部长是1名过渡军事委员会的代表，其他人都是非军事人员，没有传统教派政党的代表，也没有穆斯林兄弟会的代表。新内阁没有立法权，任期只有12个月，核心任务是选举制宪委员会，通过制定永久宪法恢复民主制度，为一年后的自由选举做准备。

至此，过渡时期的苏丹权力体系初步形成：军事委员会行使国家首脑和立法机构职能，掌控全局；看守内阁主要处理国家日常事务，对军事委员会负责。达法拉之所以被推举为政府总理，主要因为他是一位来自南方的工会积极分子，曾在迫使阿布德将军还政于

① P. M. Holt, M. W. Daly, *A History of the Sudan: From the Coming of Islam to the Present Day*, 2011, p.146.

民方面起过突出作用，救国联盟希望他能够监督和制衡军事委员会。至于过渡时期的长短，多个政党希望是6个月，专业工会组织则坚持18—36个月，一年的过渡期是各方谈判妥协的结果，文官看守内阁也是各派力量谈判妥协的结果。

达哈卜将军是一位有操守、有能力的职业军人，为了避免流血冲突而发动政变，从政变伊始就坚持在一段过渡时期后还政于民，主张实行多党制和议会民主，尊重领导罢工的专业工会组织和政党，对前政府官员的审判基本遵循司法原则。达哈卜将军不愿意长期把控国家权力，坚持归政文官政府，愿意为一个新的民主制政府奠定基础，这在当时确实推动了苏丹的秩序建设和民主政治发展。然而在一个高度分裂和庞杂的国家，经济发展严重滞后，社会发展处于从传统向现代的转型之中，政党及政党体系的稳定和强大取决于其制度化水平和政治参与水平，强有力的政党领导必须有高水平的政治制度化和高水平的群众支持。[①]达哈卜将军的善意善举因各种局限而效果不彰。他的谨慎和保守催生了苏丹第三届议会制政府，但萨迪克政府的差强人意和痴迷权力从反面坐实了达哈卜将军和过渡委的遗憾。

苏丹的传统政党有着浓厚的宗派、教派、种族和地区特色，因之产生的联系纽带，尤其是凭借根深蒂固的教派忠诚，造就了民众对政治生活的高参与度。然而历经数十年的现代民主政治实践，苏丹的传统政党不仅从未超越天生俱来的宗派、教派、种族和地区限制，从未超越狭隘的利益集团限制，由原来有着广泛民众基础的政治组织蜕变成没有底线的权力掮客，更由于高水平民众参与和低水平政党制度之间的不匹配，导致了国家的政治紊乱、分裂和社会暴力。历史的发展不能假设，但从前两次议会制政府的运作实践看，从过渡期结束后萨迪克政府犹豫蹒跚的艰难执政看，一个负责任的“助产士”或有战略眼光的“正确独裁者”也许更适应苏丹国情，更

① 〔美〕塞缪尔·亨廷顿著：《变化社会中的政治秩序》，王冠华等译，上海人民出版社2008年版，第225—226页。

能推动苏丹的民族团结和国家发展。

事实上，过渡军事委员会的缺憾从政变伊始就暴露无遗。由于军事委员会和看守内阁在过渡时期结束后都将结束使命，对于苏丹独立以来每一届政府都必须面对的棘手问题，例如宪法、沙里亚法以及南方问题等，这两个机构都以充分的理由和拖延的姿态刻意回避，要将之留给经选举产生的继任者。1985年10月颁布的过渡性临时宪法，就基本采用了经过1964年修订的1956年临时宪法，尼迈里总统强制实施的行政区域划分同过渡时期特别立法一道被保留下来。对于导致尼迈里政府坍塌的沙里亚法和“九月法令”，过渡军事委员会本来完全有能力彻底废除，然而由于达哈卜为首的保守的将军们发自内心的抵触，认为在南方推广伊斯兰教是一种先进文化分享而非侵略，不仅不愿意放弃作为苏丹共和国基础的沙里亚法，还希望以此为基础实现南北方完全统一。在此背景下，对军事委员会负责的看守内阁也放弃了对这一有争议问题的责任，决定温和执行沙里亚法和九月法令，二者不仅共同将对“九月法令”的最后决定权留给新成立的制宪会议（Constituent Assembly），也逐步将革命初期的激昂状态蜕变为了不求有功但求无过的得过且过。[①]对于已燃起战端的南方问题，军事委员会虽然也采取了一些措施，例如废除了将南方分为三个地区的法令，逮捕了尼迈里任命的南部三州州长，为南方政界人士预留三个内阁席位，坚持在过渡期内对南方实行军事管制，试图在地区自治的框架内解决南方问题，但却不足以吸引处于上升状态的苏丹人民解放运动。苏人解领导人约翰·加朗先是要求军事委员会7天内将权力转给文官政府，进而明确拒绝加入看守内阁，批评过渡委是“没有尼迈里的尼迈里主义”，在短暂的停火后宣布恢复与政府军的军事作战行动。

1985年11月，军事委员会与看守内阁联合起草了《选举法案》，制宪会议选举开始进入操作阶段。达哈卜主席和达法拉总理采取了

---

① 〔美〕罗伯特·柯林斯:《苏丹史》，第183页。

一系列措施保证大选正常进行，甚至解除了军事委员会中企图发动政变的4名将军的职务。1986年4月，在尼迈里政权倒台一周年之际，制宪会议选举正式开始，持续了12天，大约450万苏丹人在2.8万个投票站投票选举制宪会议的264名议员。约翰·加朗呼吁南方民众抵制选举，苏人解士兵还杀害了两名竞选议员的南方候选人，南方37个选区的选举因之推迟举行。整体上看，选举结果体现了苏丹传统的教派政治格局，没有无可争议的赢家。萨迪克领导的乌玛党以37.9%的得票率获得99个席位，米尔加尼家族支持的民主联盟党以24.2%的选票赢得63个席位。图拉比本人在大选中遭遇失败，但依靠来自沙特和伊朗的支持，同时通过操纵选民登记和复活毕业生特别选区，他领导的全国伊斯兰阵线（National Islamic Front，简称“伊阵”）赢得了51个席位，尤其是取得了喀土穆31席中的13席和28个毕业生席位中的23席，成为不容忽视的政治力量。其他小党派获得的席位多是个位数，人民进步党10个席位，苏丹非洲人民大会7个席位，苏丹共产党3个席位，对制宪会议组成的影响微乎其微。达哈卜将军言而有信，在过渡时期结束时解散了军事委员会与看守内阁，拒绝了一些政党的延期交权请求，如期在4月26日向总检察长递交辞呈还政于民，光荣退休。①

二、围绕“九月法令”的存废斗争

萨迪克政府的执政理念与限度

1986年4月的议会大选没有无可争议的赢家，获得席位最多的乌玛党领袖萨迪克受命组阁，组建以他为总理的新一届议会制政府。此时的萨迪克年届50，有资历，有学历，有精力，是乌玛党无可争议的领导人及安萨尔教派的政治领袖。南方人赞赏萨迪克对不同宗

① P. M. Holt, M. W. Daly, *A History of the Sudan: From the Coming of Islam to the Present Day*, London: Pearson, 2011, p.144.

教信仰的包容态度，北方人则把萨迪克看作是生来就是要行使权力的虔诚的伊斯兰学者。鉴于萨迪克自诩是“觉醒的伊斯兰”的领导人，曾在1960年代的短暂总理任期内创造了很多第一次，与西方国家关系良好，这次以政治领导人兼教派领袖的双重身份出任总理，很多苏丹人，尤其是救国联盟中已经西方化的专业人士，普遍期望他能够超越教派传统，打破狭隘利益格局大胆改革，引领苏丹走出尼迈里时代的裂痕和疮伤，终结苏丹的饥荒、内战、教派冲突和低效政府。

踌躇满志的萨迪克试图组建超党派的民族团结政府，要对所有党派敞开大门，但他面临着两大必须解决的障碍。首先，如何对待大选中异军突起的全国伊斯兰阵线。图拉比是萨迪克的姐夫，曾是乌玛党内部的激进派别，他参加政府的条件是维护沙里亚法。其次，最高委员会是一个五人机构，相当于集体国家元首，乌玛党和民主联盟党都希望本党人士担任委员会主席。经过复杂的权衡、谈判和讨价还价，苏丹新一届政府宣告成立。5月6日，五人的最高委员会宣誓就职，哈特米亚教派的二号人物艾哈迈德·米尔加尼（Ahmed al-Mirghani）担任委员会主席。5月15日，萨迪克总理向议会提交了他的内阁人员名单。萨迪克本人兼任国防部长，乌玛党成员担任司法等8个部长职务，民主联盟党成员出任副总理和外交、内政等6个部长，其余的部长名额分给了4个小党派。新政府的重大改革举措是设立了和平与制宪事务部，专门负责通过谈判解决棘手的南方问题。议会的反对派是全国伊斯兰阵线（51席）和苏丹共产党（3席），前者威胁要对任何修改、停止和废黜沙里亚法的行为开展“圣战”，后者则要求彻底废除沙里亚法。要求公共部门在国家经济生活中发挥主导作用的苏丹国民党（Sudanese National Party, SNP）是努巴人的代表，拥有8个议会席位，虽然没有得到部长职位，但表示不加入议会反对党。

在组阁成功后的头三个月里，萨迪克总理推出了一系列鼓舞人心的政策，包括承诺废除“九月法令”，暂缓实施断手的决定，支持和平与制宪事务部与约翰·加朗讨论解决南方问题，责成司法部研究对伊斯兰法的全面彻底改革，严查行政部门、银行系统以及工商业界的腐败问题，增加对军队的装备投资，在对外关系上宣布奉行不结盟政策。7—8月，萨迪克与加朗在非洲统一组织（OAU）首脑会议上举行会谈，救国联盟组成的25人代表团与苏人解的31人代表团举行会谈，都乐观地认为会谈是结束双方分歧的良好开端。

但萨迪克总理很快就受到内外两方面的掣肘与攻击，联合内阁因为意见不同和政策分歧陷于瘫痪，他展示的所有政策无一取得实质性进展。乌玛党是一个致力于在苏丹实现其政治主张的伊斯兰政党，作为乌玛党领袖的萨迪克反对尼迈里政府颁布的"九月法令"，但他从未反对沙里亚法成为国家的法律，因而在成为政府总理后并没有强烈主张在苏丹废除沙里亚法。[①]从个人的角度看，1986年的萨迪克希望成为对每一个人都很重要的全民领袖，想在宗教领袖和世俗领袖之间找到平衡，对内希望在实现伊斯兰化问题上取得一致意见，对外试图同时赢得阿拉伯国家、伊朗、美国和俄罗斯的同情和支持。然而由于领导着一个软弱的联合政府，除了原教旨主义的伊阵外，乌玛党和民联党都是受地区和宗教组织支持的家族集团，百多年来一直相互倾轧，政府运作受到教派分歧、利益纠葛、个人恩怨等旧政治恶习的严重影响，加之南北方之间由来已久的深刻怀疑和不信任导致的政治立场多变，萨迪克实际上是在追求一个几乎不可能实现的政治目标，既没必要，也超出了他的能力限度。这一致命缺陷，加之来自家族传承的光环抑或负累，萨迪克总理在长达三年多的执政时期一直犹豫动摇，优柔寡断，不仅始终没能在制定宪法和定位沙里亚法等问题上采取果断行动，担心疏远支持者和分裂乌玛党而不愿在制宪会议就沙里亚法举行不信任投票，他领导的内阁陷于没有建设性的无休止辩论，毫无建树。1986年8月，随着沙里亚法日益成为政府同苏人解谈判的中心议题，加之制宪会议中

---

① 刘鸿武、姜恒昆编著:《苏丹》，第180页。

南方各派和苏丹民族党的退出，萨迪克废除九月法令的决心已经烟消云散，数次宣布的最后改革期限都落了空，其摇摆与犹豫态度激怒了伊斯兰原教旨主义者，疏远了世俗主义者，并使南方人对他不再信任。

政党权争与政治乱象

1987年初，面对南方叛军咄咄逼人的冬季攻势和政府军的一再失利，萨迪克总理改变策略，开始放弃此前与其他一些政党在埃塞俄比亚会谈并达成的《科卡达姆协议》（Koka Dam Agreement），转而向政府军武装中骁勇好战的巴卡拉年轻人提供自动武器、苏制AK47冲锋枪等，利用巴卡拉人历史上和丁卡人在北加扎勒河和南科尔多凡争夺牧场的传统，放手让这些巴卡拉人去抢劫、掠夺并杀戮南方的丁卡平民，借此削弱南方苏人解的民众基础。[①]这是一项致命的决定，直接将加扎勒河地区的草场转变成针对丁卡族平民的杀戮场，遭到了国际人权组织的多次谴责，但萨迪克政府对此一直否认。6月，萨迪克推出了用来替代沙里亚法的一套新法律制度，要调和实行沙里亚法和非穆斯林民众之间的矛盾，在苏丹实行“更美好，更人道和更进步的伊斯兰法律”。新法令在议会以138票对52票获得通过，但各方都不满意。南方的政治家们认为“九月法令”的备选方案不会带来和平。北方的世俗主义者和律师协会认为方案毫无新意。全国伊斯兰阵线则极力反对，议会里到处是他们“不许替代神的法律”的呼声，几乎淹没了萨迪克废除“九月法令”的承诺。[②]8月，萨迪克指责民联党造成了政府瘫痪，解除了多位民联党成员的部长职务。民主联盟党对此极为愤怒，宣布退出政府，联合政府解体。经过讨价还价，萨迪克再次与民主联盟党组建了联合政府，伊阵依旧是主要的议会反对派。11月，苏丹人民解放军攻占了边境商业城镇库尔穆克（Kurmuk），处于执政低潮的联合政府大肆渲染

① 〔美国〕罗伯特·柯林斯：《苏丹史》，第200页。
② 同上书，第189页。

此事，进行了夸张的战争动员，转移了公众对政治混乱和政府执行不力的责难，暂时打破了政治僵局。

1988年伊始，乌玛党和民主联盟党围绕着安全机构的控制权、部长职位分配、总理权力等问题互相指责，萨迪克政府再次陷入了争权夺利泥沼。也许因为与民主联盟党的争斗让他愤怒无奈，久拖不决的南方战事让他沮丧迷惘，也可能因为经济好转无望，外债急剧增加，旱灾导致的饥荒灾情无情蔓延，备感挫折的萨迪克总理调整了执政思路，联合伊阵共同对付心怀鬼胎的民主联盟党。3月15日，借助与伊阵结盟获得的足够支持，萨迪克总理要求制宪会议授予他更大的权力，以便实施其政治纲领。5月15日，萨迪克组建了乌玛党、民主联盟党和伊阵三党联合的政府，任命哈桑·图拉比为总检察长，让这位"九月法令"的主要设计者负责草拟可以替代"九月法令"的法律。

被排挤的民主联盟党开始予以反击。一方面，米尔加尼指示本派议员在9月19日图拉比给议会提交新的沙里亚法时投反对票，使之退回提交委员会做进一步研究。另一方面，米尔加尼利用自己的最高委员会主席身份，在亚的斯亚贝巴与苏丹人民解放运动开启直接谈判。11月16日，在埃及的撮合下，民主联盟党与苏人解达成了结束战争的《全国和平宣言》(National Declaration of Peace)，具体内容包括双方同时停火，废除与埃及和利比亚的所有军事协定，结束实施了三年多的紧急状态，停止实施沙里亚法，承诺在1988年底召开全国制宪会议。这份和平协议得到了西方国家和喀土穆民众的支持，但伊阵指责协议对南方妥协太多，尤其在伊斯兰法方面作了无法容忍的让步。[①]12月14日，萨迪克对和平宣言表示了个人支持，向议会提出拟于1988年12月31日召开全国制宪会议的动议，但指责协议是埃及对苏丹内政未经授权的干预，拒绝签署已经达成的和平协议，同时撤销了对民主联盟党的谈判委任状。民主联盟党在无力

---

① 罗小光："苏丹政府再度更迭"，《世界知识》1989年第4期。

阻止后宣布退出政府，同时要求萨迪克政府取消涨价令，取消新增的税赋，组建有明确权责和计划的民族联合政府执行和平宣言。

1989年2月1日，萨迪克组建了伊斯兰色彩浓厚的联合政府，内阁部长中10名来自乌玛党，8名来自伊阵，其他4名留给南方，努巴人政党获得了有史以来的第一个部长职位。政府重组的最大受益者是全国伊斯兰阵线。图拉比被任命为副总理兼外交部长，伊阵的其他成员也得到了具有战略地位的内政、司法等部部长职务。但这样的政府重组不仅难以平息政党间的权力斗争，还惹恼了因为战事失利而希望通过和谈维护声誉和保存实力的军队。2月20日，恼怒于萨迪克总理一贯的政治手腕和推延做法，国防部长阿卜杜勒·哈利勒（Abd al-Majid Hamid Khalil）突然辞职，抗议政府不愿和谈，同时指责伊阵控制了政府决策。2月21日，继任的陆军总司令向萨迪克送达了150名高级军官共同签名的最后通牒，要求总理组建基础广泛的民族救国政府，扭转日益恶化的经济形势，最终结束内战。3月6日，48个政党和工会组织联合发表宣言，要求政府接受民主联盟党与苏人解达成的《全国和平宣言》。萨迪克被迫要求议会就《全国和平宣言》进行辩论。3月11日，迫于军队和工会组织的压力，马赫迪正式递交辞呈，解散了运作仅40天的政府，最高委员会接受了辞呈，但要求萨迪克组建下一届新政府。3月22日，“全国统一阵线”（The National Unity Front）政府成立，包括除伊阵外的所有主要政党，并迅速通过了民主联盟党与苏人解达成的《全国和平宣言》，派遣代表团到埃塞俄比亚与苏人解谈判。反对和平宣言的伊阵随即发动支持者暴力示威，防暴警察用了一周时间才将之镇压下去。4月1日，议会暂时中止了关于沙里亚法的辩论，再次提交的方案也被搁置起来。

萨迪克时代落幕

新成立的全国统一阵线政府依然无所作为，无法平息民众对政府的不满。1989上半年，喀土穆一度盛传埃及正在密谋入侵以便使前总统尼迈里重新执政，尼迈里本人也不时公开露面谴责萨迪克政府和表达重获权力的愿望，苏丹政府一度认真排查国内被认作与尼迈里有联系的军官，萨迪克总理甚至亲自宣布废除已经名存实亡的苏埃联合防御条约。1989年6月中旬，迫于议会的压力和南方战事的失利，也可能是寻求外援受阻与加朗出访大获成功的鲜明对比，多方执政探索无果的萨迪克总理终于意识到结束内战和保留沙里亚法是两个不可调和的政治目标，他似乎要孤注一掷，迅速推出了一系列被期待了很久的政策，包括下令政府军停火，结束紧急状态，冻结“九月法令”，确定在9月份召开全国制宪会议等。6月29日，萨迪克正式草签了法律，停止实施“九月法令”，并将于次日及7月1日分别提交部长理事会以及制宪会议审核批准，萨迪克甚至计划于7月4日前往亚的斯亚贝巴与约翰·加朗确认10月份会议的最终安排。但两方面的因素导致这些充满希望的安排无果而终。首先，在3月下旬的政府改组之后，萨迪克的政治信用已经破产，他的任何设想和政策，无论真假对错，都已经被许多苏丹人先入为主地看作是为了避免陷入困境、继续执掌政权的又一个伎俩，无论是北方人还是南方人，几乎没有人相信萨迪克实施这些政策的决心和能力。其次，诚如萨迪克一直担心和顾虑的那样，这些外界看好的政策确实引起了苏丹国内反对者的巨大反弹。对一些保守激进的军官和伊阵成员来说，没有什么事情比中止执行沙里亚法和停止实施伊斯兰法更危险，他们必须采取果断行动制止萨迪克政府的错误政策，避免九月法令被冻结或废除。

第三届议会制政府实际上长期陷入政治僵局而不能自拔，三个主要政党因为权力分配和对外政策分歧而互相拆台，经济状况继续恶化，军费开支高达国民收入的1/4，高达一半的经常性开支依赖外援，国家债务从90亿美元增加至128亿美元，逾期债务已超过40亿美元，通胀率高达80%，1988年的内战和饥荒导致南方25万人非正常死亡。原本期待萨迪克能够推进民主、废除沙里亚法、结束内战、改善经济状况的支持者们，尤其是专业工会组成的“救国联盟”倍感失望，嘲讽萨迪克政府根本不知道如何治理国家，应对危机的唯一选项就是改组政府。南方的苏人解指责苏丹是马赫迪和米尔加尼"两个家族"统治的国家。

1989年初，萨迪克来自家族传承的民族领袖光环挥霍殆尽，日益成为宗教领袖而不是世俗的国家领导人，日益成为北方阿拉伯人的战士而不是民族调解人，日益沦为利用政治与宗教偏袒和保护家族和党派利益的传统政客，他本人甚至被部分民众看作是"政治僵尸"，是失败和无能的文官政府的代名词。治理复杂落后的苏丹确实是项艰巨的任务，需要协商、探索、包容和耐心，萨迪克总理固然缺乏胆识和魄力，未能镇压南方的起义，经济治理毫无作为，但他在废除九月法令上的顾虑和担心也有一定道理，拖延做出决定也是为了维持政府运转和避免分裂，但他的批评者们却并不这么认为。他们激烈地指责萨迪克囿于部族和宗教偏见，是披着现代政治外衣的原教旨主义者，贪权恋栈，为了权力不惜与任何派系结成同盟，严重破坏了议会制政府的民主进程，最终被军事政变赶下了总理宝座。

1989年6月30日晚，由图拉比及其领导的全国伊斯兰阵线精心策划，旅长奥马尔·哈桑·艾哈迈德·巴希尔（Umar Hasan Ahmad al-Bashir）率领伞兵旅与工兵部队发动军事政变，迅速占领了总理府、内阁办公楼、恩图曼电台等战略要地，推翻了萨迪克领导的民选联合政府。过去三年，图拉比领导的伊阵一直在稳步扩大影响，最终通过借力军事政变登上权力巅峰，按照他们的理解将苏丹引向了新的发展道路。

三、图拉比的"伊斯兰试验"

救国革命

在第三届议会制政府时期，不时有未遂军事政变的消息传出，孱弱的文官政府风声鹤唳。由于在1989年2月发生了几近逼宫的最后通牒式威胁，执政末期的萨迪克政府草木皆兵，在6月18日曾以试图发动政变名义逮捕了14名军官，包括6名准将和6名少将。然而由于高级军官们并不愿意接手文官政府面临的烂摊子，军事政变的威胁实际上主要来自心怀不满的中下级军官。这不仅难以预防，而且是非洲国家中的一种普遍政治现象，很多默默无闻的校级军官就因此而闻名全球。

巴希尔上校1945年出生于尚迪附近的乡村，家境尚可，1950年代末期随全家搬到喀土穆，高中毕业后进入了苏丹军事学院，拥有苏丹指挥学院和马来西亚军事学院的硕士学位，在1973年的阿以战争期间转入步兵旅。1975年，巴希尔被派到阿联酋担任苏丹武官，回国后出任驻军司令官。1981年，巴希尔被调任装甲、跳伞部队指挥官。1988年，巴希尔被晋升为旅长，指挥第八步兵旅在南部同苏丹人民解放军作战。1989年6月初，巴希尔离开其位于南科尔多凡的司令部前往喀土穆，表面的理由是准备参加开罗纳赛尔军事学院的学习，实际上则是在接下来的三个星期里策划夺取政权。6月30日夜，巴希尔带领一批经过挑选的中下级军官们开始发难，行动由精锐的伞兵旅士兵具体实施，并且得到了陆军装甲部队的支持。政变军官们组成了15人的“救国革命指挥委员会”（National Salvation Revolutionary Command Council, RCC，简称革指委），分安全、宣传、政治和经济4个委员会，将此次军事政变称作“救国革命”。埃及是第一个承认苏丹新政府的国家，流亡埃及的前总统尼迈里发表公开信，赞扬政变是反对苏丹分裂和宗教统治的“勇敢和爱国尝试”，同时敦促政变军人们坚决地反对政治上的敌人。

政变发生后，革指委接连发布命令，包括宣布全国处于紧急状态，中止执行宪法并取消最高委员会以及内阁，取缔一切政党、工会和非宗教协会并没收其财产，逮捕各党派领导人和知名活动家，勒令除《武装力量》之外的所有报刊关闭停业，强制性地规定了食糖、面包、肉和其他主要商品的价格，严厉打击黑市商人、走私者和囤积居奇者，处死工会积极分子和重要的罢工参与者。与此同时，革指委在军队和政府部门内部展开大规模清洗。几乎在政变发生的同时，50多位重要的政府领导人和大约100名高级军官被逮捕并监禁在考伯尔监狱，其中包括总理萨迪克、最高委员会主席米尔加尼以及三大主要政党的主要领袖，萨迪克总理担任内政部长的堂弟就在搜捕中被打伤。在1989年下半年，先后有600名军官遭解雇或被迫退休，有1.4万名内务人员及国有企业的职员遭解雇。

7月3日，巴希尔将军在会见埃及记者时不仅攻击前政府的空谈和拖延弊端，指责萨迪克总理无法结束每天耗资100万美元的战争，在家族被没收财产已经返还并补偿300万美元的情况下还营私舞弊；允诺取消对报刊和工会的禁令，通过公民投票决定九月法令的存废，建立持久和平，改善穷人生活，把苏丹建成“无瑕疵的社会”。7月10日，21人的苏丹新内阁宣誓就职。巴希尔担任总理和国防部长，他的军队袍泽们担任了副总理和其他部长职务，外交部长和财政部长由专业人士担任。有着悠久独立传统的苏丹律师协会当时正处于休会期，革指委借机改变此前由现任法官选举产生首席法官的传统方式，直接任命伊阵的中坚分子贾拉勒·鲁特非（Jalal Ali Lutfi）为首席法官，这有效地削弱了苏丹司法机构的独立性。与此同时，革指委任命神学观点正确的穆斯林组成了“过渡国民议会”，给军政府的各项政策披上合法外衣，循序渐进地在广大农村地区建立一种基于协商与共识的政治架构。

但在当时，很多苏丹人和外国观察者都没有认真看待下级军官们发动的这起政变。原因之一，政变军人们最初的各项行动，无论是审判被颠覆的政治人物并处以各种刑罚，迅速镇压各类抗议示威活动，采取措施治理政府官员的贪腐，硬性规定大宗基础商品价格，还是用酷刑严厉惩处各类异见分子，甚至未经审判随意拘捕无辜民众营造恐怖气氛等，都基本符合人们对传统的新军事政权的认知和预期，看惯了军事政变的苏丹人想当然地认为这是下层军官们的一次情感发泄。原因之二，新政府中包括有前政府官员、世俗主义者和南方人士，核心人物的权力分配不透明，革指委与伊阵间的关系模糊不清，并没有表现出明显的意识形态倾向。人们普遍低估了新军事政府的韧性，也高估了传统政客们的反抗能力，甚至认为新政府由于缺乏民意基础而不可能维持6个月以上，当然更想不到这只是建立现代非洲第一个伊斯兰政府的前奏。

政变之前的巴希尔上校默默无闻，无从得知其明确的政治立场，革指委初期发布的声明和命令也没有明确阐释政变意图，军事政变看起来似乎就是一伙心怀不满的下级军官在争夺权力。但能够确定的是，行伍出身的巴希尔将军不喜欢苏丹传统的宗教政党，自诩他不属于任何狭隘的部落、党派和种族组织，没有政党属性，也不为任何政党工作。[①]事实上，无论是马赫迪家族的乌玛党及其安萨尔教派，还是米尔加尼家族的民主联盟党及其哈特米亚教派，都被革指委看作是有害无益的西方世俗存在的残余，因而给予了严厉打击，其领导人或被软禁或流亡国外。1990年上半年，马赫迪家族在阿巴岛上的资产再次被没收，近70名乌玛党领导人及400名安萨尔派成员被以阴谋推翻政府罪名逮捕，其在恩图曼的联合企业也被国有化。1991年，军政府没收了米尔加尼家族的个人财产，并在次年正式解散了哈特米亚教团并没收全部财产。[②]

对传统宗教政党的打击并不意味着政变军官们就没有自己的意识形态和精神武器，它只是为了削弱传统宗教教团、政党的经济和政治影响，“救国革命”背后实际上有着理智的政治意识形态。在政变发生前的6月初，巴希尔首先会晤了全国伊斯兰阵线的副总书记阿里·塔哈（Ali Uthman Muhammad Taha），与后者一起策划了军事政变的具体细节。政变发生后，巴希尔政府宣布禁止政党活动。全国伊斯兰阵线也公开宣布停止活动，但其主要成员多出任了巴希尔政府的要职。1989年10月，革指委正式采用“伊斯兰主

① Diana Childress, *Omar al-Bashir's Sudan*, Minneapolis: Twenty-First Century Books, 2010, pp.51–53.

② Ann Mosely Lesch, *the Sudan Contested National Identities*, Bloomington:Indiana University Press, 1998. pp.142–156.

义者”（Islamist）概括自身的政治主张与神学理论，既将新政权与“其他”的极端主义者相区分，也与共产主义者、阿拉伯复兴社会党（Baathists）及其他民主主义者等世俗派政党划清界限。[①]

1989年12月，图拉比走出了仅有最低保障的单人牢房，成为外交部巡回特使兼巴希尔总统私人代表，包括巴希尔在内所有的革指委成员都向其宣誓效忠，愿意“毫不犹豫地”执行图拉比的指示。这证实了外界此前的猜测，即巴希尔在军政府中处于没有决策权的“配角”地位，更多时候是在听图拉比传达伊阵的决定；图拉比及其领导的全国伊斯兰阵线就是伊斯兰革命设计师、思想引领者和幕后操纵者。

非洲的第一个伊斯兰主义政府

军事政变后，苏丹的权力机构是“救国革命指挥委员会”，但革指委的主要决策实际上出自神秘的“捍卫革命委员会”（Council of Defenders of the Revolution），通常称为“四十人委员会”。四十人委员会由全国伊斯兰阵线的主要成员、青年军官以及革指委成员组成，主席是伊阵的书记阿里·塔哈。在1989年下半年，“四十人委员会”引导新政府有组织有系统地在苏丹推广伊阵的政治理念与神学规范。这是一场各取所需的合作，共同建立了非洲第一个伊斯兰政府，将苏丹带入新的发展阶段：伊阵有理念、有规划但缺乏强大的实施手段，需要借助年轻军官们的激情和暴力强制实行阿拉伯-伊斯兰的意识形态，复兴其一贯推行的伊斯兰主义；年轻的军官们则需要用伊阵的理论武装自己，弥补自身缺乏民众基础和执政经验的短板，尽快稳定国内局势，巩固权力基础。当然，无须怀疑双方合作的诚意。至少在当时，全国伊斯兰阵线和军官集团都坚定地认为，南方人讲英语和各自部族的语言，信奉基督教和泛灵的原始宗教，将先进的、神赐的阿拉伯-伊斯兰文化推广到苏丹全国，尤其是南方，这不是歧视，也不是侵略，而是一种拯救、恩赐和分享。

① 〔美〕罗伯特·柯林斯：《苏丹史》，第215页。

如果让他们放弃这一神圣使命，甚至允许打破“二战”后形成的民族国家边界让南方独立，无论对苏丹军人还是伊斯兰主义者来说都是一种侮辱，更是一件不可想象的事情。推而广之，这也是整个非洲国家在冷战期间对待分裂主义的态度。

图拉比是1989年救国革命的总设计师和策划者，也是巴希尔为首的政变军官们的精神导师和意识形态提供者。对图拉比领导的伊斯兰主义者和巴希尔领导的政变军官们来说，在苏丹全面强制地推进伊斯兰化运动，既是他们基于自身认知而对苏丹国家治理道路的探索实践，也是对新政权政治合法性的一种建构，客观上巩固了一个根基不稳的军事政权。事实上，在相互合作的十年里，巴希尔掌握军政大权，不兼任宗教首领，但遵循图拉比的思想治国，把图拉比的伊斯兰复兴主义思想作为国家的指导思想。图拉比在幕后起核心主导作用，推动苏丹成为介于政教分离与政教合一之间政教不分的国家。[①]

为了捍卫革命成果、扭转战争颓势以及配合伊斯兰化进程，伊阵首先对军队进行了整顿和清洗，在军队中大力推行伊斯兰法，发展全国伊斯兰阵线成员。巴希尔军政府中大量的高级官员、主要民间团体负责人、军队高级军官等都是伊阵成员或亲伊阵分子。其次，巴希尔军政府吸收大量的失业人群进入军队，同时首次实行征兵制度。军队规模迅速增加到7.8万人，1989—1990年度的国防预算高达21.5亿苏丹镑（4.782亿美元），另外还有4.5亿苏丹镑（1.05亿美元）用于内部安全开支。这导致了严重的经济困难，但军队的实际作战能力并没有得到显著增加。第三，首席法官鲁特非按照图拉比的指导迅速创建伊斯兰司法体制，通过司法学家们的司法实践推行议会通过的法律。新司法体制涉及全国所有的民事和刑事法院，包括不允许有法律顾问的军事法庭、安全法院以及偏僻农村地区的部落法院等。1990年9月，有70名法官因为在判决中未有效地采用沙里亚法而被解职，他们的位置被伊阵的支持者们取而代之。[②]第四，

① 王联：“论哈桑·图拉比与苏丹的伊斯兰化”，《西亚非洲》2010年第1期。

② 刘鸿武、姜恒昆编著：《苏丹》，第172页。

由于认为苏丹军队的“伊斯兰化”因为职业军官的“世俗化”而不可能完成，哈桑·图拉比主张根据伊朗模式创建“一支小型的常备军和一支大型的民防军”用以保卫现政权和扩大信仰。在伊阵的强大压力下，革指委组建了类似伊朗伊斯兰革命卫队的准军事性质民兵武装——民防军（Popular Defense Forces），数量最多时达到15万人（1991年）。[①]

新政府虽然在农村和城镇都不被看好，但凭借高昂的宗教热情和各种强制手段，它迅速镇压了国内的抗议活动，通过禁止独立报刊的存在而有效管控着舆论导向，同时大规模宣传新政权对伊斯兰教和沙里亚法的尊重和遵守。1989年12月，军政府任命巴克里·萨利赫（Bakri Hasan Salih）上校重建情报系统，并通过《国家安全法案》使其制度化。新的情报机构分国内安全局、国外安全局和苏丹安全局三块，分别负责监控国内民众抗议活动、监控苏丹流亡人士和搜集军事情报，工作手段残忍而血腥，几乎没有限制地使用恐吓、虐待、模拟处决以及毒品、电击和谋杀等酷刑，其中尤以国内安全局下设的拘留中心“鬼屋”最臭名昭著。国内安全局的成员大多是伊斯兰狂热分子，主要负责监控有违《古兰经》和“沙里亚法”的不端行为，打压各种现实或潜在的抗议活动，活跃的专业工会组织领导人和坚持无神论的苏丹共产党人是监控重点。伊斯兰特别法庭负责审判那些被起诉的人，审判程序简单粗暴，也不允许上诉，审判结果特别是公开鞭笞的处罚会被立即执行。

极端化的措施起到了立竿见影的效果。首先，军政府逐步夯实了权力基础。在政变发生后一年内，军政府实现了政府改组，调整了地方行政长官，重新任免了全部的大学校长，控制了高校的学联

① 民防军征募青壮年男性，由政府军的教官教授武器的基本使用方法，但对他们的教育更多的是宗教思想灌输而非军事思想教育，伊阵的知名成员经常前来进行有关伊斯兰教的讲座。被埃及媒体称为伊阵“军翼”的易卜拉欣·萨努西（Ibrahim al-Sanussi）就经常在民防军营地举办讲座，他的演讲及宗教宣传在新兵中间广为传播。由于在战场上注定失败的军事悲剧，思想可靠的民防军最终被移交给地方充当“治安警察”，成为全国伊斯兰阵线的地方性民兵组织，主要作用是镇压平民或学生的示威游行活动。

和一些工会组织，物资供应上首先满足军队，严格控制了宣传工具。伊阵成员控制了包括国家安全部队、军事情报部门、警察部队及对外安全机构等在内的主要政府部门。其次，军政府借助严密的情报系统粉碎了多起军事政变图谋，并进而牢固地掌控军队。1990年斋月期间，苏丹接连发生了两起未遂的军事政变，军政府都事先得到消息并铁腕镇压，不仅严惩涉嫌政变的军官和政治家，例如在粉碎第二次政变次日直接处决了参与政变的28名军官；而且利用操控的舆论工具大肆宣传，国家各主要机构均表态谴责政变。第三，政府能够支配的部门，无论是政府行政部门、大学还是国有企业，都对示威游行和罢工活动严阵以待。陪审团、行政部门和外交团内部实行大规模清洗。向来引领政治活动浪潮的喀土穆大学被大幅调整。以铁路公司为代表的国有公司普遍大规模裁减员工，很多不认同伊阵政治和神学理念的人都被解雇。

从实际效果看，伊斯兰化政策对政治贪腐行为和一些不规范市场经济行为的打击某种意义上确实净化了社会风气，军政府制定的强制扫盲计划，例如在全国成立了1253个教育中心负责成人教育，也部分满足了民众的期许。但自上而下的强制伊斯兰化运动却造成了严重的经济和社会后果，让苏丹一再成为国际社会的关注和谴责对象。首先，伊斯兰化运动严重削弱了苏丹一个多世纪以来的世俗化成果。由于一些人因为制造、拥有或者是消费含酒精饮料而受到当众鞭笞的惩罚，也有人因为私藏海洛因或者来源不明的外币而被公开处决，许多走出家门参加工作的女性员工因为抵制“伊斯兰风格”的穿着而被解雇，苏丹社会在世俗化和人权方面的明显退步，尤其是对妇女的公开歧视引起了国际社会和人权组织的广泛谴责。其次，伊斯兰化运动中的强制和暴力彻底改变了苏丹社会的传统政治生态和多元化状态。政治流亡者的亲属首先被屡屡羁押和拷问，医生、律师、新闻记者和大学教授等专业人士被任意监禁、处决甚或“失踪”，一些政治活跃分子被反复地拘禁—释放以达到恐吓目的，他们的亲朋好友被勒令未经允许不得离开城区。[①]所有这些带有恐怖色彩的极端化政策破坏了长期以来苏丹公共事务中的言论自由和相互宽容传统，使许多苏丹人特别是知识分子忧心忡忡，社会发展失去了他者的纠偏力量。事实上，随着救国革命后越来越多的专业人士移居海外，尤其是1992年的《工会法》剥夺了从业人员组织或者参加工会的权利，长期在苏丹政治中比较活跃的专业人士及其组织变得越来越微弱。

空洞激进的口号解决不了积弊沉疴的经济难题，惩治贪腐、打击囤积居奇以及控制外汇等举措没有一项能够解决棘手的债务问题。1989年7月，苏丹的债务估计有130亿美元左右，每年的预算赤字相当于其国内生产总值（GDP）的25%，通货膨胀率高达80%—100%，港口、铁路和工厂的开工率不足20%，每年用于战争的开支占国家预算的1/4甚或1/2。1990年9月，国际货币基金组织（IMF）向苏丹发出了"不合作"的严重警告。1993年，世界银行终止了向苏丹的任何贷款，国际货币基金组织中止了苏丹的成员国资格。动荡的国内局势和沉重的债务负担导致了严重的通货膨胀。1994年夏天，苏丹镑与美元的比价从1:17急剧下降到1:300—500，外汇储备几近于无，基本生活用品的严重匮乏经常引发民众的示威游行活动。[②]

图拉比的伊斯兰试验

图拉比1932年出生在苏丹东部的卡萨拉城（Kassala），父亲是一名保守的伊斯兰法官（Qadi）。图拉比1951年进入喀土穆大学法学院学习，1961年从伦敦经济学院获得法律硕士学位，1964年从法国索邦大学获得了法学博士学位，他的博士论文谴责了民主国家政府对紧急权力的滥用。1965年，图拉比返回苏丹，被任命为喀土穆大学法学院院长。他谈吐幽默，魅力超群，虽然其伊斯兰信仰遭到世俗主义者和无神论者的攻击，但很快就赢得了很多追随者。也就

① 〔美〕罗伯特·柯林斯:《苏丹史》，第217页。

② 同上书，第270页。

在这一时期，图拉比与马赫迪家族联姻，从特殊毕业生选区被选入议会，开始了自己波折而多彩的政治生涯。

图拉比和霍梅尼，都是杰出的伊斯兰主义者，但二者之间，无论是思想理论还是斗争实践都存在着显著区别。首先，图拉比的伊斯兰主义立场较为温和，倡导宗教对话，主张宗教宽容，在不少问题上也与霍梅尼的态度有所不同，伊斯兰化的具体执行过程也比较注重实际，没有伊朗那样的极端化。其次，苏丹是全球最不发达的少数几个国家，处于阿拉伯-伊斯兰世界的边缘地带，从根本上讲就不具备伊朗那样的体量和影响力。长期内战和严重饥荒导致的人道主义灾难抵消了图拉比“伊斯兰试验”的国内效果，就是被国际社会广泛关注的国际效果，实际上除了几个恐怖事件外也没有其他重大事件，在影响力上也没法与伊朗伊斯兰革命相提并论。

图拉比很早就受到穆兄会的影响，在1955年就加入了穆斯林兄弟会。1964年，图拉比成立了伊斯兰宪章阵线，同时担任穆斯林兄弟会苏丹分支领导人，与宗教右翼激烈竞争领导权。五月革命后，穆兄会被镇压，图拉比被监禁。1974年，图拉比领导的穆兄会与乌玛党、联合民主党等组成了反对政府的民族阵线，1975—1976年间曾参与民族阵线发动的两次未遂政变。1976年后，图拉比转向同政府合作，主动加入了“全国和解”，带领部分穆兄会领导成员加入苏丹社会主义联盟，先后出任过苏丹社会主义联盟新闻、外事助理书记，国家总检察长，总统外交政策助理等职。尼迈里政府后期的官方伊斯兰化政策为图拉比初步实现宗教政治抱负提供了展现舞台，他是“九月法令”的主要起草者。1985年3月，尼迈里总统指责穆兄会图谋推翻政府，并逮捕了图拉比及成员300余人，但继之而起的过渡军事委员会释放了全部政治犯。事实上，也正是凭借加入尼迈里政府后获得的空间和资源，加之领导人图拉比不凡的适应能力、冷静和耐心，他领导的宗教政党才能够在此前十年间险中求胜，推动政府实行伊斯兰化。1985年5月9日，图拉比将伊斯兰宪章阵线改组为全国伊斯兰阵线，在1986年4月的制宪会议选举中因策略正确而大获成功，是议会第三大党和第一大反对党，也是影响萨迪克总理针对“九月法令”决策的主要因素。1989年初，伊阵开始参加萨迪克政府，图拉比出任副总理兼外交部长，但为阻止总理马赫迪废除沙里亚法，图拉比领导伊阵借力中下级军官的军事政变联合夺取了政权，实现了宗教政党与国家政权的结盟。[①]在1990年代上半期，图拉比逐步从幕后走上前台，开始自上而下地在苏丹推行“伊斯兰国家”理念，涉及苏丹内政外交的各个方面。

社会伊斯兰化是图拉比“伊斯兰试验”的起点和重点。1991年1月，苏丹政府宣布在除南方三州外的全国范围内实行伊斯兰法，以《古兰经》和圣训作为制定各项方针和政策的基本准则，开始建立伊斯兰市场经济，实施伊斯兰私有化政策。政府在各类学校增设伊斯兰课程，强调伊斯兰的教育方向，并利用来自阿拉伯产油国的资金大力同化因战争和饥荒而流落到北方来的南部和西部人口。[②]与此同时，苏丹设立了专门的人民警察部队，强制在经济、文化、社会生活等诸多领域推行伊斯兰化。1991年，苏丹通过了两部法律，年初的《刑法》明确规定对任何主张叛教的穆斯林处以死刑，尽管他可以通过公开认错、迅速改过自新以挽救自己；年末的《人民警察部队法》意在敦促苏丹女性成为维护自己声誉、照顾丈夫、孩子和家庭的虔诚穆斯林，明确要求妇女在公共场合必须穿着传统的服装长袍（Robe），将整个身体和头部都遮盖起来，并且禁止穿裤子，禁止卖淫、色情及用于商业目的的女性身体展示，逮捕那些“行为不检点”或者“穿着不得体”的女性并施以鞭笞等处罚。1992年，苏丹又颁布了一系列新宗教法律。对于偷窃的处罚是初犯砍下一只手，再犯砍掉另一只手。对通奸者的处罚是乱石打死，对卖淫者的处罚是当众鞭笞。

图拉比“伊斯兰试验”的主要国际表现，就是通过参加和主办

---

① 刘辉：《民族国家建构视角下的苏丹内战研究》，第145页。

② S.O.Fahey, “Islam and Ethnicity in the Sudan”, *Journal of Religion in Africa*, Vol 26, Fasc 3, August 1996, p. 263.

一系列国际会议宣传他的宗教主张。1990年12月，图拉比出席在芝加哥召开的伊斯兰国际会议，会晤了许多著名的伊斯兰运动领导人，开始尝试创立某种机制，协调全球伊斯兰国家的反帝运动和伊斯兰革命运动，实现此前伊斯兰会议组织与阿拉伯民主主义者都未能完成的宏伟目标，即阿拉伯民族的统一和伊斯兰信仰的全球化。1992年，图拉比出访欧美多个国家，热情阐释他的政治和宗教观点，强调伊斯兰运动决不会接受以色列的存在和美国在波斯湾的军事存在，实现伊斯兰世界“终极理想”的信心日益高涨。1993和1994年，图拉比先后在喀土穆主持召开了两届宗教对话（Inter-Religious Dialogue）会议，他用理性而富有激情的语言敦促与会代表进行对话，界定伊斯兰教和基督教的共同基础，消除西方文明与阿拉伯-伊斯兰文明之间的“隔阂”。

“阿拉伯与伊斯兰人民代表大会”（Popular Arab and Islamic Conference, PAIC），是图拉比宗教思想国际化的巅峰之作。1991年4月25—28日，第一届“阿拉伯与伊斯兰人民代表大会”在喀土穆举行，会议主旨是反对美国介入海湾事务，呼吁阿拉伯伊斯兰世界团结起来，迫使外国“十字军”离开穆斯林的土地。[①]来自三大洲55个国家的伊斯兰原教旨主义政治人物和知识分子出席了会议，其中包括中东各地的伊斯兰政治组织，如巴勒斯坦解放组织、哈马斯、阿尔及利亚伊斯兰拯救运动、突尼斯伊斯兰反对运动、阿富汗伊斯兰组织、黎巴嫩真主党等，此外还有来自伊朗伊斯兰共和国的高级代表团。与会代表同意创立“国际伊斯兰武装”，图拉比担任会议秘书处的总书记。苏丹成为激进政治伊斯兰改革家的避风港。

1993年12月2—4日，第二届“阿拉伯与伊斯兰人民代表大会”在喀土穆召开，与会者大多是阿拉伯国家激进的宗教政治反对派。500多名代表热烈讨论了“世界新秩序”，宗教在穆斯林世界的领导作用、穆斯林少数族裔在欧美受到的压制、西方文明对伊斯兰教的

① Judith Miller, “The Challlenge of Radical Islam”, *Foreign Affairs*, Vol 72, No 2, Spring 1993, p.44.

挑战等议题。第二届大会结束时，自信的图拉比认定“大会”体现的宗教意识形态已经融入了苏丹的政治社会发展进程，全世界的穆斯林最终都将生活在一个统一的伊斯兰国家里，愚昧、无知、贫穷、破碎的苏丹将因之成为穆斯林世界伊斯兰运动的领导者，成为苏联解体后世界新秩序中具有影响力的中心，成为伊斯兰发展史上的一个界标。①

1995年3月30日至4月2日，第三届“阿拉伯与伊斯兰人民代表大会”在喀土穆召开，与会的300名代表来自全球80多个国家，包括真主党、哈马斯、基地组织等全球最活跃的伊斯兰组织。虽然在与会代表中间开始出现分歧，非阿拉伯国家的代表认为大会名称中的“阿拉伯”一词带有歧视性和种族主义意味，但在图拉比承诺修改大会名称后，大会最终同意世界各地的“伊斯兰主义者”自1995年夏天开始反对世俗的阿拉伯国家政权，同意“在巴基斯坦、苏丹和伊朗等地培训更多战士……以便部署到埃及和必然升级的伊斯兰武装斗争中去”。②

除了举办一系列国际性会议外，图拉比展现其宗教思想的另一重大事件，就是邀请乌萨玛·本·拉登（Usama bin Ladin）及其领导的“基地”组织进入苏丹。1990年3月，苏丹政府宣布允许所有的“阿拉伯兄弟”免签证进入苏丹进行投资，同时在总统办公室内部设立专门机构帮助消除投资中遇到的障碍，这为阿富汗-阿拉伯圣战者们在苏联从阿富汗撤军后寻找避风港以及与伊斯兰恐怖组织建立联系提供条件，甚至就是对全球的伊斯兰激进运动和原教旨主义者敞开国界。③1991年9月，图拉比访问了巴基斯坦和阿富汗，他的文章、磁带录音、录像和广播此后在伊斯兰世界迅速传播。12月，恐怖大亨本·拉登受邀来到喀土穆。本·拉登支持苏丹政府与南方

---

① Mohamed Elhachmi Hamdi, *The Making of an Islamic Political Leader, Conversations with Nasan al-Turabi*, Westview Press, 1998, p.36.

② 〔美〕罗伯特·柯林斯:《苏丹史》，第246页。

③ 同上书，第223页。

原始宗教和基督教分离主义作战，向“阿拉伯与伊斯兰人民代表大会”提供了500万美元资金，迎娶图拉比的侄女为第三任妻子。同时，拉登还成立了塔巴投资公司（Taba Investments）、拉登国际公司（Ladin International），雇用了600多人修筑从喀土穆到苏丹港的干线公路。作为回报，图拉比为本·拉登进口建筑设备和轿车提供免税优惠，简化基地组织成员进入苏丹的海关手续并允许其持有苏丹护照，一些特殊成员甚至拥有苏丹外交护照。巴希尔担任主席的革指委对拉登在喀土穆建立恐怖分子训练营没有提出异议，并安排专门的情报联络官负责与本·拉登及其基地组织的相关事务。

四、图拉比时代的坠滑与谢幕

“伊斯兰试验”的困境及溢出效应

图拉比胸怀改革人类社会的理想，不仅将自己视作穆圣之后伟大神学家们的当然继承人，把自己想象成为逊尼派和什叶派之间、基督教和伊斯兰教之间的神学调解人；而且要在苏丹建立神权国家，进而在伊斯兰世界建立统一的穆斯林乌玛社团。

图拉比的伊斯兰思想是一个完整的体系，涉及政治、国家和社会等诸多方面，其主要内容如下：1.推崇伊斯兰教，认为伊斯兰教是社会前进的动力，主张泛伊斯兰主义，鼓吹普世主义，伊斯兰教能够推进伊斯兰世界的统一。2.反对民族主义，反对世俗化，主张泛伊斯兰主义，提倡穆斯林共同体，提倡全世界信仰者共同体。3.借助国家权力革新苏丹社会，维持苏丹的固有价值、创造性和独立，发展伊斯兰运动，建立伊斯兰秩序，实现泛伊斯兰的统一。4.否定国家权威，反对民族国家，坚持真主主权论，认为国家只是穆斯林集体努力的政治方面。5.主张伊斯兰国家建立在“舒拉”（Shura）及公议的基础上，创制大门对所有穆斯林开放，教法之外无需再立法，伊斯兰复兴运动应从社会伊斯兰化开始。[①]

图拉比的政治理想和政治实践之间存在着不可调和的内在矛盾。首先，图拉比的思想体系在全球性的多元化时代本质上是一种狭隘和偏执。图拉比将伊斯兰理想置于民族利益、国家利益之上，要求所有人接受伊斯兰教，建立伊斯兰共同体，但却又提不出建立泛伊斯兰秩序的规则与路径，实践中与各国非主流政治反对势力的合作不仅徒劳无益，并使自身陷于孤立。其次，图拉比政治实践的目标和手段相互背离。图拉比否认民族国家，提倡穆斯林共同体，但又承认国家的权威性，力图使伊斯兰组织与国家政权结盟，借助民族国家进行“伊斯兰试验”。图拉比倡导宗教对话，主张宗教宽容，但又摆脱不了伊斯兰教排他性的特征。

图拉比是一名兼具理想主义和现实主义的充满矛盾的宗教政治人士，外界对他的评价差异很大。追随者视他为救世主和天才预言家，但反对者们称他是“伪君子、煽动者、自大狂”，是倡导和输出暴力的“恐怖主义教皇”（The Pope of Terrorism），西方情报界形容他是“恶棍、恐怖主义教父、变色龙和披着民主外套的狼。”[②]1992年5月，图拉比出访加拿大时，曾因为苏丹籍空手道高手哈希姆（Hashim Bedreddin Mohammed）的袭击而受重伤，后者得到了在加拿大流亡的苏丹人的支持，他们成立了“哈希姆之友运动”，其共同立场就是反对苏丹的伊斯兰政权。

从本质上看，图拉比的宗教政治思想并不激进。他提倡宗教对话，主张开放与宽容，希望推进伊斯兰世界的统一并进而建立全世界信仰者共同体。然而由于实践中缺乏足够的实施手段，图拉比对内强化与国家政权的联合乃至结盟，对外主要借助阿拉伯国家激进的宗教政治反对派，其中一些人甚至是所在国政府通缉的暴恐分子。

---

① 关于图拉比思想体系的内容及其内在矛盾的论述，参阅刘辉：《民族国家建构视角下的苏丹内战研究》，第145—152页。

② W. J. Berridge, *Hasan al-Turabi: Islamist Politics and Democracy in Sudan*, Cambridge University Press, 2017, p.1.

其结果，图拉比旨在推动伊斯兰复兴的“伊斯兰试验”，却曾一度严重冲击国际安全秩序。

得益于图拉比和苏丹政府提供的长期庇护，本·拉登得以在苏丹安全自由地指挥抵抗运动，苏丹也很快成为阿拉伯圣战者训练中心。在他位于索巴（Soba）附近的大型农场里，本·拉登每周四都定期组织聚会并对下属们发表演讲。喀土穆周围的半沙漠地带迅速建立了19个阿拉伯圣战者训练营地，本·拉登个人资助了其中的3个营地，沙特的10多个宗教慈善机构辗转为其他营地提供支持，用于训练、购买武器和策划海外行动。1992年，苏丹政府开始公开为索马里激进的伊斯兰团结党（al-ittihad al-islami al-Somalia）提供武器和食品，本·拉登则派出两名忠实助手进入索马里直接指挥当地的激进组织和抵抗运动。1993年2月26日，纽约世贸中心发生爆炸，袭击行动由埃及的伊斯兰组织伊斯兰运动具体实施，得到了苏丹驻联合国外交使团人员的协助。

1995年6月26日，埃及总统穆巴拉克（Husni Mubarak）前往埃塞俄比亚参加非洲统一组织（“非盟”的前身）年度峰会，但在从机场前往会场的途中遭遇了大约9名杀手的集中袭击，侥幸逃生的穆巴拉克随即折返回国。经埃塞俄比亚政府事后确认，苏丹政府为杀手们提供了苏丹和也门护照并通过苏丹航空公司向他们提供了武器，苏丹情报人员给杀手们提供了在埃塞俄比亚的秘密藏身地。[①]愤怒的埃及随即谴责苏丹是“恐怖主义源头”和“杀人犯及刺客的中枢”，威胁要直接打击苏丹的恐怖主义训练营，甚至公开呼吁苏丹民众推翻他们的政府。图拉比虽然发表声明否认与未遂的暗杀事件有任何联系，但却称赞杀手们是为了“伊斯兰信仰的使者”，应该向在亚的斯亚贝巴追捕“埃及法老”的圣战者“致敬”，同时威胁撕毁两国的尼罗河水分配协议。巴希尔总统也否认了所有指控，指责穆巴拉克有意挑起事端，同时讽刺埃及有着暗杀总统的“悠久传统”。事

① 〔美〕劳伦斯·赖特:《巨塔杀机：基地组织与“9·11”之路》，张鲲、蒋莉译，上海译文出版社2009年版，第244—246页。

件发生一周左右，埃及和苏丹军队就在有争议的边境地区发生短暂的小规模交火。

针对穆巴拉克的未遂暗杀事件成了苏丹国家发展的一个转折点。首先，西方开始越来越关注伊斯兰恐怖主义，阿拉伯国家内部对于恐怖主义构成的威胁日益觉醒。1995年8月18日，苏丹被指控为多个恐怖组织提供庇护，美国国务院迅速将苏丹列入支持恐怖主义国家的名单。1996年，联合国先后通过了第1044、1054号决议，就苏丹拒绝对暗杀事件的调查提供合作而实施制裁，其中包括减少苏丹在联合国的代表团的数量以及限制其外交人员在美国旅行。苏丹巴希尔政府对此反应强烈，在喀土穆精心策划了反美游行示威活动，指责美国旨在挑起反对宗教的阴谋活动。但由于苏丹越来越担忧周边国家形成的“敌意的包围圈”，转而主动采取措施缓和危机。8月6日，巴希尔政府放弃了允许阿拉伯人或穆斯林免签证进入苏丹的政策，开始禁止“基地”等暴恐分子流入苏丹寻求避难所或者训练。其次，图拉比在穆斯林世界和苏丹的影响力开始下降，他精心组织的“阿拉伯与伊斯兰人民代表大会”因为外部限制和内部争斗而偃旗息鼓，他的伊斯兰意识形态因为巨大的理论和实践弊端进退维艰，他的主要盟友本·拉登开始被越来越多的人视为苏丹的麻烦制造者，并被巴希尔政府作为改善苏丹同阿拉伯、非洲和西方关系的筹码。

革命苏丹的常态化

在“救国革命”后组建的军政府中，重要的官员都是图拉比的追随者，他们的立场和观点决定着苏丹官方政策的发展趋势。也正因为有着这样的权力基础，图拉比对于在政府里担任领导职务不屑一顾，不愿意劳神费心掺杂那些政务琐事，而是积极地在全球旅行，宣传他的宗教思想和政治主张。这也契合了巴希尔将军的实际和愿望。除了牢固地掌控军队外，巴希尔似乎不太愿意在意识形态方面表现自己。图拉比把宗教政党与国家政权相结合的发展道路尝试初见成效，巴希尔总统也默认了与图拉比的主从关系。

1993年10月16日，革命指挥委员会自行解散，巴希尔成为苏丹伊斯兰共和国的总统。1994年，政府将苏丹划分成26个州。但伊斯兰革命并未消退，沙里亚法依然是政府法律、法规和政策的来源。然而随着“伊斯兰试验”的弊端越来越明显，内部是频繁的干旱、饥荒和战争，外部是严峻的外交孤立处境。1994年，联合国人权委员会接连通过决议，严厉谴责苏丹的草率处决、任意拘留、酷刑和奴役等不人道行为。1995—1996年冬季，加朗领导的苏丹人民解放军赢得了一系列军事胜利，得到厄立特里亚支持的贝贾人代表大会开始在整个苏丹东部地区发起袭击。也就是说，以“伊斯兰试验”为代表的革命化苏丹已经到了难以为继的地步，必须做出改变。1996年4月，伴随着国际制裁的生效，苏丹几乎被所有的阿拉伯国家、非洲国家以及许多西方国际社会孤立，甚至被欧美等国贴上了“无赖国家”的标签。

经过“救国革命”后几年的革命输出和权力巩固，苏丹确实也越来越具备了从革命性国家向后革命国家转型的条件。1994年8月13日，巴希尔和图拉比通过精心准备，帮助法国人抓捕了他们长期通缉的暴恐分子“豺狼”卡洛斯（Carlos），换取了法国对苏丹的一些军事和经济援助。1995年4月，巴希尔及其同僚们开始评估是否需要继续同本·拉登及其基地组织成员合作，最终认定本·拉登及其领导的基地组织是苏丹不必要的麻烦，尤其是在企图暗杀穆巴拉克总统失败之后。1996年2月，巴希尔派心腹法蒂·欧尔沃（Al-Fathi Urwah）与美国中央情报局接洽，提出由苏丹安全部门缉捕本·拉登并经过沙特将其移交给美国当局，但美国人因为一贯的怀疑而拒绝了这一建议，尽管当时的美国驻苏丹使馆因为担忧喀土穆周边训练营中圣战者组织成员的袭击而不得不考虑闭馆应对。与此同时，因为担心损害其个人形象和政治生涯，担心影响“阿拉伯与伊斯兰人民代表大会”，图拉比主张以另一种体面的方式将本·拉登礼送出境。1996年5月18日，在图拉比的斡旋下，本·拉登及其家人和下属乘坐包机悄悄地离开了喀土穆。本·拉登先是落脚阿富汗贾拉拉巴得（Jalalabad），随后通过扎瓦赫里（Ayam al-Zawahiri）在坎大哈（Kandahar）重建基地组织总部。本·拉登在离开苏丹时强烈抱怨说他在苏丹的损失超过1.6亿美元，批评苏丹政府打着宗教的旗号在进行有组织的犯罪。

图拉比这时也逐渐改变了此前的超脱态度，开始强化他本人在权力体系中的位置。1995年，按照图拉比的设想，巴希尔总统批准了“第十三号法令”，要求在地方建立适当的舒拉（shura，协商）会议，并以在此基础上选出的国民大会取代过渡期的国民议会。拟议中的国民大会设置了400个席位，其中125席在1996年1月经过任命产生，50个席位留给伊阵成员及其支持者，余下的225个席位由选举人投票产生。

国民大会选举在1996年3月6—17日举行，这是萨迪克政府倒台以来举行的首次选举，竞选者多达1000人。选举过程混乱而不透明，至少47个坚定支持伊阵的候选人在没有竞争对手的情况下当选，一些有非伊阵候选人选区的选举活动则受到干扰，选民名册经常丢失，许多选民抱怨他们没能够投票。整个选举活动被乌玛党领袖萨迪克·马赫迪批评就是一个闹剧。根据最终的选举结果，巴希尔以75%的得票率当选为总统，继续掌控军队及其内阁。图拉比继续代表喀土穆的撒哈拉选区参加选举，成功地以压倒性优势当选国民大会议长，伊阵成员及其支持者们在国民大会中占据着主导地位。

1998年2月12日，一架安-26军用飞机在南部纳绥尔着陆时失事，造成机上26名乘客遇难，其中包括第一副总统祖拜尔·穆罕默德·萨利赫（Zubayr Muhammad Salih）少将，另外25名遇难者也都是政府高级官员。在随后的政府改组中，伊阵主席塔哈被任命为第一副总统，24个部长中有16个是伊阵的坚定支持者。精明的巴希尔总统这样做的目的就是以退为进，确保一个旨在强化总统权力的宪法草案能够在国民大会和全民公投中顺利通过。1998年5月8日，宪法草案在全民公投中以96%的压倒性优势获得了通过，并在“救国革命”九周年之际签署生效，成为法律，即1998年宪法。

按照1998年宪法的规定，苏丹是一个共和联邦制国家，国家政治权力分别由总统、议会（一院制）、最高司法委员会行使；总统是国家主权的最高代表，是军队最高统帅，拥有立法、司法、行政的最高裁决权，由全民选举产生，任期五年，可连选连任一次；[①]国民大会是国家的立法机构，行使国家立法权和行政监督权，议会设议长；国家实行建立在联邦制基础上的非中央集权制，采用三级行政管理制度，依次为联邦政府（不设内阁总理）、州政府和地方各级政府；最高司法委员会是国家司法机构，下设最高法院和总检察院，分设首席大法官和总检察长。宪法规定苏丹是多种族、多文化、多宗教国家，确立言论、结社自由原则和政治协商原则，承认宗教平等和信仰自由，南北方公民权利与义务平等，奉行独立、开放和不干涉别国内政的外交政策。[②]1998年宪法不仅标志着革命的立法程序的完成，极大地强化了巴希尔总统的权力，而且彻底解决了自独立以来一直困扰着苏丹每一届政府的关于沙里亚法的宪法问题。

常态化的苏丹进而恢复了1989年7月被取缔的多党政治状态，恢复了宽容对待异己的旧传统。1998年11月，图拉比敦促流亡国外的苏丹各党派回国参与政治重建。萨迪克·马赫迪的乌玛党和米尔加尼家族的民主联盟党在沉寂10年后又出现在了公共场合。12月8日，巴希尔总统签署了《政治结社组织法》，归还了没收的乌玛党和民主联盟党领导人的所有财产，寻求与全国民主联盟（NDA）的和解。随后，约30个党派注册成为合法政党，苏丹共产党、穆兄会、社会人民党、伊斯兰运动、苏丹国家党、南部“联合”党派等许多小党派开始重新进入苏丹政治生活。

不幸的是，苏丹各传统政党自身的局限决定了它们的衰落，萨迪克领导的乌玛党就是典型。1989年下台后，萨迪克留居北喀土穆住所，乌玛党其他领导班子流亡国外，从事反政府及解决南方问题

---

① 2002年4月，全国大会党协商会议就修宪问题做出决定，取消总统任期两届的规定，可连选连任。

② 刘鸿武、姜恒昆编著：《苏丹》，第157—158页。

等事宜，参加“全国民主联盟”的各种会议。1996年，萨迪克带领部分乌玛党领导人逃亡厄立特里亚，后转至埃及，成为流亡国外的全国民主联盟的骨干。2000年11月，经过与政府的几次秘密谈判，萨迪克退出全国民主联盟，结束流亡回到喀土穆，开始参与苏丹政治事务。2002年7月，乌玛党内部出现派别斗争，瓦里·马赫迪（Wali al-Din al-Hadi al-Mahdi）从乌玛党分裂出去组建了新的伊斯兰乌玛党，与巴希尔政府和解并被任命为总统助理，试图挑战萨迪克的政治和宗教权威，瓦里·马赫迪的总统助理职务在2004年10月被解除。萨迪克在乌玛党中的地位没有受到太大挑战，依然是乌玛党的主流派。2011年底，萨迪克的儿子被任命为总统助理。2014年5月，萨迪克被苏丹当局逮捕，获释后宣布退出全国对话，重返反对党联盟阵营。整体上看，乌玛党已经失去了曾经的优势主导地位，沦为了苏丹巴希尔时代的一般性政党。

图拉比时代的谢幕

随着苏丹社会发展从凯歌高进的革命主题进入了烦琐复杂的建设主题，巴希尔与图拉比在经济政策、南北内战、对外关系等诸多领域的分歧越来越大。巴希尔坚持总统制，主张扩大总统权力，谋求总统、秘书长和武装部队总司令三位一体。图拉比则认为理想的政体形式是伊斯兰代议共和制，反对总统把持内阁，因而多途径限制总统权力。苏丹政坛的枪杆子和笔杆子就此展开了一场曲折长期的权力斗争。①

案牍劳形，龙钟老朽，曾经超脱的图拉比很快就陷于烦冗复杂的议会政治难以自拔。与恐怖大亨本·拉登的政治联盟不复存在，精心设计的国民大会也被批评是依赖于军队的委任机构而非理想中的宗教式协商会议。约翰·加朗领导的苏丹人民解放运动实现了内部重组，在1995—1996年取得了一系列军事胜利。多个阿拉伯国家

① 刘中民：《民族与宗教的互动——阿拉伯民族主义与伊斯兰教关系研究》，时事出版社2010年版，第293—294页。

通过了明显针对苏丹的强硬的协作决议，要共同阻止恐怖分子在他们国家策划、组织并实施恐怖主义行动。图拉比的人生发展道路开始从理论困局进入了现实困局，越感无力和困惑就越需要用权力来掩饰，其个人形象从年轻精英阶层们的精神导师变成了精明冷漠的议会议长，开始抓住一切可能的机会强化自己在多党制时代的政治控制权。

1998年底，全国伊斯兰阵线改名为全国大会党（National Congress Party, NCP），图拉比担任党的领导人。巴希尔总统掌控着全国大会党下设的30人的领导办公室和110人的领导委员会两大机构，主要负责副总统、各部部长和其他高级官员的提名，然后交由国民大会履行程序上的核准。1999年夏秋之际，为了限制巴希尔总统的权力，图拉比议长开始巡视全国，确保全国大会党成员对他个人的忠诚，同时提出取消全国大会党的领导办公室和领导委员会这两个机构。1999年10月，全国大会党召开了首次代表大会，巴希尔总统任全国大会党主席，曾经的全国伊斯兰阵线领袖哈桑·图拉比任秘书长（总书记）。全国大会党全体会议通过投票解散了领导办公室和领导委员会，用60人组成的执行委员会取而代之，图拉比担任该委员会的主席。这是一次聪明而巧妙的政治政变，哈桑·图拉比不仅借此夺取了原来由巴希尔总统掌控的对副总统、各部部长和高级官员的提名权，确保了他对政府行政机关的控制，而且宣布成立一个由他担任主席的7人委员会，负责修改宪法，将总统的宪法权力转移至受全国大会党控制的国民大会，将总统制政体改变为议会制政体。按照图拉比的设想，巴希尔将作为全国大会党的总统候选人参加计划于2001年举行的下一次大选，接受一个权力被削减并处于从属地位的总统职位。

但图拉比的胜利得不偿失，他高估了自己的影响，也低估了巴希尔及其军队袍泽们对局势的掌控能力。事实上，早在1995年4月，巴希尔及其军队同僚们就以工作不力为由重组了情报和安全部门，成功将伊阵文职人员对情治部门的控制权转交给军队，随后更以无法反驳的理由迫使图拉比的政治盟友本·拉登离开了苏丹。事实上，在“救国革命”发生后的十年间，巴希尔从来就没有失去对军队的控制，也没有忘记他首先是一名军人，其次才是一位政治家，军队始终是他最坚实的权力基础。高级军官们从来没有对图拉比的“伊斯兰试验”做出过明确承诺，当然更不会允许“民防军”之类的乌合之众取代武装部队的权威。正因为如此，也可能出于对图拉比作为精神导师由来已久的尊重甚或畏惧，面对图拉比削弱总统权力的诸多尝试，只要不触及根本，巴希尔都泰然处之，甚至同意担任毫无实权的全国大会党主席职务。然而一旦图拉比的限权举措对他构成致命威胁，例如提议修宪来改变政体和架空总统、通过直选州长来削弱总统对地方的掌控、允许经2/3的国民大会代表同意即可罢免总统等，巴希尔迅即展开回击。1999年12月12日，也就是在国民大会即将投票决定限制总统权力的前两天，为了阻止议会表决架空总统，巴希尔突然宣布国家进入紧急状态，签发命令罢免图拉比的议长职务并解散了国民大会。2000年3月，巴希尔宣布延长紧急状态，同时还开始限制图拉比家族的商业利益，终止了对“阿拉伯与伊斯兰人民代表大会”的补贴并查封其办公大楼。2000年12月，国民大会选举在苏丹北方如期举行，巴希尔总统获得了86%的选票。

2000年5月，图拉比第73次也是最后一次出现在卡塔尔半岛电视台，他鼓动苏丹民众走出来捍卫伊斯兰革命，将苏丹从军事独裁中解放出来。图拉比随即被解除了全国大会党秘书长职务，被禁止参加任何政治活动，他在安全部门和行政部门的支持者也被悄悄解职。6月27日，不甘就此被压制的图拉比宣布退出执政的全国大会党，召集大批追随者另行组建反对党“人民大会党”（Popular Congress Party），继续发表政治言论谴责巴希尔及其政府。2001年2月19日，可能是出于近乎绝望的反抗，图拉比突然以人民大会党的名义与加朗领导的苏人解（SPLM/A）合作，在日内瓦签署了一份共同推翻巴希尔政权的“谅解备忘录”，要为持续了18年的内战寻求最终解决方案。巴希尔迅速对此做出反应，两天后就将图拉比押入考伯尔监狱并提起通敌的刑事指控。图拉比的30多个同僚也同时被监禁，人民大会党被取缔。[①]2001年9月，巴希尔以煽动学生抗议为由派军队占领人民大会党办公大楼，并指控图拉比参与政变将其监禁了9天。

虽然图拉比创建的人民大会党作为苏丹最大的反对党还在活动，但他力推的“伊斯兰试验”已破产，图拉比的时代业已结束。图拉比本人也一直被巴希尔政府严密监控，并且不断地被短暂关押和释放。2004年3月，图拉比因涉嫌政变被逮捕入狱，监禁期长达16个月，期间他曾有过数星期的绝食抗争。2008年5月，因为在“正义与平等运动”的文件中发现了图拉比的名字，苏丹政府又对图拉比进行了长达12个小时的问讯。2009年1月，图拉比呼吁巴希尔为了苏丹向国际刑事法院认罪，同时控诉巴希尔对达尔富尔的战争罪负政治责任，苏丹政府再次将他逮捕入狱两个月。2016年3月5日，84岁的图拉比死于心脏病发作，被埋葬在喀土穆东部的布里拉玛布（Burri al-Lamab）公墓，有数千人参加了他的葬礼。

① 〔美〕罗伯特·柯林斯：《苏丹史》，第260—263页。

第八章　苏丹后革命时代的发展与局限

1995年后，苏丹出现了两方面发展趋势。其一“救国革命”后全面推进的伊斯兰化运动同时遭遇内外严重困顿和孤立，图拉比毕生追求的伊斯兰社会理想开始破灭，苏丹的国家发展轨迹开始从激进的革命输出转向了务实的经济建设。其二，牢固掌控军权的巴希尔总统在与图拉比的斗争中逐渐占据上风，国家治理重点日益转向通过发展石油行业带来的经济绩效强化自身政权的合法性，这在客观上为苏丹的国家发展开辟了新的道路。但苏丹从传统向现代的转型问题太多，以石油开发为代表的经济发展解决了一些问题，例如提升了整个国家的发展水平，暂时平息了持续多年的内战，迎来了短暂而久违的和平局面，同时也诱发了更多的挑战，导致国家在半个多世纪的统一尝试后最终选择南北分立。苏丹在后革命时代遭遇的最大问题之一，就是在西部的达尔富尔地区爆发了严重的人道主义危机，不仅在内外多重因素的作用下演变成了世界性的议题，苏丹政府因应对达尔富尔危机的不足还彰显了传统型国家在现代社会的多重治理困境。

一、经济治理的成就与问题

石油行业的早期发展回顾

苏丹石油开发的历史，最早可追溯到20世纪初期的英-埃共管时期，但因早期勘探后的“贫油”结论而被长期搁置。1956年独立后，苏丹政府开始重视开发利用石油资源，在此后的20年间先后授予多家石油公司在苏丹北方的石油勘探权。由于未发现有价值的油井，很多石油公司逐渐放弃了在苏丹的勘探活动。

1972年后，苏丹南北内战结束，全国范围内的石油勘探随即展开，尼迈里政府专门制定了“石油资源法”。西方国家石油公司在苏丹的石油勘探取得了初步成功。1974年，雪佛龙（Chevron）公司在苏丹港附近的萨瓦金发现了天然气，打出了有开发价值的阿布加比拉1号井。1975年，雪佛龙公司获得在苏丹南部穆格莱德（Mugland）和迈鲁特（Melut）的石油勘探授权，区域面积高达51. 6万平方公里。1979年，雪佛龙在穆格莱德西部发现了估计储量达800万桶的油区，估计日产能力为1000桶。1981年，雪佛龙在团结州的本提乌（Bentiu）北部发现了可以进行商业开发的石油。1983年，雪佛龙又在哈季利季（Heglig）发现了石油，估计总储量为5.93亿桶，并联合荷兰壳牌、阿拉伯石油投资公司准备修建从苏丹南部石油产区通往苏丹港的输油管道。然而由于南北内战爆发导致的动荡形势，苏人解等南方叛乱武装将油区、石油基础设施和石油工作人员作为其攻击目标，例如在1984年2月袭击了雪佛龙公司的一个营地并杀害了4名雇员，雪佛龙公司在苏丹的经营难以为继，逐渐停止在苏丹的业务运营并寻求退出苏丹市场，仅仅通过开展地震探测工作维持着经营特许权。

巴希尔政府初期的伊斯兰化政策，导致苏丹社会内部严重的经济凋敝和战乱动荡，地区处境相当孤立。加之冷战的结束，苏丹曾经的战略平衡作用开始下降，美国与苏丹的关系逐渐降温，美国的对苏丹政策甚至一度以孤立和动摇苏丹巴希尔政权为目标。在此背景下，雪佛龙公司在1992年6月最终结束了其在苏丹长达17年、总额10亿美元的投资和勘探活动，将经营特许权以1200万美元的低价卖给苏丹的康可公司（Concorp），后者又将其转卖给加拿大国家石油天然气总公司（SPCC）。

虽然名不见经传，然而因为得到了图拉比的支持，加拿大国家石油天然气总公司与苏丹政府签署了条件优厚的合同。根据合同，它不仅获得了雪佛龙公司的全部前期勘探数据和34口油井，探明的可采储量超过3亿桶，而且在初期投资全部收回之前可以占有70%的生产收入，之后则与苏丹政府平分利润。

加拿大国家石油天然气总公司的最初合作伙伴是加拿大的阿拉基斯（Arakis）能源公司。双方公司的规模都很小，既没有在石化行业上游领域的勘探和生产经验，也没有在下游的精炼和营销能力，甚至都没有一处能稳定生产的油田。根据双方签订的合作协议，阿拉基斯公司获得了哈季利季（Heglig）、尤尼提（Unity）和凯康（Kaikang）油田，同时还获得一块面积达4.9万平方公里的勘探特许权。这样的合作事后看来确实有些不可思议，但结合20世纪90年代苏丹严峻的内外情势和低迷的国际能源市场，能源巨头们或者因为受到限制而被迫离开，或者因为不屑而不愿进入苏丹市场，苏丹要通过开发油田恢复经济，似乎也只能与这样的小公司开展合作。

1994年5月，阿拉基斯公司收购了加拿大国家石油天然气总公司的全部股份，同时宣布开建一条从哈季利季至苏丹港的长达1600公里的输油管道，对相关油井的试验、勘探和钻井工作也相应展开。1996年1月，因为未能从欧美和中东产油国筹集到足够的流动资金，改组后的阿拉基斯公司开始寻求与新兴国家石油公司的合作，锁定的对象有两个，一个是中国石油天然气集团公司（CNPC，简称“中石油”），另一个是马来西亚国家石油公司。

除了美国和加拿大的石油公司外，法国、瑞典、奥地利等西方国家的石油公司也先后参与苏丹的石油行业。1980年，法国道达尔公司与美国马拉松石油公司、科威特海外石油公司和苏丹石油公司组成联营公司，获得了苏丹东南地区（B区）的勘探特许权。此后，虽然同样因为内战影响导致企业运营难以为继，道达尔牵头的联营公司却采取了与雪佛龙公司不同的策略。它除了在1985年暂时搁置企业运营外，始终并未放弃石油特许权。2004年底，它还同苏丹政府签订了一项合同更新协议。1997年，瑞典伦丁（Lundin）公司和奥地利油气公司（OMV）获得了在苏丹“5A”区的勘探特许权，2001年又获得“5B”区的勘探特许权。①

苏丹石油行业的快速发展

1995年8月，苏丹工商部长率领商业和技术合作联合委员会访华，在勘探和开采石油方面寻求中国的支持合作。因为契合了当时中国国有企业的“走出去”愿望，苏丹的这一请求得到了中国方面的积极回应，两个月后访华的巴希尔总统受到了热情的接待，中石油随后迅即在喀土穆开设了办事处。1996年，阿拉基斯公司将40%、30%和5%的股权分别卖给中石油、马来西亚国家石油公司和苏丹石油公司，联合组建了大尼罗石油作业公司（Greater Nile Operating Petroleum Company, GNOPC）。在实际的发展中，得益于雪佛龙等西方公司庞大的前期勘探数据，新加入的亚洲国家石油公司迅速将苏丹的石油行业推向了新阶段。

首先，苏丹的探明石油储量迅速从约3亿桶（1995年）跃升到67亿桶（2010年）。各家公司分别同苏丹政府签署了在未开发地区进行地质勘测的协议，共钻了64眼探井，其中52眼出油，12眼干井，发现了突尔、图马绍斯、纳尔、侯尔、乌姆、沙古拉、吉拉干、巴赫和法勒等一批油田。②更重要的是，1995年以来，苏丹仅用十年时间就从一个几乎没有任何现代工业的贫穷国家，成长为一个工业迅猛发展的发展中国家，建立了上下游一体化、技术先进、规模配套的石油工业体系，石油工业已成为苏丹的支柱产业。苏丹已成为当今世界一个重要的新兴石油生产国及石油出口国。尽管石油总储量还没有确定，但已探明的石油地质储量是150亿桶，天然

① ECOS, “Sudan, Whose oil? Sudan’s Oil Industry; Facts and Analysis”, *European Coalition on Oil in Sudan*, 2008. p.18.

② 戴新平、马宏伟：“苏丹——新的石油输出国”，《阿拉伯世界》1999年第6期，第32页。

气储量300亿立方英尺。鉴于已勘探开发的区域仅占苏丹国土面积的10%，从南苏丹沿上尼罗河直到与乍得接壤的达尔富尔地区又蕴藏着丰富的石油资源，有人推断苏丹的最终储量可能达到仅次于沙特的上千亿桶，从而与乍得、尼日利亚等国连成了一条重要的“能源带”。

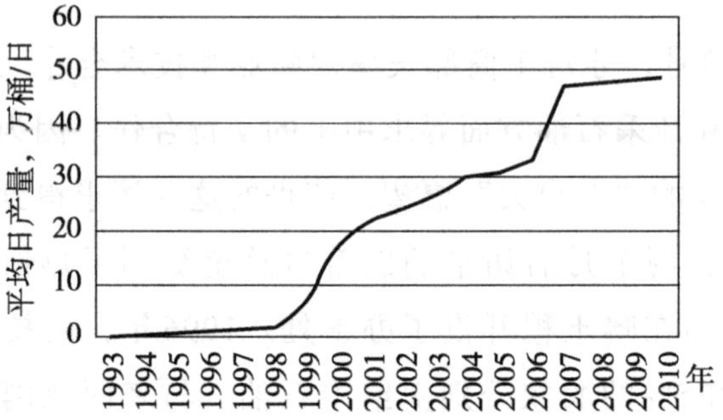

图表4　1993—2010年苏丹原油日产量变化趋势

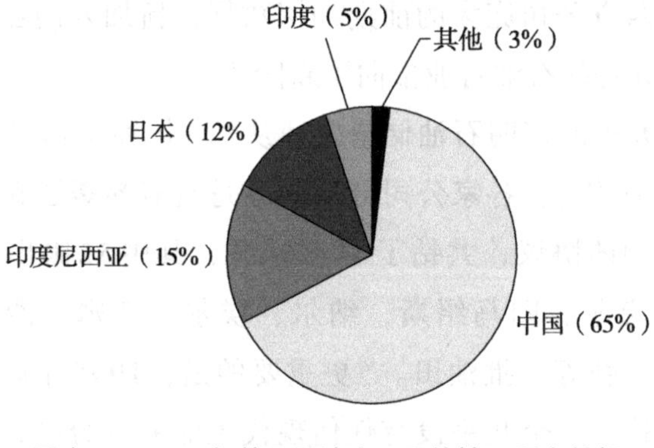

图表5　2009年苏丹原油出口目的地及所占份额

其次，苏丹的石油管线运输设施得到了迅速发展，加速了苏丹石油业的崛起。1999年5月31日，从西南部哈季利季油田到东部红海州苏丹港码头的输油管线正式投入运营，这是苏丹的第一条输油管道，全长1506公里，耗资6亿美元，日输原油25万桶，由中国石油天然气管道局单独承包建设。该项工程建设克服了勘察设计、钢管运输、石方段、打压用水、热带雨林施工以及尼罗河穿越等六大难关，创造了十大纪录及世界管道建设史上的奇迹。[①]8月27日，当第一艘满载着60万桶苏丹原油的油轮离开苏丹港时，苏丹就从石油进口国一跃成为了石油出口国，在1999—2000年度首次创下贸易顺差的新纪录。2006年，全长1370公里的苏丹第二条输油管道建成投产。至此，苏丹的哈季利季、尤尼提和上尼罗州等主产油区，均与红海沿岸的苏丹港有了稳定可靠的管线运输，为苏丹石油行业的生产和出口提供了有力保障，日均石油产量从1998年的10万桶迅速提升到2010年的50万桶，确保苏丹在21世纪头十年的经济增长率达到6%以上。[②]

第三，迅速发展的炼油设施提升了苏丹石化行业的上下游一体化水平。1996年之前，苏丹只有3家规模很小的炼油厂，根本无法满足国内对石化产品的需求。喀土穆炼油厂在2000年开始投产，由中石油工程建设公司按照EPC总承包模式承建，历经3年建设，2006年的扩建工程将该厂的年设计加工能力从250万吨提升到500万吨。喀土穆炼油厂拥有世界上第一套加工高含钙、含酸原油的延迟焦化装置，是苏丹技术最先进、规模最大的炼油厂，中石油与苏丹能矿部各占股50%。[③]建成后的喀土穆炼油厂是当时中国在海外最大的炼油厂，它不仅能够在石油方面实现苏丹的自给自足，而且能够大量出口汽油（超过该炼厂汽油产品的1/2），换取苏丹急需的外汇储备。

客观地讲，石化行业的快速发展确实导致苏丹的经济结构单一，财政严重依赖石油出口，石油收入占全部财政收入的90%。但其经济基础薄弱，工业落后，对自然环境及外援依赖性强，是联合国公布的世界最不发达国家之一。2004年，苏丹政府财政收入846.8亿苏丹镑，税收为286亿苏丹镑，税收外收入560多亿苏丹镑，其中90%以上是石油收入。苏丹在石化行业取得的成就本质上是从无到

① “苏丹输油管道正式投产”，《油气储运》1999年第9期。

② BP, *BP Statistical Review of World Energy*, June 2006/2008/2009/2011, pp.8–12.

③ 李雁争：“中石油苏丹炼油厂即将投产”，《上海证券报》2006年7月8日。

有的发展成果，现阶段出现的诸多问题则是一个严重不发达国家在发展道路上必经的阶段和必须承受的代价。事实上，从1999年8月开始大量出口原油，苏丹幸运地赶上了新一轮油价波动的上升期，初步建立了上下游完整的石油工业体系。石油的开发使苏丹摆脱了长期的发展窘境，2008年的经济总量跃居撒哈拉以南国家第三位，是21世纪最初十年非洲发展最快的经济体。随着国库的逐步充实，苏丹国防部开始采购武器，法国承诺在欧盟内部支持苏丹，英国重新开放了其在苏丹的大使馆。不仅如此，在巨大的石油利益面前，南方的主要反政府组织苏丹人民解放运动（简称苏人运），开始与执政的全国大会党举行谈判。2005年1月，北南双方签署《全面和平协议》，结束了长达22年的内战。南方自治政府不仅据此每年获得大约1/3的石油收入，而且有权在6年过渡期结束后就最终地位问题举行只有南苏丹人参加的全民公决。总体上看，正是因为有了这样的前期发展基础，苏丹国家的整体架构才能够在历经战乱、灾难和饥荒后顽强地存在了下来，苏丹政府才能够在2011年南北分立后积极地消除不利影响，逐步加大对水利、道路、铁路、电站等基础设施以及教育、卫生等民生项目的投入力度，彰显了常态化国家中央政府的合法性和权威性。

苏丹的经济改革及其成就

伴随石油工业的崛起，苏丹迎来了持续的经济增长。1995年1月，苏丹废除了对许多外国商品的进口禁令。在1996年之后的四年间，因为全球的棉花和阿拉伯树胶价格合理，再加风调雨顺，苏丹的高粱、谷子、玉米和小麦等主要农作物产量均有稳定增长。1999年的高粱产量比创纪录的1986年还高出33%。1999年之后，苏丹的对外出口开始稳定增加，主要出口产品为石油、棉花、糖和阿拉伯树胶等农产品。向日本和中国的出口亦呈明显增长态势。农业是苏丹经济的主要支柱。农业人口占全国总人口的80%，农业的持续发展稳产对苏丹的整体局势稳定具有重要意义。

1997年，巴希尔政府开始借助日益增长的石油收入，全面实施经济改革和结构调整计划。首先，执行国际货币基金组织（IMF）协助制定的改革计划，包括稳定宏观经济环境（尤其是降低失控的通货膨胀）、巩固境外账户以及通过私有化、自由化和市场化改革来促进经济增长。其次，采取措施强化政府的财政管理与决策能力，巩固政府财政，具体的措施包括加强对中央和地方政府开支账目的管理与清算、采用更严格合理的开支管理措施、减少和控制公共部门的工资增长、削减财政津贴等。第三，改变伊斯兰原则指导下的货币政策，扩大信贷，改善和扩大对私营经济的贷款和金融支持，同时实施国营企业的私有化，多渠道吸引外国投资。

从政策效果看，巴希尔的经济改革计划使苏丹经济状况有了很大改善，通货膨胀率由1995年的80%多下降到2001年的10%以内，经济连续几年增长喜人，流通实现了稳定，财政账目接近平衡。对基本商品价格的严格控制有效地降低了物价和通货膨胀。本地精炼石油产品的出口和100多万海外苏丹人的侨汇使苏丹贸易顺差增长。在2000—2006年间，流入苏丹的直接外商投资从1.28亿美元迅速增长至23亿美元。[①]1998和1999年，苏丹连续两年按期还清了国际货币基金组织贷款，后者在2000年恢复了苏丹作为会员国的投票权。2002年，巴希尔政府在没有新增贷款的情况下偿还了国际货币基金组织的15亿美元债务（苏丹当时的总债务是230亿美元）。2004年，苏丹政府财政总收入达到846亿苏丹镑，总支出769亿苏丹镑，财政盈余达77亿苏丹镑，是25年以来的首次财政盈余。[②]进入21世纪以来，苏丹的GDP增长率每年都在8%以上，GDP在7年之内增加了两倍，2007年的人均GDP是 2100美元，由世界上最不发达国家变成了非洲增长最快的经济体。[③]

2001年，苏丹开始在第四瀑布附近修建麦洛维大坝（Merowe

---

① 〔美〕罗伯特·柯林斯：《苏丹史》，第272页。

② 刘鸿武、姜恒昆编著：《苏丹》，第228—234页。

③ 李主张："今日苏丹，今日达尔富尔"，《金融经济》2007年第10期。

Dam）和汉杜卜（Handab）水电厂，工程资金由阿拉伯经济发展基金和科威特阿拉伯经济发展基金提供，这是多年来苏丹得到的第一笔国际贷款。这两项工程在2003年开工，施工方是中国水利电力对外公司和中国水利水电建设集团公司组成的CCMD联营体，2010年完工。该工程集灌溉和发电于一体，是继埃及阿斯旺大坝后在尼罗河干流上兴建的第二座大型水电站，也是世界上最长的大坝，有效解决两岸400多万人民的生产和生活用水问题，提供了苏丹全国50%的电力供应，被称作“苏丹的三峡工程”。①2010年7月，苏丹政府将电力局分解为5个公司，隶属新组建的电力和大坝部。

2002年，德国西门子公司（Siernens）在苏丹承建了能够稳定供电的电网，可口可乐公司和百事可乐公司在苏丹建造了新工厂。2004年，土耳其公司经营的大型购物商场在喀土穆开业，商品琳琅满目，结束了喀土穆民众排长队抢购劣质面包的历史。电信行业因为后发优势发展很快，无线网络不断扩容，业务量呈爆炸式增长。苏丹电信公司（Suda Tel）是1993年成立的国营公司，1997年被改制成国家控股的股份公司并在海外上市，公司资本在2005年已经达到4.62亿美元，有170万条固定电话线路，光缆6778公里，数据传输130万线。更引人注目的是，苏丹投入40亿美元用于开发1500英亩的土地，大规模建造办公大楼和公寓，甚至在喀土穆以南白尼罗河上的阿尔萨纳特（Alsunut）修建高尔夫球场，要将喀土穆打造成东北非伊斯兰地区主要的商业和金融中心。这一举措的直接效果就是带动了喀土穆房地产市场的发展。

石油行业的成功开发，农牧业连续数年的稳步增长，以及1997年起步的经济改革，共同催生了苏丹社会新的商业精英阶层。领头的是快速增长的苏丹富裕的企业家阶层，紧随其后的是在石油、电信等企业工作的新秀。富裕的企业家阶层的致富道路有两条，一是利用自己的资金收购被解散的国营企业实现盈利，二是加入有外资

---

① 金哲平：“中国水电人在尼罗河上的创举”，《中国三峡》2015年第5期。

成分的合资公司快速致富。苏丹达尔（Dal）公司就为阿尔萨纳特的基础建设投资了7亿多美元。这些新富裕起来的企业家阶层主动远离充满纷争的伊斯兰运动，转而与伊阵及后来的全国大会党（NCP）有影响力的成员结成了各取所需的利益共同体。2007年后，苏丹的国家治理出现明显分野：新晋的商业精英通过进一步远离政治生活，以便换取能够不受干扰地追求利润；巴希尔为首的政治精英则开始更加自由地按其意愿实施对国家治理的探索，尤其是对南北关系的处理。

从较长的历史时段看，苏丹自1990年代后期的发展是一种片面的孤岛式发展模式。其特点，一是石化行业的快速崛起和其他行业的缓慢发展并存；二是喀土穆的繁荣兴旺和大多数地区的贫穷落后并生。新增长的财富很少有涓滴滋润到广袤的农村地区，接近5/6的苏丹人没有享受到石化行业和喀土穆繁荣发展的成果。喀土穆城市越来越多的星级酒店、现代化超市、咖啡店和时装店，一方面切实而渐进地给这个长期落后的国家带来了感官冲击和观念改变，另一方面也加深了首都中心“富人”和边远地区“穷人”之间的分歧与隔阂，强化了苏丹社会自1825年喀土穆建城以来就始终存在的中心和边缘的悬殊差别，而且日益明显地表现为南北内战、达尔富尔灾难、东部人的不满甚至是北部努巴人郁积的怨恨等。①

苏丹石油开发衍生的问题

苏丹石化行业在产地、投资者和出口对象上均呈现高度集中和分裂的特点。首先，产地高度集中。2006年以前，苏丹的石油生产集中于政府控制的1/2/4区和6区，东部和南部的3/7区及“5A”区直到《全面和平协议》过渡期（2005—2011年）才相继投产。其次，投资者和生产商高度集中。1996年中石油和马来西亚石油公司获得大尼罗石油作业公司的大部分股权后，苏丹的石油生产主要

① 〔美〕罗伯特·柯林斯:《苏丹史》，第274页。

由中国、马来西亚和印度等亚洲国家的石油公司主导。第三，石油出口高度集中。苏丹的石油出口几乎完全面向亚洲国家。例如2011年，中国、马来西亚、日本、阿联酋、印度、新加坡约占苏丹石油出口总量的96%。第四，苏丹石油财富的分配和石油管线使用严重不一致，石油生产和储量的绝大部分在苏丹南方，而全部的输油管线、炼油厂、出口终端等石油基础设施则分布在北方，这给2011年南北分立后两个苏丹石油行业的发展带来诸多矛盾和发展变数，频繁发生的军事冲突对石油设施造成极大破坏，严重制约了两个苏丹石化工业的可持续发展。

苏丹石化工业的这种特点，本质上是苏丹石油资源分布不均衡、复杂的南北关系以及国际社会制裁相互作用的结果，严重影响着苏丹的内部发展和外部环境。在发现石油之前的1980年代前期，经过数十年艰难的联合实践，苏丹北南之间原本基于民族主义情绪和各种机缘的统一基础逐渐被销蚀殆尽，尤其是1987年底的库尔穆克战争激起了人们对于应当如何定义“阿拉伯人”与“非洲人”的意识，落后而复杂的南方越来越被北方的穆斯林精英们视作负担，关于苏丹彻底分裂为南方和北方的话题开始在喀土穆被广泛谈论。[①]在1990年代，随着石油资源的大规模商业化开采和提炼，苏丹的经济发展进入了新阶段。储量丰富的石油资源和日益增加的财政收入，一方面强化了苏丹中央政府对南方的征服和同化愿望；另一方面也确实增强了以苏人解为代表的南方分裂势力的离心倾向，约翰·加朗的“新苏丹”主张实际上就是他的个人意愿。

南方人自认拥有石油资源主权，他们强烈反对外国公司在苏丹开采石油，批评这些公司助纣为虐，是喀土穆政府迫害南方人的幕后凶手，因而把破坏油田生产和袭击外国公司员工作为了主要的反抗手段之一。而为了确保油田的顺利生产并进而推动国家经济发展，保卫合作伙伴的人员和利益安全，苏丹政府不得不动用武装部队快

① 〔美〕罗伯特·柯林斯:《苏丹史》，第191页。

速肃清油田所在地区的反对派力量，清除开发油田的土地障碍，并在局面基本稳定后将油田交给更有效率但更缺乏纪律的阿拉伯民兵武装。然而也正是苏丹政府在发展石油行业过程中的一些强制性举措，引起国际人权组织的广泛关注。自1999年以来，一些国际人权组织发布了多份关于苏丹违反人权行为的报告，批评的矛头日益对准在苏丹的外国公司，指责石油公司为了利益而迫使平民背井离乡、允许政府军利用油田的公路和简易跑道等设施伤害无辜平民。

二、达尔富尔危机的由来和演变

达尔富尔危机的由来

自1980年代起，达尔富尔地区经历了20多年的武装冲突，无论是在冷战时期的1980年代还是在后冷战时期的1990年代，都不曾引起西方国家的太多关注。自2003年以来，一些西方媒体、人权组织以及政界人士，利用他们手中强大的舆论工具，迅速将发生在达尔富尔的部族冲突上升为新的国际热点问题。随后西方舆论的一边倒报道和苏丹政府僵硬单调的应对，使得原本是争夺土地和水资源的生态战争，迅速演变为世界性的政治与外交战争。不仅部族之间争夺资源的斗争日趋激烈，一些邻国也以各种形式卷入其中。例如乍得的反对派总是利用苏丹领土向乍得政府军发起攻击，乍得的当权派因而支持达尔富尔境内的其他部族与之对抗。①

内因是变化的根据，达尔富尔危机成为国际热点首先还是源于达尔富尔自身局势的恶化。达尔富尔位于苏丹西部，是最不发达国家里的最不发达地区之一，当地政府行政能力薄弱，长期依靠各部族的习惯法治理。由于最近40年间达尔富尔的人口增长了6倍，环境压力超出了部落所能控制的范围。一贯在处理阿拉伯移民与当地

① 姜恒昆、刘鸿武：“种族认同还是资源争夺——苏丹达尔富尔地区冲突根源探析”，《西亚非洲》2005年第5期。

土著矛盾时偏袒阿拉伯移民的苏丹政府，在1994年将达尔富尔划分为南、北、西三个区，罔顾多数居民仍为当地土著的事实，把原来仅在苏丹北部实行的阿拉伯人特权扩充到西达尔富尔，当地脆弱的传统治理随之坍塌。

自2003年2月以来，“苏丹解放运动”和“正义与平等运动”两大组织开始进行反政府的武装活动，随后的冲突造成了大量的难民和人员伤亡。苏丹政府认为冲突造成约1万人死亡和100万人流离失所，世界卫生组织以及联合国采用7万人死亡这个数字，西方媒体则常常报道20万人死亡、约250万人流离失所。

从危机处理的视角看，苏丹政府显然对达尔富尔危机的爆发缺乏心理准备，基本处于被国际舆论牵着鼻子走的被动境地。

达尔富尔危机升级的关键外因是小布什政府的高调介入。由于在外交领域奉行重实力、轻道义的单边主义和先发制人打击政策，布什在谋求总统连任的竞选活动中饱受民主党攻击。为了转移国内媒体和公众的批评焦点，同时也为了占据道义制高点，并与民主党克林顿政府因应卢旺达人道危机时的无所作为形成对比，争取更多的黑人和基督教徒的选票（宗教团体、非洲裔人权组织等院外活动集团的施压是另一重要“推手”），兼具宗教、种族冲突背景的达尔富尔危机便成为布什的一个重要竞选砝码。①从这个视角观察，人们就很容易理解美国政府为什么会对第二次苏丹南北内战和达尔富尔危机采取截然不同的态度。

达尔富尔危机在2004年引起了西方国家的广泛关注，他们一改此前对苏丹政府的局外批评者角色，强势而高调地介入达尔富尔问题。欧洲各国希望通过干预达尔富尔危机显示欧洲的力量和人道主义使命感。德国率先在2004年4月向联合国秘书长安南表示，愿意派出德国军队作为联合国的维持和平部队。7月，德国向达尔富尔地区和乍得境内的难民营提供了2000万欧元的紧急援助。原先参与

---

① David Hoile, *Darfur in Perspective*, The European-Sudanese Public Affairs Council, London, 2005, p.97.

苏丹南北和谈的法国和英国，也转变了不希望破坏和谈成果的态度，表示愿意各派出5000军队维和，法国甚至称其在乍得的5000驻军可随时听遣越境。

在达尔富尔危机的国际化过程中，美国始终控制着危机的节奏，包括苏丹政府在内的其他各方则处于相对被动的境地。例如所谓苏丹政府在达尔富尔搞有计划的种族灭绝的说法，最早就是美国提出的，而且全世界几乎只有美国一家在坚持这种提法，联合国一直都称之为“人道主义危机”。作为政治博弈老手的美国从一开始就频频对苏丹巴希尔政权施加压力，试图使达尔富尔问题成为继南方问题之后又一枚操控苏丹政权的有力棋子，淡化苏丹政权的伊斯兰和阿拉伯色彩，逼迫苏丹政权朝着美国所希望的方向逐渐演变。美国还不时对苏丹政权挥舞制裁大棒，要求其必须与联合国和非盟“完全合作”。而法、德、英等国家在这场危机中的立场与美国相仿，也是动辄以国际制裁相威胁。

达尔富尔危机在美国的操控下逐步升级。4月，美国总统布什发表声明，公开要求苏丹政府制止达尔富尔地区“针对当地原住民的野蛮行径”。6月，达尔富尔危机先后成为美欧首脑会议、八国集团峰会和非洲联盟首脑会议讨论的议题之一。美国国务卿鲍威尔和联合国秘书长安南先后访问苏丹，对达尔富尔地区的人道主义情况进行实地考察。他们均督促苏丹政府尽快解决该地区的人道主义危机，并警告苏丹政府如果不尽快行动，联合国将考虑对苏丹实施制裁。美、英、德等西方国家将阿拉伯民兵列为造成此次危机的罪魁祸首，认为达尔富尔可能发生卢旺达式的种族屠杀。但苏丹政府声称阿拉伯民兵为非法武装，并否认与之有任何牵连。7月22日，美国向联合国安理会提交了一项有关解决达尔富尔地区人道主义危机的新决议案，决议除要求安理会对阿拉伯民兵实施武器禁运和旅行禁令外，还规定苏丹政府在30天内逮捕阿拉伯民兵领导人，否则将面临联合国的制裁。在美、英、德等西方国家的积极推动下，美国提出的决议案于7月30日在联合国安理会得到通过，成了安理会的第1556号决议。苏丹政府称该决议为“不正确的决议”，认为它忽略了拯救达尔富尔地区难民，忽略了在该地区继续为非作歹并拒绝和谈的其他民兵组织，也忽略了苏丹政府、阿拉伯联盟和非洲联盟为解决达尔富尔问题做出的巨大努力，但它表示接受安理会的这一决议。8月5日，苏丹政府宣布从次周起，开始解除达尔富尔地区阿拉伯民兵组织的武装。8月10日，苏丹政府正式公布外长伊斯梅尔和联合国特使普龙克，就达尔富尔问题达成的名为“路线图计划”协议。根据此协议，苏丹将从政治、人道主义、安全、难民自愿返回家园和发挥地方领袖的作用等5个方面解决达尔富尔危机，同时坚持反对在达尔富尔地区部署任何外国维和部队。解决达尔富尔问题的政治进程开始起步。①

美国和西方国家为何制裁苏丹

西方国家原始积累时期的殖民侵略和贩卖黑奴的行径，仍然使今天的西方人在谈论非洲事务时有着深深的原罪感。

而美国人在苏丹问题上活跃的原因，首先是美国没有在苏丹殖民的原罪，美国人自己常常以自由民主监护人的恩抚心态处理与第三世界国家关系。2005年1月，苏丹政府同“苏丹人民解放运动”签署《全面和平协议》，结束了长达22年的内战。南北双方在民族团结政府内合作基本正常，协议约90%的内容得到落实。双方虽在阿比伊耶地区归属、南北划界及石油收入分配等问题上仍有分歧，但均表示将通过政治对话解决分歧，决不重返战争。宏观上看，达尔富尔冲突虽然只是苏丹内战进程中的一个小插曲，但由于它发生在一个可能影响整个苏丹内战进程的关键时刻，美国乃至整个西方世界非常担心达尔富尔危机会成为压弯驼背的最后一根稻草，担心达尔富尔问题可能使苏丹已见曙光的南北和平进程前功尽弃，从而影响到美国在整个非洲的战略利益。

---

① 余文胜：“苏丹达尔富尔危机的由来”，《国际资料信息》2004年第9期。

其次，苏丹黑人的待遇是美国黑人团体和政治家很关心的外交动向。由于在美国黑人是民主党的票仓，基督徒是共和党的票仓，美国的所有主要政治人物，无论共和党还是民主党，都在以基督徒为主的苏丹南部黑人身上找到了共同点。他们普遍认为布什政府在达尔富尔局势已有所缓和的2007年5月仍对苏丹实行新的制裁措施，主要是为了应对来自美国国内的压力。处境困难的布什总统要为自己的党在大选年赢得政治加分，就需要在维护人权、弘扬西方价值观以及充当西方“卫道领袖”等议题上有所表现。

第三，美国政府对苏丹的态度深受民权组织的影响。由160多个非政府组织结盟而成的“拯救达尔富尔联盟”，其目的就是要提高美国社会对于达尔富尔危机的认识程度，敦促美国政府采取更多的干预行动。2007年12月的一个民意调查显示，62%美国人认为政府应该把阻止达尔富尔危机当作优先政策。来自民间的这种压力强化了美国政府对达尔富尔危机的干预态度。从2007年8月“达尔富尔和平与责任法案”的通过到布什政府对冲突双方的几次调停，从公开谴责苏丹政府到对苏丹政府实行经济制裁，一定意义上可以说是布什政府对民间压力的呼应。从更深层次看，美国民众这种风起云涌的人道主义关怀，很大程度是活跃的公民团体动员能力的表现。[①]

此外，西方媒体普遍质疑通过军事政变上台的巴希尔总统的合法性，给他贴上了好莱坞电影中经常出现的“Bad Guy”（坏家伙）标签，一些民权组织想当然地认定达尔富尔人道主义危机的幕后黑手就是这位坏总统。在这种先入为主的理念指导下，一些西方媒体往往不分青红皂白，很多时候将在苏丹混合维和行动部署中遇到的困难一味归罪于苏丹政府，对国际社会与苏丹政府积极合作所取得的进展却置若罔闻。

---

① 刘瑜：“他人瓦上霜”，《南方人物周刊》2007年第19期。

西方应对危机的限度

本质上看，达尔富尔冲突并非是“宗教矛盾”或“分裂活动”，而是优势群体抢夺弱势群体生存资源的武力冲突。按西方媒体的说法是两百多万人流离失所。这200万人的家园被毁坏，牲畜被杀死，背井离乡，只能生活在难民营中，饥饿和贫穷时时刻刻威胁着他们的生命。即使冲突结束，数百万难民返回家园面对的也依旧是贫困、饥饿和水资源的匮乏。

实施制裁只是降低了冲突相关地区的整体水平，并没有改变爆发冲突内部原本的等级体系。制裁解决的只是问题的表象，有时连短期的表象问题也解决不了。深受制裁之苦的不是当事国的政权而是人民，体系内原本处于强势的人依然可以轻易获取比其他人更多的资源，而原本就处于劣势的人却不得不面临更严酷的现实。

虽然历史经验一再证明，制裁只会加剧贫困，而贫困则加深矛盾，但西方的一些人权分子却不愿正视这一点。2007年5月29日，在苏丹政府和达尔富尔两大反政府武装经多轮谈判签署和平协议、苏丹已同意联合国向达尔富尔地区派驻维和部队的情况下，布什政府却在已对苏丹长期实施经济制裁的基础上采取新的更为严厉的制裁措施，包括禁止美国公民和企业同苏丹政府控制的30家国营或合资公司从事生意往来等。分析认为，在达尔富尔形势刚出现好转之际，美国却决定扩大对苏丹的制裁，完全是破坏达尔富尔地区和平的行为，不仅加重了苏丹人民的贫困，也激发了阿拉伯武装集团强烈的反美情绪。西方国家所惯用的长期经济制裁措施，加剧了达尔富尔地区的贫困状况，加速了难民的形成、逃离和罹难。

很多西方媒体在报道达尔富尔危机时刻意忽略达尔富尔危机始于20世纪70年代的史实，片面把2003年北达尔富尔州首府被反政府武装攻陷看作达尔富尔危机爆发的标志，其用意是忽略1983—2005年间的第二次苏丹南北内战，避免那场非洲持续时间最长的内战削减了人们对达尔富尔危机的关注。西方媒体同时还无视达尔富尔90%以上居民都是逊尼派穆斯林且不存在宗教不睦的现状，刻意强调北方阿拉伯游牧部落的伊斯兰宗教背景，强调传统上由北方阿拉伯人主导的苏丹喀土穆政权的伊斯兰性质。通过对达尔富尔冲突宗教文化背景的故意强调，西方传媒把达尔富尔冲突爆发的原因，简单归结为信仰伊斯兰教的阿拉伯人和信仰原始宗教或基督教的非洲黑人之间的长期不睦。

从长远看，由于一些人顽固地把苏丹内战和达尔富尔危机看作是“文明冲突”，许多穆斯林和基督徒因而也把苏丹仅仅看作是一个通道，看作是他们的文明向远端伸出的一个触角，他们有义务在那里传播“真理”，进而把那里作为自己的文明发展的前哨。受这种意识的影响，不要说苏丹国民的国家意识还很淡漠，即便是有国家意识的部分苏丹人，他们心中的祖国其实也是不完整的。在这些人看来，完整的苏丹要么是纯洁的穆斯林国家，要么是基督教文明的非洲国度，不同的宗教似乎成了彼此之间的分野。

联合国、非盟与达尔富尔危机

在达尔富尔危机的升级过程中，安南秘书长在2004年7月和2005年5月两次赴达尔富尔视察，敦促苏丹政府尽快平息当地的武装冲突，解散阿拉伯民兵组织，恢复并保障人道主义救援工作安全进行。

2004年6月，联合国安理会通过了1547号决议，成立一个联合国苏丹先遣队作为政治特派团，由一名秘书长特别代表领导，专门负责筹备安全安排方面的国际监测工作，促进与有关各方联系，并为在签署《全面和平协议》之后启动和平支助行动做好准备。在随后的短短10个月里，联合国安理会先后通过了9项有关苏丹问题和达尔富尔危机的决议，甚至在2005年3月24日至31日的一周时间内通过了3个决议，其中就包括第1593号决议。

2005年3月31日安理会通过的第1593号决议，规定将涉嫌在苏丹达尔富尔地区犯有“战争罪”和“反人类罪”的苏丹军政官员、亲政府游击队和反政府武装组织成员交由国际刑事法院审判。

苏丹政府在4月3日正式宣布“完全拒绝”第1593号决议。苏丹内阁当天发表的一项声明说，安理会第1593号决议直接针对苏丹及其领导机构，缺乏客观公正的基础，侵犯了苏丹的国家主权，忽略了苏丹政府对和平稳定的看法以及为和平稳定所做的努力。苏丹政府随即成立巴希尔总统牵头的危机处理最高委员会，紧急处理联合国近期通过的第1590号、第1591号和第1593号决议，动员国内一切力量应对国家可能遭遇的任何不测，强调在地区和国际范围内利用一切外交和法律手段使安理会第1593号决议破产。苏丹民众随后也举行了一系列抗议活动。苏丹“保护信仰与祖国人民”组织的代表宣布，如果联合国不改变对苏丹的立场，苏丹人民就“将驱逐联合国派驻苏丹的具有亲以色列和帝国主义国家倾向的工作人员”。

2006年2月3日，鉴于此前非盟表示因经济原因而准备把在苏丹的维和任务移交给联合国，安理会呼吁用国际维和部队取代非盟部队。同时，美国极力施压苏丹政府同意向达尔富尔派国际维和部队，美国政府还承诺向在苏丹的联合国维和部队提供经济援助，并向苏丹提供5.14亿美元的人道主义援助。苏丹方面因担心北约部队进入会干涉其内政而坚决反对。3月11日，非盟和平与安全理事会正式宣布，决定原则支持将非盟在苏丹的维和任务移交给联合国，同时决定把非盟在达尔富尔的维和部队的任期延长至当年9月30日。联合国秘书长安南在联合国总部对记者发表谈话说，联合国对非盟延长驻达尔富尔维和部队的任期表示欢迎，联合国将与非盟和苏丹政府共同努力，以使达尔富尔真正能够稳定。苏丹政府也表示欢迎非盟决定延长其驻达尔富尔地区维和部队的任期，同时强调，非盟只是原则支持把在达尔富尔的维和任务移交给联合国，并未做出最后决定。8月31日，联合国安理会通过了加快接管进程的第1706号决议，计划在得到苏丹政府同意后向达尔富尔地区派遣2.25万人联合国维和部队，以接替目前部署在当地的约7000名士兵的非盟维和部队。11月，安南秘书长亲自到亚的斯亚贝巴主持联合国非洲国家联盟紧急会议，苏丹政府、联合国和非盟就“安南三阶段方案”达成原则协议。

安南方案是经过联合国、非盟和安理会五个常任理事国、苏丹政府以及有关方面的共同讨论，为国际社会所广泛接受的一个方案。安南方案分三个阶段，第一阶段是所谓的轻度支持，具体内容是联合国向非盟特派团提供2100万美元的财政、技术和后勤支持。第二阶段是所谓的重度支持计划。联合国将向非盟特派团提供更多的实质性援助，包括后勤物资，包括运输设备，包括直升机、警察，主要的目的是为了增强非盟特派团的能力，支援非盟部队的人员和装备达到一定规模。第三阶段是所谓的混合维和行动，在达尔富尔地区部署联合国、非盟“混合”维和行动，由1.7万名军人和3000名警察组成，采用联合国指挥体系。各方对于安南方案第一阶段的部署意见一致，苏丹政府在有关各方的共同协调下同联合国和非盟就第二阶段实施达成了一致。苏丹政府原则接受安南方案第三阶段，但对部队规模等细节问题有保留。

2006年11月30日，非盟和平与安全理事会特别首脑会议决定将非盟特派团任期延长6个月，并以公报形式确认安南方案。12月，安理会发表主席声明，核准认可达尔富尔问题高级别对话会共识和非盟特别峰会公报。安南方案第一阶段随之开始部署，首批联合国维和技术人员抵达达尔富尔地区。据此，联合国将在第一阶段和第二阶段向在达尔富尔执行维和任务的非盟部队逐步增加援助，最终达到在达尔富尔地区部署混合维和部队的目的。由于苏丹政府担心西方国家利用联合国维和人员驻扎达尔富尔地区损害苏丹利益，因此对接纳混合部队一直犹豫不决。美国借机指责苏丹政府缺乏解决问题的诚意，并宣布对苏丹采取一系列经济制裁措施。英、法等西方国家也频频向苏丹政府施压。

达尔富尔危机的缓和

达尔富尔冲突爆发后，非盟从地区安全的角度出发一直采取主动姿态，积极协调苏丹政府与反政府武装之间的和谈，后来又在苏丹与国际社会中斡旋，使危机在不损害苏丹主权的前提下和平解决。但由于资金匮乏，非盟派出执行维和行动的特派团（AMIS）维和效果不彰，截至2007年底也仅有7000人。一些国家因之推动联合国接管非盟的维和行动。

2007年1月1日，潘基文正式就任新一届联合国秘书长。5月29日，潘基文发表谈话，认为布什总统宣布对苏丹采取新的制裁措施，“只是美国自己的决定，并不代表联合国安理会”，他本人将努力争取“在政治对话与维和行动两方面取得进展”。为此，潘基文秘书长于6月撰文指出，因为全球气候变暖导致的印度洋气温升高直接扰乱了能够带来降雨的季风，从而形成了撒哈拉以南非洲地区的干旱，苏丹南部的降雨量也在最近20年内减少了40%。由于降雨减少，苏丹边远地区的生活物资变得匮乏，达尔富尔地区的暴力冲突就是在旱灾之中爆发的。因此，人类活动导致的全球气候变暖是达尔富尔问题背后的“黑手”，在达尔富尔地区建设持久和平必须从气候变化这一造成冲突的根本原因着手。[①] 事实上，苏丹政府曾在2003年达尔富尔危机爆发后专门成立的一个研究委员会也认定，达尔富尔问题的根源就是过去20年内该地区由于干旱和沙漠化所造成的环境状况恶化，生态环境恶化致使一些部落的人背井离乡，从而引发了对牧场、水资源竞争的加剧，进而发展为地区内各部落团体的武装对立。

在包括国际社会的努力下，苏丹政府先后于2006年12月、2007年4月和6月就安南方案的三个阶段计划与联合国和非盟达成一致，同意在达尔富尔部署非盟-联合国混合维和部队，国际社会对此予以积极评价。2007年4月29日，苏丹、安理会五个常任理事国、非盟、欧盟、阿盟等方面的代表，在利比亚首都的黎波里举行达尔富尔问题部长级会议，并发表了《关于达尔富尔问题政治进程的黎波里共识》的公报，支持由联合国与非盟组成的维和部队进驻，同时

① Ban Ki-moon, “A Climate Culprit In Darfur”, *The Washington Post*, June 16, 2007.

呼吁各方遵守停火协议，加强人道援助。

2007年7月15日至16日，苏丹达尔富尔问题国际会议在利比亚首都的黎波里举行。会议通过的最后公报支持达尔富尔政治进程，确认非盟、联合国和周边国家是政治解决达尔富尔问题的主渠道，同时宣布相关“路线图”进入谈判准备阶段。30日，英国和法国正式向联合国安理会提交了有关苏丹达尔富尔问题决议草案，建议安理会批准向达尔富尔派遣大约2.6万人的联合国和非盟混合维和部队。31日，联合国安理会一致通过第1769号决议，决定向苏丹达尔富尔地区派遣大约2.6万人的联合国和非盟混合维和部队，包括约2万名军事人员和6000多名警察，任期初步定为12个月。决议援引《联合国宪章》第七章，授权维和部队在必要时使用武力用以自卫和保护人道主义救援人员和平民的安全。8月1日，苏丹政府宣布接受联合国安理会第1769号决议，并将同联合国和非盟合作落实该决议。

2008年2月9日，苏丹外长阿卢尔和联合国-非盟驻苏丹联合特别代表阿达达，共同签署了关于混合维和部队地位的协定，解决了在维和部队部署方面的几个主要技术性问题。一、苏丹政府同意把给予非盟混合维和部队的条件同样给予联合国混合维和部队。二、联合国、非盟和苏丹政府三方经过协商，在给予混合维和部队夜间航行权的问题上基本达成了一致。三、联合国、非盟和苏丹政府三方与达尔富尔地区部族谈判协商达成一致，基本解决了混合维和部队驻地选址问题。四、苏丹海关已经修改相关规定，解决了混合维和部队的集装箱运输清关问题。五、解决了混合维和部队人员的护照签证问题。①

显然，联合国对待达尔富尔危机的态度明确而积极，一直主张派出维和部队，监督停火；坚持和平谈判，政治解决；加强人道主义援助。2007年6月之后，随着苏丹政府原则上同意在达尔富尔地区部署联合国维和部队以实施“安南三阶段方案”，持续了三年多的

① 温宪：“外电失语背后的偏见”，《人民日报》2008年3月10日。

大规模达尔富尔危机进入了解决的新阶段。[①]

2008年以来，达尔富尔问题主要集中在三个方面：一、混合维和行动。苏丹已基本落实了第一阶段计划，同意启动第二阶段计划，但对第三阶段部署联合国-非盟混合维和部队仍有疑虑。二、政治进程。由于对权力、财富分配等存在分歧，仍有部分反对派没有加入和平协议。三、安全和人道形势。政府军与叛军之间、部落之间的冲突仍时有发生，国际人道救援面临困难。

从达尔富尔危机的发展演变过程看，政治解决达尔富尔问题已成为国际社会的共识。国际社会普遍认可"双轨"战略，即平衡推进维和行动和政治进程。苏丹政府欢迎政治解决达尔富尔问题，呼吁通过平等对话和协商逐步落实安南方案。各方正就如何弥合分歧展开外交斡旋。多数武装组织已签署和平协议，其中一些人还担任了当地的行政官员。苏丹政府颁布了200余项总统令，涉及财富和权力分配等内容，以恢复当地的行政和法律秩序。一些地方开始重建民间管理委员会处理部落间纠纷。苏丹政府最近还与联合国续签了有关为人道主义援助提供便利的协议。总的来看，解决达尔富尔问题已有积极进展，但由于情况复杂，彻底解决问题仍任重道远。[②]

三、国际刑事法院介入达尔富尔问题

国际刑事法院对苏丹的管辖权

苏丹是多元落后的传统国家，国家治理要相对有效就必须是军事强人统治，而相对有效的军事强人统治就会与现代化的国际治理理念发生冲突，2003年爆发的达尔富尔危机就是这种冲突的集中体现。国际刑事法院在2009年针对巴希尔总统发出的逮捕令，从国家

---

① 贺鉴、汪翱："从冷战后非洲维和看联合国维和机制的发展"，《当代世界与社会主义》2007年第5期。

② 翟隽："中国积极推动解决达尔富尔问题"，《求是》2007年第11期。

治理的角度看，就是传统国家治理手段与现代国家治理理念的代际法律冲突。

国际刑事法院（International Criminal Court, ICC），是一个常设性国际刑事司法机构。2008年7月，它以十项罪名指控苏丹巴希尔总统。这是ICC成立以来寻求逮捕的最高级别人物，也是它首次引用所谓种族屠杀罪名对一名现任国家首脑采取行动，这对达尔富尔问题的走向和苏丹与国际社会的关系将产生非同寻常的影响。

1998年7月17日，联合国外交全权代表会议通过《国际刑事法院罗马规约》(简称《规约》)。2002年7月1日，国际刑事法院正式成立，总部设在荷兰海牙。ICC设有18位法官，1个检察官办事处，1个预审庭，1个审判庭和1个上诉庭。18位法官经选举产生，任期9年，同一个国家仅能有一个法官。

苏丹在2000年9月1日签署《国际刑事法院罗马规约》，但此后一直没有批准该规约，因此在法律上属于《规约》的非缔约国或第三国，也就是说，苏丹还不是ICC的成员国。从条约只对缔约国适用的国际法一般原则来看，ICC对苏丹公民没有管辖权，苏丹也没有义务执行该法院的决定。但为了更有效地惩罚严重的国际罪行，《规约》设定了ICC可以对非缔约国国民行使管辖权的几种情况，包括犯罪行为在某一缔约国境内发生、被告人为某一缔约国国民、安理会提交情势启动法院管辖权、非缔约国提交声明接受法院对有关犯罪行使管辖权。尤其当安理会根据《宪章》第七章的授权而将相关“情势”提交给ICC时，按照联合国的集体安全体制，国际社会的全体成员均有义务服从、执行和配合，ICC管辖权的行使不仅因之成了强制执行措施的一部分，影响非缔约国对有关案件的管辖权，也为非缔约国创设了相应义务。①

发生在达尔富尔地区的冲突是苏丹国民在苏丹境内实施的犯罪行为，均不涉及《罗马规约》的缔约国，苏丹政府又对ICC持完全

① 刘大群：“论国际刑法中的普遍管辖权”，《北大国际法与比较法评论》第6卷，第1辑。

否定的态度，认定其是一个发达国家对发展中国家和弱国“实施和强加文化优越性的工具”，[①]因此，ICC要获得对非缔约国苏丹达尔富尔地区具体施恶者的司法管辖权，就只能采取由安理会提交情势的方式。

ICC与达尔富尔危机

2004年9月18日，安理会第1564号决议要求成立专门的国际调查委员会，调查达尔富尔地区违反人权和人道主义法的情况。2005年1月25日，达尔富尔国际调查委员会依照联合国安理会第1564号决议，向联合国秘书长提交了关于达尔富尔地区发生情势的报告，指控51名苏丹人在达尔富尔实施了“战争和危害人类的罪行”，其中既有政府军政官员，也有亲政府游击队和反政府武装组织成员，报告建议由ICC对这些人进行审判。2005年3月31日，安理会通过了向ICC提交苏丹达尔富尔地区发生情势的决议，规定将涉嫌在苏丹达尔富尔地区犯有“战争罪”和“反人类罪”的相关人员交由ICC审判。ICC检察官随后收到了国际调查委员会的一系列文件并会见了50位独立专家。6月6日，在收集和评估了所有相关信息后，ICC决定受理安理会提交的有关达尔富尔情势的案子，并保证公正独立地集中对发生在达尔富尔地区的严重罪行负有责任的个人进行调查，同时要求有关国家在收集证据等方面提供合作。[②]这是安理会根据《罗马规约》向ICC提交的第一个情势，也是ICC首次在没有经过所涉国家同意的情况下启动调查程序，反映了国际社会对防止和终止有罪不罚现象的决心与行动。

在ICC检察官决定对达尔富尔情势进行调查前后，苏丹启动了本国的司法程序来抵制ICC的管辖权，先是在3月下旬逮捕了被指

---

① 杨力军：“安理会向国际刑事法院移交达尔富尔情势的法律问题”，《环球法律评论》2006年第4期。

② 王秀梅：“从苏丹情势分析国际刑事法院管辖权的补充性原则”，《现代法学》2005年第6期。

控在达尔富尔地区无端烧杀抢掠的15名军警人员，随后于6月中旬成立了达尔富尔特别法庭，负责审理160名在西达尔富尔地区犯有战争罪的犯罪嫌疑人。无论苏丹政府此时成立特别法庭的目的是否是企图阻止ICC行使管辖权，特别法庭的成立都是一件积极的事情，而如果苏丹政府启动了刑事诉讼程序，为维护国际刑事司法的“一罪不二审”原则，ICC就应停止其调查程序。但根据ICC官员的说法，苏丹设立的特别法庭不能替代ICC，苏丹特别法庭起诉的对象是低级别的犯罪嫌疑人，而ICC将集中对在达尔富尔地区所犯罪行负有最严重刑事责任的个人进行调查；ICC的调查是对苏丹司法系统的补充，两者相辅相成。事实上，安理会将达尔富尔情势移交ICC事件本身已经暗含了这样一个判断，即苏丹在制裁相关罪行方面是一个“不能够”与“不愿意”的国家。这个判断对苏丹司法体系和法律制度非常不利，苏丹在政治上和法律上因此而受到的谴责与承担的责任要远大于将被告人绳之以法。

2007年2月，检察官路易斯·莫雷诺-奥坎波向ICC提起公诉，指控苏丹前内政部长哈伦和西达尔富尔地区金戈威德（Janjaweed）民兵前指挥官阿里·库沙布，共同对51项被指控的危害人类罪行和战争罪行负有罪责。其中哈伦被指在2003年初负责达尔富尔安全事务后，为金戈威德民兵提供了资金和武器，支持对反叛者家乡的村庄和城镇肆意袭击。5月，ICC正式向两名在达尔富尔屠杀平民的肇事者发出逮捕令，随后又向其他4名涉嫌在达尔富尔实施犯罪的苏丹公民签发了逮捕令。ICC关于达尔富尔案件的诉讼程序进入了实质阶段。苏丹政府对此坚称本国享有独立的司法管辖权，以不是成员国为由拒绝执行ICC的逮捕令。

2008年7月14日，检察官奥坎波向ICC预审庭提交“证据”，指控苏丹总统巴希尔在达尔富尔地区犯下3项种族灭绝罪、5项反人类罪和2项战争罪，要求法庭向巴希尔发出逮捕令。[①]通常情况下，

---

① Rami G. Khouri, “Whose Crimes against Humanity?”, *International Herald Tribune*, July 17, 2008.

3名法官组成的预审庭至少需6周时间决定是否发出逮捕令。西方舆论认为这一指控是巴希尔总统执政19年来面临的最大考验，有可能削弱他执政的合法性基础。①

ICC指控巴希尔的反应

ICC对苏丹总统巴希尔的指控在国际社会引起轩然大波。可谓欢迎者少担忧者多。表示欢迎的主要是苏丹达尔富尔地区的反政府武装和西方的一些非政府组织。SLM认为指控巴希尔总统本身表明他们的斗争已经赢得了国际社会的广泛支持。曾于5月进犯喀土穆的JEM宣布在ICC提出指控的当天停止一切军事行动以示支持，谴责非盟保护独裁者而忽视非洲人民。②一些报刊也对ICC的指控大声欢呼，认为这是制止达尔富尔危机的一个有力举措，要求巴希尔总统自己拿出无罪证据而不要继续挑衅国际社会。③与此同时，其他相关方则对ICC此举表示了深深的担忧，担忧苏丹政府在退无可退窘况下的过激反应和不合作，也担心苏丹反政府武装由此而生的更加强硬和不妥协态度会增加政治解决达尔富尔问题的难度。

苏丹对ICC的指控做出了最强烈反应。7月13日，即指控发出的前一天，苏丹内阁紧急开会商讨应对之策，重申苏丹不承认ICC对该国公民拥有管辖权，也不会执行该法院的任何决定。执政的全国大会党认为指控巴希尔是"不负责任的卑鄙的政治敲诈"，多数反对党也警告说ICC如果向巴希尔发出逮捕令，将使苏丹这个非洲大国"宪政崩溃"，并给苏丹的和平机会带来损害。数千苏丹人在首都喀土穆游行示威，抗议ICC干涉苏丹事务，认为ICC的指控有"明

---

① The Associated Press, "Indictment Is Biggest Test for Sudanese Leader", July 21, 2008.

② Opheera McDoom, "Darfur Rebels Welcome any ICC Warrant for Bashir", *International Herald Tribune*, July 12, 2008; "Darfur Rebels Condemn AU on ICC Warrant", *Reuters*, July 22, 2008.

③ Sara Darehshori, "Doing the Right Thing for Darfur", *Los Angeles Times*, July 15, 2008; Roba Gibia, "ICC Indictment: Let President al-Bashir Prove Himself", *Sudan Tribune*, July 22, 2008; Sarah Eldeeb, "Sudan's President Pays Defiant Visit to Darfur", *The Associated Press*, July 23, 2008.

显政治动机”。7月16日，苏丹成立高级别危机委员会，讨论ICC对巴希尔的指控以及这一指控对苏丹和平进程造成的影响，委员会最终计划通过外交手段解决该问题。当天召开的苏丹国民议会谴责ICC检察官对巴希尔的指控，决定不与ICC合作。7月17日，苏丹第一副总统兼南方政府主席萨尔瓦·基尔（Salva Kiir Mayardit）通过其驻肯尼亚代表处发表声明，认为ICC的指控“导致了可能危及苏丹和平与稳定的严重局势”，呼吁苏丹民族团结政府在一个星期内制定一份解决达尔富尔问题的计划，并表示愿意动用一切外交资源帮助苏丹民族团结政府与国际社会就达尔富尔问题达成共识。7月22日，苏丹总统顾问马勒瓦勒警告说，逮捕巴希尔总统的企图将粉碎任何结束达尔富尔地区冲突的希望，如果ICC发出逮捕令，苏丹政府将不能确保达尔富尔地区国际援助和维和人员的安全，并可能会收回他们的签证。

对ICC指控巴希尔最紧张的是联合国，在指控发出次日即开始从苏丹撤出非核心部门人员。潘基文秘书长发表声明，称ICC的司法程序独立应该受到尊重，但强调联合国关于苏丹达尔富尔问题的立场没有改变，希望巴希尔总统理智对待ICC的指控，全力保证在达尔富尔地区维和人员和人道主义工作人员的安全，保持与联合国的全面合作。不断有报道说安理会有意延缓ICC对巴希尔的指控。①

阿盟和伊斯兰会议组织也在ICC指控发出后迅即发表声明，警告说ICC此举可能对苏丹国内和平以及达尔富尔地区稳定产生消极影响，后果危险。7月19日，阿盟成员国外长紧急会议一致认为ICC指控“有失公允”，反对“任何将国际司法原则政治化的企图”，反对利用国际司法原则损害独立国家的安全、稳定和统一，要求给予政治解决达尔富尔和苏丹问题以优先权。穆萨秘书长会后对苏丹进行访问，向巴希尔提出一项旨在阻止国际刑事法院检察官指控、促进达尔富尔问题得以尽快解决的行动计划。7月21日，非盟发表

① The Associated Press, “Sudan Bids for UN to Block Darfur War Crimes Prosecution”, July 14, 2008; Reuters, “U.N. May Want to Suspend ICC Action on Bashir”, July 21, 2008.

声明请求安理会将ICC的指控延缓一年，认为ICC起诉巴希尔将会使苏丹因产生“军事政变”而陷入“完全的政治混乱”。[①]7月23日，阿盟发表声明，称阿盟和苏丹政府将优先考虑通过政治途径解决问题，在达尔富尔地区加强法治、维护司法，对该地区任何刑事犯罪的审判将在苏丹司法体系内进行，苏丹政府承诺将同联合国和非盟密切合作，采取一系列措施全面解决达尔富尔问题。

众多阿拉伯和非洲国家纷纷表态反对，认为ICC指控巴希尔总统是对苏丹局势不负责任的处理方式，将使苏丹政府与反政府武装就政治谈判所作的努力面临毁灭威胁，是“对苏丹内部事务及所有阿拉伯国家事务的严重和不可接受的干涉”；“起诉一个享有司法豁免和独立权的主权国总统的做法越过了所有的红线”，将“引发不必要的混乱，滞碍达尔富尔地区的和平进程，同时也对苏丹政局的稳定构成极大的负面冲击”；国际社会应该设定“路线图”和时间表，齐心协力地通过政治途径在苏丹实现公平与正义。

欧盟此前已呼吁苏丹与ICC进行建设性合作，并威胁要进行新的制裁。法国在指控发出后表示不会反对ICC的决定，但国际社会必须与巴希尔保持对话。俄罗斯希望安理会能搁置ICC对巴希尔的指控。一贯在达尔富尔问题上立场强硬的布什政府，引人注目地呼吁ICC和苏丹“两边”都保持克制，强调联合国在解决达尔富尔地区冲突中的重要作用。美国的前苏丹问题特使纳齐奥斯担心ICC的指控会使苏丹领导人更不妥协，苏丹可能因此而发生广泛的暴力和流血冲突。中国希望有关各方抛弃分歧，以理性、合作和建设性的态度通过协商解决分歧，避免达尔富尔局势因苏丹领导人被起诉而复杂化，从而给达尔富尔问题的解决增加新的复杂因素，干扰甚至损害各方合作的气氛。中国和国际社会一道推动解决达尔富尔问题的决心不会改变，任何有利于达尔富尔问题得到长远和妥善解决的方案、动议或行动，中国原则上都持合作和开放的态度，愿意通过

① The Associated Press, “African Union Seeks to Delay Indictment against Sudanese Leader”, July 21, 2008.

协商、协调的方式加以处理。

2008年7月31日，联合国安理会通过了针对ICC起诉巴希尔总统的第1828号决议。多数成员国认为这个决议反映了非盟、阿盟、伊斯兰会议组织和不结盟国家多方的关切，担心苏丹政府和联合国之间的相互信任会受到损害，担心决议会激励达尔富尔各武装派别的叛乱行为。中国常驻联合国代表王光亚在决议通过后表示，必须以一种平衡的方式来处理和平与正义的问题，中国支持安理会尽快采取措施，中止国际刑事法院起诉苏丹领导人。美国对1828号决议投了唯一的弃权票，其常驻联合国副代表沃尔夫（Alejandro Wolff）认为，该决议是联合国发出的错误的信息。

事实上，巴希尔总统有着相当大的回旋空间。苏丹经济自进入新世纪以来发展迅速，南北内战也从2005年开始渐趋结束，民族团结政府的合作框架运转正常。凭借经济成就积淀起来的战略硬实力和政府声望，巴希尔总统强力主导着苏丹的国家机器，对内足以挫败反对势力的任何企图，似乎没有祸起萧墙之忧；对外能够找到足够的盟友和支持力量，在国际社会不会四面楚歌孤立无援。正因为如此，苏丹政府才一贯对ICC指控喀土穆高官不屑一顾，拒绝向ICC移交任何苏丹国民，即便此次面对指控总统本人的局面，非但承诺不对驻苏丹的联合国人员实施报复，反而誓言用尽一切外交手段洗刷国家名誉。与苏丹官员的警告和国际社会的普遍担心相反，巴希尔总统在他自2007年以来首次视察达尔富尔时当众跳舞，以此来蔑视他被传有可能会因参与大屠杀而被捕的事实，并称维和人员是苏丹的“客人和伙伴”，表达了与国际社会的合作愿望。①由此显示了，ICC的指控更多的是一种象征意义，也几乎不可能将巴希尔批捕法办变为现实。

---

① Jeffrey Gettleman, “Sudan’s President Goes on Tour”, *The New York Times*, July 24, 2008.

第九章　民族国家建构失败与南北分立

独立后的苏丹，中央与地方的矛盾一直难以化解。北方的阿拉伯民族控制着中央政府，南部和西部的黑人民族因为认定中央政府偏袒北方阿拉伯人而质疑其合法性，常常表现出寻求自治与独立的倾向。自2005年和平协议签署以来，南方自治政府不仅已经试用国旗国歌国徽等独立标志，而且已经以独立政权身份频频同欧美及邻国开展外交往来。①

2011年7月9日，在经历了旷日持久的内战之后，南苏丹正式宣告独立。5天之后的第65届联合国大会以鼓掌方式一致同意接纳南苏丹为联合国第193个会员国。梦想成真的独立给南苏丹人带来前所未有的愉悦和自信，他们热切憧憬着彻底脱离北方后的平等、自由、富裕和民主。但面对一系列社会难题，他们似乎并没有做好应对准备，甚至还可能因为再也不能诿过他人而重蹈覆辙。与此同时，随着自1956年独立以来延续了55年来民族国家建构最终失败，痛定思痛的苏丹政府同样任务艰巨，要承担失去南方资源后的诸多经济后果，要防范达尔富尔等地区的分离主义势力，更要探索适合自身国情的政治体制和发展道路。

① Jeffrey Gettleman, "Bashir Wins Election as Sudan Edges Toward Split", *The New York Times*, April 26, 2010.

一、第二次南北内战的结束

多变的战争进程

1989年6月30日“救国革命”后，夺权的巴希尔政府拒绝接受民主联盟党同苏人解达成的和平协定，傲慢地声称它愿意同苏人解举行没有前提条件的谈判。加朗则谴责军人政变破坏苏丹的民主制度，批评巴希尔军人政权无视人权。1989年8月和12月，因为巴希尔政府拒绝在沙里亚法问题上做任何妥协，美国前总统卡特从中斡旋的和平谈判几乎没有取得任何进展。双方战事不断，苏人解军队在战场上节节胜利，控制了南方三州的大片土地，活动触角深入到达尔富尔、科尔多凡和青尼罗三州的南部。政府军仅控制着南方的主要城镇，例如朱巴、瓦乌和马拉卡勒等。

为了扭转战局并彻底解决南方问题，伊阵主导的苏丹政府开始以“圣战”名义发动全面战争，这几乎成了当时苏丹政府对南方政策的唯一指导思想。从1991年夏天开始，政府军接连夺取了苏人解控制的多个城镇，加之支持苏人解的埃塞俄比亚门格斯图政府被推翻，南方的反政府力量不仅被孤立并几近失败，被逼到肯尼亚、乌干达边境。[①]

苏人解的内部分裂是导致苏丹国内战局逆转的重要原因，它不仅削弱了自身的抵抗力，同时也使伊阵政府得以对南方反对势力分而治之，使南方局势更加混乱。约翰·加朗的独裁式领导实现了苏人解的团结和协作，取得了一连串的军事胜利，几乎控制了整个苏丹南部地区，但是他的“苏丹主义”口号并没有得到大多数南方人的支持，他对异议和批评者的无情打击还是引发了苏人解内部严重的分裂。1991年，因为不满意丁卡人约翰·加朗的专制领导，里

① Edgar O'Balance, *Sudan, Civil War and Terrorism, 1956–1999*, London: Macmillan Press LTD, 2000. p.176.

克·马夏尔（Riek Machar）为代表的努尔人开始自立门户，宣布他才是苏丹南部抵抗运动的最适合领导人。加朗的丁卡人身份和马夏尔的努尔人身份，顺理成章地将苏人解内部的领导权争夺演变成了丁卡人与努尔人之间的种族冲突，苏人解随即分裂成两派。一是加朗领导的托里特派（Torit），也叫作主流派，主张建立世俗统一的新苏丹。另一派是马夏尔领导的纳绥尔派（Nasir），也叫作联合派，主张南方独立建国。纳绥尔派尽管没有使加朗落马，但他们号召南方独立，放弃建立统一的世俗苏丹的所有抱负，成功地复兴了南方自治必须优先于苏丹统一的原则。1992年9月，威廉·巴尼（William Nynon Bany）组成了第二个反政府派别。1993年2月，前苏人解副总司令克鲁比诺·博尔组成了第三个反对派。1993年3月，三个主要的反加朗派别宣布组建苏人解联合派（SPLA United），进而在1994年9月重组为松散的南部苏丹独立运动（the Southern Sudan Independence Movement, SSIM），协调对加朗的军事行动。[①]

加朗起初并没有重视纳绥尔派的分裂，继续游走于亚的斯亚贝巴、博马高原与苏人解的各个营地之间，密集出访赢取国际支持，他甚至明确地宣布没有攻击分裂者的计划。然而由于得到了巴希尔政府的支持，努尔人为主的苏人解纳绥尔派开始主动进攻加朗领导的苏人解主流派。1991年秋季，苏人解纳绥尔派袭击了阿约德（Ayod）和孔戈尔（Kongor）地区的丁卡人，造成丁卡族平民重大伤亡。1992年1月，为了吸引更多观望的苏人解军官加入，纳绥尔派联合苏丹政府武装的努尔人平民武装横扫孔戈尔和博尔，许多丁卡人在一系列暴行中被肢解，博尔城被蓄意摧毁，27万丁卡人带着5万头牛匆忙逃亡，流离失所，另有35万头牛四处流浪无人问津。[②]加朗随即动员了来自托里特的一支部队夺回博尔，重挫马夏尔领导的纳绥尔部队，并将其驱散至阿约德。

---

① 刘鸿武、姜恒昆编著：《苏丹》，第198—199页。

② Mansour Khalid, *War and Peace in the Sudan A Tale of Two Countries*, London:Kegan Paul Limited, 2003.p.332.

马夏尔部队的暴行在苏丹南方以及国际社会激起强烈愤慨，他在受挫后为了预防加朗军队进攻而不得不更加依赖苏丹政府提供的武器、物资供应和资金，这让更多的南方人怀疑他推动南方独立的承诺，从反面强化了加朗对抵抗运动的领导和控制。事实上，马夏尔领导的反加朗联盟本质上就是与虎谋皮，因为根本无法调和他的独立诉求与伊阵主导的苏丹中央政府的统一追求，这破坏了马夏尔作为领导人的可信度，使南部苏丹独立运动越来越式微。与此同时，政府军则抓住机会发动猛烈攻势，自由地通过苏人解纳绥尔派的领地，重新占领了波查拉、皮博尔、博尔、卡波埃塔和托里特，迫使加朗将其军事总部转移到迪丁加山区深处的楚库杜姆（Chukundum）。

整个1993年，加朗领导的部队不得不同时与马夏尔和政府军两线作战，苏人解联合派与苏丹政府军及其民兵组织密切合作，激烈的战斗在孔戈尔、阿约德及沃阿兹等地持续进行，加朗部队位于东赤道和扎加勒河地区的要塞据点遭到了严重破坏。6月，政府军开始了在耶伊－朱巴－尼穆莱三角形地带的攻势，重新占领了莫罗博。8月，加朗部队丧失了在努巴山区的全部据点，巴希尔总统宣布将在下一个旱季完成对整个努巴山区的征服。

面对严峻的内部大分裂和军事失利局面，加朗从两方面开始反击。首先，加朗以蓄意谋反的罪名处死了两名高级指挥官，稳固了苏人解内部丁卡族军官们的团结，精心组织军事行动抵御政府军和联合派的进攻，通过战略收缩逐步恢复他对苏人解一度几乎丧失的领导和控制权。其次，加朗在1994年4月精心组织了南部苏丹的全国代表大会，首次屈尊与大量的本地或普通南方人讨论或决定政策，并打算在苏人解控制的南部地区建立文官政府，从而强化了苏人解是南部苏丹人民代表的合法性。这次大会在当时被普遍视为巨大的成功，带来了乐观和革新的气象，并在苏人解主流派内部恢复了团结，提升了士气，被南方人奉为“新苏丹”成立的标志。会议之后的一年时间里，加朗领导的苏人解主流派逐渐扭转了军事上的不利局面，在赤道州、加扎勒河州和努巴山区赢得了一系列胜利。

复杂的政坛分化组合

1995年，苏丹国内的和流亡国外的反对派组织在厄立特里亚首都阿斯马拉召开会议，成立了以米尔加尼为首的“全国民主联盟”，苏人解、民联党和乌玛党是联盟的重要组织成员，此外还有一些较小的政党和北方的民族组织，加朗是联盟总指挥部的成员之一。这一发展开辟了苏丹内战的东北战线，使内战成了中心和外围的冲突而不仅仅是南北冲突。与此同时，苏丹政府也在“内部和平”的旗帜下与马夏尔领导的反对派签署了一系列协定，结束了政府同重要的反政府派别之间的军事冲突。这些派别的许多领导人都前往喀土穆，在中央政府中担任一些边缘职务或协同政府同苏人解作战。苏丹的这些重大结盟变化已经模糊了冲突的传统南北对抗特点。

1997年，苏丹独立运动（SSIM）合并其他6个派别组建拯救民主团结阵线（the United Salvation Democratic Front, USDF），建立了南部苏丹防卫军（the South Sudan Defense Force, SSDF）。1997年4月，拯救民主团结阵线各派同政府达成了《苏丹和平协议》，成立了监督协议实施的南方各州协调委员会。1998年，巴希尔总统任命马夏尔为该协调委员会主席，克鲁比诺为副主席，巩固了他们之间的联盟，强化了至少是临时反对苏人解（SPLA）及其联盟的“巴希尔-马夏尔-博尔”三驾马车。

马夏尔领导的联合派虽然在初期取得了一连串军事胜利，但很快也发生了曾经在苏人解内部循着种族界线的分裂，不仅造成了努尔族内部的深刻分歧，最终还导致苏丹人民解放军联合派的解体。分裂的源头是一场因为1991年粮食歉收而引发的相互攻击，当事方是同为努尔人的吉卡尼人（Jikany）和卢奥人，双方矛盾因为马夏尔偏袒吉卡尼人而激化。愤怒的卢奥人利用马拉卡勒政府提供的武器公开进攻吉卡尼人，摧毁了乌朗（Ulang）和纳绥尔，导致大量平民伤亡，苏人解联合派内部的冲突加剧。此后，马夏尔先后解除了多名与巴希尔政府合作的指挥官，逐步成为了南部苏丹独立运动无可争议但却日益虚弱的领袖。

1994年9月，也就是马夏尔将苏人解联合派重新命名为南部苏丹独立运动前后，被他解职的拉姆·阿库勒（Lam Akol）在白尼罗河沿岸的科多克宣布将担任苏人解联合派余部的领导人。此后，更多的努尔人开始离开马夏尔回到家乡，还有一些人倒戈到加朗方面。到1995年底，几乎所有的南方抵抗运动领导人都疏离了马夏尔。备感无力的马夏尔先是前往亚的斯亚贝巴要加入苏丹反对党全国民主联盟，考虑同加朗派重新合并，无果后又与克鲁比诺一起与巴希尔政府签署《和平政治宪章》，基本放弃了他以前所坚持的南方独立，转而支持全国伊斯兰阵线设计的26个州以联邦的形式实现苏丹的统一，沙里亚法作为所有立法的来源。虽然巴希尔政府点名让马夏尔领导努尔人组成的民兵武装，但此时的马夏尔已经被孤立，在追随者中的可信度大打折扣，主要被作为一支反加朗的政治力量。已经成为政府军少将军官的旧部鲍里诺·马蒂普（Paulino Matip）不仅拒绝在马夏尔手下效力，也不允许将其麾下的布勒族努尔人（Bul）武装调离待遇丰厚的保护本提乌油田工作重新部署，双方的追随者在上尼罗等地发生了激烈的武装冲突。①

导致苏人解在1990年代前期分裂的因素很多。②首先是意识形态差异。约翰·加朗从一开始就把统一的新苏丹作为奋斗目标，并与北方的阿拉伯反对派组织建立联系，这对他的许多早期支持者而言过于激进，马夏尔坚持的南部自治目标实际上也得到了很多人的支持。其次是部族因素。这不仅表现在南方人之间，例如加朗及其主要助手都属于丁卡族，马夏尔和其他的反对者因此指责加朗的专制领导就是“丁卡人统治”；还表现在北方对不同部族南方人的挑拨，例如图拉比的离间战略就成功地在南方人中间制造了不和。事实上，无论是加朗与马夏尔的分裂，还是之后苏人解联合派内部的分裂，都带有明显的部族竞争烙印。第三，领导人的个性差异和政

① 〔美〕罗伯特·柯林斯:《苏丹史》，第239—240页。

② 刘鸿武、姜恒昆编著:《苏丹》，第200页。

治野心也是阻挠南方建立反政府联合阵线的重要因素。苏丹政坛一直缺乏能够超越教派、种族与地域限制的国家领导人，无力引领民众将具有多元文化特征的苏丹建设成为所有苏丹人的国家，但几乎所有的政治人物都以舍我其谁的心态抬高自己贬斥别人。这样的低水准政坛格局不仅导致了南方政治精英彼此间关系紧张，缺乏合作，更在自以为是的正确里浪费着难得的历史机遇。苏人解联合派领导人马夏尔的格局和实力均不如约翰·加朗，但马夏尔仍然坚定地认为自己是领导南方抵抗运动的最合适领导人，他与加朗是一山不容二虎，二者必死其一才能实现团结。[①]

图拉比和巴希尔的权力斗争是引发苏丹政坛2000年前后分化组合的最重大事件。2001年2月，在权力之争中失败的图拉比前往日内瓦，与毕生敌人约翰·加朗领导的苏人解签署了一份谅解备忘录，承认南方的自治权利，约定双方通过和平途径合力推翻巴希尔政权。虽然该备忘录的现实意义并不大，但它却有着巨大的潜在意义。首先，通过谅解备忘录的签署，政变前在国家议会中拥有过席位的所有传统政党都认为应该推翻现政权，也正式认可了南方的自治权利。其次，这样巨大的立场转变深刻地冲击了伊斯兰狂热者的圣战思想基础。尽管图拉比随后即遭逮捕，但其追随者的活动非常活跃，在高校学生中影响巨大。[②]

1996年12月，苏丹东部的卡萨拉州发生了激烈的军事对抗，交战双方分别是苏丹政府军的两个旅和来自邻国厄立特里亚的1500名反政府武装分子。这一事件标志着反政府武装在苏丹东部开辟了新的战线，因而是政府和反政府力量在内战中的转折点。随后，南方的苏人解向政府军发起了重大反击，重获失地并彻底改变了双方的力量平衡。至此，两线作战且在军事上失利的苏丹政府被迫同苏人解开始真正谈判，苏丹和平出现转机。

---

① Mansour Khalid, *War and Peace in the Sudan: A Tale of Two Countries*, London: Kegan Paul Limited, 2003. p.334.

② 刘鸿武、姜恒昆编著:《苏丹》，第202页。

艰难的和平进程与内战的结束

在苏丹第二次内战的头十年，南北双方都曾表现出和解的姿态，美国和尼日利亚等国，以及非洲统一组织也都相继在冲突双方之间进行过调解，组织了多次旨在结束冲突的和平谈判，但所有的和谈努力均未成功。究其原因，就是因为双方的强硬派都相信必须尽快以武力解决问题，都大肆批评对方缺乏做出必要让步和妥协的诚意，都希望通过参加和谈获得更多邻国支持和国际社会同情。尤其是苏丹中央政府，一直不愿承认南方的地位和权利，不愿做出政治、宗教或领土上的让步和牺牲，惨烈的战争因而长期拖延，和平希望渺茫。

政府间发展组织"伊加特"（Intergovernmental Authority on Development, IGAD）是非洲之角最重要的区域组织，长期致力于在苏丹冲突各方之间寻求和平解决办法，在苏丹和平进程中扮演了关键角色。1993年初，在伊加特（当时叫政府间抗旱与发展组织，1996年3月改为现名）的倡导下，苏丹政府同苏人解先后在乌干达和尼日利亚举行谈判，但均未取得任何成果。1994年5月，伊加特提出了解决苏丹南北问题的《原则宣言》，主张承认苏丹南方自决的权利，但通过全国共识实现苏丹国家统一仍然是优先的原则；建议内战双方达成一个过渡时期，按照政教分离、多党民主、尊重基本人权和松散邦联等原则逐步走向国家统一；在必需的过渡期结束后，南方和其他被边缘化的集团可以通过公投选择继续统一或者分离。[①]《原则宣言》的核心是各方承诺实现国际监督下的停火，约翰·加朗已经准备同意签署并表达了对《原则宣言》的信任，但参与谈判的苏丹政府代表却以自决和世俗主义议题不容谈判为由断然拒绝，图拉比甚至试图劝说肯尼亚的莫伊（Moi）总统脱离伊加特但被礼貌拒绝。在接下来的三年时间里，伊加特继续敦促苏丹政府接受《原则宣言》并将其作为可行性的谈判基础，但依然没能打破双方的僵

---

① 郑先武："政府间发展组织与苏丹和平进程"，《国际观察》2011年第4期。

局。虽然如此，伊加特却坚持了一个现在看来比较正确的做法，那就是拒绝了苏丹其他政治集团的加入要求和申请，主要推动苏丹政府与苏人解之间进行谈判，谈判关注的议题比较狭窄，谈判进程也主要靠精英驱动且秘密进行。

1997年，因为内部的常态化进程、军事行动的失利和持续的国际压力，苏丹政府开始采取新的务实外交，新成立的伊加特顺势启动了恢复和谈的外交和政治动议。在1997年7月8—9日的伊加特会议上，苏丹政府虽然声称保留拒绝其中任何一条原则的权利，但愿意接受《原则宣言》并将其作为一种无约束力的谈判基础。伊加特随即在内罗毕设立关于苏丹和平进程的秘书处，肯尼亚不仅负责为秘书处提供政治领导、金融和技术支持，还任命了一位关于苏丹和平进程的特使，推动苏丹政府与苏人解开始更紧密的对话。1998年5月，苏丹政府同苏人解在内罗毕就对南方自治举行公决达成了协议。7月，苏丹政府同苏人解同意在加扎勒河地区实现停火，为120万南方饥民的人道主义救援物资运送开放“安全走廊”。1999年7月，埃及、利比亚联合号召苏丹建立临时政府、分配权力、改革宪法并举行新的选举，苏人解随即宣布同意与政府举行直接谈判并停止内战，苏丹政府的态度则多次反复。2000年2月，苏丹政府同苏人解在内罗毕重开和谈，为期6天，未达成任何协议。整体上看，伊加特推动的和解进程，虽然在这一时期没有取得实质性进展，甚至因为双方在南方范围和政教分离等问题上的分歧而陷入僵局，但《原则宣言》的基本框架却逐步成为结束苏丹内战的关键工具，是苏丹各方进一步谈判的平台。①

2001年9月6日，美国总统布什宣布介入苏丹和平，并任命约翰·丹佛斯（John Danforth）为苏丹问题特使。“9·11事件”后，英国、挪威也相继介入了苏丹和平进程，与美国一起组成了推动苏丹和谈进程的“三驾马车”，共同推动冲突各方实现停火。与此同

---

① Gilbert M Khadiagala, *Meddlers or Mediators? African Interveners in Civil Conflicts in Eastern Africa*, Boston: Martinus Nijhoff, 2007, p.218.

时，苏丹政府和苏人解也都处于20年来最有意愿妥协达成和解的时刻，越来越多的巴希尔政府高层开始把和平当作解决或者至少改善苏丹社会经济问题的最好办法，加朗也希望以一种可以接受的办法调和他与追随者的思想分歧，保证他在南方的权威并巩固他在北方作为一位国家领导人的形象。[①]伊加特随即调整策略，不仅任命苏姆比耶沃将军（Lazarus Sumbeiywo）为伊加特的首席调解人，而且吸纳来自美国、南非和瑞士等国的外交官和法律专家组成调解团，将《原则宣言》所关注的议题浓缩为简明的谈判文本。2002年7月，经过5个星期的谈判，苏丹政府和反政府武装在肯尼亚达成了《马查科斯议定书》（Machakos Protocol）。这是一份双方都做出重大让步的协定，北方同意南方自决，南方接受沙里亚法在北方的立法来源地位，自决的权利将在六年的过渡期后通过全民公决确定。《马查科斯议定书》是一份里程碑式协定，不仅为多年悬而未决的权力分享、财富分配和停火等问题建构了一个共同的框架，而且还成立了安全监督机制和独立评价委员会，奠定了苏丹和平进程的基础。[②]

《马查科斯议定书》签署后不久，在伊加特的主持下，巴希尔总统与苏人解领导人约翰·加朗开始了关于财富分享和停火直接会谈，并且在2002年10月中旬达成了 1983 年冲突开始以来的首个停火协定，范围涵盖所有交战区域。2003 年，双方的谈判开始聚焦于政治、安全和财富分享的具体安排。6月，伊加特调解团到苏丹各地走访，广泛听取各界人士对谈判议题的看法，推动伊加特秘书处制定解决悬而未决议题的“纳库鲁框架文件”（Nakuru）。9月，加朗与苏丹副总统塔哈在肯尼亚的奈瓦沙（Naivasha）进行了为期三周的最高级别直接会谈，达成了关于过渡期内安全和军事安排的协定，苏丹政府同意从南方撤出武装部队并新建一支联合军队。10月，在美国国务卿科林·鲍威尔（Colin Powell）的调停下，也因为达尔富尔危

---

① 〔美〕罗伯特·柯林斯：《苏丹史》，第301—302页。

② Ruth Iyob, Gilbert M. Khadiagala, *Sudan: The Elusive Quest for Peace*, Boulder: Lynne Rienner, 2006, pp.121-122.

机的爆发迫使巴希尔总统做出实质性让步，苏丹北南双方承诺在12月底签署一个结束内战的全面协定。布什总统随即发出邀请，希望双方能在美国举行全面协定的签署仪式。

2004年初，北南双方基本解决了在财富分配问题上的分歧，同意各拥有50%的石油财富。5月，双方就阿卜耶伊（Abyei）、南科尔多凡和青尼罗三个冲突地区的地位达成协定，解决了大多数与安全协议和财富分配相关的问题。6月5日，在伊加特的主持下，苏丹政府与苏人解签署了《内罗毕宣言》，确认它们对和平进程的承诺，并决定成立一个建立在权力分享之上的全国统一过渡政府，约翰·加朗任第一副总统。2004 年12月31日，苏丹政府与苏人解完成了最后谈判，签署了全部文件。2005年1月9日，苏丹第一副总统阿里·奥斯曼·塔哈与苏人解主席约翰·加朗共同签署了《全面和平协议》。作为见证，肯尼亚和乌干达总统也在和平协议上签了字。

《全面和平协议》是一份处理安全、财富分享和权力分享等问题的庞杂文件，有很多附件，包括2002年7月20日签署的《马查科斯议定书》（第一章）、2003年9月25日的《安全保证协议》（第六章），2004年1月7日的《财富分享协议》（第三章）、2004 年6月25日签署的《权力分享协议》（第二章），此外还有《关于解决阿卜耶伊冲突的议定书》（第四章）和《关于解决南科尔多凡、努巴山区和青尼罗州冲突的议定书》（第五章）。所有这些协议均于2004年12月31日予以签署。此外，在2004年12月31日还签署了两个附件，包括详细的执行程序，要求在六个月过渡准备期和六年过渡期之后就南部苏丹人民的自决权利举行全民投票。“联合国苏丹使团”取代伊加特负责协定执行的监督任务。

《全面和平协议》签署后，交战双方宣布永久性停火，当代非洲大陆延续时间最长的内战正式结束，伊加特长达 12 年的和平调解迎来了胜利时刻。2005年7月，苏丹民族团结政府成立，巴希尔任总统，南方武装领导人加朗任第一副总统兼南方政府主席。2010年3月，伊加特在内罗毕召开特别首脑会议，讨论苏丹北南和平进程和《全面和平协议》落实情况，重点商谈苏丹南方问题公投后有关问题的安排及面临的挑战，在朱巴设立联络处为选举和公投提供专门支持。2011年1月，南方如期举行公投，98.83%的选民赞成独立。7月9日，南苏丹共和国成立。2011年11月，伊加特在亚的斯亚贝巴召开特别首脑会议，正式接受南苏丹为其成员国。

二、2010年的全国性大选

选举折射的社会发展和政治分野

2010年4月11日到15日，苏丹举行了一场“五合一选举”，不仅要选出下一届总统、国民议会450名议员、全国25个州中的24个州长和各州议会议员，南方还将选出南方自治政府主席和南方立法机构成员，选票总数1.7亿张，因此被形容为世界上最为复杂的“五合一选举”。尽管出现了一些混乱和技术性错误，但选举期间没有发生大的骚乱、对抗以及旨在破坏选举的有组织暴力活动，国际社会也普遍给予此次大选肯定评价。潘基文秘书长向参加大选投票的苏丹人表示祝贺，呼吁所有政治派别本着对话的精神和平处理选举中出现的问题。欧盟和卡特中心的观察员表示选举不存在欺诈和作弊，中国观察团和阿盟观察团认为是一次成功的大选。美国政府称赞苏丹大选的和平气氛令人满意，准备与大选的获胜者打交道。只要结合苏丹国家发展的宏观背景透视此次全国大选，就能够理解苏丹政治转型的成就与限度。

由于各种政治势力在人口普查、选举日期确定、选区及席位分配甚至选票印刷等问题上存在矛盾和分歧，被确认的12名总统候选人先后有6位宣布退出，反对党联盟“朱巴论坛力量”呼吁集体抵制大选并且拒绝承认选举结果，苏丹全国大选能否顺利举行此前一直不被看好。但实际上，持续五天的大选投票阶段总体平稳，全国87个政党中的73个派出了1.4万名候选人参选相应职位，很多州的选民投票率达到了70%左右。大选结果也基本符合选前估计，联合执政的全国大会党和苏人解分别在北部地区和南部地区取得压倒性胜利，其他反对党和独立候选人在选举中所获有限。在总计1000多万张有效选票中，巴希尔以690多万张选票成功连任，得票率为68%，领导的全国大赢得了北方13个州的州长选举，获得国民议会中北方地区的大多数席位。基尔在南部自治政府主席选举中以93%的超高得票率顺利蝉联，领导的苏人解拿下南方九个州和北方青尼罗州的州长位置（南科尔多凡州没有举行州长选举），同时还获得了国民议会中南部地区的多数席位，占据南部地区立法机构多数席位。石油重镇团结州的州长被独立候选人塔班邓获得，此人属于在团结州人数占优势的努尔族，是苏人解成员但长期对丁卡族为首的苏人解不满。对于选举结果，人民大会党批评选举舞弊但接受选举结果，民主联盟党计划发动街头示威活动抗议选举不公及其选票遭“偷窃”，乌玛党领导人萨迪克的失败、出走和拒绝参政被媒体形容为终结他“政治生命棺材的最后一颗铁钉”，沦为了声音微弱的“政治僵尸”。[①]因此，只要细剖各个政治派别对待大选的态度和参与，就可以清晰勾勒出苏丹国家的发展成就和政治分野。

苏丹自1956年独立以来就一直战乱不断，持续了40年的两次南北内战和达尔富尔地区（简称达区）的暴力冲突，实质上是苏丹为明确国家发展定位而付出的民族代价，国际刑事法院甚至以战争罪和反人类罪对巴希尔总统发出了逮捕令。在长期动乱的背景下，苏丹仅在1958年、1965年、1968年和1986年举行过四次多党议会选举，2010年大选因为处在南北矛盾和东西矛盾都有所缓和的关键时刻而备受瞩目，被看作是落实《全面和平协议》的重要步骤和“走向新苏丹的历史转折点”。[②] 24年来的首次多党民主选举确实展现了苏丹社会的初步民主气象，不仅总统候选人名单中出现了萨迪克、图拉比等曾经的政治风云人物，出现了苏丹历史上的首位女性总统

① Nesrine Malik, “Sudan Election Didn’t Need Fraud”, *The Guardian*, April 24, 2010.

② Harry Verhoeven, “Sudan’s Election Will Change Little”, *The Guardian*, April 12, 2010.

候选人法蒂玛，苏人解副主席夫人安吉丽娜更是执意以独立候选人身份竞选州长，发誓要让渴望改变的每一个团结州选民看到希望。① 占尽优势的巴希尔总统一再展示慷慨和善意，强调要同苏丹所有政党进行磋商共同应对国家所面临的诸多挑战，要继续致力于推动和平进程直到国家实现全面和平。获胜的全国大会党呼吁苏丹各政治力量为下一次选举做准备，做建设性的反对党而不是破坏性的反对党。

这次选举更是苏丹民众自己充满希望的政治实践。为了鼓励更多人投票，苏丹国家选举委员会设立宣传站向民众演示投票过程并邀请民众练习如何投票，派员走上街头向居民分发介绍选举知识和投票步骤的传单，在选票上加印候选人照片和参选政党的选举标志以方便不识字的选民准确投票，在全球21个国家分设了国际投票点方便12万海外苏丹人投票，邀请来自18个国家和国际组织的840名国际观察员，会同国内132个组织的20278名本土观察员一起对填票、投票和检票等各个环节进行全程监督。1600万选民则就近走进遍布全国的2.65万个投票站，北方地区选民分3个程序填写8张选票，南方选民分5个程序填写12张选票，共同用手中的1.7亿张选票选举共和国总统、南方自治政府主席、450名国民议会议员、24位州长和各州议会议员。虽然每个选民的投票过程需要半小时左右才能完成，设置的投票系统复杂到连南方政府主席基尔的第一次投票也被迫作废，文盲率高达64%的苏丹选民要准确投票8次或12次确实也不容易，但切实的选举参与本身就是一次生动的民主训练。尽管大选头两天也出现了一些技术错误，包括候选人名字被遗漏或误拼、政党标志混淆、投票站开门晚、选票不够以及选民找不到自己名字等，但大多数苏丹人仍安静耐心地到投票站投票，坚持履行自己的职责和投票权利。女性选民的参政意愿尤其强烈，参加投票妇女在全部投票者中占60%。苏丹民众确实还不富裕，对所谓的民主

① "Three People Killed Following Taban Deng Declared Win in Unity State", *Sudan Tribune*, April 24, 2010.

选举并十分清楚，但他们确实走进了投票站，对他们喜欢的州长、议员还有总统打勾，投票过程中并没有出现太过明显的混乱局面，也没有出现党派间的互相抹黑等乱象。苏丹的未来很可能诚如亨廷顿所言："一旦群众被领出洞穴，就不可能再剥夺他们享受阳光的权利"。[①]

巴希尔赢得属于自己的选举

在1989年"救国革命"后上台执政的最初十年，巴希尔用枪杆了逐步战胜了主要政治对手图拉比的笔杆子，结束了军人政权与伊斯兰原教旨主义长达十年的政治联姻，主动停止始自尼迈里时期的官方伊斯兰化，推动苏丹从革命性国家过渡为现状性国家。随后十年，巴希尔凭借成功的油气开发初步结束了南北内战，实现了自独立以来持续时间最长最强劲的经济增长，还通过降低电价、全民免费医疗等多项惠民措施让民众切实享受到发展的成果。总体上看，虽然达区和南方的黑人民众对巴希尔有一些不同的看法，苏丹也确实存在着财富分配不公等社会弊病，大约40%的苏丹人仍生活在贫困线以下，但凭借南北停战的和平红利及经济发展的切实成就，巴希尔得到了中部农业区和喀土穆等地民众的坚定支持，在北方地区的民意支持率高达81.2%，在南方也拥有不少支持者。正是出于对自身威望与合法性的高度自信，巴希尔在一次竞选集会上踌躇满志地宣称，"没有人和我们作对，就是美国也正逐步成为全国大会党的成员"。[②]

由于国际刑事法院的逮捕令严重削弱了其继续执政的合法性，西方国家又一再借机加大打压力度，迫切需要一次成功选举来扭转不利处境的巴希尔总统精心组织了自己的竞选活动。首先，他通过延期选举初步摆脱了经济危机的不利影响，全盘掌控人口普查和选民登记进程，为扫清继续执政的法律障碍还辞去了长期担任的武装部队总司令职务。其次，巴希尔在竞选活动中主打经济

① 〔美〕塞缪尔·亨廷顿：《变化社会中的政治秩序》，第281页。

② Simon Tisdall, "Don't Rubbish Sudan Elections", *The Guardian*, April 9, 2010.

牌，将所有竞选海报的背景设置为大坝、工厂、道路或者大型工程机械，用标志性的经济成就突显苏丹“救国革命”以来的发展和繁荣，借此展示他“强大而诚实的领导人”形象。[①]第三，占尽优势的巴希尔并没有在总统府内坐等胜利，而是走遍苏丹所有重要城镇并举行大型群众集会以造声势，尤其是通过向达区和苏丹南方的民众极力展示善意争取选票。最后，巴希尔高调追求选举过程在既定规则下的自由公正透明，多次表示要杜绝任何舞弊行为，既最大限度地防范了对手们的暗箱阴谋，又提升了他作为现任总统和下任总统候选人的道义威望。尽管国际刑事法院旧话重提要追究巴希尔的所谓种族屠杀罪，西方世界也确实有很多人因为不喜欢巴希尔而想当然地认为苏丹大选是一场“弊选”和“闹剧”，[②]但仅就选举本身而言，顺风顺水的巴希尔及其领导的全国大会党不仅没有必要在大选中作弊，相反倒要时刻提防对手们的小动作及其对选举合法性的破坏。

为了保证选举的顺利合法有效，也可能出于配合总统意图，苏丹政府驱逐了在达区从事人道主义救援活动的26个西方国际非政府组织，一再警告要“斩断任何企图插入苏丹事务的鼻子、手和脖子”。[③]财政与国民经济部按计划全额拨付了7.9亿苏丹镑的大选经费，敦促捐助方提供的其余43%的经费及时到位，调用32架飞机和2000多辆汽车保障选举的后勤需要。国家选举委员会坚定地拒绝了反对党的延期要求，声称苏丹人有权通过投票箱选择能够代表他们的领导人，将女性候选人的席位增加到总席位的25%（112席），同时还把选民的注册登记时间延长至一个月，投票时间从3天延长至5天以确保所有的选民都能够行使自己的权利，邀请世界各国的350

① Jeffrey Gettleman, “Sudan’s Growth Buoys a Leader Reviled elsewhere”, *The New York Times*, April 14, 2010.

② Louise Roland-Gosselin, “Omar al-Bashir’s Re-election in Sudan is a Farce”, *The Guardian*, April 27, 2010.

③ Xan Rice, “Sudan Elections Damaged By Last-Minute Boycotts”, *The Guardian*, April 9, 2010.

名新闻记者实时报道苏丹大选情况。为了确保投票期间的安全，苏丹政府出动了5.4万名军人和5万多名警察维护大选安全，要求全国医院进入“紧急状态”以应付各种可能的突发事件，在各个投票中心准备必要的药物、器材和救护车辆，喀土穆的各个主要街道路口和政府部门都安排荷枪实弹的警察和士兵把守。

苏人解以退选和接受大选确保“公投”

苏人解本来在2010年初就率先宣布了本党的总统候选人提名，并带动其他反对党也纷纷推出自己的总统候选人，但其随后的一系列举动却似乎颇有深意，包括明知退选无效却还是在选前十天撤回了该党的总统候选人阿尔曼，强行把苏人解北方局全面抵制大选的决定改为只涉及达区的部分抵制。应该说，无论苏人解的主观愿望如何，几位具有一定竞争能力的总统候选人的退选，客观上确实增加了现任总统巴希尔获胜的可能性。

鉴于苏人解一直把大选看作是“通向全民公投的最后一跃”，该党总统候选人的中途退选被广泛看作是苏人解以“退选”换“公投”的一场赌博。[①]但苏人解和全国大会党都对此予以坚决否认。如果苏人解真的没有和全国大会党有幕后交易的话，对其退选总统的最合理解释也许是：既然全国大会党没有推举任何候选人参加南方的选举，巴希尔在选前又曾警告如果抵制大选就将取消公投，苏人解出于投桃报李以及对2011年公投如期举行的关切，很可能一厢情愿地希望通过曲线满足巴希尔的继续执政来换取后者对公投的支持。南方自治政府主席基尔不仅自己在大选中把票投给了现任总统巴希尔，而且呼吁苏人解成员把选票投给巴希尔。[②]当然，苏人解对此次北方地区选举明显不那么积极可能还有其他考虑，例如自认对竞选总统和在北方地区的选举没有胜算，甚至还可能基于反正公投后要独

---

① Andrew Heavens, “South Sudan Party Gambles with Presidency Pullout”, *Reuters*, Mar 31, 2010.

② “SPLM Chairman Salva Kiir Casts His Vote For Bashir”, *Sudan Tribune*, April 18, 2010.

立出去的心理而不愿掺和北方地区的选举。由于苏人解候选人只能给不满巴希尔的人提供了一种选择而不会对巴希尔构成实质性威胁，苏人解北方局领导人阿尔曼退选对巴希尔的最大负面影响也许是，很多40岁以下首次参加选举的选民，还有那些认为大选是全国大会党自己“封闭游戏”的选民，可能因为没有认可的对象而胡乱投票或者以忙于谋生为由不参加投票。①

苏人解对大选结果的接受也以确保公投的如期举行为交换条件。由于担心大选推迟会导致2011年公投推迟，苏人解在短暂的犹疑之后开始坚定地支持全国大选，将南方政府中的所有部长降职为看守部长，撤换了三名擅自决定竞选州长职务的部长，在选举问题上与全国大会党结成了事实上的短暂联盟。在长达五天的投票期间，南方自治政府采取了严格的安防措施以确保秩序稳定，包括在朱巴各主要干道部署了荷枪实弹的士兵和安全人员，每晚12点半以后执行宵禁等。大选投票阶段结束后，尽管多个反对党呼吁拒绝选举结果，苏人解却很快就与全国大会党达成一致，接受所有级别选举的结果，要求以《全面和平协议》规定的30%比例参加苏丹新中央政府以推动落实2011年公投。苏人解的这场豪赌能否最终如愿尚有待观察，但它确实已经疏远了其在国内外的支持者。图拉比领导的人民大会党在选举结束后猛烈抨击苏人解违背对反对党做出的承诺，指责其放弃北方地区选举和承认大选结果的做法是从背后对“朱巴论坛力量”放冷枪。

达尔富尔反政府组织的抵制与参选

达区的反政府武装大多以单个部落为基础，军事实力最强的公正与平等运动（公平运）是唯一的跨部落武装组织，其成员几乎来自当地的所有部落，还向达区以外地区渗透并建立分支机构，包括接受西方国家的金钱和物资援助，在乍得境内设立基地和训练营，

① “Sudan Elections Show up Deep Divides”, *Reuters*, April 13, 2010.

招募流亡乍得的达尔富尔难民，同苏丹国内的主要反对党建立联系等。从2007年开始，公平运就和其他反叛组织一起不断发表措辞强硬的声明，拒绝接受作为选举前提条件的人口普查，抱怨国家选举委员会偏袒巴希尔政府并允许其滥用国家资源组织竞选活动，呼吁苏丹各政治力量集体抵制即将到来的全国大选。①鉴于达区人口占苏丹北方总人口的1/4，登记在册的有资格选民超过360万，可能还有数十万难以统计的内部流民和外部难民，达区各反政府武装对人口普查和全国选举的抵制态度，曾是最让外界担心可能影响选举的主要因素，欧盟派出的选举观察员因为基本条件得不到满足而在大选期间撤离了达区。②西方舆论普遍认为选举活动中的不足和不公正可能会影响达区的和解步伐，甚至有可能激化达尔富尔的反叛运动。但实际上，由于达尔富尔危机只是迫在眉睫的问题，苏丹根本的问题还是南北问题，达区和平的未来前景似乎并不那么悲观。

作为苏丹的最不发达地区，达区的阿拉伯人与黑人之间虽然有矛盾，但各族群长期都是中央政府的驯顺臣民，充当着选举票源、廉价劳动力以及战时兵力的主要来源地。2003年以来的大规模冲突固然给达区和苏丹中央政府的关系增添了很多新的因素，但和政治意蕴浓厚的南北矛盾相比，表面上剑拔弩张的达尔富尔危机其实并没有太多的独立诉求，本质上还是“兄弟阋于墙”。之所以略显激化只是因为双方暂时失去了南方这个需要共同应对的外在目标，中央政府缺乏给昔日盟友更大让步的动力和压力。一旦外来压力增大或南北矛盾再度激化，只要中央政府适当照顾达区事务，给予反叛头目们合适位置，达尔富尔还应该像2003年之前那样驯顺地接受中央政府领导，继续充当北方对南方发动圣战的积极倡导者和执行者。对巴希尔政府而言，无论是现阶段对南方的安抚还是将来有可能与

① “Darfur Rebel JEM Calls for Boycott of Sudan Census and Elections”, *Sudan Tribune*, 30 March, 2008.

② “Darfur Elections do not Meet National and International Standards”, *Sudan Tribune*, April 18, 2010.

南方发生的对抗，都迫切需要和达区的昔日盟友联手来应对来自南方的分裂威胁。

正是出于“抚南”乃至“抗南”时的“联西”战略需要，巴希尔政府越来越对达尔富尔的昔日盟友们主动示好，一再强调谈判是解决达尔富尔冲突的最佳方式。巴希尔首先免除了参加2008年5月袭击恩图曼的公平运成员死刑，释放了该组织30%的被捕成员，多次表示要履行与反政府组织签署的协议，发誓要把过去的战争努力化作实现发展、提供服务和保障苏丹人民福利的努力，进行一场发展、进步和繁荣的战斗。苏丹中央政府的转变极大地推动了达区的和解进程，达尔富尔危机自2009年以来迅速缓解。2010年2月，巴希尔政府与公平运达成了和解框架协议，随后还与多个达尔富尔反政府派别组成的解放与公正运动签署了停火框架协议，协议内容都涉及权力共享、资源分配、难民回归、军队整编、释放囚犯、人道援助等十多项条款。在积极的和解氛围下，解放与公正运动从一开始就支持全国大选，公平运则中途主动放弃了推迟大选的要求，并与巴希尔政府讨论安全安排以及权力、财富分配等细节问题。达区未来的和解进程即便不会一帆风顺，但依然可以做出这样的合理预测，即达区的和解进程不仅不会因全国选举而延缓或者停滞，还有望因为巴希尔政府可能做出较大让步而进一步加速。

巴希尔政府的南苏丹问题

根据2005年签署的《全面和平协议》，全国大选举行后就应该举行只有南苏丹人参加的全民公投以确定南部地区的最终地位。鉴于2009年底通过的《公投法案》明确要求苏丹民族团结政府就南部地区如果在公投中选择分离后的安排进行协商，公投之后的苏丹南方很可能会循邻国厄立特里亚1993年通过全民公决脱离埃塞俄比亚的老路，成为最近17年来非洲大陆诞生的第一个新国家，2010年的全国大选也很可能是苏丹作为统一国家的最后一次选举。维护国家统一因之成为巴希尔政府面临的最大挑战。

可能是为了确保在首轮总统选举投票中就以50%以上得票率胜出，也可能认为南北双方已经用长达1600多千米的石油管线紧密联系在了一起，甚或是真的为了和平而已经做好了南北分离的心理准备，巴希尔在竞选总统期间对南方民众发出了诸多善意，不仅一再强调苏丹不会重新爆发战争，呼吁苏丹各党派加强合作使2010年成为北南之间加强信任的一年，同意在国民议会中为南部议员增加40个席位等，而且屡屡突破北方穆斯林精英们的传统底线，公开声称决不会把统一的选择强加给南部民众，愿意尊重南方兄弟的选择，愿意接受2011年南方公投的任何结果，要做第一个承认公投结果并与南方兄弟共同庆祝的人。①但实际上，巴希尔的诸多善意似乎更应该理解成选举语言而非政策宣示，是出于使统一成为公投时有吸引力选项的策略考虑而非本意表达。

实事求是讲，苏丹政府允诺南方就统独问题举行的2011年全民公投，是北方穆斯林政治精英们自1956年建国以来在此问题上的最大让步，巴希尔总统本人为此承担了极大的经济压力和政治风险。如果苏丹油气开发能够保证中央政府有足够财力支持战后重建并让南方民众得到更多实惠，加之有52万居住在苏丹北方地区的南方民众的支持，统一的苏丹将是2011年公投中颇具吸引力的选项。但难以改变的经济现状却严重制约着巴希尔的设想。一是苏丹的大部分高产油田都位于南部以及尚未确定的南北分界线附近，北方难以放弃现在拥有的巨额石油收益而满足于只收取相对较少的油气过境费。二是油气开发赋予苏丹社会的意义，是让它从赤贫的最不发达国家行列进入了单一经济的发展中国家行列。但2009年苏丹的外债和外贸逆差分别是340亿美元和10亿美元，对国际货币基金组织的还贷水平降低至1000万美元，相当脆弱的国民经济体系随时面临衰退的风险。因此，纵然巴希尔本人愿意捐弃北方穆斯林和南方基督徒之间长期的历史前嫌，愿意以他依靠经济发展而积累起来的威望与合

① Ngor Arol Garang, “Bashir Says Choice of Sudan’s Unity not to be Forced on Southerners”, *Sudan Tribune*, March 3, 2010.

法性换取和平，但他却无法协调南北双方在黑色石油和蓝色尼罗河水等经济要素分配上的现实争执。全国大会党和苏人解在边界划分、石油收益和水资源分配等方面的分歧一直比较严重，全国大会党认为如果达不成协议公投就不能如期举行，否则北南战争难以避免。苏人解则坚持达不成协议也将不惜代价如期公投。可以想见，如果公投在北南双方没有消除分歧的情况下举行，南方民众的失望情绪和政治独立诉求将极有可能催生一个与喀土穆分道扬镳的南方自治政府。而一旦南方真的在公投后选择和北方分离，巴希尔将会因他在2005年和平协议中所做的让步而被北方穆斯林精英们视为罪魁祸首。鉴于苏丹国内政治争斗的历史与现实，包括屡屡成功实施的军事政变以及政治势力之间朝秦暮楚的合纵连横等，身为北方穆斯林领袖的巴希尔可以不惮西方社会的压力，不惧国际刑事法院的指控和逮捕令，但他无法承担与整个北方穆斯林精英集团决裂的代价。从这个角度看，虽然明知合则两利斗则两败，也历经了两次惨烈的南北内战，但苏丹中央政府在解决南北问题时仍然没有太多选择手段。

凭借在选举中的压倒性胜利，苏丹中央政府已经围绕着“公投”发生了许多改变。首先是拒绝在选举中落败和抵制选举的政党加入政府，试图组建一个对巴希尔总统本人绝对负责、有目标有计划的新政府而非以政党或联盟为基础的联合政府，准备吸纳国民议会以外赞同全国大会党主张的人士担任政府部长。其次，巴希尔政府利用中央政府的权威优势极力抢夺对2011年公投的主导权，越来越强调南方是苏丹这棵大树的根，强调坚持北南之间表里如一的统一是苏丹未来政府的优先工作任务，强调必须给予南部民众在不受影响和强制的情况下自由做出选择的机会等。[①]第三，基于达尔富尔紧张局势的进一步缓和以及2011年公投的日益临近，苏丹中央政府现阶段的“抚南”政策出现了越来越多的消极“抗南”迹象，包括要求苏丹武装部队和苏丹人民解放军远离摩擦地区，放任苏丹北南边界

① “No Coalition Government Will be Formed after Elections”, *Sudan Tribune*, April 28, 2010.

地区阿拉伯人部落与苏人解的冲突，合理地拖延或阻挠南北方之间需要解决的问题，支持此次选举中的独立候选人和南方大选中的失败者，计划把全国大会党南方局改组成南方全国大会党等。

另一方面，苏丹南部的基础设施落后、贪污严重且无政府主义盛行，似乎还不具备组建一个新国家的基本要件。经济上，南方自治政府98%的收入依赖石油出口，权力基础非常脆弱。政治上，南苏丹自治政府执政团队内部派别林立，尚处于夺权阶段的他们对独立后的建设并无具体的目标和措施规划。社会秩序方面，南部地区严重的部族冲突越来越频繁，而且由于用自动步枪取代了传统的刀矛，仅在2009年就造成了2500人死亡和39万人流离失所的惨痛代价。[①]在这种背景下，以南部最大部族丁卡族为主的苏人解固然已经将其游击队改编为正规军，一直将石油收益的40%以上用作军费开支，购买了100辆苏式坦克和1万把AK-47突击步枪，还添置了大量的防空火炮和火箭发射筒等武器，[②]但如果不能恰当定位，继续抛弃前领导人加朗的新苏丹理想而坚持分离主义路线，忽视南部地区存在的诸多内在缺陷，罔顾自身对其他部族缺乏号召力和控制局势能力有限的内在缺陷，回避自身分裂举动对邻国乃至非洲国家内部众多分离主义运动的刺激和示范，弱不处卑，贪愎拙交，一味试图依靠西方世界的外部支持强行借助公投寻求独立，苏丹北南之间的暴力冲突甚至内战都有可能重现。

三、苏丹国家建构失败的原因

苏丹缺乏统一的历史实践和民意基础

现代民族国家要求全体民众把对切身利益的关注与整个国家的

---

① Chen Aizhu, Andrew Quinn, "Southern Sudan: Oil Boom to Bust-Up?", *Reuters*, April 9, 2010.

② Missy Ryan, Michael Roddy, "South Sudan President Race Has Eye on Independence", *Reuters*, April 9, 2010.

命运联系在一起，要求互不相识的人们之间有一种共同体意识，而领土范围内即使是最小民族的成员也不可能彼此都互相熟识，所以民族国家的建构过程本质上是一个“想象”共同体的建构过程，“民族的本质在于每个人都会拥有许多共同的事物，同时每个人也都遗忘了许多事情。”[①]独立后的苏丹之所以未能把“两个民族、两种文化”人为组建的“沙聚之邦”整合成“一个民族、一种文化”联结的“内聚向心之国”，根本的原因就是穆斯林精英们因为历史的发展惯性错误地定位国家属性和政治追求目标，自以为是地把伊斯兰教与阿拉伯语看作苏丹国家的基本属性，把民族主义思想的旗帜定位在阿拉伯伊斯兰而不是国家统一，同时缺乏在国家转型过程中建立起有凝聚力的包容性政治架构的主观意愿。[②]

公元4世纪后，先是基督教在苏丹北部登场，随后是7世纪以来伊斯兰教的勃兴，基督徒和穆斯林长期为争夺地方统治权而争斗。大量阿拉伯人络绎不绝地迁入并逐渐控制了苏丹北方大部分地区，他们通过语言、宗教、共处、通婚等方式实现了当地的阿拉伯化，将之纳入伊斯兰文明圈。但受恶劣气候状况、艰苦生活环境以及沙漠、沼泽、河流、丛林等不利交通因素的影响，阿拉伯人未能上溯尼罗河进入南苏丹地区，苏丹南方依旧是60多个从事农牧混合经济的黑人族群居住之地，主要信奉基督教和原始的拜物教，属于非洲文明圈。

客观地讲，苏丹历史上只出现过一些松散的部落联盟或地区小国，从未在足以与现代领土相媲美的广袤区域内建立起行之有效的中央行政机构，各部族之间和平状态下的交往较少，部落间掠夺与反掠夺的低水平战事没有推动当地社会的制度化和组织化发展。当时整个苏丹土地上各王国君主的财源，主要来自他们自己的田园、

---

① 〔美〕本尼迪克特·安德森：《想象的共同体——民族主义的起源与散布》，吴叡人译，上海人民出版社2005年版，第6页。

② Francis Mading Deng, *War of Visions: Conflict of Identities in the Sudan*, Washington: Brookings Institution Press, 1995, p.422.

奴隶以及向外国商人征收的进口税、入市税等，战争期间才会偶尔向部落民众索取一些贡品。只有西部和北部一些地区的国王，才间或向农牧民征集不重的税收，例如达尔富尔素丹就是每二三年收一次税。[①]希卢克人是南苏丹唯一在国王领导下的中央集权部落，但在正式定都法绍达之前的170多年间，国王们只需在其居住村落的茅舍里就足以处理完所有军政事务。[②]事实上，正是因为缺乏建立统一国家的历史实践和传统，苏丹北南双方缺少政治斗争的应有底线，都坚信自己的选择正确，都为坚持自身的选择付出了惨痛代价。

落后封闭的状态虽然得以在时间上避开了欧洲资本主义早期对外残酷的殖民侵略和掠夺，但却也没有能够借助外压形成推动内部发展的倒逼机制。苏丹社会内部的交流方式落后野蛮，社会发展基本上处于停滞状态。南苏丹在相当长时期内甚至不为外界所知，当地黑人不仅落后于北部阿拉伯人，甚至与西非的黑人部落也存在差距。[③]苏丹在不受外界干扰的情况下固然可以通过自身的积淀最终实现蜕变式发展，殖民地经历确实导致苏丹的民族整合严重滞后于国家建构，但在联系日益密切的工业化时代和全球化时代，无论哪个国家和地区都不可能永远处于封闭状态。而一旦其近乎原始的封闭状态被打破，无论苏丹民众是否具有现代意义上的国家观念和民族意识，无论它对外部世界的态度是主动还是被动，它都必然地要同外部世界发生联系，区别只是形式、过程、代价和结果的不同而已。

为了获得黑人奴隶和金矿以充实军力和国库，穆罕默德·阿里在1820年派兵征服了苏丹北部，在1839—1841年间用武力打开了南苏丹的通向世界之门。由于埃及殖民者经常深入南苏丹腹地实施掠夺和猎奴活动，怀揣发财梦想的阿拉伯民众踊跃跟进。上行下效，邹缨齐紫，奴隶贸易迅速超越早期的象牙贸易并成为南苏丹与外部

---

① 王彤："从反埃到反英的马赫迪起义"，《世界历史》1983年第5期。

② 郭宝华："南苏丹的希卢克人"，《阿拉伯世界》1981年第4期。

③ Peter Woodward, *Sudan, 1898-1989, The Unstable State*, London: Lynne Rienner Publishers, 1990, p.26.

世界交往的主要内容，1860年后每年有1.2万—1.5万名奴隶被送往北方，南苏丹在整个19世纪约有200万人被劫掠为奴。[①]在这一过程中，苏丹北方的阿拉伯人由最初埃及侵略者的帮手逐渐升级为主要的掠夺者和施暴者。大量的人口流失导致南苏丹地区整体性地萧条乃至倒退，因之而起的辛酸记忆和刻骨仇恨在南苏丹黑人中世代相传，并成为苏丹南北冲突的最初祸根。独立后的北南双方都以饱含贬义敌意的“abeed”（奴隶）和“mudukuru”（掠奴者）称呼对方。[②]

埃及的征服初步结束了苏丹地方分裂、各自为政的局面，各地区统一听命于苏丹总督。国家被划分为若干由穆迪尔（州长）管辖的州，穆迪尔任命地方长官，各地方长官则由部落酋长协助管理，游牧部落的酋长作为该地区唯一的行政领导直接向穆迪尔负责。[③]从国家建构的视角看，前现代社会的大部分苏丹民众生性自由散漫不服管理，边远地区和游牧部落的民众从来都没有完全被置于政府的权力之下，接受高度集权和独裁的现代政府形式还需要一个过程。埃及以掠夺财富为目的的征服没有推进苏丹的国家成长，南苏丹地区部族主导的无政府状态在埃及统治时期基本未变。埃及人的统治不仅没有在彼此隔离的苏丹内部各个地区间造就稳定而持久的联系内核，其所激发的政教合一的马赫迪国家模式，反而成为苏丹后来许多伊斯兰主义者孜孜追求的目标。

笼统地看，英国对待南北苏丹的态度和政策差别似乎都是有意为之，对南苏丹似乎从最初就有着一套完整的促进南北分裂的“南方政策”。摇摆不定的殖民政策，或者怂恿南方的独立倾向以压制北方，鼓励其与英属东非殖民地合并，或者为了阻止北方接近埃及而迎合其统一愿望，压制南方的分裂倾向推动统一，无不给人留下有意在苏丹制造麻烦的印象。但事实上，鉴于苏丹的复杂社会构成和

---

① Douglas H. Johnson, *The Root Causes of Sudan's Civil War, Bloomington: Indiana University* Press, 2003, p.5.

② Oduho Joseph & William Deng, The Problem of the Southern Sudan, Oxford University Press, 1963, p.53.

③ 〔苏丹〕迈基·希贝卡著:《独立的苏丹》，第50页。

极度落后现实、1956年之后除了诉诸战争再无他法的社会治理和几乎停滞的国家成长，英国在建立具体殖民统治形式上的长期举棋不定，本质上是一个传统游牧社会转型进入现代社会时都会遭遇的治理困境。面对不是最重要但却是最复杂的南方事务，殖民机构官员们也许真的不知道该如何处理。一系列个人首创的、彼此孤立的、临时应对的行政决策所体现的混乱甚至自相矛盾的政策，实际上是具体施政和苏丹国情的逐渐适应与磨合，应该属于国家治理上的艰难探索实践。英国人的殖民统治在苏丹塑造并牢固确立了一种政治权力结构，提供了引发民族运动的动力。当苏丹本土的民族主义作为一种政治力量出现时，具有规范的制度、明确的法律法规以及固定的领土管辖权的国家便已经存在，并且在缔造和动员民族方面扮演着关键的角色。①

从公共产品匮乏到歧视性同化

“失败国家”（Failed States）的概念源自西方，专指一些社会内部秩序混乱并常伴有武装割据、暴力冲突甚至种族清洗的国家，具体表现就是国家治理失败（公共产品匮乏）和国家建构失败（分离主义运动、武装割据）。失败国家大致都经历了这样一个多次反复的过程：长期的欠发达导致基础设施严重不足→国家治理失败导致公共产品匮乏→统治阶层渐失管辖和安抚民众能力→边远地区居民或少数民族不满→统治阶层缩小自身政治基础→少数派公开叛乱→国家分裂。由于“失败国家”大多处在世界权力结构和世界发展的边缘，本身并不会对国际社会产生较大威胁，但其内部严重人道主义灾难的溢出效应，如输出难民、冲突蔓延、恐怖活动和海盗等，却是世界和平与地区安全的重大隐患。②

---

① 相关理论阐释，参见Mostafa Rejai & Cynthia H. Ealoe, “*Nation-States and State-Nations*”, International Studies Quarterly, Vo1. 13, No.2, 1969, pp.150–151.

② 2005年以来，美国智库和平基金会（The Fund for Peace）与《外交政策》（Foreign Policy magazine）杂志每年都公布一个“失败国家指数列表”。详见http://www.fundforpeace.org/web/index.php.

苏丹经济结构单一，以农牧业为主，工业落后，基础薄弱，对自然及外援依赖性强，曾长期被国际货币基金组织认定是无力偿债和不宜提供贷款的国家。根据苏丹统计局2011年8月发布的调查报告，2009年苏丹北部家庭的贫穷率为46.5%，居民的月均消费支出为148苏丹镑（约合74美元）。南苏丹的情况则更差，九成左右的民众生活在人均每天生活费用不足1美元的国际贫困线以下，即使粮食丰收仍有17%人口的食物得不到保证，每5个孩子只有1个有上学的机会。长期的战争摧毁了南苏丹的道路、交通、学校、医院等基础设施，整个社会的发展数十年来停滞不前，要建立起较为完善的基础设施至少需要160亿美元的资金，花费20年左右的时间。①

民众的普遍贫困和基础设施的严重滞后确实是一个严重的问题，但更严重的却是民族国家建构中存在的歧视性。一般来说，国家政权在对待国内少数民族问题上不外乎这样几种态度：包容、同化或奴役。由于阿拉伯国家政权基本上都是建立在阿拉伯民族基础上的，而这种以国家政权为载体的民族主义，一般都强调作为整体概念的民族主义运动，而较少具有宽容性格和多元主义因子，在对待国内少数民族态度问题上倾向于采取民族同化的办法来达到整合的目的，凭借国家强力机器恣意地镇压不满族体的反抗。②苏丹独立后，掌控中央政府的北方阿拉伯人显然没有真正总结埃及人和英国人殖民统治时期的治理实践得失，专注于政治解放而不是国家建构和社会改良。北方长期对南方实行歧视性同化政策，包括政治上大权独揽，经济上重北轻南，文化上大力推广阿拉伯语，宗教上强行推行伊斯兰教等，充其量也就是赶走英国殖民者后采取了变相的法国式直接统治。

在具体施政过程中，苏丹政府既无力通过经济优惠以及教育、医疗、福利安排答谢南方对苏丹统一的支持，历届政府投向南方的基本预算不到10%，所有的工业计划都被安排在北方，南部地区的

① 石华、谷棣：“今日苏丹什么样”，《环球时报》2007年7月26日。

② 田文林：“国家民族主义与阿拉伯国家的文化整合”，《现代国际关系》2003年第12期。

发展项目迟迟提不上日程；又坚决拒绝南方人提议的联邦政府体制，不愿通过包容性的制度安排吸纳苏丹南方黑人精英进入政治决策层，南方几乎所有的行政职位都由阿拉伯人掌握，南方人只能在北方地区担任一些副区长职务。1980年南方发现石油后的“南油北运”政策强化了南方民众“北方人掠夺南方财富”的印象和认知。更糟糕的是，为了压制南方人的不满情绪，阿拉伯人习惯性地采取了从埃及人那儿习得的强制性手段，一些南方政治精英遭逮捕或被枪毙，试图借助军队推动阿拉伯化和伊斯兰化来达到民族均质化，其中最具象征意义而缺乏实质意义的举措就是将基督徒的休息日由星期天改为穆斯林的星期五，这导致当时并不严重的南方问题逐步升级。[①]在这一过程中，双方都把武力作为了保卫自己权利和地位的最有力手段。争地以战，杀人盈野；争城以战，杀人盈城。仅1983—2005年的第二次南北内战，就造成200万人丧生、400万人流离失所、57万人沦为国际难民的巨大生命损失，摧毁了南部的道路、交通、学校、医院等基础设施，整个社会的发展数十年来停滞不前。

可见，苏丹之所以在2005—2011年的“失败国家指数列表”中连续7年位居排行榜前三名，其中一个主要原因就是苏丹政府既未能依靠经济绩效和诉诸传统等众所周知的手段增强国民凝聚意识，未能通过建立基本的福利或社会保障体系来减缓政治和阶级冲突，也未能通过对原有价值观和社会规范的改变来强化民众的共同命运感，未能借助占支配地位的制度安排达成内部一致性行动的目的。在这一过程中，苏丹国家构建的缺位与民族构建的错位形成了恶性循环。国家构建的缺位导致政府无法缔造全体人民共同认同的纽带，无法为民族构建提供强有力的依托；错位的民族构建无力构建有内在凝聚力的国家民族，无法为国家构建提供合法性基础。两者相互影响，相互消耗，战争最终侵蚀了苏丹国家肌体，国家长期陷入严重的危机。[②]内部的社会经济冲突日益加剧，国内政治逐渐衰败，整

---

① 〔美〕罗伯特·柯林斯：《苏丹史》，第75、88页。

② 刘辉：“苏丹民族国家构建初探”，《世界民族》2010年第3期。

个国家和分离主义势力在持续了多年的斗争之后最终分裂。

传统国家建构认同的现代困境

“当文明一开始的时候，生产就开始建立在级别、等级和阶级的对抗上，……没有对抗就没有进步”。[①]由于同化基本上都是带有强制性的，自愿被同化的很少，在交往渠道短缺狭窄、通讯手段原始落后以及经济联系薄弱的传统国家里，互相侵略、压迫、征服就成为彼此间交往的基本形式，各民族间文明的传播只能通过征服、战争和强迫同化来实现，有时甚至必须通过赤裸裸的野蛮的侵略才能把落后民族卷入先进生产力的文明体系，才能打破各民族间发展极为悬殊的局面。推而广之，在19世纪之前的古代世界，在伟大的社会革命支配世界市场和现代生产力并且使这一切都服从于最先进的民族的共同监督之前，人类的进步一直都像可怕的异教神怪那样，“只有用被杀害者的头颅做酒杯才能喝下甜美的酒浆”，征服者“为新世界创造物质基础”就如同地质变革为地球创造表层，被征服者在这个过程中所遭受的具有特殊悲惨色彩的灾难是他们寻求前进所必须付出的代价。[②]从这个角度看，虽然存在诸多失误，然而对在南北交往中占据优势的北方穆斯林而言，如果时间依旧停留在相互割裂的古代世界，即便国家民族主义思想先天不足，即便在国家建构的根本问题上定位错误举措失当，他们仍然有条件保持国家的完整性，甚至有可能建立一个完全阿拉伯-伊斯兰属性的苏丹。但这有两个前提，一是征服者以国家名义对武装暴力的合法性垄断使用不会受到国际强权的质疑和干预，二是要给被征服者留有足够的时间恢复损失弥合裂痕。

可惜的是，1956年独立后的苏丹恰恰缺少这两个条件，其传统

---

① 马克思：《哲学的贫困》，《马克思恩格斯全集》（第4卷），人民出版社1958年版，第104页。

② 马克思：《不列颠在印度的统治》、《不列颠在印度统治的未来结果》，《马克思恩格斯选集》（第1卷），人民出版社1995年版，第760—773页。

的国家建构努力遭遇了严重的现代困境。首先，虽然民族国家传统上一直拥有不证自明的对武装暴力的合法垄断地位，国家是拥有垄断的高压统治手段及其在主权领土内使用它们的代理机构，[①]但在现代世界，传统民族国家对武装暴力的合法性垄断正经历严重的认同危机，具体体现为内部的分离主义冲撞以及外部的国际人道主义干涉。[②]前者带来了诸多民族、国家、地区的动荡和重新分化组合，后者则削弱了民族国家在本国范围内对武装暴力的合法垄断权利，对本国社会冲突的控制权也受到了来自边界之外的强权或国际社会的限制。换言之，在全球化时代，不能借助福利或社会保障体系减缓政治和阶级冲突的转型中的传统民族国家，同样无法借助对武装暴力的合法性垄断减缓社会冲突。其次，在苏丹南北1839年以来的172年交往史上，绝大部分时间都是掠夺和战争，南北双方多年的历史积怨和心理裂痕短期内根本无法得到化解和弥补。秦国在长平（今山西高平地区）坑杀了赵国降卒40万，这虽然也激起了当地民众的刻骨仇恨，但历经两千多年的岁月销蚀和大一统的历史实践，当地人借助水煮火烧啖脑食肉形式以示泄愤的“白起豆腐”菜肴，如今已全无当初的本意而成为了一道有特色的地方风味小吃。而和两千多年的较长历史时段相比，对缺乏民族大一统传统的苏丹而言，2005年《全面和平协议》规定的六年过渡期实在太短，所谓的国家统一的最后机会实质上只具有理论意义。无论是胡萝卜、大棒还是其他，北方都没有办法平息南方人心中的宿怨和现实期盼，无法使得统一的苏丹成为后加朗时代对南方民众有吸引力的选项。

美国因素是导致苏丹传统式国家建构失败的重要外因。苏丹南北内战在很多欧洲人看来就是一场宗教战争，宗教信仰已不太虔诚的他们因为“殖民原罪”而自认不具备谴责苏丹政府的道德立场，

---

① 马克斯·韦伯：《学术与政治》，钱永祥等译，广西师范大学出版社2004年版，第196—197页。

② 简军波：“全球化与民族国家现代规划的溃败”，《世界经济与政治》2002年第11期。

欧洲舆论对苏丹内战一直不太关心或刻意回避。[1]但所有这些对美国人都不是问题。首先，美国是一个宗教立国的国家，宗教的影响力相比别的国家更容易渗透到其政治生活和外交政策中，美国独特的外交认知框架内含着三个相互关联的观点：美国是上帝选择的国家；美国肩负着一个“使命”或受（上帝的）“感召”去改造世界；为了担负起这一神圣的使命，美国代表着铲除邪恶的正义力量。[2]其次，美国没有在苏丹殖民的原罪，反而在相当长时间里高举民主自由的理想主义外交大旗，从威尔逊到罗斯福，无不被广泛看作是第三世界反对殖民主义的灯塔，美国人自己也常常以自由民主监护人的恩抚心态处理与第三世界国家关系。第三，自20世纪60年代以来，解放黑人一直是美国最大的“政治正确”，苏丹黑人的待遇是美国黑人团体和宗教组织很关心的外交动向。由于黑人是民主党的票仓，虔诚的基督徒是共和党的票仓，美国的所有主要政治人物，无论共和党还是民主党，都在以基督徒为主的苏丹南部黑人身上找到了共同点，他们认真回应宗教领袖们要求改善苏丹黑人处境的呼吁，从1989年开始积极调停苏丹内战，希望能在伸张黑人基督徒民权的基础上获得和平解决。20世纪的最后十年，美国政府对苏丹政策的核心主要是反恐，频频以违反人权和支持恐怖主义为由对苏丹进行全面打压，积极阻止伊斯兰激进分子向苏丹南部渗透。21世纪的头十年，由于苏丹政府积极的反恐姿态和内政发展，美国开始致力于结束苏丹内战，重新援引他们在20世纪60年代支持非洲摆脱欧洲列强殖民统治的“民族自决权”观念，支持在苏丹推行“一个民族，一个国家”的民族主义政策。[3]大体上看，美国对苏丹事务的干预基本达到了预期目的，南苏丹建国就是其苏丹政策的标志性成果；有问题的是其介入的时间和干预的方式，从宗教视角也许能更合理解释一些从利益论角度看来并不明智的美国外交政策。

---

① 皇甫茹：“欧洲的苏丹‘原罪’”，《南方周末》2004年8月26日。

② 许月明：“宗教对美国政府外交决策的影响分析”，《当代世界》2010年第3期。

③ 和静钧：“南苏丹‘民族自决模式’”，《世界知识》2011年第8期。

四、苏丹南北分立的国家治理因素

苏丹穆斯林精英的埃及视野

1821—1956年，在南北交往中占据优势的阿拉伯人逐渐产生了两种倾向，一是以优越的心态高高在上地看待南方的黑人，二是越来越把埃及视作其观察世界的窗口。独立前集中地体现为反对埃及和亲近埃及两种思想和政治主张的激烈碰撞，独立后则体现为长期与埃及保持高度联动的特殊关系，对南方的政策大致是基于人种差异的专制统治（rule）而不是现代意义上的国家治理（governance）。

首先，苏丹南北之间本已存在的差距一步步扩大，民族间、部落间的交流融合没有消除彼此的仇恨。在严格实行宗教统治的马赫迪国家时期，北方的穆斯林精英们进一步强化了南北方之间奴隶与奴隶主的二元分野，他们公然宣称要用剑使那些既不皈依伊斯兰教也不相信马赫迪是救世主的南方黑人成为奴隶，一次次洗劫南方黑人村落的目的和埃及人一样，但却因宗教的名义而变得理直气壮。[①]马赫迪运动之后，奴隶制在苏丹成为了一种具有重大历史意义、因种族差别而被合法承认了的社会制度和现实存在，不同文化背景的人在使用“奴隶”一词时，其潜在的含义就是指谈论对象的经济和社会地位低下。[②]南方之于北方犹如苏丹之于埃及，北方阿拉伯人因之也用埃及人看待他们的眼光看待南苏丹的黑人。丢掉南方对北方来说不仅是国家荣誉问题，某种程度上也是一种担心，担心会丧失廉价劳动力来源，担心会丧失蕴藏于南方土地下的财富。[③]然而由于认定南苏丹黑人是非洲大陆最落后的群体和低等种族，北方的穆

① Mansour Khalid, *War and Peace in the Sudan: A Tale of Two Countries*, Kegan Paul, London Bahrain, 2003, p.14.

② 〔美〕罗伯特·柯林斯:《苏丹史》，第9—10页。

③ Joseph Oduho & William Deng, *The Problem of the Southern Sudan*, Oxford University Press, 1963, p.17.

斯林精英们就试图在保持苏丹领土完整的前提下有意识地割断同南方黑人的联系，一方面有点恩赐似的愿意让“苏丹”一词包含南部的黑人，同时却希望人们在谈论时明确地意识到它是专指具有阿拉伯和伊斯兰特征的民族身份的一种标识。[①]例如在婚姻关系上，一个北方男子可以娶南方女子为妻或妾，但南方男子却不可以娶北方女子为妻。因此，尽管北方穆斯林自我感觉身为异教徒的南方黑人应该感谢他们的宽宏大度，应该义无反顾地抛弃他们落后的原始宗教而改宗神圣的伊斯兰教，然而由于统一的苏丹此前就对占总人口1/3的非穆斯林不具有太大吸引力，名实不符后就更不具备民族心理上的凝聚力。北方阿拉伯人和南方黑人的严重政治分歧和互不信任，整体上削弱了苏丹国家的力量，阻滞了苏丹的民族融合和国家成长进程。

其次，北方穆斯林和南方黑人交往时具有明显的心理优势，但在和埃及、英法等更强大的对手打交道时同样倍感屈辱、从属和孤立无援。从马赫迪国家、安萨尔教派到乌玛党，这一派别坚决地主张苏丹独立而反对与埃及合并，马赫迪在1885年攻克喀土穆后振臂高呼战胜了的“土耳其人卡发莱”，就专指占领苏丹的埃及人而不是其他。[②]相反，从哈特米亚教派、兄弟党到民族联合党，都热切地希望与埃及合并，实现“尼罗河流域的统一”。埃及在1952年革命之前没有任何一任国王或者政党愿意放弃苏丹，之后的埃及共和国出于各种考虑放弃了合并苏丹的政策。有着一半苏丹血统的纳吉布总统主张在完全自由的范围内给予苏丹自治权和自决权，从而在根本上消除了苏丹两个主要政党在是否与埃及统一问题的矛盾。[③]独立之后，为了摆脱因非洲整体落后而产生的自卑感，消解对外参与中的落魄和孤立无援，执掌国家公器的穆斯林精英们迫切需要一种新

---

① 〔美〕罗伯特·柯林斯：《苏丹史》，第10页。

② 王彤：“从反埃到反英的马赫迪起义”，《世界历史》1983年第5期。

③ Gabriel R. Warburg, *Egypt and the Sudan: studies in history and politics*, London, 1985, p.24.

的角度重构民族心理，同属伊斯兰文明且对苏丹具有重大影响的埃及顺理成章地成为了他们直接的学习和效仿对象，成为了他们观察外部世界的平台和窗口。为了与埃及亲近，苏丹政府刻意强调自己的阿拉伯国家身份，把伊斯兰教与阿拉伯语看作苏丹国家的基本属性，把苏丹民族主义思想的旗帜定位在阿拉伯伊斯兰而不是国家统一。[①]从推翻英国殖民统治、自由军官组织及其革命到泛阿拉伯-伊斯兰主义旗帜下的一体化尝试，由尼罗河联结的苏丹和埃及长期保持着高度联动的特殊关系。尼迈里总统1974年4月在访埃期间发表演说，“苏丹是埃及的纵深，埃及是苏丹的榜样。……在一体化道路上，尼罗河畔的两国人民是阿拉伯民族的支柱。”[②]

20世纪最后二十年两次自上而下的全面伊斯兰化运动表明，苏丹穆斯林精英们的政治视野开始扩展至整个的阿拉伯-伊斯兰世界，这在某种程度上也是他们对自身一个多世纪观察世界的埃及窗口的修正和超越。21世纪的最初十年，苏丹实现了初步发展，从全球最不发达国家跃升为蓬勃发展的新兴产油国，前所未有地允许南苏丹和平独立，客观上已经超越了既往观察世界的阿拉伯伊斯兰窗口，不确定的只是这种修正和超越是否能够持久有效。值得期待的是，虽然“以教救国、以教治国”的政教合一模式是北方穆斯林精英们在整个20世纪的基本共识和追求目标，但经过半个世纪惨痛的内战教训和最近十年的和平发展，再加上国际社会的强大压力，无论主动还是被动，苏丹的社会精英们正在尝试从一种世界性的眼光打造全新的苏丹，愿意以和平手段平等地处理南北关系，推动南北分立后的苏丹进入了一个新的历史时期——民族更加团结，政治参与更加广泛，人民生活更加有尊严和富足的“第二共和国”时代。[③] 2011年10月8日，巴希尔总统和到访喀土穆的南苏丹总统基尔一致强调，

① Francis Mading Deng, *War of Visions: Conflict of Identities in the Sudan*, Washington: Brookings Institution Press, 1995, p.422.

② 黄苏：“苏丹和埃及一体化计划回顾”，《阿拉伯世界》1996年第4期。

③ Isma'Ii Kushkush, “Bashir Hints at Fresh Start for Sudan”, *The New York Times*, July 13, 2011.

“我们已经失去了统一，我们不愿再失去和平、稳定和发展……谁想让我们重回战争，谁就是我们的共同敌人”。

苏人解从新苏丹到南苏丹的目标嬗变

阿尼亚尼亚运动是第一次内战中最主要的反政府力量，其奋斗目标是建立独立的南苏丹国家。然而由于缺乏有远见有能力的领导人，加之当时非洲国家普遍敌视分裂主义势力，阿尼亚尼亚运动在1972年放弃追求独立的南苏丹国家，退而寻求在苏丹统一框架下的地区自治。苏丹人民解放军是第二次南北内战的反政府武装主力，其领导人加朗是一位有能力、有智谋、有理想的领导者，毕生追求建立统一世俗民主的新苏丹，用近乎独裁的手段成为苏丹南部最有威信的领导人。加朗在2005年开创了一个新时代，却在人生最辉煌的时刻不幸罹难。2011年的南苏丹建国引发了诸多思考，其中之一就是，如果加朗还继续领导南苏丹的反抗运动，统一世俗民主的新苏丹将成为南苏丹全民公投中最有吸引力的选项，苏丹南北方的分立也许就可以避免。但实际上，这几乎只是一种幻觉。

从政治主张看，新苏丹主张基本上就是加朗一个人的政治追求，从南方到北方，几乎没有哪个政治派别坚定地支持这一国家建设目标。在苏人解内部，老资格的阿尼亚尼亚军人都是彻底的分裂主义者，他们始终将自己的部队独立于苏丹人民解放军之外；立法委员会的许多成员都是非公开的分裂主义分子，其中一些人甚至因为认定新苏丹的目标过于激进而指责加朗“与阿拉伯反对派有瓜葛”；[①]纳绥尔派和联合派要求南方独立的主张时时挑战加朗的权威，1991年努尔人主导的纳绥尔派叛乱虽然没有把加朗拉下马，但却成功地复活了南苏丹自治必须优先于苏丹统一的原则。事实上，苏丹人民解放运动、苏丹人民解放军不断发展壮大的主要推力，是加朗的个人领导能力和军事谋略而不是其新苏丹政治目标产生的意识形态吸引

① 刘鸿武、姜恒昆编著:《列国志·苏丹》，第200页。

力。另一方面，统一固然是阿拉伯穆斯林主导的苏丹中央政府的追求目标，但让其让渡既有的主导权而和南方共同建立一个民主统一国家、完全放弃伊斯兰化并致力于建设世俗化的新苏丹，实际上也是难以做到的。

从军事实力看，苏丹北方和南方都缺乏建立新苏丹所需的军事实力。苏丹人民武装部队的兵员主要是南方人、努巴人和达尔富尔人。这些人有着悠久的尚武传统，但因其亲人们都是为了他们民族的平等、正义和尊严而进行斗争的叛乱分子，其忠诚度一直备受怀疑。和许多被强征入伍的人一样，素无训练的民防军战士也不相信派他们去作战的理由，他们把南部苏丹看成是一个完全恐怖和陌生的地方，计算着服役到期的天数，盼望早日返回位于平原或者尼罗河两岸的家乡，完全没有追求战争胜利的热情。南方的反政府武装则更不具备建设新苏丹所需的政治愿望和军事实力。苏人解本质上就是一支农民式军队，它远离普通南方人的关切，只把注意力集中到没有民众参与的军事胜利上，南方人从事解放斗争的唯一途径就是参加苏人解并成为一名战斗人员。这导致了两方面的后果。首先，军事斗争造就了一个高级军官组成的军事精英阶层，其中绝大多数缺乏责任感，往往为了个人晋升和获得尽可能多的牲畜而滥用权力。他们把更多的精力用于操控和诬蔑同僚而不是对付敌人，多数校级以上军官都不愿意为统一世俗民主的新苏丹而浴血奋战。其次，对苏人解的基层参加者来说，他们参加战斗的主要目的就是反对阿拉伯人对其土地、资源和奴隶由来已久的掠夺，和历史上的北方仇敌结成不神圣的同盟以建立一个新苏丹对他们而言完全是一件不可想象的事情。①

民主世俗统一的新苏丹在当代苏丹的现实环境下几乎难以实现，作为政治和军事领导人的加朗无疑清醒地意识到了这一点；但作为理想主义者的他却不愿轻易放弃心中的政治追求，严正强调革命的

① 〔美〕罗伯特·柯林斯：《苏丹史》，第291—298页。

目的就是要建立一个所有苏丹人的新苏丹而不是将南方分离出去，反对种族主义与部落控制的新苏丹联邦政府是南方问题的唯一解决方案。这种矛盾的实际表现，就是加朗从1992年开始未雨绸缪，他在与苏丹政府的谈判中坚持要在南北联合一段时间之后进行自决，试图以一种可进可退的政治架构将其统一的新苏丹政治设想与众多追随者的分离主义情绪进行调和。斯人已逝，斯时已衰。憧憬统一的新苏丹确实是对加朗的一种美好怀念，但那却几乎是实现可能最小的愿景。加朗是苏丹独立以来唯一坚持不懈地为建立新苏丹而宣传鼓动谋划斗争的政治领导人，是一位有着较大政治格局并可能会对苏丹国家发展产生重大影响的历史人物，但却是一位孤独的英雄。退一步讲，即便没有2005年7月飞机失事的意外，2011年的加朗也大概是一位不改变主张就会失败的英雄。

南苏丹建国，新苏丹梦碎。对南苏丹的社会精英们而言，在革命阶段，他们可以通过反对北方阿拉伯人的专制和掠夺而赢得民众的广泛支持，巧妙地把民众的政治热情投射到新政权身上，在建国初期还可以很自然地以之开脱国家治理中存在的各种社会弊端，如贫困、腐败、屈从西方势力等。然而，不同派别的联合本身只能是一个短暂的蜜月，政治主张的歧异在进入国家建构阶段必然会出现甚至激化，“曾经在反殖的革命阶段占据主导的社会和谐必然被各种彼此不相容的社会现实所取代。”① 但从长远的发展眼光看，既然选择了独立掌握自己的命运而不是在联邦政府的框架内寻求地方自治，终获独立的南苏丹就必须尽快告别持续了半个多世纪凯歌高进的宏大革命主题而转入复杂琐碎的建设主题。只有全面反思在20世纪截然不同的两种国家治理实践，积极探寻符合国情的发展道路，及时科学地进行国家制度建设，创造具有现代性、公民性、政治性的民族认同，才能有效地把握住这次凤凰涅槃式的新生机会，较好较快地推动独立后的和平与发展。

---

① BassamTibi, *Arab Nationalism: Between Islam and the Nation-State*, Third Edition, ST. Martin Press, Inc., 1997, p.53.

苏丹政府的因应及其发展

巴希尔总统1989年6月军事政变上台，1993年10月改任总统，2011年7月南北分立后任期“清零”，2015年4月第五次连任，2019年4月被推翻下台，是苏丹建国以来执政时间最长的总统，30年的执政生涯大致可以划分为前中后三个阶段。在1989—2000年的前期阶段，政变起家的巴希尔逐渐从热血青年军官成长为老道的政治领导人，在治国理念上逐渐淡化始自尼迈里时期的官方伊斯兰化色彩，最终利用掌控的枪杆子战胜了昔日政治导师哈桑·图拉比的笔杆子，结束了军人政权与伊斯兰原教旨主义运动长达十年的政治联姻。在21世纪头十年的中期阶段，巴希尔通过内外两方面切实的发展绩效重构了政权的合法性，不仅顺利度过了“斋月决裂”后因为政治伊斯兰理念动摇导致的艰难时期，而且推动苏丹的国家治理进程达到了新高度。其一，巴希尔借助中国公司的帮助成功开发了苏丹的油气资源，初步建立了上下游完整的石化工业体系，加之赶上了国际油价规律性波动长达十多年的上涨期，苏丹不仅实现了独立以来持续时间最长的经济强劲增长，而且通过补贴民生、降低电价、全民免费医疗等多项惠民措施让民众切实享受到发展成果，得到了军队、中部农业区和喀土穆等地民众的支持。其二，巴希尔积极拓展国际生存空间，既强化与中俄等大国的经贸和军事联系，缓和与阿拉伯国家世俗政权的关系，又主动结束与美国的敌对状态，答应美国提出的实现关系正常化条件，先后在达尔富尔危机和南方独立问题上做出重大妥协，借助外力形成结束内战实现和平的倒逼机制。

在21世纪的头十年，巴希尔总统的治国理念和政治抱负似乎逐渐超越了北方穆斯林精英们传统的阿拉伯-伊斯兰视野局限，愿意切实推动苏丹融入国际社会和全球发展潮流，推动国家身份从革命性向现状性的过渡。用第三者的眼光看，和平总比战争要好，内战结束当然是苏丹当代政治进程的一大进步。巴希尔政府借助美国的外压实现了国内和平，凭借石油开发推动了国内发展，用显著的经济成就重塑威望与权力合法性，诸多举措在当时的背景下具备合理性和美好前景。但核心的问题是，巴希尔政府的让步让北方穆斯林永远失去了统一南方的可能，永远失去了南方丰富的油气资源和尼罗河水分配的主动权，未来的南北冲突将因为已经是国与国之间的战争而更缺乏合理性。身为北方穆斯林政治领袖的巴希尔总统可以不惮西方社会的压力，不惧国际刑事法院的指控和逮捕令，却无力破解失去南方油气资源后的经济发展困局，也摆脱不了苏丹政坛传统的派系斗争窠臼，其后期的具体施政虽然曲折坎坷，但整体上重复了和前任尼迈里同样的坠滑曲线。

平心而论，巴希尔政府在优势渐趋明显的2005年同意签署《全面和平协议》，承认2011年1月只有南苏丹人参加的“单边公投”为“全民公投”，接受苏丹南北分立的事实，这是北方穆斯林政治精英们自1956年以来在南方问题上的最大让步，巴希尔总统本人为此承担了极大的政治风险。苏丹仅仅是初步脱离赤贫状态的单一经济国家，南北分立使刚有起色的经济状况发生重大改变，工业的国内生产总值占比在2003—2016年间从23%下滑至3%，物价上涨，货币贬值，财政收入锐减，2017年的541亿美元外债规模已经占当年GDP总额的94.9%且已多次发生过偿还逾期，全国将近15%人口的日均生活费达不到1.9美元的国际贫困线。[①]鉴于南北分立后苏丹在油气和尼罗河水等经济要素上的重大改变，也鉴于频繁发生的军事政变以及政治派系间朝秦暮楚的合纵连横等，巴希尔总统执政中期的国家治理顶层设计从实践角度看确实有点超前，相关路径探索实践的最终作用和他本人的最终历史定位都还有待观察。基本可以确定，巴希尔总统的后期执政既无德于民，又积怨于兵，陷入了多重的两难处境：失去3/4油气资源和4/5外汇来源所导致的经济困难和通胀日益引起民众和其他派系势力的不满，出于派系平衡考量而组建的民族和解政府进一步恶化了经济困难和通胀；因为担心下台后

---

① 陈沫：“苏丹经济发展道路的探索及启示”，《西亚非洲》2018年第2期，第160页。

遭暗算甚或被引渡至海牙国际法庭受审而不敢交权卸任，出于安全考量的集权努力和恋栈举动招致更大的敌意和不稳定。苏丹各派系展开了更激烈的权力博弈，外连胡夷，内协祸心，切齿侧目，蓄势待发！

2013年，受埃及穆尔西政权倒台的影响，全球的政治伊斯兰运动开始退潮，苏丹国内的反政府游行示威不断，巴希尔政府一方面宣布释放所有政治犯，另一方面又镇压民众示威并造成84人死亡，这引发了全国大会党内部的一再分裂，执政架构碎片化特征凸显，社会管控趋于疲弱。2017年5月成立的民族和解政府是苏丹100多个政党和武装派别数年来“全国对话”的主要成果，本质上是执政党用权力引诱、分化和瓦解反对势力的工具。[①]民族和解政府存在重大体制缺陷，畸高的运行成本造成了巨大的财政负担，分歧严重的各党派根本无法就相关事项做出决断，内耗严重，执政能力低下，成立仅16个月就被重组，21个月后被完全抛弃。民族和解政府的迅速解体是苏丹社会动乱的前兆，操控者巴希尔本人在两个月之后的2019年4月就被颠覆下台。引燃苏丹民众积怨的导火索是2018年初削减主食补贴引发的面包涨价，起因是苏丹政府为了获得国际货币基金组织（IMF）的贷款而贸然实施激进的财政与货币政策引发了重大经济危机。民众抗议运动的初期发展轨迹与中东国家经常出现的“大饼革命”并无二致，货币断崖式贬值，通胀率连续高企，国内物价飞涨，面粉、汽油等基本消费品价格成倍增长，银行发生挤兑危机。从2018年8月巴希尔发表连任声明开始，民众的反政府抗议示威活动开始升级，规模更大，地域更广，也更加有组织。借助社交网络全新组建的“专业人士协会”在推翻巴希尔的大规模反政府民众运动中起到了关键的引领作用，执政30年的巴希尔政权逐渐走到了它的命运终点。

在后巴希尔时代，从军事过渡委员会、主权委员会到过渡政

---

① 周华、黄元鹏：“政治合法性与苏丹巴希尔政权的倒台”，《阿拉伯世界研究》2019年第5期，第97—98页。

府的发展进程复杂多变，由布尔汉（Abdel Fattah al-Burhan）、赫梅蒂（Mohamed Hamdan Daglo, Hemetti）和哈姆杜克（Abdalla Hamdok）组成的三驾马车权力体系继承和发展了巴希尔的两大遗产。其一，从主动对美妥协向整体亲美演变。为了缓解南北分立后的经济困难局面，也可能是不想苏丹再被当作无赖国家而被继续孤立，巴希尔政府一直致力于苏美关系的缓和，提升苏丹开展国际贸易、获取外国投资和援助的能力。美国在2017年10月宣布解除对苏丹长达20年的经济制裁，但迟迟不将苏丹移除“支持恐怖主义国家”黑名单，甚至在2019年2月还警告对示威者的“残酷镇压”将影响移除支恐国家黑名单进程。[①]在后巴希尔时代，无论是实现与以色列关系正常化、寻求将苏丹从“支持恐怖主义国家名单”上移除，还是同意加入《罗马规约》并移交前总统巴希尔到国际刑事法院受审，苏丹过渡政府基本上满足了美国政府的主要诉求，成为美国推动的中东和平“路线图”的组成部分，相应诉求也得到了美国政府有诚意地积极回应。

其二，达尔富尔权力板块在苏丹政坛的强势崛起。巴希尔依凭阿拉伯民兵组织“金戈威德”镇压达尔富尔地区的反政府武装，在2013年后进一步使之成为能够与苏丹军队并立的一支武装力量；现任的快速支援部队（RSF）领导人赫梅蒂就是在此过程中扶持成长的主要代表，也确实在后巴希尔时代的权力架构中占有了一席之地，是苏丹过渡期最高权力机构主权委员会的副主席，与利比亚东部国民军、沙特和阿联酋关系密切，同时积极寻求美国等域外大国的支持。米纳维（Suliman Arcua Minnawi）是达尔富尔反政府武装中的实力派代表，与喀土穆的关系在巴希尔时代就呈现出对抗与合作并存的多变特点，在后巴希尔时代更成为布尔汉和哈姆杜克为了制衡赫梅蒂而争相笼络招安的统战对象。就目前来看，虽然“总统助理、达尔富尔州长”等头衔的象征意义大于实质意义，但却能够让米纳

---

① 周华、黄元鹏：“政治合法性与苏丹巴希尔政权的倒台”，第98—102页。

维举荐自己的代表担任内阁部长、加入主权委员会和立法机关，相比以往已经获得了更多实际上的好处，是达尔富尔黑人势力崛起的代表和象征。从1821年以来的历史长时段看，赫梅蒂与米纳维两人在苏丹政坛的强势崛起，确实正在改变两个世纪以来北方尼罗河流域河岸部族主导国家发展的权力格局，但能否彻底扭转国家发展的整体格局还有待观察。

参考文献

国外著作

〔黎巴嫩〕纳乌姆·苏盖尔:《苏丹史》(تاريخ السودان),吉勒出版社1981年版。

〔美〕希林顿:《非洲史》,赵俊译,东方出版中心2012年版。

〔美〕本尼迪克特·安德森:《想象的共同体——民族主义的起源与散布》,吴叡人译,上海人民出版社2005年版。

〔美〕伯恩斯,〔美〕拉尔夫:《世界文明史》,罗经国等译,商务印书馆1987年版。

〔美〕戴尔·布朗主编:《非洲辉煌的历史遗产》,史松宁译,广西人民出版社2002年版。

〔美〕菲利普·希提:《阿拉伯通史》,马坚译,商务印书馆1979年版。

〔美〕罗伯特·柯林斯:《苏丹史》,徐宏峰译,中国大百科全书出版社2010年版。

〔美〕塞缪尔·亨廷顿:《变化社会中的政治秩序》,王冠华、刘为等译,上海人民出版社2008年版。

〔美〕詹森·汤姆森:《埃及史——从原初时代至当下》,郭子林译,商务印书馆2014年版。

〔苏丹〕德拉尔·萨利赫·德拉尔:《现代苏丹史》(تاريخ السودان الحديث),生活书店出版社1968年版。

〔苏丹〕迈基·希贝卡:《独立的苏丹》,上海新闻出版系统"五·七"干校翻译组译,上海人民出版社1973年版。

〔苏丹〕迈基·希贝卡:《数世纪以来的苏丹》(السودان عبر القرون),吉勒出版社1991年版。

〔苏丹〕穆达斯尔·阿卜杜·拉希姆:《苏丹的帝国主义与民族主义》(الامبريالية

والقومية في السودان)，白昼出版社1971年版。

〔英〕G. H. 詹森：《战斗的伊斯兰》，高晓译，商务印书馆1983年版。

Abdel Wahab El-Affendi, *Turabi's Revolution Islam and Power in Sudan*, London: Grey Seal, 1991.

Abel Alier, *Southern Sudan: Too Many Agreements Dishonoured*, Exeter, Ithaca Press, 1990.

Ali Ahmed Suliman, *Sudan Economy*, *The Sub-Saharan Africa 1980*, Routledge Taylor and Francis Group, London and New York,1980.

Ann Mosely Lesch, *the Sudan Contested National Identities*, Bloomington: Indiana University Press, 1998.

Asher Orkaby: *Beyond the Arab Cold War: The International History of Yemen Civil War, 1962–1968*, Oxford University Press, 2017.

B.A.奥戈特主编：《非洲通史》（第五卷），中国对外翻译出版公司2001年版。

Bassam Tibi, *Arab Nationalism: Between Islam and the Nation-State*, Third Edition, ST. Martin Press, Inc., 1997.

Cecil Eprile, *War and Peace in Sudan 1955–1972*,London: David & Charles, 1974.

D.T.尼昂主编：《非洲通史》（第四卷），中国对外翻译出版公司1992年版。

David Hoile, *Darfur in Perspective*, The European-Sudanese Public Affairs Council, London, 2005.

David N. Edwards, *The Nubian Past: An Archaeology of the Sudan*, London: Routledge, 2004.

Deng D. Akol Ruay, *The Politics of Two Sudans: The South and the North*, 1821–1969, Sweden: Motala Grafiska AB, Motala , 1994.

Diana Childress, *Omar al-Bashir's Sudan*, Minneapolis: Twenty-First Century Books, 2010.

Douglas H Johnson, *The Root Causes of Sudan's Civil War*, Bloomington: Indiana University Press, 2003.

Dunstan M. Wai, *The African-Arab Conflict in the Sudan*, London: African Publishing Company, 1981.

Edgar O'Balance, *Sudan, Civil War and Terrorism, 1956–1999*, London: Macmillan Press LTD., 2000.

Francis Mading Deng, *War of Visions: Conflict of Identities in the Sudan*, Washington: Brookings Institution Press, 1995.

Francis Mading Deng, *Africas of Two Worlds:The Dinka in Afro-Arab Sudan*, New Hasen & London: Yale University Press, 1978.

Gabriel Warburg, *Islam, Sectarianism and Politics in Sudan since the Mahadiyyd*, London: Hurst & Company, 1988.

Georg. Schweinfurth, *The Heart of Africa: Three Years' Travels and Adventures in the Unexplored Regions of Central Africa*（2 vols）, London: Marston, Low & Searle.

Gilbert M Khadiagala, *Meddlers or Mediators? African Interveners in Civil Conflicts in Eastern Africa*, Boston: Martinus Nijhoff, 2007.

S. H. Hashmi, eds., *Just Wars, Holy Wars, and Jihads: Christian, Jewish, and Muslim Encounters and Exchanges*, Oxford: Oxford University Press, 2012.

Heather Jane Sharkey, *Domestic Slavery in the Nineteenth-and Early Twentieth-Century Northern Sudan*, Durham theses, Durham University, 1992.

J. Arkell, *A History of the Sudan from the Earliest Time to 1821*, The Athlone Press, 1955.

J. F. 阿德·阿贾伊主编:《非洲通史》(第六卷), 中国对外翻译出版公司1998年版。

James Henry Breasted, *Ancient Records of Egypt* (Vol. I, IV), The University of Chicago Press, 1905.

John Garang, *The Call for Democracy*, Kegan Paul International, 1992.

Joseph Oduho & William Deng, *The Problem of the Southern Sudan*, Oxford University Press, 1963.

Karl W. Butzer & Carl L. Hansen, *Desert and River in Nubia: Geomorphology and Prehistoric Environment at the Aswan Reservoir*, Madison: University of Wisconsin Press, 1986.

Lanny D. Bell, *Interpreters and Egyptianized Nubians in Ancient Egyptian Foreign Policy: Aspects of the History of Egypt and Nubia*, University of Pennsylvania, Ph.D., 1976.

Lászl6 Török, *Between two worlds: The Frontier Region Between Ancient Nubia and Egypt 3700 BC–500 AD*, Leiden & Boston: Brill, 2009.

LaVerle Berry (ed.), *Sudan: A Country Study*, Federal Research Division, Library of Congress, 2015.

M. Lichetheim, *Ancient Egyptian Literature*, Berkeley, Los Angeles & London: University of California Press, 1973, Vol.1.

M.W.Daly, *A History of South Sudan*, Cambridge University Press, 2016.

M.埃尔·法西主编:《非洲通史》第三卷，中国对外翻译出版公司1993年版。

Mansour Khalid, *War and Peace in the Sudan A Tale of Two Countries*, London: Kegan Paul Limited, 2003.

Mohamed Elhachmi Hamdi, *The Making of an Islamic Political Leader, Conversations with Nasan al-Turabi*, Westview Press, 1998.

Mu-chou Poo, *Enemies of Civilization: Attitudes toward Foreigners in Ancient Mesopotamia, Egypt, and China*, New York: Sate University of New York Press, 2005.

Oduho Joseph & William Deng, *The Problem of the Southern Sudan*, Oxford University Press, 1963.

P. M. Holt, M. W. Daly, *A History of the Sudan: From the Coming of Islam to the Present Day*, London: Pearson, 2011.

Peter Woodward, *Sudan, 1898–1989, The Unstable State*, London: Lynne Rienner Publishers, 1990.

Reda Mowafi , *Slavery, Slave Trade and Abolition Attempts in Egypt and the Sudan: 1820–1882*, Sweden: Maimo, 1981.

Richard A.Lobban Jr. , Robert S.Kramer,Carolyn Fluehr-Lobban eds. , *Historical Dictionary of the Sudan*, The Scarecrow Press,Inc.2002.

Richard Gray, *A history of The Southern Sudan, 1839–1889*, Oxford University Press, 1961.

Richard Hill, *Egypt in the Sudan, 1820–1882*, London: Oxford University, 1956.

Howell and Allen eds., *The Nile: Sharing a Scarce Resource*, Cambridge University Press, 1994.

Robert O.Collins, *Land Beyond the Rivers: The Southern Sudan, 1898–1918*, Yale University Press, 1971.

Robert Steven Bianchi, *Daily Life of the Nubians*, Connecticut & London: Greenwood Press, 2004.

Ruth Iyob, Gilbert M. Khadiagala, *Sudan: The Elusive Quest for Peace*, Boulder: Lynne Rienner, 2006.

Scopas S.Poggo, *The First Sudanese Civil War: 1955–1972*, Palgrave Macmillan, 2009.

Steven Serels, *Starvation and the State Famine, Slavery, and Power in Sudan, 1883–1956*, Palgrave Macmillan, 2013.

Susan Turner, *Sudan Economy, The Sub-Saharan Africa 1986*, Routledge Taylor and Francis Group, London and New York, 1986.

Tim Niblock, *Class and Power in the Sudan: The Dynamics of Sudanese Politics, 1898–1985*, London: Macmillan Press, 1987.

United Nations, *World Statistics Pocketbook 2011*, New York, 2012.

W.J.Berridge, *Hasan al-Turabi: Islamist Politics and Democracy in Sudan*, Cambridge University Press, 2017.

William H.Overholt, *China and Globalization*, The Rand Corporation, 2005.

Winston S. Churchill, *The River War: An Account of the Reconquest of the Sudan*, London: Longmans, Green,1902.

阿卜杜拉·侯赛因:《苏丹——自古代历史至埃及复兴之旅》(السودان من التاريخ القديم إلى رحلة البعثة المصرية)第二卷，信达维文化教育基金会2013年版。

国内专著

成飞:《苏丹土-埃统治时期的奴隶问题研究》，硕士论文，西北大学，2017年。

郭丹彤:《古代埃及对外关系研究》，黑龙江人民出版社2005年版。

何芳川、宁骚主编:《非洲通史·古代卷》，华东师范大学出版社1995年版。

姜恒昆:《达尔富尔危机——原因、进程及影响》，浙江人民出版社2014年版。

金观涛、王军衔:《悲壮的衰落——古埃及社会的兴亡》，四川人民出版社1986年版。

金宜久、吴云贵:《伊斯兰与国际热点》，东方出版社2002年版。

蒯世西:《新编中外历史大系手册》，社科文献出版社1996年版。

蓝瑛主编:《非洲社会主义小辞典》，华东师范大学出版社1992年版。

李安山:《非洲民族主义研究》，中国国际广播出版社2004年版。

李少军:《国际政治学概论》，上海人民出版社2005年版。

李世光、刘大群、凌岩主编:《国际刑事法院罗马规约评释》，北京大学出版社2005年版。

梁娟娟:《苏丹部落社会研究》，博士研究生学位论文，西北大学，2017年。

刘鸿武、姜恒昆编著:《苏丹》，社会科学文献出版社2008年版。

刘鸿武、李新烽:《全球视野的达尔富尔问题研究》，世界知识出版社2008年版。

刘鸿武:《黑非洲文化研究》，华东师范大学出版社1997年版。

刘辉:《民族国家建构视角下的苏丹内战研究》，中国社会科学出版社2011年版。

刘文鹏:《古代埃及史》,商务印书馆2005年版。
刘中民:《民族与宗教的互动——阿拉伯民族主义与伊斯兰教关系研究》,时事出版社2010年版。
马克斯·韦伯:《经济与社会》(上卷),商务印书馆1997年版。
潘光、朱威烈主编:《阿拉伯非洲历史文选》,华东师范大学出版社1992年版。
彭树智主编:《阿拉伯国家史》,高等教育出版社2002年版。
彭树智主编:《伊斯兰教与中东的现代化进程》,西北大学出版社1997年版。
舒运国:《泛非主义史(1900—2002)》,商务印书馆2014年版。
涂龙德、周华:《伊斯兰激进主义》,时事出版社2010年版。
吴春秋主编:《外国军事人物辞典》,世界知识出版社1996年版。
吴云贵:《穆斯林民族的觉醒——近代伊斯兰运动》,中国社会科学出版社1994年版。
希提:《阿拉伯通史》,马坚译,商务印书馆1990年版。
杨灏城、江淳:《纳赛尔和萨达特时代的埃及》,商务印书馆1997年版。
杨灏城、朱克柔主编:《民族冲突和宗教争端》,人民出版社1996年版。
杨期锭、丁寒编著:《列国志·苏丹》,上海辞书出版社1985年版。
中国社会科学院西亚非洲研究所编:《北非五国经济》,时事出版社1987年版。
仲跻昆:《阿拉伯现代文学史》,昆仑出版社2004年版。
朱河海:《中东,为水而战》,世界知识出版社2012年版。
宗实:《苏丹》,世界知识出版社1965年版。

外文期刊论文

Alice Moore Harell, "Economic and Political Aspects of the Slave Trade in Ethiopia and the Sudan in the Second Half of the Nineteenth Century", *The International Journal of African Historical Studies*, Vol. 32, No. 2/3, 1999.
Alice Moore Harell, "Slave Trade in the Sudan in the Nineteenth Century and Its Suppression in the Years 1877-80", *Middle Eastern Studies*, Vol. 34, No. 2.
Alice Moore Harell, "Turco-Egyptian Army in Sudan on the Eve of the Mahdiyya, 1877-80", *The International Journal of African Historical Studies*, Vol. 31, No. 1, 1999.
Allen D. Hertzke, "African American Churches and U. S. Policy in Sudan", *The Review of Faith & International Affaires*, Spring 2008.
Andrew Heavens, "South Sudan Party Gambles with Presidency Pullout", *Reuters*, Mar 31, 2010.
Andrew Higgins, "Oil Interests Push China into Sudanese Mire",*The Washington*

Post, Dec 25, 2011.

Arthur E. Robinson, "The Conquest of the Sudan by the Wali of Egypt, Muhammad Ali Pasha, 1820-1824", *Journal of the Royal African Society*, Vol. 25, No. 97, Oxford University Press, 1925.

Elias Nyamlell Wakoson, "Islamism and Militarism in Sudanese Politics: Its Impact on Nation-Building", *Northeast African Studies*, Vo1.5, No.2, 1998.

Gabriel Warburg, "Sudan during the Mahdist State", *Middle Eastern Studies*, Vol. 47, No. 4, July 2011.

中文期刊论文

包茂宏："苏丹马赫迪运动成败原因分析"，《史学月刊》1995年第6期。

成飞："简析土-埃统治时期的苏丹禁奴贸易实践"，《中东研究》2016年第2期。

戴新平、马宏伟："苏丹——新的石油输出国"，《阿拉伯世界》1999年第6期。

丁林："沉重的当代奴隶问题"，《南风窗》2001年第2期。

范红旗："从《德国国际刑法典》看国际犯罪的国内追诉"，《法学杂志》2006年第1期。

郭宝华："南苏丹的希卢克人"，《阿拉伯世界》1981年第5期。

哈宝玉："伊斯兰教苏非派研究及其相关问题"，《西北民族研究》2008年第4期。

和静钧："南苏丹'民族自决模式'"，《世界知识》2011年第8期。

贺鉴、汪翱："从冷战后非洲维和看联合国维和机制的发展"，《当代世界与社会主义》2007年第5期。

皇甫茹："欧洲的苏丹'原罪'"，《南方周末》2004年8月26日。

黄苏："苏丹和埃及一体化计划回顾"，《阿拉伯世界》1996年第4期。

简军波："全球化与民族国家现代规划的溃败"，《世界经济与政治》2002年第11期。

姜恒昆、刘鸿武："种族认同还是资源争夺——苏丹达尔富尔地区冲突根源探析"，《西亚非洲》2005年第5期。

姜恒昆："苏丹内战中的宗教因素"，《西亚非洲》2004年第4期。

蒋真："哈桑·图拉比与苏丹的'伊斯兰试验'"，《西北大学学报》(哲社版)2006年第1期。

金寿福："古埃及人如何构建他者形象"，《光明日报》2017年11月13日。

刘辉："苏丹民族国家构建初探"，《世界民族》2010年第3期。

刘辉："英国对苏丹殖民政策——特点与影响"，《重庆与世界》2015年第2期。

刘澎："美国宗教团体的社会资本"，《美国研究》2005年第1期。

罗伯特·德雷珀（Robert Draper）："黑法老"，《国家地理》（中文版）2008年第2期。
罗小光："苏丹政府再度更迭"，《世界知识》1989年第4期。
石华、谷棣："今日苏丹什么样"，《环球时报》2007年7月26日。
舒运国："阿拉伯人与东非奴隶贸易"，《世界历史》1991年第5期。
宋庆才："苏丹散记"，《西亚非洲》1980年第3期。
田文林："国家民族主义与阿拉伯国家的文化整合"，《现代国际关系》2003年第12期。
屠尔康："库施王国（下）－麦罗埃时期"，《西亚非洲》1985年第4期。
王联："论哈桑·图拉比与苏丹的伊斯兰化"，《西亚非洲》2010年第1期。
王彤："从反埃到反英的马赫迪起义"，《世界历史》1983年第5期。
王秀梅："从苏丹情势分析国际刑事法院管辖权的补充性原则"，《现代法学》2005年第6期。
小平："苏丹贝贾人"，《世界知识》1983年第22期。
许亮："中国的苏丹问题研究综述"，《西亚非洲》2007年第2期。
许耀桐："治理与国家治理的演进发展"，《中共福建省委党校学报》2016年第9期。
许月明："宗教对美国政府外交决策的影响分析"，《当代世界》2010年第3期。
杨成："利益边疆——国家主权的发展性内涵"，《现代国际关系》2003年第11期。
杨力军："安理会向国际刑事法院移交达尔富尔情势的法律问题"，《环球法律评论》2006年第4期。
杨勉："南苏丹独立的背景与前景"，《学术探索》2011年第10期。
于锦绣："简论原始宗教的形式内容和分类"，《世界宗教研究》1998年第4期。
余文胜："苏丹达尔富尔危机的由来"，《国际资料信息》2004年第9期。
张胜军："国际刑事法院的普遍管辖权与自由主义国际秩序"，《世界经济与政治》2006年第8期。
赵淑慧："略论十九世纪苏丹马赫迪国家的性质和特点"，《西亚非洲》1985年第3期。
郑先武："政府间发展组织与苏丹和平进程"，《国际观察》2011年第4期。

译名对照表

A

Aba Island，阿巴岛

Ababda，阿巴布达

Abbas I，阿巴斯一世

Abd el-Kadir Sultan，阿卜杜·卡迪尔素丹

Abd al-Khaliq Mahjub，阿卜杜勒·哈里克·马哈吉卜

Abd al-Majid Hamid Khalil，马吉德

Abd al-Qadir wad al-Zayn，阿卜杜勒·卡迪尔

Abd al-Rahim Shannan，阿卜杜·山南

Abd al-Rahman al-Mahdi，阿卜杜勒·拉赫曼·马赫迪

Abd al-Rahman al-Najumi，阿卜杜勒·拉赫曼·纳朱米

Abd al-Rahman Muhammad Siwar al-Dhahab，阿卜杜勒·达哈卜

Abd al-Rahman Sultan，阿卜德·拉赫曼素丹

Abdallabi，阿卜杜拉比

Abdallah al-Djuhani，阿卜杜拉·朱哈尼

Abdallah al-Umar，阿卜杜拉·欧麦尔

Abdallah Sarh，阿卜杜拉·萨拉

Abdallah ibn Abu Sarh，阿卜杜拉·伊本·阿布·萨拉

Abdallah Khalil，阿卜杜拉·哈利勒

Abdallah-Barshambu，阿卜杜拉-巴尔萨布

Abdallahi ibn Muhammad，阿卜杜拉·伊本·穆罕默德

Abeed，奴隶

Abel Alier，阿贝勒·阿利尔

Abu Abd al-Rahman al-Umari，阿布·乌玛里

Abu Jummayza，阿布·朱迈泽

Abu Likaylik Rajah，阿布·利卡里克·拉贾卜

Abu Rannant，阿布·朗宁特

Abu Shullukh，阿布·舍卢赫

Abu Simbel Temple，阿布辛拜勒神庙

Abu Windn，阿布·威丹

Abu Hamed，阿布哈迈德

Abul Kasim Ahmad Bukr，阿布尔·卡西姆·艾哈迈德·伯克尔

Abu-Rakwa，阿布-拉克瓦

Abu-Rish，阿布-里什

Abyei，阿卜耶伊

Addis Ababa Agreement（1972），《亚的斯亚贝巴协定》
Adjib I，阿杰布一世
Adlan II，阿德兰二世
Aggrey Jaden，阿格雷·杰登
Ahamad Abdel al-Wahab，艾哈迈德·阿卜杜勒·瓦哈布
ahl al-usul，阿赫尔乌苏尔，具有古老门第和身份的传统贵族
Ahmad al-Rayyah al-‘Araki，艾哈迈德·拉亚赫·阿拉基
Ahmad al-Tayyib al-Bashir，阿麦德·塔伊卜·巴希尔
Ahmad b.Tulun，艾哈迈德·图伦
Ahmad Bukr Musa，艾哈迈德·伯克尔素丹
Ahmad Harun，艾哈迈德·哈伦
Ahmad ibn Idris al-Fasi，阿麦德·伊本·伊德里斯·法希
Ahmad Kashif Ghashim，艾哈迈德·哈希姆
Ahmad Manikli，艾哈迈德·马尼克里
Ahmad Qurashi，艾哈迈德·库拉希
Ahmed al-Mirghani，艾哈迈德·米尔加尼
Ahmose，阿赫摩斯
Akhmim，艾赫米姆
Akordat，阿科达特
Aksha，阿克沙
Aksumites，阿克苏姆人
Akwot，阿科沃特
Al Junayd，琼莱
al-Abwab，阿卜瓦
Alara，阿拉亚
Alays，阿莱斯
al-Dayr，代尔
Alexander，亚历山大
Al-Fathi Urwah，法蒂·欧尔沃
Alfred Milner，阿尔弗雷德·米尔纳
al-Hakim Hakim Caliph，哈基姆哈里发
Ali Abd al-Latif，阿里·阿卜德·拉蒂夫
Ali Abdel Rahman，阿里·拉赫曼
Ali al-Haji，阿里·哈吉
Ali al-Mirghani，阿里·米尔加尼
Ali Baba，阿里巴巴
Ali Hamid，阿里·哈米德
Ali Ibn Muhammad Hilu，阿里·伊本·穆罕默德·希卢
Ali Khurshid Agha，阿里·胡尔希德·阿伽
al-ittihad al-islami al-Somalia，索马里伊斯兰团结党
al-Jabal，杰贝勒
al-Kabushiyya，卡布什亚
al-Madin，马迪，也称红海山区
al-Maqrizi，马克里兹
al-Mu‘tasim Caliph，穆塔希姆哈里发
al-Mustansir Caliph，穆斯坦西尔哈里发
al-Mutasim Caliph，穆尔台绥姆哈里发
al-Rashid，拉希德，“正确的指引”
al-Rusayris，鲁赛里斯
al-Sammani，萨曼尼
al-Shafi Ahmad al-Shaykh，沙菲·艾哈迈德·谢赫
al-Sufiyyah，苏菲派
al-Urdi，乌尔迪
Alwa，阿勒瓦，阿拉伯人称为阿洛迪亚（Alodaei）

al-Zubayr Rahman Mansur，祖贝尔·曼苏尔
Amani-nataki-lebte，阿马尼
Amara，阿马拉
Amara Dunqas，阿玛拉·顿卡斯
Amenhotep III，阿蒙霍特普三世
Amennemhet I，阿蒙尼赫特一世
Amon，阿蒙
Anglo-Egyptian Agreement on Sudan，英-埃共管苏丹协定
Anglo-Egyptian Condominium Sudan，英-埃共管苏丹
Anglo-Egyptian Nile Water Agreement（1929），1929年尼罗河用水协议
Anglo-Egyptian Treaty，英-埃条约
Angurdiri，昂格迪里
Annesty International，大赦国际
Ansab，安萨布
Ansar，安萨尔，辅士/助手
Anya-Nya II，阿尼亚尼亚第二
Anya-Nya，阿尼亚尼亚
Anywa，安尼瓦人
Apedemak，阿佩德马克，狮神
Arab Fund for Economic and Social Development, AFESD，阿拉伯经济与社会发展基金
Arakis Energy Corporation，阿拉基斯能源公司
Arbadji，阿尔巴吉
Ardeb，阿达布
Aroma，阿罗马
Ashigga，兄弟党
Assiut，艾斯尤特
Aswan，阿斯旺
Asyut，艾斯尤特
Atbala，阿特巴拉河
Atbara，阿特巴拉
awaaid，进口税
Aweil，乌韦勒
Awlad al-Bahr，巴赫里人
Ayam al-Zawahiri，扎瓦赫里
Aydhab Port，阿伊达布港
Aydhab，阿伊达布
Ayod，阿约德
Ayyubids Dynasty，阿尤布王朝
Azande，也称为Niam-Niam，阿赞德人
Azanian Liberation Front，ALF，阿扎尼亚解放阵线

B

Baathists，阿拉伯复兴社会党
Babikr al-Dahab，巴比克尔·达哈卜中校
Babikr Awadallah，巴比克尔·阿瓦达拉
Babikr Nur Ottoman，巴比克尔·奥斯曼
Badi II Abu Dikn，巴迪二世阿布·迪肯
Badi VI，巴迪六世
Badi wad Rajab，巴迪·瓦德·拉贾卜
Bahr Scheluk，塞卢克河或希卢克河
Bakht al-Ruda，拜希特汝达
Bakkara，巴卡拉人
Bakri Hasan Salih，巴克里·萨利赫
Ballana，巴拉纳
Bantu，班图人
Banu'l-Kanz，巴努尔坎茨
Baqt Treaty，《巴克特条约》
Bara，巴拉

baraka，巴拉卡，意为“赐福或仁慈”
Bari，巴里人
Batahin，巴塔欣
Batn-el-Hagar，巴滕哈杰尔
Baybars Sultan，拜伯尔斯素丹
Bayuda，拜尤达
Bedawiye，贝贾语（亦称贝督维语）
Bedayriyya，贝达伊里亚人
Beduin，贝都因人
Beijing Consensus，北京共识
Beja，贝贾
Bentiu，本提乌
Berber，柏柏尔人
Bible，《圣经》
Bilad al-Sudan，比拉德苏丹
Bishop Paulos，保罗斯主教
Blemmyes，布勒来人
Boma Plateau，博马高原
Bongo，邦戈氏族
Bor，博尔
Bornu，博尔努
Boutros Ghali，布特劳斯·加里
Bradish，巴拉迪斯
Buhen布亨
Burri al-Lamab，布里拉玛布
Butane Steppe，布塔奈草原
Bwoc，卜沃斯

C

Cambyses，冈比西斯
Candace/ Candice，坎迪斯/干大基
Carlos，卡洛斯
Charles George Gordon，查尔斯·乔治·戈登
Charter of the Alliance for National Salvation，救国联盟宪章
Chevron，雪佛龙公司
China National Petroleum Corporation，CNPC，中国石油天然气集团公司，中石油
Christian Aid，基督教援助
Christodulos Paulos，克里斯托杜洛斯主教
Chukundum，楚库杜姆
Clement Mboro，克莱门特·姆博罗
Colin Powell，科林·鲍威尔
Colonel William Hicks，威廉·希克斯
Constituent Assembly，制宪会议
Council for the Unity of Southern Sudan，CUSS，南部苏丹统一委员会
Council of Defenders of the Revolution，捍卫革命委员会，又称“四十人委员会”

D

Dading，达丁人
Dadju，达乔人
Dakin Sultan，达金素丹
Damazin，达马津
Danagla，丹拿格拉部落
Danakla，达纳克拉人
Dar Banda，达尔班达
Dar Fertit，达尔费尔蒂特
Dar Fur，富尔素丹国
Dar Kimr，达尔基姆尔
Dar Masalit，达尔马撒利特
Dar Tama，达尔塔马
Dar Zaghawa，达尔扎加瓦

Dar/Dur，达尔
Darb al-Arbain，达尔卜阿尔巴英，即四十日之路
Darfur crisis，达尔富尔危机
Darfur，达尔富尔
Darius Bashir，大流士·巴希尔
Dawud，达乌德
Dayqa，戴卡
de Malzac，马尔扎克
Debba，德巴
Defterdar，德福特达尔
Democratic Unionist Party，民主联盟党
dhimmis，迪米/齐米，保护民
Dhokoth，德霍科斯
Didinga，迪丁加
Dilling，迪灵
dimlij，迪穆利吉（地方酋长）
dinars，第纳尔
Dinder，丁德尔河
Dinka，丁卡人
Diodorus Siculus，狄奥多罗斯·西格斯
Dja'aliyyun，贾阿利英人
Djaali，贾阿利
Djama'ab，贾马阿布
Djamaiya，贾马伊亚
Djawabra，贾瓦布拉人
Djawami'a，贾瓦米亚
Djehuty-hotep，杰胡蒂-霍特普
djizya，人头税
Dongola，栋古拉
Du Roule，杜鲁勒

E

Ebony monument，乌檀纪念碑
Edfu，埃德福
Eduard Schnitzer，爱德华·施尼彻尔
El Damer，达迈尔
El Obeid，欧拜伊德
El Fasher，法希尔
El Kurru，艾尔库如
Elephantine，埃里芬提尼
Emedio Tafeng Odongi，埃米迪厄·塔芬
Equatorial Central Committee of Intellectuals, ECCT，赤道州知识分子中央委员会
Esna，艾斯纳
Ethiopia，埃塞俄比亚人
Ezana，埃扎纳，第一个信奉基督教的阿克苏姆国王

F

fakhi，法基赫，泛指“法学家和苏菲神秘主义者”
Faras Church，法拉斯大教堂
Faras，法拉斯
Faruq Hamdallah，法鲁克·哈姆达拉
Fashoda crisis，法绍达危机
Fatimids dynasty，法蒂玛王朝
Fazughli，法祖格利
Federation of Workers Union，苏丹工会联合会
Ferdinand Werne，费迪南·沃尔纳
Fernand Braudel，费尔南·布罗代尔
Fezzan，费赞
Free Officer's Movement，自由军官组织
Funj，丰吉

Fustat，富斯塔特

G

G.W.Browne，布朗
Gaafar Mohamed Nimeri，加法尔·穆罕默德·尼迈里
Garnet Joseph Wolseley，沃尔斯利勋爵
Gash，加什
Gazuli Dafallah，贾祖里·达法拉
Gbudwe，格巴德夫，即延比奥，Yambio
Gebel Barkal holy mountain，博尔戈尔圣山
George A. Reisner，乔治·A.赖斯纳
George Symes，乔治·赛姆斯
George Thibaut，乔治·蒂鲍特
Georgios I，乔治斯一世
Gezira Scheme，杰济拉计划
Gezira，杰济拉
Ghazal，加扎勒
Ghudiyat，格胡迪亚特
Ghulamallah Ayid，乌莱玛拉－阿伊德
Gismallah Abdullah Rasas，吉斯马拉·拉萨斯
Gonder，贡德尔
Gondokoro，冈多科罗
Gordon Memorial College，戈登纪念学院
Gordon Muortat Mayen，戈登·穆奥塔特·马延
Governor Horemheb，霍连姆海布总督
Governor Nesikhons，尼希克洪总督
Governor Paneshey，帕奈赫西总督
Graduate Conference，毕业生大会
grand Mufti，大穆夫提（沙里亚法专家）
Greater Nile Operating Petroleum Company, GNOPC，大尼罗石油作业公司
Group A，A族群
Group B，B族群
Group C，C族群
Group X，X族群
Gwain Bell，戈温·贝尔

H

Habaniyya，哈巴尼亚人
Hadariba，哈达里巴
Hadariba，哈达里巴人
Hadariba，哈达里巴人，即阿拉伯化的贝贾族人
Hadendowa，哈丹达瓦
Hadi al Majub，哈迪·马哈吉卜
Hadjar al-Asal，哈贾尔阿沙尔
Hahhani，哈巴尼家族
Hajar al-‘Asal，哈贾尔－阿萨尔
hajj，哈吉，即“朝觐”
Hakura，哈库拉（土地特许权或免税优惠的地产）
Halanqa，哈兰卡人
Hamad Abu Dunana，哈麦德·阿布·杜纳纳
Hamad Muhammad al-Majadhib，哈麦德·穆罕默德·马贾赫卜
Hamad，哈麦德
Hamadj，哈马吉
Hamar，哈马尔
Hamdan Abu Anja，哈马丹·安雅
Hamid，哈米德人
Hamites，含米特人
Hammad ibn Muhammad al-Madjdhub,

哈马德·伊本·穆罕默德·马吉祖卜
Hammada，哈曼达人
Handab Hydropower Plant，汉杜卜水电站
Hannik，汉尼克
Harkuf，哈库夫
Hasan Bashir Nasr，哈桑·纳斯尔
Hashim Bedreddin Mohammed，哈希姆
Hashim Isawi，哈希姆·伊萨维
Hashim Muhammad al-Ata，哈希姆·阿塔
Hassan Turabi，哈桑·图拉比
Hassaniya，哈萨里亚部落
Hausa，豪萨人
Heglig，哈季利季
Herbert Kitchener，赫伯特·基钦纳
Hermopolis，赫尔摩波利斯
Hijaz，希贾兹
Horus Temple，荷鲁斯神庙
Human lights Watch，人权观察组织
Husni Mubarak，胡斯尼·穆巴拉克
Hyksos，希克索斯

I

Ibn Sulaym al-Aswani，伊本·苏莱姆·阿斯瓦尼
Ibrahim Abbud，易卜拉欣·阿布德
Ibrahim al-Bulad ibn Djabir，易卜拉欣·布拉德·伊本·贾比尔
Ibrahim Dja'al，易卜拉欣·贾阿尔
Ibrahim Qarad Sultan，易卜拉欣·卡拉德素丹
Idris Wad Adlan，伊德里斯·瓦德·阿德兰
Idris Wad al-Akbar，伊德里斯·瓦德·阿克巴尔
Iken，伊肯
Iltete，伊尔泰特人
Intergovernmental Authority on Development, IGAD，伊加特
Interim Action Plan，临时行动纲要
International Criminal Court, ICC，国际刑事法院
Inter-Religious Dialogue Conference，宗教对话会议
Irdab，伊尔达卜
Ishak，伊萨克
Isis，伊西斯（生命女神）
Islamic Charter Front，ICF，伊斯兰宪章阵线
Islamic experiment，伊斯兰试验
Ismail al Azhari，伊斯梅尔·阿扎里
Ismail Kamil，伊斯梅尔·卡米尔
Ismail Sultan，伊斯梅尔素丹
Ismail，伊斯梅尔
Isna，伊斯纳
Ivory trade，象牙贸易
Iyasu II，伊雅苏二世

J

Ja'ali，贾阿林人
Jabal Awliya Dam，贾巴尔奥利雅大坝
Jabal Kasala，卡萨拉山
Jadda，吉达
Jalal Ali Lutfi，贾拉勒·鲁特非
Jallaba，杰拉巴（小商人）
Jamma，贾玛
Jawish，贾维斯

Jean Baptiste Marchand，马尚德
Jieng，吉恩人（南苏丹丁卡人的自称）
Jihadiyya，杰希迪亚（奴隶军队）
John Danforth，约翰·丹佛斯
John Garang，约翰·加朗
Jonglei Canal，琼莱运河
Joseph Garang，约瑟夫·加朗
Joseph James Tambura，约瑟夫·詹姆斯·坦布拉
Joseph Lagu Yakobo，约瑟夫·拉古·雅科博
Joseph Natterer，约瑟夫·奈特尔
Joseph Oduha Aworu，约瑟夫·奥杜哈
Juba，朱巴
Juhayna，朱海纳人
Julianos，尤利亚诺斯
Justice and Equality Movement，JEM，正义与平等运动

K

Kababish，卡巴比什人
Kabsh ibn Hamad al-Afzar，卡巴什·伊本·哈马德·阿弗扎尔（卡巴比什人先祖）
Kadiriyya Sect，卡德里亚教派
Kakwa，卡克瓦
Kalaun Sultan，卡拉乌恩素丹
Kandahar，坎大哈
Kanfu，康富
Kanir，卡尼尔
Kanz al-Dawla，坎茨·达乌拉，意为“国宝”
Karanbas，卡伦巴斯
Karari plain，凯拉里平原
Kashif，卡什夫
Kashta，喀什塔
Kawa，卡瓦
Kawasima，卡瓦斯马
Keira，凯拉
Kenana Sugar Factory，科纳纳糖厂
Kerma，凯尔迈
Kernek Temple，凯尔奈克神庙
Kerri，凯里
Kerubino Bor，克鲁比诺·博尔
Khalid Hasan Abbas，哈立德·阿巴斯
Khalifa，哈里发（继任者）
Khalifat al-Mahdi，马赫迪哈里发（马赫迪的继任者）
khalwa，哈尔瓦（传统伊斯兰小学）
Khalwatiyya Sect，哈尔瓦提亚教团
Khamis Djunkul，卡米斯·朱恩库尔
Khardja，哈尔贾
khartoum，喀土穆，意思是“大象鼻子”
Khashm al-Bahr，哈希姆-巴赫尔
Khedive Ismail，赫迪夫伊斯梅尔
Khedive，赫迪夫（总督）
Khitat，《希塔特》
Kinana，基纳纳人
King Amanishakheto，阿玛尼沙克托国王
King Anadj，阿纳吉国王
King Armanirenas，阿玛尼雷纳斯女王
King Aspelta，阿斯佩尔塔国王
King Djer，杰尔国王
King Ergamenos，埃加梅尼斯国王
King Haile Selassie，海尔·塞拉西国王
King Kyriakos，基里亚科斯国王
King Leopold，比利时国王利奥波德

King Merkurios，默库里奥斯国王
King Qalidurut，卡利杜鲁特国王
King Shabaqo，沙巴卡国王
King Shabataqo，舍比特库国王
King Shamamun，夏马蒙国王
King Shanakdakhete，沙纳达凯特女王
King Siptah，西普塔国王
King Susenyos，苏塞尼奥斯国王
King Taharqa，塔哈卡国王，《圣经》中译为“特哈加”
King Tantamani，坦塔玛尼国王
King Yoannes，约安尼斯国王
King Zacharia，扎察里亚国王
Kingdom of Axum，阿克苏姆王国
Kinyeti，基涅提
Kobbie，科拜
Kober prison，考伯尔监狱
Koka Dam Agreement，《科卡达姆协议》
Kongor，孔戈尔
Kor，科尔
Kordofan，科尔多凡
Kosti，库斯提
Koz Radjab，科兹拉贾卜
Kshiflik，卡希夫利克人
Kubanieh North，北库巴尼耶村
Kubban，库班
KuKu，库库人
Kunjara，昆贾拉
Kurdish，库尔德人
kurkwa，库尔克瓦（富尔的持矛士兵）
Kurmuk，库尔穆克
Kurti，库尔提
Kush，库施/库什
Kuttabs，库塔布（公立学校）
Kwara，科瓦拉

L

Ladin International，拉登国际公司
Lado，拉多
Lake No，诺湖
Lam Akol，拉姆·阿库勒
Lamul，拉穆尔
Langinus，郎吉努斯
Latuka，拉图卡人
Latuko，拉图库族
Lazarus Sumbeiywo，苏姆比耶沃
Levi Eshkol，列维·艾希科尔
Lord Cromer，克罗默勋爵
Luel，卢埃尔人
Luo，卢奥人

M

Maaliyya，马利亚人
Machakos Protocol，马查科斯议定书
Madi，马迪人
Madjadhib，马贾迪卜人
Magbur Amin，马格布尔·阿明
Mahdi，马赫迪
Mahkamah Sheikh，谢赫法庭
Mahmud Ahmad，马哈茂德·艾哈迈德
Mahmud al-Araki，马哈茂德·阿拉基
Mahmud Muhammad Taha，马哈茂德·塔哈
Mahu Bey，毛希·贝伊
Majadhib，马贾赫卜
makk，酋长
Makoritae，马库里亚
Malakal，马拉卡勒

Malik al Zubair，马里克·祖拜尔
Malik al-Futawi，马立克·富塔维
Maliki Sect，马立克学派
Mamluks，马穆鲁克
Managil Expansion Project，迈纳吉勒扩展工程
Mandari，曼达里人
Mandjill，曼吉尔
Mandjuluk，曼朱卢克
Manwashi，曼华西
Maris，马里斯
Marra，迈拉
Massawa，马萨瓦
May Revolution，五月革命
Medjay，梅杰人
Mehperi，梅赫佩里
Meinarti Island，迈纳尔提岛
Melut，迈鲁特
Memphis，孟斐斯
Merdi，梅丽迪
Meroe，麦罗埃
Meroitic，麦罗埃文
Merowe Dam，麦洛维大坝
Mesallamiyya，梅萨拉米耶人
Meshra al-Rek，梅什拉雷克
Mirafab，米拉法卜
Mirghaniyya/ Khatmiyya，米尔加尼亚/哈特米亚教团
Mirgissa，米尔吉萨
Misayriyya，米萨伊里亚人
Missionary Societies Act，传教士社团法令
Mongalla，蒙加尔拉
Moru，莫鲁人
Moya Hills，莫亚山
Muawiya Ibrahim，穆阿维叶·易卜拉欣
Mudukuru，掠奴者
Mugland，穆格莱德
Muhammad Abu Likaylik，穆罕默德·阿布·利凯里克
Muhammad Adlan，穆罕默德·阿德兰
Muhammad Ahmad Ibn Abdullah，穆罕默德·阿卜杜拉
Muhammad Ahmad Mahgoub，穆罕默德·马哈古卜
Muhammad al-Bulalawi，穆罕默德·布拉拉威
Muhammad al-Fadl，穆罕默德·法德尔
Muhammad al-Husayn Sultan，穆罕默德·侯赛因素丹
Muhammad Ali，穆罕默德·阿里
Muhammad Dawra，穆罕默德·达乌拉
Muhammad Din，穆罕默德·丁
Muhammad Fadl，穆罕默德·法德尔
Muhammad Ila，穆罕默德·伊拉
Muhammad Khusraw，穆罕默德·库斯鲁
Muhammad Kurra，穆罕默德·库拉
Muhammad Sa'id，穆罕默德·赛义德
Muhammad Shaker，穆罕默德·沙克尔
Muhammad Sharif，穆罕默德·谢里夫
Muhammad Tayrab ibn Ahmad Bukr，穆罕默德·台拉卜·伊本·艾哈迈德·伯克尔
Muhammad Uthman al-Mirghani，穆罕默德·奥斯曼·米尔加尼
Muhammad Wad Rajab，穆罕默德·瓦德·拉贾卜

Muhay al-Din Abdallah，穆希·阿卜杜拉
Muomo，穆奥莫
Murle，穆尔勒人
Musabba'at，穆萨巴特人
Musalim，穆萨里姆
Mushu，穆舒
Musovaarat，穆索瓦拉特

N

Naath，纳斯人（努尔人的自称）
Nachtigal，纳赫蒂加尔
Naga，纳盖
Nakuru Framework File，纳库鲁框架文件
Napata，纳帕塔
Napoleon Bonaparte，拿破仑·波拿巴
Nasir of SPLM，苏人运纳绥尔派，也叫作联合派
Nasir，纳绥尔
National Alliance for the Salvation of the Country, NASC，“救国联盟”
National Congress Party, NCP，全国大会党
National Declaration of Peace，全国和平宣言
National Front for Professionals，全国专业人士阵线
National Front，国民阵线
National governance，国家治理
National Islamic Front，NIF，全国伊斯兰阵线
National Petroleum Corporation of Malaysia，马来西亚国家石油公司
National Salvation Revolution，救国革命
National Unionist Party，NUP，民族联合党
Naupo，诺波
Nehesyu，涅赫苏人
Ngok，恩戈克人
Ngoli，恩戈利
Nile River，尼罗河
Nile Water Distribution Agreement，尼罗河水分配协定
Nilotes，尼罗特人
Nimr Wad Muhammad，尼莫尔·瓦德·穆罕默德
Nisba，尼斯巴
Niuty，纽蒂
Njlo-Hamites，尼罗哈姆人
Noba/Nuba，诺巴人/努巴人
Northern Defense Corps，北方防卫军团
Nouri，努里
Nubades，诺巴德
Nubas/Nubades，努巴人/诺巴德
Nubia，努比亚
Nubian Corridor，努比亚走廊
Nuer，努尔人/努维尔人
Nyakwaa，尼阿克瓦阿
Nyala，尼亚拉
Nyikang，尼康

O

October Revolution，十月革命
Odak Ocollo，奥达克·奥科洛
Omar Hasan Ahmad al-Bashir，奥马尔·哈桑·艾哈迈德·巴希尔

Operation Lifeline Sudan，苏丹生命线行动

Organization of African Unity, OAU，非洲统一组织

Ottoman Dickner，奥斯曼·迪克纳

Owiny-Ki-Bul，奥威尼凯巴尔

Ozdemir Pasha，奥兹德米尔帕夏

P

Paqar，帕卡尔

Paulino Matip，鲍里诺·马蒂普

People's Democratic Party，PDP，人民民主党

Pepi II，佩皮二世

Persepolis，波斯波利斯

peshte/ Pasha，帕夏

Petronius，佩特罗尼乌斯（罗马驻埃及行政长官）

Pharaoh，法老

Philae island，菲莱岛

Phillip Pedak Leith，菲利普·雷思

Piankhy，佩耶，也译作"皮亚、皮安基"

Poehalla，波查拉

Popular Arab and Islamic Conference, PAIC，阿拉伯与伊斯兰人民代表大会

Popular Congress Party，PCP，人民大会党

Popular Defense Forces，民防军

Powers of Nomad Sheikhs Ordinance，游牧部落酋长权力法令

Powers of Sheikhs Ordinance，酋长权力法令

Ptah Temple，普塔神庙

Ptolemy II，托勒密二世

Pyramid，金字塔

Q

Qadi，卡迪（逊尼派教法学校培养出来的法官）

Qalawun Sultan，盖拉温素丹

Qallabat，加拉巴特

Qena，基纳

Queen Abudhok，阿布德霍克女王

Queen Amanitere，阿玛尼托王后

Queen Armanisha Coherto，阿玛尼莎科海托王后

Queen Theodora，西奥多拉女王

Quran，《古兰经》

Quraysh，古莱什人

Qus Governor，库斯总督

Qustul，古斯图勒

R

Rabi'a，拉比阿

Raga，拉加

Rahad，拉海德

Rajab Wad Bashir al-Ghul，拉贾卜·瓦德·巴希尔·古尔

Ramesses I，拉美西斯一世

Ramseses II，拉美西斯二世

Reginald Wingate，雷金纳德·温盖特

Regional Government Act 1980，1980年地区政府法案

Renk，伦克

Reth，雷司（希卢克人的最高首领/国王）

Revolutionary Command Council, RCC，革命指挥委员会，简称"革指委"

Riek Machar，里克・马夏尔
Rivergate Church，江门大教堂
Rizayqat，里扎伊卡特人
Round Table Conference on Southern Problem，关于南方问题的圆桌会议
Rubat Sultan，卢巴特素丹
Rueng，鲁因格人
Rufa'a，鲁法族
Rumbek，伦拜克

S

Sabluka，萨巴鲁卡
Sadab，萨达卜人
Sadiq al-Mahdi，萨迪克・马赫迪
Sahib al-Ma'din，沙希伯・马迪
Sakadi，萨卡迪人
Saladin，萨拉丁
Salima Oasis，萨利马绿洲
Salima，萨利马
Salva Kiir Mayardit，萨尔瓦・基尔・马亚尔迪特
Samuel Baker，塞缪尔・贝克
Sanat Sitta famine，萨纳特・西塔饥荒
Sao，萨奥人
Sāqiya，萨奇亚（灌溉工具）
Saturnino Lohure，萨托尼诺・洛赫尔
Savannah，萨凡纳地区
Sawakin，萨瓦金
Sawba，索巴（今喀土穆附近）
Say，萨伊人
Sayyid Ali al-Mirghani，赛义德・米尔加尼
Sayyid Muhammad Ahmad Mahjub，赛义德・马哈古卜
Sayyid Siddiq，赛义德・西迪克
Sebni，赛布尼
Selim Qapudan，萨利姆・卡普坦
Sembi，赛穆比，酋长
Semna，塞姆纳
Sennar Dam，森纳尔大坝
Sennar，森纳尔
Sequestration Act，查封法令
Serra，塞拉
Shadhiliyya Sect，萨迪里亚教派
Shaduf，沙杜夫
Shagara，沙迦
Shakanda，萨坎达
Shamasa，沙摩挲，意为“只有太阳没有屋檐的人”
Shandi，尚迪
Sharia，沙里亚法
Sharif al-Hindi，谢里夫・辛迪
shartay，沙塔伊
shartaya，沙塔亚/大酋长区
Shaykan，希甘
Shaykh，谢赫，意为“首领、长老”
Shaykiyya，舍基亚人
Shezmu，舍兹姆
Shilluk，希卢克人
Shukriyya，舒克里耶人
Sibuz，锡布兹，今“卢克索”
Sir Eldon Gorst，埃尔登・戈斯特爵士
Sir John Maffey，约翰・马菲爵士
Sirr al-Khatim al-Khalifa，希尔・哈提姆・哈利法
slave trade，奴隶贸易
Sobat River，索巴特河
Southern Front，南方阵线

Southern Sudan Liberation Movement, SSLM，南部苏丹解放运动
Southern Sudan Provisional Government, SSPG，南部苏丹临时政府
SPLA United，苏人解联合派
St Simeon Monastery，圣西米恩修道院
Subayr，苏贝尔
Sudan African Closed Districts National Union，苏丹非洲封闭区民族联盟
Sudan African National Union，SANU，苏丹非洲民族联盟
Sudan Christian Association, SCA，苏丹基督教协会
Sudan Defence Force, SDF，苏丹国防军
Sudan Liberation Movement，SLM，苏丹解放运动
Sudan People's Liberation Army（SPLA），苏丹人民解放军，简称“苏人解”
Sudan People's Liberation Movement（SPLM），苏丹人民解放运动，简称“苏人运”
Sudan Socialist Union，SSU，苏丹社会主义联盟，简称“苏社盟”
Sudanese National Party, SNP，苏丹国民党
Sudd，苏德
Sulayman ibn Ahmad Bukr，苏莱曼·伊本·艾哈迈德·伯克尔
Sulayman Solongdungu，苏莱曼·索朗顿古
Sulayman，苏莱曼
Sultan，素丹
Susa，苏萨

T

Taaisha，塔艾沙人
Taba Investments，塔巴投资公司
Tadj al-Din al-Bahari，塔吉·丁·巴哈里
Tagali hills，塔格里山区
Taka，塔卡
Takli，塔克利人
Teh-Khet，泰海特
Tendelti，坦德尔蒂
The April Revolution，四月革命
The Comprehensive Peace Agreement, CPC，全面和平协议
The Nile Waters Agreement of 1959, 1959年尼罗河水协定
the Pan-Africanism，泛非主义
The Republic of South Sudan，南苏丹共和国
The Republic of Sudan，苏丹共和国
The September Act，九月法令
The Solidarity Book，团结书
the South Sudan Defense Force, SSDF，南部苏丹防卫军
the Southern Sudan Independence Movement, SSIM，南部苏丹独立运动
the Sudan Political Service，SPS，苏丹政治事务部
the United Salvation Democratic Front, USDF，拯救民主团结阵线
The Vigilant，《警醒》
Thebes，底比斯城
Thutmose I，图特摩斯一世
Thutmose III，图特摩斯三世
Tjehemau，提赫马乌

Torit of SPLM，苏人运托里特派，也叫作主流派
Torit，托里特
Torrit Mutiny，托里特兵变
Transitional Military Council, TMC，过渡军事委员会
Treaty of Samos，萨摩斯条约
Tribalism，部落主义/部落性/部族主义
Tribe，部落/部族
Tripoli Charter，的黎波里宪章
Tripoli，的黎波里
Triumph Monument，凯旋碑
Tugo，图戈
Tuico-Egyptian regime，土-埃统治时期
Tundjur，通朱尔人
Turan Shah，图兰·沙哈
Turco-Egyptian Sudan，土-埃苏丹
Turkana，图尔卡纳
Turks，突厥人
Turundj，图龙吉人
Tushki，图什基
Tutankhamun，图坦卡蒙

U

Ubangian，乌班吉人
Uganda，乌干达
Umar al-Tayib，乌玛尔·塔伊卜
Umar al-Tunisi，乌玛尔·突尼西
Umar Lel，乌玛尔·莱尔
Umar Salih，乌玛尔·萨利赫
Umm Diwaykarat，乌姆迪韦卡勒特，今库斯提（Kosti）
Umma Party，乌玛党
Uni，乌尼
United National Front，UNF，全国联合阵线
Unsa III，翁萨三世
Urban，乌尔班人
Usama bin Ladin，乌萨玛·本·拉登
Uthman Bey，奥斯曼·贝伊
Uthman Shaykh al-Din，奥斯曼·阿尔丁

W

Wad Adjib，瓦德阿杰布
Wad al-Turabi，瓦德-图拉比
Wad Hamed，沃德哈米德
Wad Kaltabu，瓦德卡尔塔布
Wad Medari，瓦德迈达尼
Wadai，瓦达伊
Wadi Halfa，瓦迪哈勒法
Wadi Saidna，瓦迪赛义德纳
Wali al-Din al-Hadi al-Mahdi，瓦里·马赫迪
Washington Consensus，华盛顿共识
Wau，瓦乌
Wawat，瓦瓦特，今瓦迪哈勒法
Wazirs，瓦齐尔
White Flag League，白旗同盟
William Deng Nhial，威廉·尼亚尔
William Deng，威廉·邓
William Nynon Bany，威廉·巴尼
World Council of Churches, WCC，世界基督教联合会

Y

Yakub Sultan，雅库布素丹
Yam，亚姆人

Yambio，延比奥
Yorubas，约鲁巴人

Z

Zacharia，扎察里亚
Zakat, 扎卡特，即“天课”
Zande Scheme，赞德计划
Zariba，围栅
Zubayr Muhammad Salih，祖拜尔·穆罕默德·萨利赫

后 记

本书是王铁铮教授作为首席专家主持的国家社科基金重大项目八卷本《非洲阿拉伯国家通史研究》之子项目《非洲阿拉伯国家通史·苏丹史》的最终成果。本卷主要由王猛（西北大学中东研究所研究员）撰写。在写作过程中，西北大学中东研究所的博士研究生成飞参与了第三章第一、二、三节的撰写，博士研究生梁道远参与了第四章第一节的撰写，博士研究生汪志远参与了第五章的撰写，在此一并致谢。

全书最后由王铁铮教授审定。